#내신 대비서
#고득점 예약하기

사회전략

Chunjae
Makes
Chunjae

▼

[중학전략] 사회 ①

개발총괄	조영호
편집개발	권경화, 김태현
제작	황성진, 조규영
조판	어시스트하모니
디자인총괄	김희정
표지디자인	윤순미, 권오현
내지디자인	박희춘, 우혜림

발행일	2022년 9월 15일 초판 2022년 9월 15일 1쇄
발행인	(주)천재교육
주소	서울시 금천구 가산로9길 54
신고번호	제2001-000018호
고객센터	1577-0902
내용 문의	(02)6333-1881

중학 전략
사회①
BOOK 1

이 책의 **구성과 활용**

이 책은 3권으로 이루어져 있는데 본책인 BOOK1, 2의 구성은 아래와 같아.

주 도입

본격적인 본문 학습에 앞서, 재미있는 만화를 살펴보면서 이번 주에 공부할 내용을 확인할 수 있습니다.

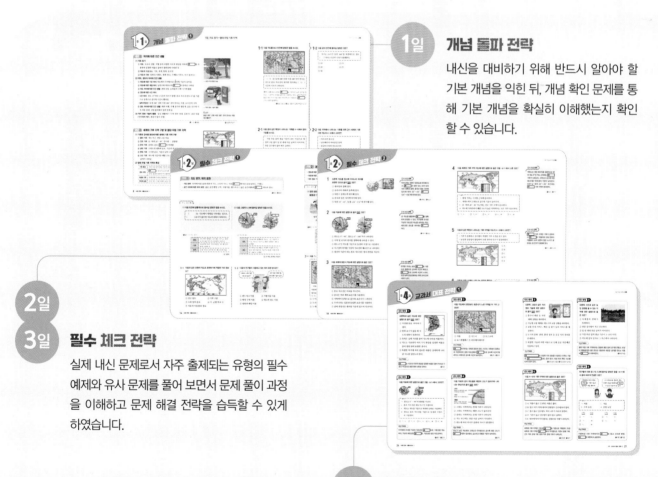

1일 개념 돌파 전략

내신을 대비하기 위해 반드시 알아야 할 기본 개념을 익힌 뒤, 개념 확인 문제를 통해 기본 개념을 확실히 이해했는지 확인할 수 있습니다.

2일 3일 필수 체크 전략

실제 내신 문제로서 자주 출제되는 유형의 필수 예제와 유사 문제를 풀어 보면서 문제 풀이 과정을 이해하고 문제 해결 전략을 습득할 수 있게 하였습니다.

4일 교과서 대표 전략

교과서의 핵심 개념을 다루는 주제를 대표 예제로 엄선하여 수록하였으며, 많은 문제를 풀어 보면서 문제에 대한 적응력을 높일 수 있도록 하였습니다.

학교 시험에 자주 나오는 출제 포인트를 제시하고 필수 자료와
해석을 넣어 철저히 분석하였으며, 바탕 예제를 수록하여 기본
개념과 다양한 유형의 문제를 접해 볼 수 있도록 하였습니다.

주 마무리 코너

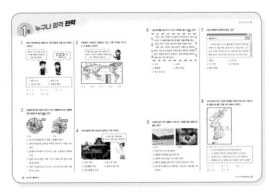

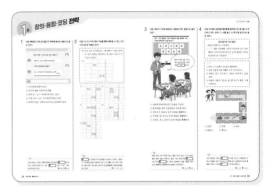

누구나 합격 전략

내신 유형에 맞춘 기본 연습 문제를 풀어 보면서 학습
에 대한 자신감을 가질 수 있습니다.

창의 · 융합 · 코딩 전략

융복합 사고력과 창의력을 키우는 문제를 풀어 보면
서 다양한 문제에 대한 적응력을 높일 수 있습니다.

권 마무리 코너

전편 마무리 전략

중요한 주제를 엄선하여 단원을 마무리하고 최종
정리할 수 있도록 하였습니다.

신유형 · 신경향 · 서술형 전략

새롭게 등장한 유형 문제, 시대 흐름을 반영한 경향
성 문제를 다루었으며, 서술형 문제를 풀어 보면서
철저하게 내신을 대비할 수 있도록 하였습니다.

적중 예상 전략

학습한 내용을 최종 평가해 보는 코너로 2회에
걸쳐 제공하여, 스스로 자기 실력을 가늠해 볼 수
있도록 하였습니다.

정답과 해설

각 문제에 대한 기본 개념과 자료 분석, 쌍둥이 문제 등
자세한 풀이를 담았습니다. 특히 적중 예상 전략 해설에
는 다시 한번 문제를 수록하고 출제 의도, 선택지 분석, 개
념이나 용어 등을 제시하여 빈틈없이 해당 주제를 숙지할
수 있도록 구성하였습니다.

이 책의 차례

1주 1일 개념 돌파 전략 ❶

개념 1 위치에 따른 인간 생활

(1) 지도 읽기
- ① **지도**: 도로나 건물, 지형 등의 다양한 지리적 현상을 약속된 ❶[   ]를 사용하여 일정한 비율로 줄여서 평면상에 나타낸 것
- ② **지도의 구성 요소**: 기호, 축척, 방위, 등고선
- ③ **지도의 구분**: 일반도(지형도, 세계 전도), 주제도(기후도, 인구 분포도)

(2) 위도, 경도의 차이와 인간 생활
- ① **위도에 따른 기온 차이**: 적도에서 극지방으로 갈수록 기온이 낮아짐.
- ② **위도에 따른 계절 차이**: 남반구와 북반구의 ❷[   ]이 반대로 나타남.
- ③ **위도 차이에 따른 인간 생활**: 관광 산업, 농작물의 수확 시기에 활용
- ④ **경도에 따른 시간 차이**
  - **시간 차이**: 경도 15°마다 1시간의 차이가 발생, 본초 자오선(경도 0°)을 기준으로 동쪽으로 갈수록 시간이 빨라짐.
  - **날짜 변경선**: 동경 180° 선과 서경 180° 선이 만나는 지점, 24시간의 시차
- ⑤ **경도 차이에 따른 인간 생활**: 해외 여행, 국제 경기의 생중계, 운동 선수의 시차 적응 훈련, 산업 분야에서 일의 연계 등

(3) 지리 정보 기술의 활용 일상 생활(버스 도착 정보 안내, 길찾기), 공공 부분(자연재해 예측, 관공서 입지 선정)

❶ 기호 ❷ 계절

▲ 남반구의 12월경 모습

▲ 지리 정보 기술의 활용

Quiz

동경 180° 선과 서경 180° 선이 만나는 지점의 이름은?

답 | 날짜 변경선

개념 2 세계의 기후 지역 구분 및 열대 우림 기후 지역

(1) 기후와 강수량 분포에 따른 세계의 기후 지역 구분
- ① **열대 기후**: 적도 부근, 연중 고온 다습
- ② **건조 기후**: 남·북위 20°~30°, 강수량 < 증발량
- ③ **온대 기후**: 중위도 분포, ❶[   ]이 뚜렷함.
- ④ **냉대 기후**: 고위도의 내륙에 분포, 기온의 연교차가 큼.
- ⑤ **한대 기후**: 극지방 분포, 기온이 낮아 나무가 자라지 않음.
- ⑥ **고산 기후**: 적도에 가깝지만 해발 고도가 높아 일 년 내내 봄과 같은 온화한 날씨가 나타남.

(2) 열대 우림 기후 지역의 특징

기후 특징	가장 추운 달의 평균 기온이 18℃ 이상으로 일 년 내내 매우 덥고 습함.
분포 지역	❷[ ]를 중심으로 분포함. → 아프리카 콩고강, 남아메리카 아마존강 유역, 동남아시아의 인도네시아 등
식생과 기후	밀림(열대 우림)을 형성하고, 오후 짧은 시간 동안 스콜이 내림.
가옥과 농업	고상 가옥, 이동식 화전 농업, 플랜테이션

❶ 사계절 ❷ 적도

▲ 세계의 기후 구분

▲ 이동식 화전 농업

Quiz

열대 기후 지역에서 지면의 열기와 습기, 해충이나 짐승 등의 침입을 막기 위해 지면에서 띄워 짓는 가옥은?

답 | 고상 가옥

1-1 다음 지도를 보고 빈칸에 알맞은 말을 쓰시오.

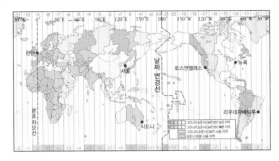

(㉠)은 동경 180°선과 서경 180°선이 만나는 선으로 본초 자오선이 위치한 영국과는 (㉡) 시간의 시차가 나타난다.

풀이 | 세계 여러 국가는 **❶**[ ]을 기준으로 표준 경선을 정하고, 그 경선의 시각을 표준시로 사용하고 있다. 날짜 변경선은 동경 180°선과 서경 180°선이 만나는 지점으로, **❷**[ ] 시간의 시차가 발생한다.

❶ 본초 자오선 **❷** 24 답 | ㉠ 날짜 변경선 ㉡ 12

1-2 다음 글의 빈칸에 들어갈 알맞은 것은?

지구는 24시간 동안 360°를 자전하므로 경도 ( )°마다 1시간의 시차가 발생한다.

① 10 ② 15
③ 20 ④ 25
⑤ 30

2-1 다음 글과 같은 특징이 나타나는 기후를 A~E에서 골라 기호를 쓰시오.

가장 추운 달의 평균 기온이 18℃ 이상으로 계절의 구분 없이 일 년 내내 더운 날씨가 이어지며, 연중 강수량이 많아 매우 습하다.

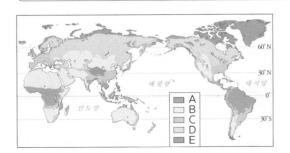

풀이 | 연중 강수량이 많고 습도가 높으며, 거의 매일 **❶**[ ]이 내린다. 이 지역에는 덥고 습한 날씨로 크고 작은 나무들이 빽빽하게 자라 숲을 이루는 **❷**[ ]이 형성되어 있다.

❶ 스콜 **❷** 열대 우림 답 | A

2-2 다음 지역에서 나타나는 기후를 왼쪽 **2-1** 세계의 기후 구분 지도의 A~E에서 고르면?

• 아프리카 콩고강
• 남아메리카 아마존강 유역
• 동남아시아의 인도네시아

① A ② B ③ C
④ D ⑤ E

개념 1 온대 기후 지역

서안 해양성 기후 지역	• 영국, 프랑스 등 서부 유럽, 북아메리카의 북서 해안, 뉴질랜드 등지 • 편서풍, 난류 영향 → 연중 고른 강수량, 여름은 서늘하고 겨울은 온화함. • 혼합 농업, 원예 농업, 낙농업
지중해성 기후 지역	• 지중해 연안, 미국 캘리포니아, 오스트레일리아의 남서부 등지 • 여름철 고온 건조, 겨울철 온난 습윤 • 수목 농업(❶ ____, 올리브, 오렌지, 코르크참나무 등 재배), 곡물 농업(밀, 보리, 귀리 등 재배)
온대 계절풍 기후 지역	• 아시아 대륙의 동쪽 지역 • ❷ ____ 영향 → 여름은 고온 다습, 겨울은 한랭 건조 • 벼농사, 대청마루, 온돌 발달

▲ 산토리니의 흰색으로 칠한 가옥(지중해성 기후 지역)

Quiz

서안 해양성 기후 지역의 연중 고른 강수량과 온화한 겨울 기온에 영향을 미친 두 가지 요소는?

❶ 포도 ❷ 계절풍

답 | 편서풍, 난류

개념 2 건조 기후 지역과 툰드라 기후 지역

(1) 건조 기후 지역

사막 기후	연 강수량 250mm 미만, 온몸을 감싸는 헐렁한 옷차림, 큰 일교차에 대비한 흙집이나 흙벽돌집, 오아시스 농업(밀, 목화, 대추야자 재배)
스텝 기후	연 강수량 250~500mm, 초원에서 가축에게 먹일 물과 풀을 찾아 이동하는 ❶ ____ 생활, 이동식 가옥(게르) 발달, 초원에서 목축 발달, 관개 시설을 갖추어 대규모 밀 재배

(2) 툰드라 기후 지역

① 기후: 고위도 지역, 연중 낮은 기온, 짧은 여름 동안 0℃ 이상으로 나무가 자라지 못하나 풀과 ❷ ____ 등이 자람, 영구 동토층 분포, 백야 현상 발생

② 주민 생활: 두꺼운 털옷과 가죽옷, 사냥과 순록 유목, 고상 가옥 발달

▲ 툰드라 지역의 순록(툰드라 기후 지역)

Quiz

툰드라 기후 지역에서 여름에도 녹지 않고 일 년 내내 얼어 있는 토양층은?

❶ 유목 ❷ 이끼

답 | 영구 동토층

개념 3 세계의 지형 및 우리나라의 자연 경관

(1) 산지 지형 고기 습곡 산지(우랄산맥, 스칸디나비아산맥, 애팔래치아산맥), 신기 습곡 산지(알프스산맥, 히말라야산맥, 로키산맥, 안데스산맥)

(2) 해안 지형 사빈, 석호, 해안 절벽(해식애), 해안 동굴, 시 아치, 시 스택, 갯벌 등

(3) 우리나라의 자연 경관

산지 지형	동고서저의 지형, ❶ ____(설악산, 북한산)은 화강암으로 암석이 드러나 있고, 흙산(지리산, 덕유산)은 편마암으로 토양이 두껍게 덮여 있음.
하천 지형	대부분의 큰 하천은 황·남해로 흐름, 계곡·폭포·평야 형성
해안 지형	서·남해안(얕은 수심, 복잡한 해안선, 갯벌 형성), 남해안(다도해), 동해안(깊은 수심, 단조로운 해안선, 사빈과 석호 발달)
카르스트 지형	❷ ____이 물에 녹아 형성, 석회동굴, 돌리네(밭농사 발달)
화산 지형	제주도(백록담 화구호, 용암동굴, 주상 절리, 오름 등), 울릉도, 독도

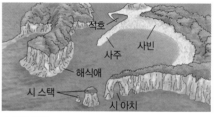
▲ 해안 지형

석호, 사주, 사빈, 해식애, 시 스택, 시 아치

Quiz

조차가 크고 해안선이 복잡한 서·남해안에서 넓게 발달한 것은?

❶ 돌산 ❷ 석회암

답 | 갯벌

1-1 다음 지도에 표시된 도시 A~C에서 나타나는 기후를 쓰시오.

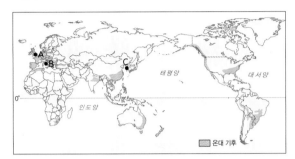

풀이 | 여름은 고온 건조하고 겨울은 온난 습윤한 기후를
❶ ⬚ 기후, 편서풍과 난류의 영향을 받아 기온의 연교차가
작은 기후를 ❷ ⬚ 기후, 계절풍의 영향으로 기온의 연교차
가 크게 나타나는 기후를 온대 계절풍 기후라고 한다.

❶ 지중해성 ❷ 서안 해양성
답 | A 서안 해양성 기후, B 지중해성 기후, C 온대 계절풍 기후

1-2 다음과 같은 특징이 나타나는 기후는?

> • 비슷한 위도의 대륙 서안보다 기온의 연교차가
> 큰 대륙성 기후가 나타난다.
> • 여름은 남동 및 남서 계절풍의 영향으로 고온 다
> 습하다.

① 사막 기후
② 지중해성 기후
③ 열대 우림 기후
④ 서안 해양성 기후
⑤ 온대 계절풍 기후

2-1 다음 지도에 표시된 지역의 기후 이름을 쓰시오.

풀이 | 가장 따뜻한 달의 평균 기온이 10°C 미만으로 기온이 너
무 낮아 ❶ ⬚ 가 자라기 어렵고, 영구 ❷ ⬚ 이 분포하
는 기후이다.

❶나무 ❷동토층 답 | 툰드라 기후

2-2 다음과 기후 그래프가 나타나는 지역의 기후로 알맞은 것은?

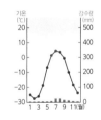

① 냉대 기후
② 사막 기후
③ 스텝 기후
④ 열대 기후
⑤ 툰드라 기후

3-1 다음 그림의 A~C에 알맞은 지형을 쓰시오.

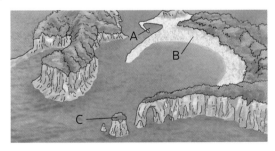

풀이 | 암석 해안에는 다양한 모양의 암석 기둥인 시 스택,
❶ ⬚ 동굴이 형성되고, 모래 해안에는 ❷ ⬚ 으로 이
용되는 사빈과 석호를 볼 수 있다.

❶ 해안 ❷ 해수욕장 답 | A 석호, B 사빈(모래사장), C 시 스택

3-2 다음 ㉠, ㉡에 들어갈 알맞은 말을 쓰시오.

(㉠)	육지가 바다로 돌출된 곳으로 파랑의 침식 작용이 활발하여 해안 절벽, 해안 동굴 등 형성
(㉡)	바다가 육지로 들어간 곳으로 파랑의 퇴적 작용이 활발하여 모래사장 등 형성

바탕 문제

세계 규모에서의 위치 표현을 할 때, 보다 정확한 위치를 나타내기 위해 사용하는 것은 무엇일까?

➡ 위도와 경도를 사용한다. 위도는 적도(0°)와 평행하게 연결한 가로선으로, **❶** 를 기준으로 북위·남위 0°~90°로 표현한다. 경도는 북극과 남극을 연결한 세로선으로, **❷** 을 기준으로 동경·서경 각각 0°~180°로 표현한다.

답 | ❶ 적도 ❷ 본초 자오선

1 다음 자료에 대한 설명으로 옳은 것은?

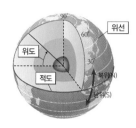 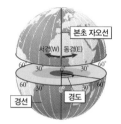

① 적도를 기준으로 동경과 서경으로 나뉜다.
② 적도는 그리니치 천문대를 지나는 선이다.
③ 본초 자오선은 지구상에 그어진 가상의 가로선이다.
④ 본초 자오선은 지구의 경도를 결정하는 기준이 된다.
⑤ 본초 자오선을 중심으로 북반구와 남반구로 구분된다.

바탕 문제

저위도 지역은 햇빛을 많이 받아 일사량이 많고, 고위도 지역은 일사량이 적어서 위도에 따른 기온차가 나타난다. 그렇다면 북반구와 남반구에서 계절이 반대로 나타나는 원인은 무엇일까?

➡ 지구가 자전축이 23.5° 기울어진 채 **❶** 주위를 공전하기 때문에 북반구와 남반구 지역은 **❷** 이 서로 반대로 나타난다.

답 | ❶ 태양 ❷ 계절

2 친구의 여행 가방에 넣어야 할 물건으로 옳은 것을 |보기|에서 고르면?

우리 가족은 올해 겨울방학을 이용해 시드니로 여행을 가기로 했어.

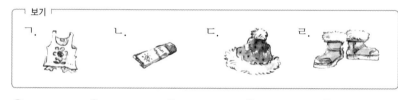

┌ 보기 ┐
ㄱ.　　　　ㄴ.　　　　ㄷ.　　　　ㄹ.

① ㄱ, ㄴ　② ㄱ, ㄷ　③ ㄴ, ㄷ　④ ㄴ, ㄹ　⑤ ㄷ, ㄹ

바탕 문제

적도 지방에 위치한 열대 기후 지역에서 주로 나타나는 가옥은 무엇일까?

➡ 집을 지을 때 지면의 열기와 습기, 해충이나 짐승 등의 침입을 방지하기 위해 지면에서 높이 띄워 지은 **❶** 을 주로 짓는다. 자주 내리는 많은 비에 대비하여 경사가 **❷** 지붕을 만든다.

답 | ❶ 고상 가옥 ❷ 급한

3 다음 사진과 같은 가옥의 특징으로 옳은 것은?
① 계절풍 지역에서 흔하다.
② 기본적으로 폐쇄적 가옥 구조이다.
③ 바람이 많이 불어 바람을 막는 기능이 있다.
④ 가옥의 열기를 보존하기 위해 고상 가옥을 지었다.
⑤ 빗물이 잘 흐르도록 지붕의 경사가 급하게 지었다.

대규모의 침엽수림이 넓게 펼쳐져 있는 기후 지역은 어디일까?

➡ **①** 지역으로, 겨울은 춥고 길며 여름은 짧아 기온의 **②** 가 크고 타이가라 불리는 침엽수림이 넓게 분포한다.

답 | ❶ 냉대 기후 ❷ 연교차

4 친구가 살고 있는 기후 지역과 관련 있는 것을 보기에서 고르면?

바로 이곳은 내가 사는 곳에서 볼 수 있는 자연환경이야!

> 보기
> ㄱ. 타이가　　　　　　ㄴ. 고산 도시
> ㄷ. 열대 우림　　　　　ㄹ. 큰 기온의 연교차

① ㄱ, ㄴ　　② ㄱ, ㄹ　　③ ㄴ, ㄷ　　④ ㄴ, ㄹ　　⑤ ㄷ, ㄹ

형성 시기가 오래되지 않아 높고 험준한 세계의 산지는?

➡ 알프스산맥, 히말라야산맥, 안데스산맥, 로키산맥 등 **①** 산지는 형성 시기가 오래되지 않아 높고 험준하며, **②** 운동이 활발하게 이루어진다.

답 | ❶ 신기 습곡 ❷ 지각

5 다음 지도에서 (나) 산지의 공통점으로 옳은 것은?

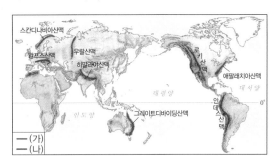

① 고기 습곡 산지이다.
② 오랜 기간 풍화와 침식을 받았다.
③ 형성된 지 오래되지 않은 산맥이다.
④ 비교적 고도가 낮고 경사가 완만하다.
⑤ 지각 운동이 활발하게 일어나지 않는 산맥이다.

동해안과 서해안, 남해안에서 주로 볼 수 있는 자연 경관은?

➡ 동해안에서는 해수욕장으로 이용되는 **①** (사빈)을 볼 수 있고, 서해안에서는 염전이나 양식장으로 이용되는 **②** 을 볼 수 있으며, 남해안에서는 다도해를 볼 수 있다.

답 | ❶ 모래사장 ❷ 갯벌

6 다음 사진에 나타난 지형에 대한 설명으로 옳은 것은?

① 사빈이 형성되어 있다.
② 수심이 비교적 깊은 지역이다.
③ 동해안 일대에서 주로 나타난다.
④ 해안선이 단조로운 지역에서 발달한다.
⑤ 조석 간만의 차가 큰 지역에서 형성된다.

전략 1 지도 읽기, 위치 표현

- **지도 분류**: 축척에 따른 분류(대축척 지도, 소축척 지도), 사용 ❶ [   ]에 따른 분류(일반도, 주제도)
- **공간 규모에 따른 위치 표현**: 좁은 공간(행정 구역, 지형지물, 랜드마크) / 넓은 공간(대륙과 ❷ [   ], 위도와 경도)

❶ 목적 ❷ 해양

필수 예제 1

(1) 다음 빈칸에 공통적으로 들어갈 알맞은 말을 쓰시오.

> (   )는 지도에서 방향을 나타내는 것으로,
> (   ) 표시가 없으면 지도의 위쪽이 북쪽이다.

(2) 다음 그림의 A, B에 들어갈 알맞은 말을 쓰시오.

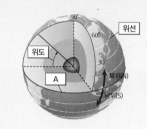

풀이 | (1) 지도 읽기

방위	지도에서 방향을 나타내는 것으로, 방위 표시가 없으면 지도의 위쪽이 북쪽임.
기호	지표면의 여러 가지 현상을 지도에 간단하게 표현한 것
축척	실제 거리를 줄여서 지도에 나타낸 비율

답 | 방위

(2) 위도와 경도

위도	적도(0°)와 평행하게 가로로 그은 가상의 선으로, 적도를 기준으로 북위·남위 0°~90°로 표현함.
경도	북극과 남극을 세로로 연결한 가상의 선으로, 본초 자오선(0°)을 기준으로 동경·서경 각각 0°~180°로 표현함.

답 | A 적도, B 본초 자오선

1-1 다음과 같은 유형의 지도로 표현하기에 적합한 지리 정보는?

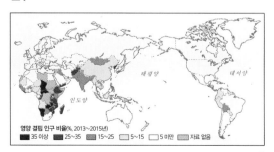

① 인구 밀도   ② 기후 구분
③ 소와 양의 분포   ④ 시·군별 학교 수
⑤ 석유의 이동량과 경로

1-2 다음의 친구들이 사용하고 있는 위치 표현 방식은?

① 랜드마크 이용   ② 지형지물 이용
③ 행정 구역 이용   ④ 위도와 경도 이용
⑤ 대륙과 해양 이용

전략 2 경도와 위도에 따른 인간생활 및 지리 정보 기술

• 경도에 따른 차이: 경도에 따른 시차 발생 ➡ 표준 경선과 표준시 사용, ❶ [   ] 변경선의 동쪽과 서쪽은 24시간 시차 발생
• 위도에 따른 차이: 위도에 따른 일사량의 차이 ➡ 적도에서 극지방으로 갈수록 ❷ [   ]이 낮아짐, 계절의 차이 발생
• 지리 정보 기술: 지리 정보 시스템(GIS), 원격 탐사, 위성 위치 확인 시스템(GPS)

❶날짜 ❷기온

필수 예제 2

(1) 영국 런던(경도 0°)에서 열리는 축구 경기를 우리나라 서울(동경 135°)에서 생중계로 볼 수 있는 시간을 쓰시오.

영국 7월 27일
오후 8시

한국 7월 (   )일
오전 (   )시

(2) 다음 빈칸에 들어갈 알맞은 말을 쓰시오.

지리 정보를 컴퓨터에 입력·저장하고 다양한 방법으로 분석·종합하여 사용자에게 제공하는 종합적인 정보 관리 체계를 (   )라고 한다.

풀이 | (1) 위도에 따른 시간 차이

시차	경도 15°마다 1시간의 차이
표준 경선	표준시를 정할 때 기준이 되는 경선
표준시	본초 자오선을 기준으로 동쪽으로 갈수록 빨라지고, 서쪽으로 갈수록 늦어짐.

답 | 28, 5

(2) 지리 정보 기술

지리 정보 시스템(GIS)	지리 정보를 컴퓨터로 분석하여 사용자에게 제공하는 정보 관리 체계
원격 탐사	인공위성, 항공기 등으로 직접적인 접촉 없이 대상의 정보를 수집하는 방법
위성 위치 확인 시스템(GPS)	인공위성으로 사용자 위치를 경위도 좌표로 알려주는 시스템

답 | 지리 정보 시스템(GIS)

2-1 다음 ㉠, ㉡에 들어갈 말이 바르게 연결된 것은?

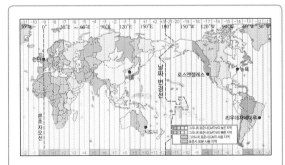

국토가 동서로 길어 세계에서 가장 많은 시간대를 사용하고 있는 국가는 (㉠)이며, 우리나라는 영국보다 표준시가 (㉡) 시간이 더 빠르다.

① ㉠ 미국, ㉡ 9　　② ㉠ 중국, ㉡ 15
③ ㉠ 러시아, ㉡ 9　　④ ㉠ 브라질, ㉡ 12
⑤ ㉠ 캐나다, ㉡ 12

2-2 지리 정보 기술을 일상생활 속에서 활용하는 사례로 옳은 것을 보기에서 고르면?

보기
ㄱ. 도시 계획 수립
ㄴ. 관공서 입지 선정
ㄷ. 버스 도착 예정 시각 검색
ㄹ. 내비게이션을 이용한 길 찾기

① ㄱ, ㄴ　　② ㄱ, ㄷ　　③ ㄴ, ㄷ
④ ㄴ, ㄹ　　⑤ ㄷ, ㄹ

전략 3 세계의 기후 지역

- **기후 요소**: 기온, 강수량, 바람 등
- **세계의 기후 지역**: 기온과 강수량을 기준으로 ❶ [   ]에서 극지방으로 가면서 열대 기후 → 건조 기후 → 온대 기후 → 냉대 기후 → ❷ [   ]가 나타남.

❶ 적도 ❷ 한대 기후

필수 예제 3

(1) 다음 빈칸에 들어갈 알맞은 말을 쓰시오.

> 세계의 연평균 기온은 (   )의 영향을 받아 대체로 저위도에서 높고, 고위도로 갈수록 낮아진다.

(2) 다음 (가), (나) 그래프에 해당하는 기후를 쓰시오.

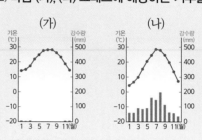

풀이 | (1) 세계의 기후

열대 기후	적도 부근 분포, 연중 고온 다습함.
건조 기후	남·북위 20°~30° 일대, 강수량<증발량
온대 기후	중위도 분포, 사계절의 변화가 뚜렷함.
냉대 기후	온대 기후 지역보다 위도가 높은 지역에 분포, 겨울이 길고 추우며 연교차 큼.
한대 기후	극지방 분포, 기온이 낮아 나무가 자라지 못함.

답 | 위도

(2) 인간 거주와 기후

인간 거주에 유리한 기후	온대 기후 및 냉대 기후 → 기온이 온화하고 강수량이 적당하여 인간 활동과 식량 생산에 적합
인간 거주에 불리한 기후	기온이 너무 높아 더운 열대 기후, 건조하여 강수량이 매우 적은 건조 기후, 기온이 매우 낮아 너무 추운 한대 기후

답 | (가) 건조 기후 (나) 온대 기후

3-1 다음 세계의 연평균 기온과 강수량 분포 지도를 보고 알 수 있는 것은?

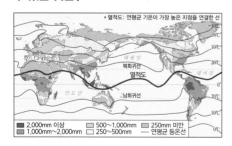

① 등온선은 위도와 대체로 평행하다.
② 고위도로 가면서 기온이 점차 높아진다.
③ 저위도 지역으로 갈수록 한대 기후가 나타난다.
④ 남·북위 20°~30° 지역에는 연 강수량이 매우 많다.
⑤ 지도의 등온선은 강수량의 값이 같은 지점을 연결한 선이다.

3-2 다음 (가), (나) 지역에 대한 설명으로 옳지 않은 것은?

(가)    (나)

① (가) 지역은 물이 부족하다.
② (가) 지역은 매우 건조하여 인간 거주에 불리하다.
③ (나) 지역은 평야가 넓어 농경에 유리하다.
④ (나) 지역은 농경에 유리하여 인간 거주에 유리하다.
⑤ (가)는 (나) 지역보다 겨울이 춥고 길어 인간 거주에 불리하다.

전략 4 열대 우림 기후

- **기후 특징**: ❶ [ ] 부근으로 일 년 내내 기온이 높고 연중 ❷ [ ] 이 많아 습함. → 스콜 발생, 열대 우림 발달
- **옷과 음식**: 통풍이 잘 되는 얇고 가벼운 옷을 입음, 음식에 기름과 향신료를 많이 사용함.
- **가옥**: 개방적인 구조(얇은 벽과 큰 창문), 경사가 급한 지붕, 고상 가옥
- **농업**: 이동식 화전 농업, 플랜테이션

❶ 적도 ❷ 강수량

필수 예제 4

(1) 다음은 어느 기후 지역의 음식과 조리법을 나타낸 자료이다. 이 기후 지역의 이름을 쓰시오.

조리할 때 음식이 쉽게 상하지 않도록 하기 위해 기름, 향신료 등을 많이 사용한다.

▲ 나시 고렝

(2) 다음에서 설명하는 농업은 무엇인지 쓰시오.

- **재배 작물**: 천연고무, 카카오, 바나나 등 상품 작물
- **운영 방식**: 원주민의 노동력 + 선진국의 자본과 기술

풀이 | (1) 열대 우림 기후 지역의 자연 경관

기온	일 년 내내 기온이 매우 높고, 계절 변화 없음.
강수량	연중 강수량이 많아 매우 습함.
식생	다양한 종류의 나무들이 빽빽하게 들어선 밀림인 열대 우림 발달

답 | 열대 우림 기후

(2) 열대 우림 기후 지역의 농업

이동식 화전 농업	밀림에 불을 질러 농경지를 만들고, 토양이 척박해지면 새로운 농경지를 만들기 위해 이동함.
플랜테이션	원주민의 노동력과 선진국의 자본과 기술을 결합하여 천연고무, 카카오, 바나나 등의 상품 작물을 대규모 농장에서 재배

답 | 플랜테이션

4-1 오른쪽 기후 그래프가 나타나는 지역과 관련 있는 것을 ┃보기┃에서 고르면?

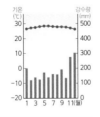

┌ 보기 ┐
ㄱ. 고상 가옥
ㄴ. 이동식 가옥
ㄷ. 뚜렷한 사계절
ㄹ. 연중 높은 기온과 많은 강수량

① ㄱ, ㄴ   ② ㄱ, ㄹ   ③ ㄴ, ㄷ
④ ㄴ, ㄹ   ⑤ ㄷ, ㄹ

4-2 다음과 같은 농업 방식의 특징으로 옳지 않은 것은?

① 카사바, 얌 등을 재배한다.
② 토양이 척박해지면 이동한다.
③ 천연고무, 카카오 등을 재배한다.
④ 밀림에 불을 질러 농경지를 만든다.
⑤ 열대 우림 지역에서 나타나는 농업 방식이다.

1 오른쪽 지도를 참고해 우리나라 위치를 표현한 것으로 옳지 <u>않은</u> 것은?

① 대서양과 접해 있다.

② 유라시아 대륙의 동쪽에 있다.

③ 북반구 중위도에 위치해 있다.

④ 중국과 일본 사이에 위치해 있다.

⑤ 북위 33°~43°, 동경 124°~132°에 위치해 있다.

문제 해결 전략

우리나라는 북반구 중위도에 위치해 있고, ❶ 과 접해 있다. 또한 유라시아 대륙의 동쪽, 중국과 일본 사이에 있으며 북위 33°~43°, ❷ 124°~132°에 위치해 있다.

❶ 태평양 ❷ 동경

2 다음 자료에 대한 설명으로 옳지 <u>않은</u> 것은?

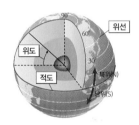 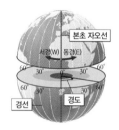

① 위도는 0°~90°, 경도는 0°~180°까지 나타낸다.

② 지역 및 국가의 위치를 정확하게 나타낼 수 있다.

③ 위도 0°인 적도를 기준으로 동경과 서경으로 구분된다.

④ 지구상의 위치를 가상의 가로선과 세로선으로 나타낸다.

⑤ 경선의 기준이 되는 본초 자오선은 영국 런던을 지난다.

문제 해결 전략

경·위도를 활용하여 ❶ 를 정확하게 표현할 수 있다. 지구본에 표시된 가상의 가로선은 위도를 나타내는 위선, 세로선은 경도를 나타내는 ❷ 이다.

❶ 위치 ❷ 경선

3 다음 세계의 표준시 지도에 대한 설명으로 옳은 것은?

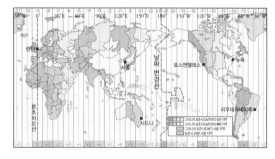

① 본초 자오선은 미국을 지나간다.

② 중국은 여러 개의 표준시를 사용한다.

③ 서쪽에서 동쪽으로 갈수록 표준시가 느려진다.

④ 우리나라는 일본과 동일한 표준시를 사용한다.

⑤ 날짜 변경선은 대서양 가운데 있으며 직선이다.

문제 해결 전략

영국을 지나는 본초 ❶ 을 기준으로 동쪽으로 갈수록 시간이 빠르고, ❷ 으로 갈수록 시간이 느리다. 또한 날짜 변경선에서는 하루 24시간의 시차가 난다.

❶ 자오선 ❷ 서쪽

4 다음 세계의 기후 지역 지도에 대한 설명으로 옳은 것을 보기 에서 고른 것은?

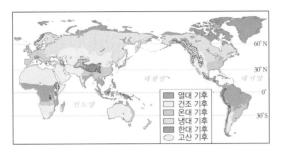

┌ 보기 ┐
ㄱ. 열대 기후는 극지방 근처에 분포한다.
ㄴ. 저위도에서 고위도로 갈수록 기온이 높아진다.
ㄷ. 남·북위 20°~30° 부근에는 건조 기후 지역이 분포한다.
ㄹ. 적도에 가까우면서 해발 고도가 높은 지역에서는 고산 기후가 분포한다.

① ㄱ, ㄴ   ② ㄱ, ㄷ   ③ ㄴ, ㄷ   ④ ㄴ, ㄹ   ⑤ ㄷ, ㄹ

문제 해결 전략

저위도는 태양 에너지를 집중적으로 받아 위도 0°인 적도 근처에는 **❶** 기후가 나타난다. 고위도로 갈수록 태양 에너지를 적게 받아 기온이 낮아진다. 또한 남·북위 20°~30° 부근에는 **❷** 기후 지역이 분포한다.

❶ 열대 ❷ 건조

5 다음과 같은 특징이 나타나는 기후 지역을 지도의 A~E에서 고르면?

• 기후가 온화하고 강수량이 적절한 기후 조건을 갖고 있다.
• 농업과 상공업이 발달하여 오래 전부터 인구가 밀집하였다.

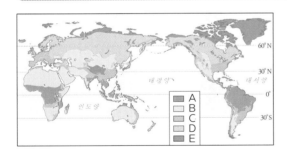

① A
② B
③ C
④ D
⑤ E

문제 해결 전략

❶ 기후 지역은 기후가 온화하고 **❷** 이 적절하여 오래 전부터 사람들이 모여 살면서 많은 도시가 분포하는 등 인구가 밀집해 있다.

❶ 온대 ❷ 강수량

6 다음과 같은 식생이 나타나는 지역의 특징으로 옳은 것은?

① 아마존에서는 타이가라고 불린다.
② 토양이 비옥하여 나무 성장에 유리하다.
③ 나무의 종류가 단순하고 대부분 키가 작다.
④ 동물들이 살아가기 어려운 환경을 만들어 낸다.
⑤ 이산화 탄소를 흡수하여 지구에 산소를 공급해 준다.

문제 해결 전략

열대 우림 기후 지역은 크고 작은 나무들이 빽빽하게 들어선 밀림인 **❶** 이 형성되어 있다. 열대 우림은 다양한 동식물의 서식지가 될 뿐만 아니라, 이산화 탄소를 흡수하고 산소를 공급해 주며, 온실 효과를 억제하여 **❷** 를 방지한다.

❶ 열대 우림 ❷ 지구 온난화

전략 1 온대 기후

- 서안 해양성 기후: 편서풍과 난류의 영향, 작은 연교차, 연중 고른 **❶** [ ] → 혼합 농업, 낙농업, 원예 농업
- 지중해성 기후: 여름 고온 건조, 겨울 온난 습윤 → 여름철 **❷** [ ] 농업, 겨울철 곡물 농업
- 온대 계절풍 기후: 여름 고온 다습, 겨울 한랭 건조, 계절풍 영향, 연교차가 큰 대륙성 기후 → 벼농사 활발

❶ 강수량 **❷** 수목

필수 예제 **1**

(1) 다음 기후 그래프가 나타나는 지역의 기후 이름을 쓰시오.

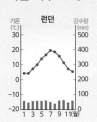

(2) 오른쪽 사진과 같은 수목 농업이 이루어지는 지역의 기후 이름을 쓰시오.

▲ 올리브 재배

풀이 | (1) 온대 기후 지역의 기후 특징

서안 해양성 기후	연교차가 작고 연중 강수량이 고름.
지중해성 기후	여름 고온 건조, 겨울 온난 습윤
온대 계절풍 기후	여름에 덥고 많은 강수량, 겨울에 춥고 적은 강수량, 기온의 연교차가 큰 대륙성 기후

답 | 서안 해양성 기후

(2) 온대 기후 지역의 농업

서안 해양성 기후	• 혼합 농업: 곡물 재배, 사료 재배, 가축 사육이 함께 이루어지는 농업 형태 • 낙농업: 대도시나 교통이 편리한 지역
지중해성 기후	• 수목 농업: 고온 건조한 여름철 올리브, 포도, 오렌지, 코르크참나무 등을 재배 • 곡물 농업: 겨울철 밀이나 보리 등 재배

답 | 지중해성 기후

1-1 다음 (가), (나)와 같은 기후 그래프가 나타나는 도시의 이름을 바르게 연결한 것은?

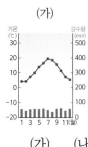

(가)   (나)

	(가)	(나)		(가)	(나)
①	로마	서울	②	로마	콜롬보
③	런던	서울	④	런던	콜롬보
⑤	파리	헬싱키			

1-2 오른쪽 기후 그래프가 나타나는 지역에서 재배되는 대표적인 농작물을 | 보기 |에서 고르면?

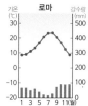

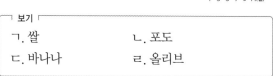

| 보기 |
ㄱ. 쌀   ㄴ. 포도
ㄷ. 바나나   ㄹ. 올리브

① ㄱ, ㄴ   ② ㄱ, ㄹ   ③ ㄴ, ㄷ
④ ㄴ, ㄹ   ⑤ ㄷ, ㄹ

전략 **2** 건조 기후와 툰드라 기후

- **건조 기후 지역**: 사막 기후(식물이 자라지 못하는 사막 → 온몸을 감싸는 옷, 오아시스 농업, 흙벽돌집), **❶**[   ]기후(비가 오는 시기에 짧은 풀이 자라 초원 형성 → 유목, 이동식 가옥)
- **툰드라 기후 지역**: 영구 동토층 분포, 짧은 여름에 백야 현상이 나타나며 풀과 이끼 등이 자람. → **❷**[   ]유목, 동물 사냥, 천막집, 고상 가옥

❶ 스텝 **❷** 순록

필수 예제 **2**

(1) 다음 ㉠, ㉡에 들어갈 알맞은 말을 쓰시오.

> 건조 기후는 연 강수량이 250mm 미만으로 매우 적어 풀조차 자라지 못하는 (㉠)와 연 강수량이 250~500mm 미만으로 짧은 풀이 자라 초원을 이루는 (㉡)로 구분한다.

(2) 다음 설명과 관계 깊은 기후 지역의 이름을 쓰시오.

> 겨울에는 지표가 눈과 얼음으로 덮여 있다. 하지만 2~3개월의 짧은 여름에는 0℃ 이상으로 풀과 이끼 등이 성장하며 백야 현상이 나타난다.

풀이 | (1) 건조 기후 지역의 구분

사막 기후	• 의복: 모래바람과 강한 햇빛을 막기 위해 온몸을 감싸는 헐렁한 옷 • 가옥: 흙집, 흙벽돌집(평평한 지붕, 두꺼운 벽, 작은 창문, 건물 간 좁은 간격) • 농목업 : 오아시스 농업(밀, 목화, 대추야자)
스텝 기후	• 의복: 가죽의 가죽이나 털로 만든 옷 • 가옥: 이동식 가옥(예 몽골 게르 → 유목 생활에 편리, 가옥의 조립·분해에 유리) • 농목업: 초원에서 목축업 발달, 관개 시설을 갖추어 대규모로 밀을 재배

답 | ㉠ 사막 기후 ㉡ 스텝 기후

(2) 툰드라 기후 지역의 특징

분포	위도 60° 이상의 고위도 지역, 고산 지대 등
기후 특징	• 가장 따뜻한 달의 평균 기온이 10℃ 미만 • 여름: 2~3개월의 짧은 여름에는 0℃ 이상, 풀·이끼류 성장, 백야 현상 • 겨울: 지표가 눈과 얼음으로 덮여 있음, 극야 현상

답 | 툰드라 기후

2-1 친구가 살고 있는 기후 지역과 관련 있는 것은?

바로 이곳이 내가 살고 있는 집이야.

① 유목 ② 흙집
③ 대추야자 ④ 모래 사막
⑤ 오아시스 농업

2-2 오른쪽 기후 그래프가 나타나는 지역에서 볼 수 있는 생활 모습으로 옳은 것을 |보기|에서 고르면?

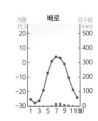

보기
ㄱ. 수상 가옥 ㄴ. 순록 유목 ㄷ. 수목 농업 ㄹ. 여름철 짧은 풀과 이끼

① ㄱ, ㄴ ② ㄱ, ㄷ ③ ㄴ, ㄷ
④ ㄴ, ㄹ ⑤ ㄷ, ㄹ

전략 3 산지 지형과 해안 지형

- **산지 지형**: 형성 시기가 오래되지 않아 높고 험준한 **❶** 습곡 산지(알프스산맥, 히말라야산맥, 로키산맥, 안데스산맥), 오랫동안 침식을 받아 낮고 완만한 고기 습곡 산지(우랄산맥, 스칸디나비아산맥, 애팔래치아산맥)
- **해안 지형**: 암석 해안(파랑의 침식 작용 ➡ 해안 절벽, 시 아치, 시 스택, 해안 동굴 등 형성), 모래 해안(파랑의 퇴적 작용 ➡ 사빈, 석호 등 형성), **❷** (조류의 퇴적 작용 ➡ 양식장, 염전으로 이용)

❶신기 ❷갯벌

필수 예제 3

(1) 신기 습곡 산지에 해당하는 것을 |보기|에서 골라 기호를 쓰시오.

> **보기**
> ㄱ. 로키산맥　　　　ㄴ. 우랄산맥
> ㄷ. 안데스산맥　　　ㄹ. 애팔래치아산맥

(2) 다음 빈칸에 들어갈 알맞은 말을 쓰시오.

오스트레일리아의 그레이트 오션 로드는 기둥 모양의 바위와 해안 절벽이 장관을 이룬다.
이와 같은 해안 절벽은 파랑의 (　　　) 작용에 의해 형성된다.

풀이 | (1) 산지 지형

신기 습곡 산지	• 형성 시기가 오래되지 않아 해발 고도가 높고 험준함, 지각 운동이 활발해 지진이나 화산 활동이 일어남. • 알프스산맥, 히말라야산맥
고기 습곡 산지	• 오랜 기간 동안 침식을 받아 해발 고도가 낮고 완만함. • 우랄산맥, 애팔래치아산맥

답 | ㄱ, ㄷ

(2) 해안 지형

암석 해안	파랑의 침식 작용으로 해안 절벽(해식애), 해식 동굴, 시 스택, 시 아치 등이 형성
모래 해안	파랑의 퇴적 작용으로 사빈(모래사장), 석호 등이 형성
갯벌	조류의 퇴적 작용으로 형성, 양식장이나 염전으로 이용

답 | 침식

3-1 다음과 같은 특징을 보이는 산지가 <u>아닌</u> 것을 지도의 A~E에서 고르면?

> • 해발 고도가 높고 험준하다.
> • 형성 시기가 오래되지 않았다.

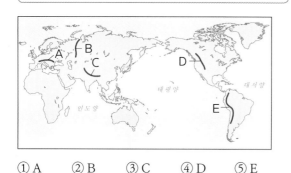

① A　　② B　　③ C　　④ D　　⑤ E

3-2 다음 A, B의 지형 형성 원인이 각각 바르게 연결된 것은?

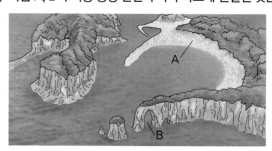

	A	B
①	조류의 퇴적 작용	조류의 침식 작용
②	조류의 퇴적 작용	파랑의 침식 작용
③	파랑의 퇴적 작용	조류의 침식 작용
④	파랑의 퇴적 작용	파랑의 침식 작용
⑤	파랑의 침식 작용	파랑의 퇴적 작용

전략 4 우리나라의 자연 경관

- **산지 지형**: ❶ ⬜ (설악산, 북한산, 금강산)은 암석이 드러난 산지, 흙산(지리산, 덕유산)은 토양이 두껍게 덮인 산지
- **해안 지형**: 모래사장, 해안 절벽, 갯벌, 다도해 등
- **기타 지형**: ❷ ⬜ 지형(석회석이 물에 녹아 형성 → 석회동굴), 화산 지형(화산 활동으로 형성 → 주상 절리, 용암동굴)

❶돌산 ❷카르스트

필수 예제 4

(1) 다음에 제시된 우리나라의 산지의 공통점은 무엇인지 쓰시오.

| • 설악산 | • 북한산 | • 금강산 |

(2) 다음 자료의 A, B에 들어갈 알맞은 지형의 이름을 쓰시오.

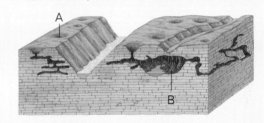

풀이 | (1) 우리나라의 산지

| 돌산 | 화강암으로 이루어진 산지로 암석이 드러나 있음. → 설악산, 북한산, 금강산 |
| 흙산 | 토양이 두껍게 덮인 산지로 흙과 나무로 이루어져 있음. → 지리산, 덕유산 |

답 | 돌산

(2) 카르스트 지형

| 석회동굴 | 석회암이 오랜 시간 지하수에 녹아서 형성, 동굴 내부에는 종유석, 석순, 석주 형성 |
| 돌리네 | 땅속의 석회암이 물에 녹아 사라지면서 지표면에 웅덩이 모양 형성, 밭농사에 이용 |

답 | A 돌리네 B 석회동굴

4-1 다음 (가), (나)에 대한 설명으로 옳지 <u>않은</u> 것은?

(가)  (나)

① (가)는 돌산이고, (나)는 흙산이다.
② (가)은 화강암으로 형성된 산지이다.
③ (가)는 설악산, 북한산 등이 해당된다.
④ (나)는 토양이 두껍게 덮여 있는 산지이다.
⑤ (나)는 지리산, 덕유산처럼 암석이 드러나 있다.

4-2 다음 사진과 같은 지형에 대한 설명으로 옳은 것을 ┃보기┃에서 고르면?

┌ 보기 ┐
ㄱ. 석회암이 물에 녹아 형성되었다.
ㄴ. 제주도, 울릉도 등에서 볼 수 있다.
ㄷ. 종유석, 석순, 석주 등을 볼 수 있다.
ㄹ. 용암이 지하에서 식으면서 형성된 지형이다.

① ㄱ, ㄴ   ② ㄱ, ㄷ   ③ ㄴ, ㄷ
④ ㄴ, ㄹ   ⑤ ㄷ, ㄹ

1 다음 지도의 A~C 지역에 대한 설명으로 옳지 <u>않은</u> 것은?

① A는 서안 해양성 기후 지역이다.

② B는 지중해성 기후 지역이다.

③ C는 온대 동안 계절풍 기후 지역이다.

④ A는 계절풍, C는 난류와 편서풍의 영향을 받는다.

⑤ A는 대륙의 서안에, C는 대륙의 동안에 위치하고 있다.

> **문제 해결 전략**
>
> 서안 해양성 기후 지역의 대표 도시는 영국 런던이며, ❶ [　　　] 기후 지역의 대표 도시는 이탈리아 로마, 온대 ❷ [　　　] 기후 지역의 대표 도시는 대한민국 서울이다.
>
> ❶ 지중해성 ❷ 계절풍

2 다음 사진과 같은 모습을 볼 수 있는 기후 지역의 특징으로 옳은 것을 | 보기 |에서 고르면?

> | 보기 |
> ㄱ. 혼합 농업의 발달
> ㄴ. 올리브와 포도 재배
> ㄷ. 연중 봄철과 같은 기후
> ㄹ. 여름철 고온 건조한 날씨

① ㄱ, ㄴ　　② ㄱ, ㄷ　　③ ㄴ, ㄷ　　④ ㄴ, ㄹ　　⑤ ㄷ, ㄹ

> **문제 해결 전략**
>
> 지중해성 기후 지역은 여름철에 고온 건조하여 올리브, 포도, 오렌지 등을 재배하는 ❶ [　　　]이, 겨울철에 온난 습윤하여 밀, 보리, 귀리 등을 재배하는 ❷ [　　　]이 주로 이루어진다.
>
> ❶ 수목 농업 ❷ 곡물 농업

3 다음 (가), (나)에 대한 설명으로 옳지 <u>않은</u> 것은?

(가)　　　　　　　　　　　(나)

① (가)는 주변에서 구하기 쉬운 흙으로 지은 집이다.

② (가)는 지면의 열기와 습기를 막기 위해 지은 집이다.

③ (나)는 땅이 녹아 집이 붕괴되는 것을 막을 수 있다.

④ (나)는 여름 이외에 땅이 눈과 얼음으로 덮여 있다.

⑤ (가), (나) 모두 창문이 작고 폐쇄적인 형태의 구조를 보인다.

> **문제 해결 전략**
>
> 사막 기후 지역은 집을 지을 때 흙을 주로 사용한다. 일교차가 커서 한낮에는 더위, 밤에는 추위를 막기 위해 벽은 두껍고 창문은 ❶ [　　　] 만든다. 툰드라 기후 지역은 기온이 매우 낮은 편으로, 난방열로 인해 얼어 있던 땅이 녹으면서 가옥이 붕괴되는 것을 막기 위해 ❷ [　　　]의 형태를 띤다.
>
> ❶ 작게 ❷ 고상 가옥

4 다음 (가), (나) 지형에 대한 설명으로 옳은 것을 | 보기 |에서 고르면?

(가)

▲ 오스트레일리아의 그레이트오션로드

(나)

▲ 오스트레일리아의 골드 코스트

┌ 보기 ┐

ㄱ. (가)는 주로 만에서 형성된다.

ㄴ. (가)는 파랑의 침식 작용으로 형성된다.

ㄷ. (나)는 만에 형성된 모래 해안이다.

ㄹ. (나)는 주로 조차가 큰 해안에서 형성된다.

① ㄱ, ㄴ   ② ㄱ, ㄷ   ③ ㄴ, ㄷ   ④ ㄴ, ㄹ   ⑤ ㄷ, ㄹ

> **문제 해결 전략**
>
> 곶은 육지가 바다로 돌출된 곳으로 파랑의 침식 작용이 활발하여 해안 절벽, 해안 동굴 등의 ❶□□□이 발달한다. 만은 바다가 육지로 들어간 곳으로 파랑의 퇴적 작용이 활발하여 모래사장 등의 ❷□□□이 발달한다.
>
> ❶ 암석 해안 ❷ 모래 해안

5 오른쪽은 우리나라의 주요 산지와 하천을 나타낸 지도이다. 이에 대한 설명으로 옳은 것은?

① 대부분의 큰 하천은 황해나 남해로 흐른다.

② 우리나라의 주요 평야는 동쪽에 발달해 있다.

③ 우리나라 산지는 대부분 남서쪽에 분포해 있다.

④ 하천 상류의 평야 지대는 대부분 논으로 이용된다.

⑤ 우리나라는 남서쪽이 북동쪽보다 높은 지형 구조가 나타난다.

> **문제 해결 전략**
>
> 우리나라는 국토의 70% 이상이 산지로 ❶□□□이 높고 서쪽이 완만한 동고서저의 지형이 나타난다. 주로 북동쪽에는 높은 산지가 분포하고, 대부분의 큰 하천은 동쪽에서 ❷□□□으로 흐른다.
>
> ❶ 동쪽 ❷ 서쪽

6 다음과 같은 지형 경관이 분포하는 우리나라의 지역에 대한 설명으로 옳지 <u>않은</u> 것은?

① 화산 활동으로 형성되었다.

② 세계적인 관광지로 발달하였다.

③ 독특한 화산 지형들이 발달되어 있다.

④ 화강암으로 이루어진 지형이 대부분이다.

⑤ 한라산, 성산일출봉 등은 세계 자연 유산으로 지정되었다.

> **문제 해결 전략**
>
> 제주도는 화산 활동으로 형성되어 독특한 지형이 많다. 용암이 흐르면서 만들어진 ❶□□□, 용암이 굳으면서 다각형의 기둥 모양으로 쪼개진 ❷□□□, 한라산의 사면에서 분출하여 형성된 측화산인 오름 등이 대표적인 화산 지형이다.
>
> ❶ 용암동굴 ❷ 주상 절리

대표 예제 1

오른쪽과 같은 지도에 대한 설명으로 옳지 <u>않은</u> 것은?

① 자연환경을 파악하기 쉽다.

② 방위 표시가 없을 때 지도의 위쪽이 북쪽이다.

③ 축척은 실제 거리를 줄여 지도에 나타낸 비율이다.

④ 지도는 지표면의 여러 가지 현상을 일정한 비율로 줄여 평면 위에 표현한 것이다.

⑤ 특별한 목적에 따라 필요한 내용만 상세하게 나타낸 지도를 일반도라 한다.

개념 가이드

❶ 는 지표의 지리적 현상을 일정한 비율로 줄여 약속된 기호나 색 등으로 평면 위에 나타낸 것이다   ❶지도

대표 예제 2

다음 자료에 대한 설명으로 옳은 것을 ｜보기｜에서 고르면?

┌ 보기 ┐

ㄱ. 경도는 0° ~ 90°의 범위를 지닌다.

ㄴ. 본초 자오선은 위도가 0°인 지점이다.

ㄷ. 위도는 적도를 기준으로 북위와 남위로 구분한다.

ㄹ. 경도는 본초 자오선을 기준으로 동경과 서경으로 구분된다.

① ㄱ, ㄴ ② ㄱ, ㄷ ③ ㄴ, ㄷ ④ ㄴ, ㄹ ⑤ ㄷ, ㄹ

개념 가이드

지구본에 표시된 가상의 가로선은 ❶ 으로, 기준선은 적도이다. 가상의 세로선은 ❷ 로, 기준선은 본초 자오선이다.

❶위선 ❷경선

대표 예제 3

다음 지도에서 런던보다 표준시가 느린 지역을 두 가지 고르면?

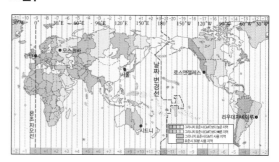

① 서울   ② 시드니   ③ 모스크바
④ 로스앤젤레스 ⑤ 리우데자네이루

개념 가이드

❶ 의 차이는 시차의 원인이 된다. 지구는 서쪽에서 동쪽으로 자전하므로, 본초 자오선에서 ❷ 으로 갈수록 시간이 빨라지고 서쪽으로 갈수록 시간이 늦어진다.   ❶경도 ❷동쪽

대표 예제 4

다음 자료와 같이 위도별로 태양의 고도가 달라지며 나타나는 현상으로 옳지 <u>않은</u> 것은?

고위도
햇빛을 비스듬히 받아 넓은 지역에 열이 분산된다.

중위도
햇빛을 약간 비스듬히 받는다.

저위도
햇빛을 수직에 가깝게 받아 열이 좁은 지역에 집중된다.

① 고위도 지역에서는 한대 기후가 나타난다.

② 고위도 지역에서는 태양 고도가 높아진다.

③ 중위도 지역에서는 온대 기후가 나타난다.

④ 적도 부근에는 연중 더운 날씨가 지속된다.

⑤ 위도에 따라 의식주 문화의 차이가 발생한다.

개념 가이드

위도가 낮은 적도에서 고위도인 극지방으로 갈수록 태양 고도가 ❶ 지면서 일사량도 감소하고 연평균 기온이 낮아진다.

❶낮아

대표 예제 5

오른쪽 그림과 같은 지리 정보 기술에 대한 설명으로 옳지 <u>않은</u> 것은?

① 홍수나 태풍 등 자연 재해 상황을 대비한다.

② 지능형 교통 체계로 대도시의 교통 상황을 파악한다.

③ 교통 안내 서비스, 빠른 길 찾기 등의 서비스를 제공한다.

④ 도시의 문화·관광, 환경 정보 등 공공 지리 정보를 안내한다.

⑤ 복잡한 기술과 비싼 비용으로 인해 공공 부문에만 이용하고 있다.

개념 가이드

❶　　　　　은 다양한 지리 정보를 수집하고 다루는 기술로, ❷　　　　　(GIS), 원격 탐사, 위성 위치 확인 시스템(GPS) 등이 있다.　　❶ 지리 정보 기술 ❷ 지리 정보 시스템

대표 예제 6

다음 A~E의 기후 지역에 대한 설명으로 옳은 것은?

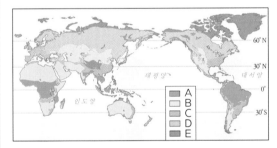

① A: 겨울이 춥고 긴 반면, 여름은 짧다.

② B: 덥고 비가 적게 내리며 증발량이 강수량보다 많다.

③ C: 몹시 춥고 강수량도 적어 나무가 자라지 못한다.

④ D: 기온이 높고 강수량이 많아 덥고 습하다.

⑤ E: 북부에 '타이가'라 불리는 침엽수림 지대가 나타난다.

개념 가이드

세계의 기후 지역은 기온과 ❶　　　　　을 기준으로 구분된다. 또한 세계의 기후 지역은 ❷　　　　　에서 극지방으로 가면서 열대 기후, 건조 기후, 온대 기후, 냉대 기후, 한대 기후가 나타난다.

❶ 강수량 ❷ 적도

대표 예제 7

오른쪽 사진과 같은 농업 경관을 볼 수 있는 지역에 대한 설명으로 옳은 것은?

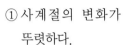

① 사계절의 변화가 뚜렷하다.

② 연중 강수량이 적고 건조하다.

③ 일 년 내내 추운 날씨가 이어진다.

④ 가장 추운 달의 평균 기온이 3~18℃이다.

⑤ 적도에 걸쳐 있거나 그 부근에서 나타난다.

개념 가이드

열대 우림 기후 지역에서는 밀림에 불을 질러 경지를 만들고, 토양이 척박해지면 다른 곳으로 이동하여 새로운 경지를 만드는 이동식 ❶　　　　　이 이루어진다.　　❶ 화전 농업

대표 예제 8

친구들의 대화 중 (가), (나)에 들어갈 알맞은 말을 |보기|에서 골라 바르게 연결한 것은?

지중해성 기후 지역의 (가) 은 기온이 높고 강수량이 적은 편이야.

이 지역에서는 올리브, 포도, 오렌지 등을 재배하는 (나) 이 주로 이루어지고 있어.

보기
ㄱ. 여름　　　　　ㄴ. 겨울
ㄷ. 수목 농업　　　ㄹ. 혼합 농업

	(가)	(나)		(가)	(나)
①	ㄱ	ㄴ	②	ㄱ	ㄷ
③	ㄱ	ㄹ	④	ㄴ	ㄷ
⑤	ㄴ	ㄹ			

개념 가이드

지중해성 기후 지역에서의 ❶　　　　　은 덥고 건조한 반면, ❷　　　　　은 따뜻하고 습윤하다.　　❶ 여름 ❷ 겨울

대표 예제 9

오른쪽은 영국의 7월 날씨 그림이다. 영국의 기후에 대한 설명으로 옳지 않은 것은?

우산이 필요하겠지?

① 연교차가 작다.

② 주민들은 맑은 날 일광욕을 즐긴다.

③ 여름에는 서늘하고 겨울에는 따뜻하다.

④ 가축과 곡물을 함께 기르는 혼합 농업이 발달했다.

⑤ 강수량이 여름에 집중하여 홍수의 위험성이 높다.

개념 가이드

| ❶ | 기후는 온대 기후에 속하며, 여름에는 서늘하고 겨울에는 따뜻하다. 연교차가 작고 연중 | ❷ | 이 고르다.

❶ 서안 해양성 ❷ 강수량

대표 예제 10

다음 검색창에 나타난 기후 지역의 특징이 아닌 것은?

통합검색 ▼   검색

① 연강수량 250mm 미만이다.

② 목화, 대추야자 등을 재배한다.

③ 벽이 얇고 창문이 큰 집을 짓는다.

④ 온몸을 감싸는 헐렁한 옷을 입는다.

⑤ 오아시스를 중심으로 마을이 발달한다.

개념 가이드

| ❶ | 는 연 강수량이 250mm 미만으로 식물이 자라기 어려울 정도의 매우 건조한 기후로 두꺼운 벽과 작은 창문을 가진 | ❷ | 이나 흙벽돌집을 짓는다.

❶ 사막 기후 ❷ 흙집

대표 예제 11

다음 지도에 표시된 기후 지역에 대한 설명으로 옳지 않은 것은?

① 기온이 너무 낮아 농경이 불가능하다.

② 개나 순록이 끄는 썰매를 이용해 이동한다.

③ 순록의 가죽이나 털로 옷과 천막집을 만든다.

④ 여름에도 녹지 않고 얼어 있는 영구 동토층이 있다.

⑤ 여름철 지면에서 올라오는 열기와 습기를 막기 위해 고상 가옥을 짓는다.

개념 가이드

툰드라 기후 지역은 기온이 매우 | ❶ | 편으로, 이 지역의 지표 밑에는 여름에도 녹지 않고 얼어 있는 | ❷ | 이 있다.

❶ 낮은 ❷ 영구 동토층

대표 예제 12

(가), (나) 산지를 설명하기 위해 필요하지 않은 내용은?

(가)   (나)

▲ 네팔 마차푸차레산   ▲ 칠레 파리나코타 화산

① 고원   ② 습곡   ③ 지진

④ 화산 활동   ⑤ 신기 습곡 산지

개념 가이드

| ❶ | 는 형성 시기가 오래되지 않아 해발 고도가 높고 험준하며, | ❷ | 는 오랜 침식으로 해발 고도가 낮고 경사가 완만하다.

❶ 신기 습곡 산지 ❷ 고기 습곡 산지

대표 예제 13

다음 그림의 A 지역에서 파랑의 침식 작용으로 만들어진 해안 지형을 |보기|에서 고르면?

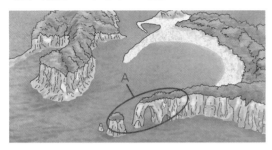

┌─ 보기 ─────────────────────────────┐
│ ㄱ. 산호초   ㄴ. 시 스택   ㄷ. 모래사장 │
│ ㄹ. 해안 동굴   ㅁ. 해안 절벽   │
└──────────────────────────────────┘

① ㄱ, ㄴ, ㄹ   ② ㄱ, ㄷ, ㄹ   ③ ㄴ, ㄷ, ㅁ
④ ㄴ, ㄹ, ㅁ   ⑤ ㄷ, ㄹ, ㅁ

개념 가이드

바다 쪽으로 돌출한 해안인 곳에는 파도의 ❶ ☐☐☐☐ 작용으로 암석이 깎이면서 ❷ ☐☐☐☐ 을 형성한다.　❶ 침식 ❷ 암석 해안

대표 예제 14

다음 자료의 ㉠에 들어갈 수 있는 내용으로 옳은 것은?

아름다운 해안 지형이 알려지면 관광객이 몰려들고 이들을 위한 숙박업소와 음식점, 각종 편의 시설이 들어서기 시작한다. 관광 산업이 발달하면 (㉠) 등의 긍정적인 효과가 나타난다.

▲ 오스트레일리아 골드 코스트

① 녹조 발생   ② 범죄 증가
③ 문화적 갈등   ④ 교통 체증 증가
⑤ 지역 주민 수익 증대

개념 가이드

해안 지역의 ❶ ☐☐ 산업 발달은 주민들의 ❷ ☐☐☐ 창출, 수익 증대 등을 통해 경제 활성화에 기여하고 있다.

❶ 관광 ❷ 일자리

대표 예제 15

다음 지도의 우리나라 해안 지역 A와 B를 비교한 것으로 옳은 것은?

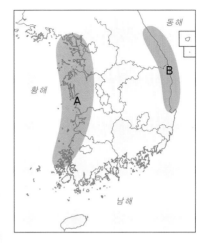

	구분	A	B
①	섬	적다	많다
②	수심	깊다	얕다
③	조차	크다	작다
④	해안선	단조롭다	복잡하다
⑤	해안 지형	석호	갯벌

개념 가이드

우리나라의 서·남해안은 수심이 얕고, 조차가 크며, 섬·만·반도 등이 많아 해안선이 ❶ ☐☐ 한 리아스식 해안이 발달했다. ❷ ☐☐☐ 은 수심이 깊고, 조차가 작으며, 해안선이 단조롭다.

❶ 복잡 ❷ 동해안

1 다음은 오스트레일리아의 소와 양 분포를 나타낸 지도이다. 이에 대한 설명으로 옳지 않은 것은?

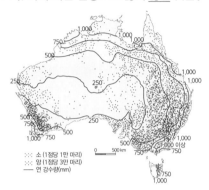

소 (1점당 1만 마리)
양 (1점당 3만 마리)
— 연 강수량(mm)

① 남서부 지역에서는 주로 양을 기른다.

② 오스트레일리아에는 목축업이 발달했다.

③ 강수량과 소와 양의 분포는 관련이 없다.

④ 소와 양은 남동부 지역에 집중 분포한다.

⑤ 소와 양의 분포를 점으로 나타낸 점묘도이다.

Tip
목축업이 발달한 오스트레일리아의 소와 양의 분포를 점으로 나타낸 ❶　　　　이다. 오스트레일리아의 목축업은 ❷　　　의 영향을 강하게 받는다.　　❶ 점묘도 ❷ 강수량

2 다음 빈칸에 들어갈 숫자를 모두 더한 것으로 옳은 것은?

> 런던에 있는 친구가 런던 시간으로 3월 4일 오후 8시에 출발하여, 13시간 동안 비행기를 타고 서울에 도착하면 3월 □일 오후 □시가 된다.
> (런던은 경도 0°, 서울은 동경 135° 기준, 시간은 24시간 단위로 함.)

① 5　　② 11　　③ 12　　④ 14　　⑤ 16

Tip
런던은 경도 0°, 서울은 동경 135°를 기준으로 표준시를 정하기 때문에 서울이 런던에 비해 ❶　　　시간이 빠르다.
❶ 9

3 다음 (가)~(다)의 기후 그래프가 나타나는 지역에 대한 설명으로 옳은 것은?

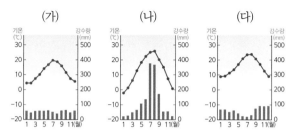

(가)　　　　　(나)　　　　　(다)

① (가)는 연중 강수량이 고르다.

② (가)는 (나)보다 7월 기온이 높다.

③ (가)는 (나)보다 기온의 연교차가 크다.

④ (나)는 (다)보다 여름철 강수량이 적다.

⑤ 여름철에 가장 습윤한 지역은 (다)이다.

Tip
온대 기후는 계절별 강수량과 여름 기온에 따라 (가)의 ❶　　　　기후, (나)의 온대 계절풍 기후, (다)의 ❷　　　기후로 구분된다.　　❶ 서안 해양성 ❷ 지중해성

4 다음 설명에 해당하는 농업 방식으로 옳은 것은?

숲에 불을 질러 경지를 만들고 카사바, 얌 등의 작물을 재배한다. 땅이 척박해지면 다른 장소로 이동하여 새로운 경지를 만든다.

① 낙농업　　② 수목 농업　　③ 혼합 농업
④ 플랜테이션　　⑤ 이동식 화전 농업

Tip
❶　　　　농업은 밀림에 불을 질러 경지를 만들고, 토양이 척박해지면 다른 곳으로 이동하여 새로운 경지를 만들어 농사를 짓는 형태를 말한다.　　❶ 이동식 화전

5 (가), (나) 지역의 생활 모습에 대한 설명으로 옳은 것은?

(가)　　　　(나)

① (가) 지역의 연 강수량은 250~500mm이다.
② (가) 지역 주민들은 오아시스를 중심으로 생활한다.
③ (가) 지역의 이동식 가옥은 유목 생활에 편리하다.
④ (나) 지역의 가옥은 주로 창문이 작고 벽이 두껍다.
⑤ (나) 지역 주민들은 모래바람과 햇빛을 막기 위해 온몸을 감싸는 헐렁한 옷을 입는다.

> **Tip**
> 건조 기후는 연 강수량을 기준으로 **❶** mm 미만은 사막 기후, 250~500mm 사이는 **❷** 기후로 구분된다.
> ❶ 250 ❷ 스텝

6 다음 지도에 대한 설명으로 옳은 것을 〈보기〉에서 고르면?

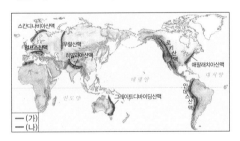

> **보기**
> ㄱ. (나)는 고기 습곡 산지이다.
> ㄴ. (가)는 지진과 화산 활동이 활발하다.
> ㄷ. (나)는 지각 운동의 영향으로 지각판이 높게 솟아 오른 곳이다.
> ㄹ. (가)는 오랜 기간 침식을 받아 해발 고도가 낮고 경사가 완만하다.

① ㄱ, ㄴ　　② ㄱ, ㄷ　　③ ㄴ, ㄷ
④ ㄴ, ㄹ　　⑤ ㄷ, ㄹ

> **Tip**
> **❶** 습곡 산지에는 알프스산맥, 히말라야산맥, 로키 산맥, 안데스산맥 등이 있고, **❷** 습곡 산지에는 우랄 산맥, 스칸디나비아산맥, 애팔래치아산맥 등이 있다.
> ❶ 신기 ❷ 고기

7 (가)와 (나)는 대표적인 해안 지형의 사진이다. 이에 대한 설명으로 옳지 않은 것은?

(가)　　　　(나)

① (가)는 바다 쪽으로 돌출한 해안에서 주로 형성된다.
② (가)는 오랜 시간 동안 파랑에 의해 침식된 결과이다.
③ (나)는 조류의 작용으로 미세한 흙이 퇴적되었다.
④ (나)는 파랑에 의해 모래가 퇴적되어 만들어졌다.
⑤ (나)는 바다가 육지 쪽으로 들어간 만에서 주로 형성된다.

> **Tip**
> 해안 절벽과 시 스택은 바위가 오랜 시간 동안 파랑에 의해 **❶** 되어 형성된다. 모래사장은 파랑에 의해 모래가 **❷** 되어 만들어진다.
> ❶ 침식 ❷ 퇴적

8 (가) 지역에 대한 설명으로 옳지 않은 것은?

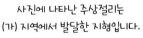 사진에 나타난 주상절리는 (가) 지역에서 발달한 지형입니다.

① 수백 개의 다양한 오름이 있다.
② 섬 대부분이 현무암으로 덮여 있다.
③ 용암동굴과 같은 화산 지형을 볼 수 있다.
④ 우리나라 최초로 세계 자연 유산에 등재되었다.
⑤ 석회암이 지하수에 녹아 만들어진 지형이 많다.

> **Tip**
> 제주도에는 독특한 지형이 많다. 수백 개의 오름이 다양한 형태로 존재하며, 바다로 떨어지는 폭포와 기둥 모양의 **❶** , 용암이 흐르면서 식는 속도가 달라서 만들어진 **❷** 을 볼 수 있다. ❶ 주상 절리 ❷ 용암동굴

1 다음 (가)에 들어갈 내용으로 가장 알맞은 것을 〈보기〉에서 고르면?

프랑스, 그리스 같은 국가의 위치를 표현하는 방법으로 어떤 것이 좋을까?

(가) 을/를 이용해야 해.

┌ 보기 ┐
ㄱ. 랜드마크　　　　ㄴ. 행정 구역
ㄷ. 위도와 경도　　　ㄹ. 대륙과 해양

① ㄱ, ㄴ　　　② ㄱ, ㄷ　　　③ ㄴ, ㄷ
④ ㄴ, ㄹ　　　⑤ ㄷ, ㄹ

2 다음에 제시된 자료의 차이가 인간 생활에 미치는 영향에 대한 설명으로 옳지 <u>않은</u> 것은?

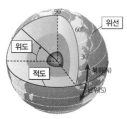

▲ 위도

▲ 경도

① 외국에 전화할 때 시차를 고려해야 한다.
② 날짜 변경선의 동쪽과 서쪽은 하루의 시차를 나타낸다.
③ 말레이시아에서 러시아로 눈을 구경하러 여행을 간다.
④ 남반구의 농작물 수확 시기는 북반구와 달라 수출에 유리하다.
⑤ 국토가 남북으로 긴 국가는 다수의 표준시를 사용하기도 한다.

3 다음에서 선생님이 설명하고 있는 기후 지역을 지도의 A~E 중에서 고르면?

겨울이 춥고 길며 기온의 연교차가 큽니다. '타이가'라 불리는 침엽수림 지대가 분포하고 있답니다.

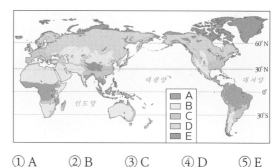

① A　　② B　　③ C　　④ D　　⑤ E

4 다음 질문에 대한 대답으로 알맞은 기후 지역은?

사진과 같은 가옥을 쉽게 볼 수 있는 지역은 어떤 기후일까요?

① 사막 기후　　　　② 툰드라 기후
③ 지중해성 기후　　④ 열대 우림 기후
⑤ 서안 해양성 기후

5 다음 편지를 보낸 친구가 사는 지역에서 볼 수 <u>없는</u> 것은?

> 안녕, 나는 캐나다 누나분트 준주에 살고 있어. 이곳은 긴 겨울(9개월 정도)과 짧은 여름(3개월 정도), 그리고 아주 스치듯 지나가는 봄과 가을이 있어.
>
> 내가 사는 고장은 이누이트의 고향으로 알려져 있어. 나는 콘크리트와 나무로 만든 현대식 주택에 살아. 지붕의 경사가 가파르고, 집의 바닥을 땅에서 띄워 지은 것이 특징이지.

① 나무   ② 순록
③ 개썰매   ④ 백야 현상
⑤ 영구 동토층

6 다음과 같은 주민 생활이 나타나는 기후에 대한 설명으로 옳은 것은?

▲ 벼농사   ▲ 비빔밥

① 연중 비가 고르게 내린다.
② 계절풍의 영향을 많이 받는다.
③ 여름에 기온이 높고 강수량이 적다.
④ 대륙의 영향을 많이 받아 기온의 연교차가 작다.
⑤ 편서풍의 영향으로 여름에는 서늘하고 겨울에는 따뜻하다.

7 다음 검색창의 검색어로 옳은 것은?

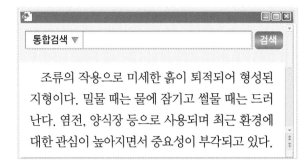

> 조류의 작용으로 미세한 흙이 퇴적되어 형성된 지형이다. 밀물 때는 물에 잠기고 썰물 때는 드러난다. 염전, 양식장 등으로 사용되며 최근 환경에 대한 관심이 높아지면서 중요성이 부각되고 있다.

① 갯벌   ② 산호초
③ 시 스택   ④ 모래사장
⑤ 해안 절벽

8 우리나라의 주요 산지와 하천을 나타낸 지도이다. 이에 대한 설명으로 옳은 것을 〈보기〉에서 고르면?

> **보기**
> ㄱ. 산지의 대부분은 남서부에 분포한다.
> ㄴ. 큰 하천은 대부분 서쪽과 남쪽으로 흐른다.
> ㄷ. 동쪽이 높고 서쪽이 낮은 동고서저 지형이다.
> ㄹ. 황해로 흐르는 하천은 길이가 짧고 경사가 급하다.

① ㄱ, ㄴ   ② ㄱ, ㄷ   ③ ㄴ, ㄷ
④ ㄴ, ㄹ   ⑤ ㄷ, ㄹ

1 다음 채팅창의 대화 중 밑줄 친 부분에 들어갈 내용으로 옳은 것은?

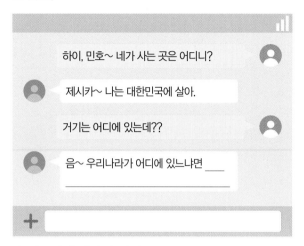

하이, 민호~ 네가 사는 곳은 어디니?

제시카~ 나는 대한민국에 살아.

거기는 어디에 있는데??

음~ 우리나라가 어디에 있느냐면 ___
___

① 인도양과 맞닿아 있어.

② 아시아 대륙 서쪽에 위치해.

③ 북위 33°~43° 사이에 위치하고 있어.

④ 서경 124°~132° 사이에 위치하고 있어.

⑤ 북쪽의 일본, 서쪽의 러시아로 둘러싸여 있어.

2 다음 (가), (나) 지리 정보 자료를 통해 예측할 수 있는 수인이의 집으로 적절한 곳은?

(가) 우리 집은 강가에 있고, 학교에서 가까운 편이야. 바로 옆에는 할아버지 과수원이 있어서 자주 놀러 갔었어.

(나)

	학교		
		과수원	

① 학교 / 과수원

② 학교 / 과수원

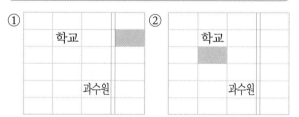

③ 학교 / 과수원

④ 학교 / 과수원

⑤ 학교 / 과수원

3 다음 자료의 (가)에 해당하는 내용에 대한 설명으로 옳은 것은?

퀴즈: 서안 해양성 기후 지역에서 곡물 재배와 가축 사육을 함께 하는 농업 방식은?

| 업 | 랜 | 이 | 테 | 혼 |
| 합 | 션 | 농 | 플 |

퀴즈에 대한 답을 지우고 남는 글자로 만들 수 있는 것은 [(가)]입니다.

① 라마와 알파카와 같은 동물을 기른다.

② 물과 풀을 찾아 이동하면서 목축을 한다.

③ 천연고무, 바나나 등의 작물을 재배한다.

④ 카사바, 얌, 옥수수 등의 작물을 재배한다.

⑤ 오렌지, 포도, 올리브 등의 작물을 재배한다.

Tip
열대 우림 기후 지역은 일 년 내내 기온이 높고, 연 강수량이 많아 매우 습한 지역이다. 열대 기후, 원주민의 **❶** [ ], 선진국의 **❷** [ ]과 기술이 합쳐져서 상품 작물을 대규모로 재배하는 플랜테이션 농업이 이루어진다.

❶ 노동력 ❷ 자본

4 다음 친구들이 말판놀이를 통해 말판에 나온 음식을 사 먹으려고 한다. 문제 ①~④를 풀고 사 먹게 될 음식으로 옳은 것은?

〈음식점으로 가는 방법〉
• 화살표 방향으로 이동한다.
• 〈문제〉에서 지중해성 기후의 특징이면 1칸, 서안 해양성 기후의 특징이면 2칸, 온대 계절풍 기후의 특징이면 3칸 이동한다.

〈문제〉
① 대도시 근교에서 낙농업이 활발하다.
② 습한 겨울에 곡물 재배가 주로 이루어진다.
③ 여름은 덥고 건조하고, 겨울은 따뜻하고 습윤하다.
④ 여름과 겨울의 기온과 강수량 차이가 매우 크게 나타난다.

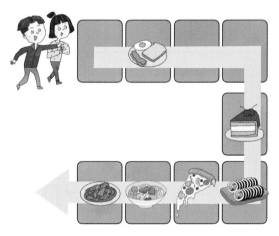

① 김밥　　② 라면　　③ 피자
④ 떡볶이　　⑤ 케이크

Tip
서안 해양성 기후는 **❶** [ ]이 연중 고르고, 지중해성 기후는 여름에 고온 건조하고 겨울에 온난 습윤하며, 온대 계절풍 기후는 기온의 **❷** [ ]가 크게 나타난다.

❶ 강수량 ❷ 연교차

5 다음은 어떤 지역의 여행 상품 광고 전단지이다. 이 지역에 대한 내용으로 옳지 <u>않은</u> 것은?

① 최근 관개 농업을 한다.

② 큰 일교차에 대비해 창문이 작다.

③ 강수량이 많아 지붕의 경사가 급하다.

④ 건물 간에 간격을 좁게 만들어 그늘을 형성한다.

⑤ 모래바람과 강한 햇빛 때문에 몸 전체를 감싸는 옷을 입는다.

---

6 다음과 같은 인도 화폐의 뒷면에는 산이 그려져 있다. 산과 관련한 설명으로 옳은 것은?

① 고도가 낮고 완만하다.

② 지각이 안정되어 있다.

③ 해발 고도가 높으나 평탄하다.

④ 오랜 시간 동안 침식과 풍화를 받았다.

⑤ 지각 운동의 영향으로 지각판이 높게 솟아 오른 지역이다.

Tip

❶⬜⬜ 기후 지역은 연 강수량이 250 mm 미만으로 강수량보다 증발량이 커서 식물이 자라기 어렵다. 일교차가 크기 때문에 벽이 두껍고 창문이 작은 **❷**⬜⬜ 을 짓는다.

❶ 사막 ❷ 흙벽돌집(흙집)

Tip

❶⬜⬜ 산지는 형성 시기가 오래되지 않아 해발 고도가 높고 험준하며 알프스산맥, **❷**⬜⬜ 산맥, 로키산맥, 안데스산맥 등이 대표적이다. ❶ 신기 습곡 ❷ 히말라야

7 다음 (가), (나)의 그림 속에 나타난 지역에 대한 설명으로 옳은 것은?

명화와 만나는 해변 지형 이야기

- 온라인 전시 일정: 20○○.○○.○○ ~ ○○.○○
- 전시 장소: ○○ 시립 미술관 홈페이지

	작품	작품 해설
(가)		**모네,〈에트르타 절벽의 일몰〉** 이 작품은 모네가 사랑한 에트르타 해변을 그림으로 표현한 것입니다. 기암 절벽의 모습이 매우 인상적입니다.
(나)		**르누아르,〈해변의 인물들〉** 이 작품은 해변에 앉아 있는 여인들을 표현하고 있습니다. 바닷가의 멋진 모래사장이 아름다워 보입니다.

① (가)는 주로 해수욕장으로 이루어졌다.

② (가)는 파랑의 퇴적에 의해 만들어졌다.

③ (나)는 바다 쪽으로 돌출한 해안에서 잘 형성된다.

④ (나)는 주로 모래가 파랑에 의해 침식되면서 만들어졌다.

⑤ (가)는 바위가 오랜 시간 동안 파도에 의해 침식된 결과로 나타난다.

Tip
❶ 은 파랑에 의해 모래가 운반·퇴적되어 형성된다. 해안 절벽은 바위가 오랜 시간 동안 파랑에 의해 **❷** 된 결과이다.
❶ 모래사장 ❷ 침식

8 다음 퍼즐에서 우리나라 지형에 대한 옳은 설명을 색칠했을 때 나타나는 빙고 형태로 적절한 것은?

동쪽이 높고 서쪽이 낮은 동고서저 지형이다.	서해안에는 깊은 바다와 넓은 모래사장이 있다.	대부분의 하천은 동해로 흐른다.
제주도는 화산 활동에 의해 만들어졌다.	동해안은 조차가 커 갯벌이 발달하였다.	황해로 흐르는 하천은 길이가 짧고 경사가 급하다.
석회암이 물에 녹아 형성된 카르스트 지형을 볼 수 있다.	우리나라는 국토의 70% 이상이 산지이다.	남해안은 많은 섬으로 이루어진 다도해이다.

① ■■■■ / □□■ / □□■

② ■□□ / □■■ / □■■

③ ■■■ / □□□ / ■■■

④ ■□□ / ■■■ / ■□□

⑤ □□■ / ■■■ / □□■

Tip
우리나라는 태백산맥이 동쪽으로 치우쳐 있어 **❶** 으로는 경사가 급하고, 서쪽으로는 경사가 **❷** 한 동고서저 지형이 나타난다.
❶ 동쪽 ❷ 완만

2주 1일 개념 돌파 전략 ❶

개념 1 문화와 문화 지역

(1) **문화 지역(문화권)**: 문화와 문화 경관이 유사하게 나타나는 공간적 범위

(2) **세계의 문화 지역**

▲ 세계의 문화 지역

유럽	크리스트교, 일찍 산업화
건조(아랍)	이슬람교, 아랍어, 유목, 오아시스 농업
아프리카	원시 종교, ❶ □□ 중심 생활, 유럽의 식민 지배
인도	불교와 힌두교의 발상지, 다양한 종교와 언어
동아시아	벼농사, 유교, 불교, 한자, 젓가락 사용
동남아시아	벼농사, 다양한 인종·종교 분포, 인도·중국 영향, 동서 해상 교통 요충지
오세아니아	크리스트교, 유럽 문화의 영향, 영어 사용, 원주민 문화
앵글로아메리카	산업 발달, 크리스트교(개신교), ❷ □□ 사용, 다양한 인종 구성
라틴 아메리카	크리스트교(가톨릭교), 에스파냐어와 포르투갈어 사용, 다양한 인종 구성
북극	순록 유목, 추운 기후에 적응한 생활 양식

Quiz

벼농사가 이루어지며 다양한 인종과 종교가 분포하는 세계의 문화 지역은?

❶ 부족 ❷ 영어

답 | 동남아시아 문화 지역

개념 2 세계화와 문화 변용

문화 변용	• 서로 다른 문화를 가진 집단 사이에 지속적인 접촉과 전파가 일어나면서 한쪽 또는 양쪽의 문화가 변화하는 현상이나 과정 • 문화 공존, 문화 동화, 문화 융합
세계화에 따른 문화 변용	• 문화의 ❶ □□ : 한 지역의 문화가 다른 지역에서 비슷하게 나타나거나 전 세계적으로 같은 문화를 공유하는 현상 ⑩ 커피, 청바지 등 • 문화의 ❷ □□ (문화 융합): 확산된 문화가 각 지역의 특색에 맞게 지역 문화와 융합되어 다양한 형태로 변형됨. ⑩ 지역마다 다른 햄버거 등

▲ 멕시코의 과달루페 성모상(문화 변용 사례)

Quiz

서로 다른 문화가 만나 지역의 고유한 문화 형태에 변화가 나타나는 현상은?

❶ 획일화 ❷ 다양화

답 | 문화 변용

개념 3 자연재해의 발생

(1) **기상 현상에 의한 자연재해**

홍수	• 대하천 하류, 저지대 → 농경지 및 가옥 침수, 산사태 발생
가뭄	• 건조 기후 지역에서 주로 발생 → ❶ □□ 부족, 토양 황폐화
열대 저기압	• ❷ □□ 해상에서 발생하여 중위도 지역으로 이동하는 저기압 • 강한 비바람 동반 → 선박과 시설물 파손, 해안 저지대 침수, 홍수 발생
폭설	• 짧은 기간 동안 눈이 많이 내리는 현상 → 도로 교통 마비, 시설물 붕괴

(2) **지각 변동에 의한 자연재해**

지진	도로와 시설물 붕괴, 산사태와 화재 발생
화산	화산 분출물로 인한 재산 및 인명 피해, 항공기 운항 중단 발생

▲ 화산   ▲ 홍수

Quiz

태평양을 둘러싸고 있는 환태평양 조산대, 알프스산맥과 히말라야산맥을 잇는 알프스·히말라야 조산대에서 빈번하게 발생하는 자연재해 두 가지는?

❶ 용수 ❷ 열대

답 | 지진, 화산

1-1 다음 A, B, C에 해당하는 문화 지역을 쓰시오.

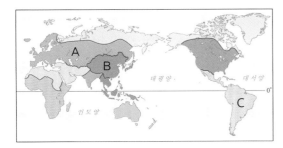

풀이 | **❶ ▢** 문화 지역은 크리스트교의 영향을 받고 일찍 산업화가 되었다. **❷ ▢** 문화 지역은 벼농사, 유교, 불교, 한자 등의 공통된 문화가 나타나며, 라틴 아메리카 문화 지역은 남부 유럽의 영향을 받고 인디오, 백인, 흑인 등 다양한 인종이 산다.

❶ 유럽 ❷ 동아시아   답 | A 유럽 문화 지역, B 동아시아 문화 지역, C 라틴 아메리카 문화 지역

2-1 다음에서 설명하는 문화의 특성을 쓰시오.

▨ S커피 매장이 있는 국가

한 지역의 문화가 다른 지역에서 비슷하게 나타나거나 전 세계적으로 같은 문화를 공유하는 현상

풀이 | 문화의 **❶ ▢** 는 문화의 세계화에 따라 전 세계의 문화가 서로 비슷해지는 현상을 말하고, 문화의 **❷ ▢** (문화 융합)는 확산된 문화가 각 지역의 특성에 맞게 지역 문화와 융합하는 현상을 말한다.

❶ 획일화 ❷ 다양화   답 | 문화의 획일화

3-1 다음 (가), (나) 사진에 해당하는 자연재해는 무엇인지 쓰시오.

(가)

(나)

풀이 | **❶ ▢** 는 가옥과 도로 침수, 산사태 발생 등의 문제를 일으키고, **❷ ▢** 은 각종 용수 부족, 토양의 황폐화, 농작물 고사, 식량 생산량 감소 등의 문제를 일으킨다.

❶ 홍수 ❷ 가뭄   답 | (가) 홍수 (나) 가뭄

1-2 다음과 같은 특징을 보이는 문화 지역은?

- 원시 종교
- 부족 중심 생활
- 유럽의 식민 지배

① 유럽 문화 지역

② 인도 문화 지역

③ 아프리카 문화 지역

④ 라틴 아메리카 문화 지역

⑤ 앵글로아메리카 문화 지역

2-2 다음에 제시된 물건을 통해 알 수 있는 문화 변용 현상으로 알맞은 것은?

- 커피
- 청바지
- 패스트푸트

① 문화 공존   ② 문화 융합

③ 문화의 다양화   ④ 문화의 획일화

⑤ 문화 사대주의

3-2 강한 비바람을 동반하여 다음과 같은 피해를 주는 자연재해는?

- 홍수 발생
- 해안 저지대 침수
- 선박과 시설물 파손

① 가뭄   ② 홍수

③ 지진   ④ 폭설

⑤ 열대 저기압

개념 1 자연재해와 주민 생활

(1) 기상 현상에 의한 자연재해 발생 지역의 주민 생활

홍수	비옥해진 토양을 이용한 농업, ❶ [ ] 집 발달
가뭄	용수 부족, 토양 황폐화 → 지하수 개발, 해수 담수화 시설 등 통해 용수 확보
열대 저기압	더위 및 가뭄 해결, 적조 현상 완화
폭설	눈을 활용한 눈 축제와 겨울 스포츠 발달

(2) 지각 변동에 의한 자연재해 발생 지역의 주민 생활

지진	❷ [ ] 의무화, 지진 대피 훈련 실시
화산	비옥한 토양을 이용한 농업, 관광 산업, 지열 발전 등 발달

❶ 터돋움 ❷ 내진 설계

무분별한 개발, 하천 직선화, 지구 온난화 등으로 홍수 피해가 증가하고 오랜 가뭄, 과도한 농경지 개간과 방목, 무분별한 삼림 벌채 등으로 사막화 피해도 증가하고 있어요.

Quiz

더위 및 가뭄을 해결해주고, 적조 현상을 완화시켜 주기도 하는 자연재해는?

답 | 열대 저기압

개념 2 자원 분포와 자원을 둘러싼 갈등

(1) 자원 분포와 소비

석유	• 서남아시아의 ❶ [ ]에 집중 분포 → 국제적 이동량이 많음. • 세계에서 가장 많이 소비되는 에너지 자원, 운송 수단 연료 및 공업 제품 원료
석탄	• 전 세계적으로 고르게 분포 → 국제적 이동량이 적음. • 제철 공업의 원료, 화력 발전의 연료로 이용
천연가스	석유와 분포 지역 비슷함, 냉동 액화 기술과 수송 수단의 발달 → 이용량 증가
쌀	고온 다습한 ❷ [ ] 계절풍 지역 주로 생산 → 대부분 생산지에서 소비
밀	서늘하고 비교적 건조한 기후 지역(재배 면적이 넓음.) → 국제 이동량이 많음.

(2) 자원을 둘러싼 갈등

물	• 원인: 물 소비량 증가 • 지역: 국제 하천이 지나는 지역
석유	자원의 불균등한 분포, 자원 민족주의 → 생산지 확보와 관련한 갈등 발생

❶ 페르시아만 ❷ 아시아

카스피해는 바다야!

카스피해는 호수라고.

▲ 카스피해 석유 자원 분쟁

Quiz

오늘날 전 세계적으로 가장 많이 소비되는 자원이며, 운송 수단 연료 및 공업 제품 원료로 사용되는 것은?

답 | 석유

개념 3 신·재생 에너지

(1) 신·재생 에너지 특징

장점	고갈되지 않음, 오염 물질 배출량이 적음.
단점	대량 생산 및 저장이나 수송이 어려움, 자연환경의 영향을 많이 받음.

(2) 신·재생 에너지 개발과 이용

수력	유량이 풍부하고 낙차가 큰 지역
조력	밀물과 썰물의 차이가 큰 해안 지역
지열	판의 경계에 있어서 ❶ [ ] 운동이 활발한 지역
풍력	강한 ❷ [ ]이 지속적으로 부는 산지나 해안 지역
태양광	일사량이 많고 비가 적게 내리는 지역

❶ 지각 ❷ 바람

| 바이오 에너지(브라질)

▲ 바이오 에너지는 사탕수수, 옥수수에서 연료 추출, 가축 분뇨, 음식물 쓰레기로 전기를 생산

Quiz

서해안에서 밀물과 썰물의 차이를 이용하여 전력을 생산하는 신·재생 에너지는?

답 | 조력

1-1 다음 자료의 (가), (나)에 해당하는 알맞은 지역을 각각 쓰시오.

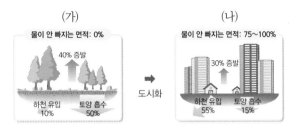

(가)
물이 안 빠지는 면적: 0%
40% 증발
도시화
하천 유입 10%
토양 흡수 50%

(나)
물이 안 빠지는 면적: 75~100%
30% 증발
하천 유입 55%
토양 흡수 15%

풀이 | 삼림 지역은 빗물이 땅속으로 스며들어 **❶** [ ]으로 유입되는 양이 많지 않다. 그러나 **❷** [ ] 지역은 빗물이 땅속으로 잘 흡수되지 못하고, 대부분 땅 위로 흘러 한꺼번에 하천으로 유입되기 때문에 홍수의 발생 위험이 커진다.

❶ 하천 **❷** 도시 **답 |** (가) 삼림 지역 (나) 도시 지역

1-2 다음 ㉠, ㉡에 들어갈 자연재해는 무엇인지 쓰시오.

| (㉠) | 무분별한 개발, 하천 직선화, 지구 온난화 등이 원인 |
| (㉡) | 오랜 가뭄, 과도한 농경지 개간과 방목, 무분별한 삼림 벌채 등이 원인 |

2-1 다음 세계 에너지 소비량 변화 그래프의 A, B에 들어갈 알맞은 말을 쓰시오.

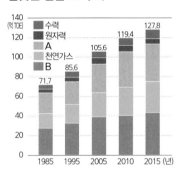

140 (억 TOE)
120
100
80
60
40
20
0
1985 1995 2005 2010 2015 (년)
71.7 85.6 105.6 119.4 127.8
수력 / 원자력 / A / 천연가스 / B

풀이 | 석유는 **❶** [ ]의 페르시아만 지역에 주로 분포하며 세계에서 가장 많이 사용되는 에너지 자원이다. 석탄은 전 세계적으로 비교적 **❷** [ ] 분포하며 화력 발전의 연료로 이용되고 있다. 천연가스는 최근 냉동 액화 기술과 수송 수단의 발달로 선진국을 중심으로 이용량이 증가하고 있다.

❶ 서남아시아 **❷** 고르게 **답 |** A 석탄, B 석유

2-2 다음 내용에서 설명하는 에너지 자원은?

- 국제적 이동량이 많은 자원이다.
- 지역적으로 편재되어 있으며 서남아시아 지역에 주로 분포하고 있다.

① 수력
② 석유
③ 석탄
④ 원자력
⑤ 바이오 에너지

3-1 다음 (가), (나) 사진에 해당하는 발전 방식은 무엇인지 쓰시오.

(가)

(나)

풀이 | **❶** [ ]은 유량이 풍부하고 낙차가 큰 지역, 태양광은 사막과 같이 일사량이 많은 지역, **❷** [ ]은 산지나 해안 지역처럼 강한 바람이 지속적으로 부는 지역에서 주로 개발된다.

❶ 수력 **❷** 풍력 **답 |** (가) 태양광 (나) 풍력

3-2 다음 내용에 해당하는 신·재생 에너지는?

아이슬란드는 땅속 깊은 곳에 있는 마그마를 이용하는 발전을 계획하여 오래전부터 진행해 왔다. 땅속을 시추공으로 뚫어 분출되는 마그마 수증기로 발전하는 계획이다.

① 수력
② 조력
③ 지열
④ 풍력
⑤ 태양광

바탕 문제

앵글로아메리카 문화 지역과 라틴 아메리카 문화 지역의 차이점은?

➡ 앵글로아메리카는 영어 사용, 다양한 인종 구성, ❶ ___ 발달, 크리스트교(개신교) 신봉 등의 특징이 있다. 라틴 아메리카는 남부 ❷ ___ 의 영향, 크리스트교(가톨릭교), 에스파냐어와 포르투갈어 사용, 다양한 인종 구성의 특징이 있다.

답 | ❶ 산업 ❷ 유럽

바탕 문제

세계화에 따른 문화 획일화와 문화 다양화의 차이는?

➡ 한 지역의 문화가 다른 지역에서 비슷하게 나타나거나 전 세계적으로 같은 문화를 공유하는 현상은 문화의 ❶ ___ 이고, 세계된 문화가 지역의 문화와 융합되어 지역의 특성이 반영된 새로운 문화로 형성하는 것은 문화의 ❷ ___ (문화 융합)이다.

답 | ❶ 획일화 ❷ 다양화

바탕 문제

열대 저기압이 주는 다양한 피해는?

➡ 열대 저기압은 강한 ❶ ___ 과 집중 호우를 동반하기 때문에 선박과 시설물, 차량, 가옥, 철탑 등이 파괴되고, 해안 저지대 침수, 홍수, 산사태, 축대 붕괴 등이 발생하여 많은 인명과 재산 ❷ ___ 를 가져다 준다.

답 | ❶ 바람 ❷ 피해

1 다음 물음에 알맞은 문화 지역을 지도의 A~E에서 고르면?

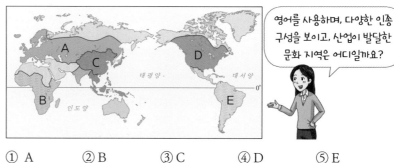

영어를 사용하며, 다양한 인종 구성을 보이고, 산업이 발달한 문화 지역은 어디일까요?

① A   ② B   ③ C   ④ D   ⑤ E

2 다음 사진과 같은 현상을 가장 잘 표현하고 있는 문화 현상은?

▲ 쌀로 만든 햄버거(싱가포르)

▲ 난으로 만든 햄버거(서남아시아)

① 문화 공존   ② 문화 갈등
③ 문화의 다양화   ④ 문화의 획일화
⑤ 문화 사대주의

3 다음 물음에 대한 친구의 대답으로 알맞지 <u>않은</u> 것을 고르면?

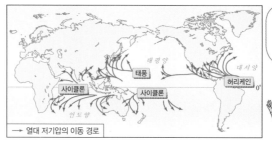

→ 열대 저기압의 이동 경로

열대 저기압이 이동한 지역에서 발생하는 피해는 무엇일까?

① 지혜: 산사태가 발생해.
② 경수: 산불이 자주 발생해.
③ 아영: 농경지와 가옥이 침수돼.
④ 현웅: 항만 시설과 제방이 파손돼.
⑤ 찬희: 집중호우로 홍수가 발생할 수 있어.

바탕 문제

폭설이 내리는 지역의 주민 생활은?

➡ 도로와 항공 ❶ ⬜⬜ 이 마비되고, 가옥과 건축물 붕괴, 정전 등의 피해가 발생한다. 눈이 많이 내리는 기후 특징을 활용하여 눈 축제와 ❷ ⬜⬜ 스포츠를 즐기며 이를 관광 자원으로 이용한다.

답 | ❶ 교통 ❷ 겨울

4 친구가 살고 있는 지역과 관련 있는 생활을 ┃보기┃에서 고르면?

작년 겨울에 우리 지역의 폭설이 내린 모습이야.

┌ 보기 ┐
ㄱ. 눈 축제　　　　　　　　ㄴ. 꽃 축제
ㄷ. 겨울 스포츠 발달　　　　ㄹ. 비옥한 토양에서 농업 발달

① ㄱ, ㄴ　　② ㄱ, ㄷ　　③ ㄴ, ㄷ　　④ ㄴ, ㄹ　　⑤ ㄷ, ㄹ

바탕 문제

석유와 석탄 자원의 분포의 차이점은?

➡ 석유는 ❶ ⬜⬜ 의 페르시아만 지역에 많이 매장되어 있는데, 지역적으로 불균등하게 분포하여 국제 이동량이 많다. 석탄은 전세계적으로 고르게 분포하고 있으며, 국제적 이용량은 ❷ ⬜⬜ 편이다.

답 | ❶ 서남아시아 ❷ 적은

5 다음 지도의 A, B 자원에 대한 설명으로 옳지 <u>않은</u> 것은?

① A 자원은 석유에 해당된다.
② A 자원은 편재성이 심한 자원이다.
③ A 자원은 서남아시아 지역이 최대의 생산지이다.
④ B 자원은 현재 세계에서 가장 많이 이용되는 에너지 자원이다.
⑤ B 자원은 산업 혁명 당시부터 주된 에너지 자원으로 이용되었다.

바탕 문제

신·재생 에너지의 특징은?

➡ 신재생 에너지는 ❶ ⬜⬜ 되지 않으며, 화석 연료의 의존도를 낮추고, 오염 물질 배출이 적어 친환경적이고, 지구상에 비교적 고르게 분포하는 장점을 갖는다. 반면, 저장·수송 및 대량 생산이 어렵고, 초기 개발 ❷ ⬜⬜ 이 많이 들어 경제성이 낮으며, 자연환경의 영향을 많이 받는다는 단점이 있다.

답 | ❶ 고갈 ❷ 비용

6 오른쪽 사진과 같은 에너지의 특징을 ┃보기┃에서 고르면?

┌ 보기 ┐
ㄱ. 현재 가장 많이 사용되는 에너지이다.
ㄴ. 환경 오염이 일으키지 않는 에너지이다.
ㄷ. 화석 연료를 대체할 수 있는 미래 에너지이다.
ㄹ. 세계에 고르게 분포하고 있지 않는 에너지이다.

① ㄱ, ㄴ　　② ㄱ, ㄷ　　③ ㄴ, ㄷ　　④ ㄴ, ㄹ　　⑤ ㄷ, ㄹ

전략 1 다양한 문화 지역, 세계화와 문화 변용

- 문화 지역(문화권): 같은 문화 요소를 공유하거나 유사한 **❶** 경관이 나타나는 공간적 범위
- 문화 **❷** : 서로 다른 문화를 가진 집단 사이에 문화 접촉과 전파가 일어나면서 한쪽 또는 양쪽의 문화가 변화하는 현상이나 과정

❶ 문화 ❷ 변용

필수 예제 1

(1) 다음 두 지역의 문화가 다르게 나타나는 원인으로 가장 알맞은 것을 보기 에서 골라 기호를 쓰시오.

> • 동남아시아의 벼농사   • 서남아시아의 유목

> 보기
> ㄱ. 기후 차이   ㄴ. 종교 차이
> ㄷ. 경제력 차이   ㄹ. 교육 수준 차이

(2) 다음 사진과 같은 문화를 보이는 종교를 쓰시오.

▲ 모스크   ▲ 히잡

풀이 | (1) 자연환경에 따른 지역 차

의복	기후에 적응할 수 있는 형태의 의복 발달
음식	기후 및 지형 조건에 따라 재료가 다르기 때문에 조리 방법과 먹는 방법이 다양함.
가옥	주변의 재료를 이용, 가옥 구조는 기후 환경을 극복하는 형태로 발달
농업 방식	기온과 강수량의 특징에 따라 다양한 농업 발달

답 | ㄱ

(2) 종교에 따른 지역 차

불교	사찰, 불상, 탑 등
크리스트교	높고 뾰족한 탑, 십자가를 세운 성당과 교회
이슬람교	모스크, 코란, 돼지고기 금기, 히잡 착용
힌두교	다양한 신을 모시는 사원, 갠지스강에서 목욕, 소고기 금기

답 | 이슬람교

1-1 다음 사진의 두 지역에서 가옥 문화가 다르게 나타나는 원인을 고르면?

① 기후의 차이   ② 언어의 차이
③ 종교의 차이   ④ 기술 발달 차이
⑤ 소득 수준 차이

1-2 다음 내용에 해당하는 종교를 A~E에서 고르면?

> 소를 숭배하여 소고기를 금기시하고, 갠지스강에서 목욕을 한다.

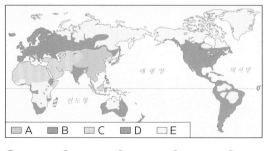

□ A   ■ B   ▨ C   ▨ D   □ E

① A   ② B   ③ C   ④ D   ⑤ E

전략 2 문화의 공존과 갈등

- 문화 ❶ [ ] 지역: 서로 다른 문화가 조화를 이루며 독특한 문화 형성
- 문화 ❷ [ ] 지역: 민족, 언어, 종교 등 서로 다른 문화에 대한 이해와 존중 부족, 영토와 자원 및 주변 국가들과의 이해 관계를 둘러싸고 갈등 발생

❶ 공존 ❷ 갈등

필수 예제 2

(1) 다음 빈칸에 들어갈 알맞은 말을 쓰시오.

> 말레이시아는 교통의 요충지로 해상 교통이 편리하고 중국, 인도와 지리적으로 인접하여 다양한 문화의 영향을 받았다. 서로 다른 언어, 민족, ( )가 공존하고 있는 지역이다.

(2) 서로 다른 문화 갈등을 보이고 있는 지역 중 종교가 갈등의 원인이 된 지역을 | 보기 |에서 골라 기호를 쓰시오.

| 보기 |
| ㄱ. 벨기에 | ㄴ. 퀘백 주 |
| ㄷ. 카슈미르 | ㄹ. 팔레스타인 |

풀이 | (1) 문화 공존 지역

스위스	독일어, 프랑스어, 이탈리아어, 레토로망스어를 공용어로 사용
동남아시아	• 해상 교통의 요충지로 다양한 문화 유입 • 싱가포르, 말레이시아: 서로 다른 언어, 민족, 종교 공존
인도	힌두어를 포함한 여러 개의 공용어 사용

답 | 종교

(2) 문화 갈등 지역

언어	• 벨기에: 네덜란드어 및 프랑스어 사용 지역 간 갈등 • 캐나다 퀘백주: 프랑스어를 공용어로 사용하는 퀘백주의 분리 독립 요구
종교	• 카슈미르: 힌두교(인도)와 이슬람교(파키스탄) 간 갈등 • 팔레스타인: 유대교와 이슬람교 간 갈등

답 | ㄷ, ㄹ

2-1 다음 지도에 표시된 스위스의 문화적 특색으로 옳은 것은?

① 문화 창조가 활발한 지역이다.
② 대표적인 문화의 섬 지역이다.
③ 심각한 문화 갈등이 발생하고 있다.
④ 다양한 언어가 공존하고 있는 지역이다.
⑤ 여러 종교가 조화를 이루며 공존하고 있다.

2-2 다음 지도에 표시된 벨기에의 문화적 갈등으로 옳은 것은?

① 군사적 대치가 나타나고 있다.
② 경제적 격차가 갈등의 원인이다.
③ 개신교와 이슬람교 간의 갈등 지역이다.
④ 다양한 언어로 갈등이 나타나고 있는 지역이다.
⑤ 다양한 종교로 인해 많은 갈등이 발생하는 지역이다.

전략 3 **기상 및 지각 운동에 의한 자연재해**

- **자연재해의 의미**: 인간과 인간 생활에 피해를 주는 현상
- **기상 현상에 의한 자연재해**: 홍수, 가뭄, 열대 저기압, 폭설 등 ❶ [　　　]와 관련된 재해
- **지각 운동에 의한 자연재해**: 지진, 화산 활동, 지진 해일(쓰나미) ❷ [　　　]과 관련된 재해

❶ 기후 ❷ 지형

필수 예제 3

(1) 다음에 제시된 지역에서 주로 발생하는 자연재해 두 가지를 쓰시오.

- 환태평양 조산대
- 알프스·히말라야 조산대

(2) 다음 사진과 같은 자연재해의 이름을 각각 쓰시오.

(가)　　　　　　　　(나)

풀이 | (1)

지진	도로와 시설물 붕괴, 산사태와 화재 발생
화산 활동	화산 분출물로 인한 재산 및 인명 피해, 항공기 운항 중단 발생
지진 해일	지진이나 화산 활동이 바다 밑에서 일어나 해수면이 급격히 상승하여 바닷물이 육지로 밀려오는 현상 → 재산 및 인명 피해, 시설물 파괴 등

답 | 지진, 화산 활동

(2)

홍수	농경지 및 가옥 침수, 산사태 발생
가뭄	용수 부족, 토양 황폐화
열대 저기압	강한 비바람 동반 → 선박과 시설물 파손, 해안 저지대 침수, 홍수 발생
폭설	도로 교통 마비, 시설물 붕괴

답 | (가) 홍수 (나) 폭설

3-1 다음 지도에 표시된 지역에 대한 내용으로 옳은 것은?

① 열대 저기압이 통과하는 지역이다.
② 땅이 갈라지고 흔들리는 지역이다.
③ 한꺼번에 많은 눈이 내리는 지역이다.
④ 짧은 시간에 집중 호우가 내리는 지역이다.
⑤ 인간의 무분별한 개발이 이루어진 지역이다.

3-2 다음 A, B 지역의 자연재해에 대한 설명으로 옳지 <u>않은</u> 것은?

① A는 홍수 피해 지역이다.
② B는 가뭄 피해 지역이다.
③ A는 가옥과 농경지가 침수되는 지역이다.
④ B는 아프리카 사헬 지대에서 주로 나타난다.
⑤ B는 열대 저기압의 영향을 받아 나타나기도 한다.

전략 4 자연재해와 주민 생활

- 기상 현상에 의한 자연재해 지역의 주민 생활: 홍수(비옥해진 토양, 가뭄 해결), 가뭄(지하수 개발 및 해수 담수화 시설 건설로 용수 확보), 열대 저기압(더위 및 가뭄 해결, 적조 현상 완화), ❶ [   ](눈 축제와 겨울 스포츠)
- 지각 운동에 의한 자연재해 지역의 주민 생활: 지진(내진 설계 의무화), 화산 활동(관광 산업, ❷ [   ] 발전)

❶ 폭설 ❷ 지열

필수 예제 4

(1) 다음 ㉠, ㉡에 들어갈 알맞을 말을 쓰시오.

> (㉠)가 자주 발생하는 지역은 (㉠)로 많은 물과 영양분이 공급되어 땅이 비옥해져 농업이 이루어진다. (㉡)이 자주 내리는 지역에는 눈 축제와 겨울 스포츠가 발달하였다.

(2) 다음 빈칸에 들어갈 알맞은 말을 쓰시오.

> 지진이 자주 발생하는 지역에서는 건물을 지을 때 (   )를 의무화하고, 평상시에 지진 대비 훈련을 철저히 하며, 지진 피해 지역을 보존하여 교육과 관광 자원으로 활용하고 있다.

풀이 | (1) 기상 현상에 의한 자연재해와 주민 생활

홍수	비옥해진 토양을 이용한 농업, 가뭄 해결, 터돋움집 발달
가뭄	지하수 개발, 해수 담수화 시설 건설 등을 통해 용수 확보
열대 저기압	더위 및 가뭄 해결, 적조 현상 완화
폭설	눈을 활용한 눈 축제와 겨울 스포츠 발달

답 | ㉠ 홍수 ㉡ 폭설

(2) 지각 운동에 의한 자연재해와 주민 생활

지진	내진 설계 의무화, 지진 대비 훈련 실시, 지진 피해 지역을 보존하여 교육과 관광 자원으로 활용 등
화산 활동	화산재가 쌓여 비옥한 토양을 이용한 농업, 온천과 화산 지형을 이용한 관광 산업, 지열 발전, 유황 채취 등 발달
지진 해일	지진 해일의 관측과 경보 전파 체계를 구축하고, 대피 안내 표지판 등을 설치

답 | 내진 설계

4-1 열대 저기압의 긍정적 영향으로 옳은 것을 |보기|에서 고르면?

> ┌ 보기 ┐
> ㄱ. 적조 현상 완화
> ㄴ. 관광 산업의 발달
> ㄷ. 내진 설계의 의무화
> ㄹ. 더위를 식히고 가뭄 해결

① ㄱ, ㄴ　　② ㄱ, ㄹ　　③ ㄴ, ㄷ

④ ㄴ, ㄹ　　⑤ ㄷ, ㄹ

4-2 다음 사진과 같은 지각 운동이 발생하는 지역에서 볼 수 있는 주민 생활로 옳지 <u>않은</u> 것은?

① 유황 채취

② 지열 발전소 발달

③ 건축물의 내진 설계

④ 온천을 이용한 관광 산업 발달

⑤ 지하수 개발을 통한 용수 확보

1 다음 설명에 해당하는 문화 지역을 A~E에서 고르면?

> 일찍 산업화가 진행되었고 크리스트교를 믿는다.

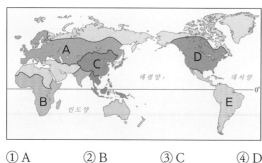

① A   ② B   ③ C   ④ D   ⑤ E

문제 해결 전략

유럽 문화 지역은 **❶** 의 영향을 받은 생활 양식이 나타나며, 일찍 **❷** 가 진행되었다. 유럽 문화 지역은 개신교 중심의 북서부 유럽, 가톨릭교 중심의 남부 유럽, 그리스 정교 중심의 동부 유럽으로 나눌 수 있다.

❶ 크리스트교 **❷** 산업화

---

2 다음 사진과 같은 특징을 보이는 문화 지역은?

① 건조 문화 지역

② 북극 문화 지역

③ 유럽 문화 지역

④ 라틴 아메리카 문화 지역

⑤ 앵글로아메리카 문화 지역

문제 해결 전략

북극해 연안의 툰드라 지역을 중심으로 형성된 북극 문화 지역은 **❶** 을 유목하고, 두꺼운 **❷** 을 입으며, 날고기를 먹는 등 추운 기후에 적응하기 위한 생활 양식이 나타난다.

❶ 순록 **❷** 털옷

---

3 다음 자료를 통해 알 수 있는 내용으로 옳은 것은?

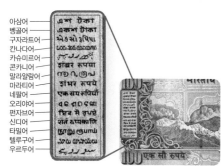

① 인도는 전통문화가 잘 보전되고 있다.

② 인도는 문화 갈등이 나타나는 지역이다.

③ 인도는 서로 다른 문화가 공존하는 지역이다.

④ 인도는 세계화로 문화적 갈등이 나타나고 있다.

⑤ 인도는 세계화로 문화의 획일화 현상이 나타나고 있다.

문제 해결 전략

싱가포르, 말레이시아 등 해상 교통의 요충지에 있는 **❶** 국가들, 4개의 언어를 공용어로 사용하는 스위스, 다양한 인종과 민족으로 구성된 미국, 헌법으로 다양한 언어를 공용어로 지정한 인도 등은 서로 다른 문화가 **❷** 하는 지역이다.

❶ 동남아시아 **❷** 공존

4 다음 지도와 같은 문화 갈등이 나타나는 지역으로 알맞은 것을 ⌐보기⌐에서 고르면?

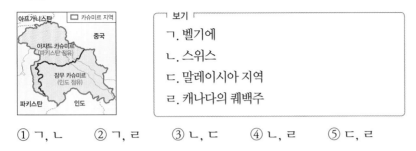

┌ 보기 ┐
ㄱ. 벨기에
ㄴ. 스위스
ㄷ. 말레이시아 지역
ㄹ. 캐나다의 퀘백주

① ㄱ, ㄴ   ② ㄱ, ㄹ   ③ ㄴ, ㄷ   ④ ㄴ, ㄹ   ⑤ ㄷ, ㄹ

문제 해결 전략

카슈미르 지역은 힌두교(인도)와 이슬람교(파키스탄) 간 ❶ ⬚ 갈등이 일어나고 있는 지역이다. 벨기에는 네덜란드어를 사용하는 북부 지역과 프랑스어를 사용하는 남부 지역 간에 ❷ ⬚ 갈등이 나타나고 있다. 캐나다의 퀘백주는 프랑스어를 공용어로 사용하는 퀘백주가 분리 독립을 요구면서 언어 갈등이 나타나고 있다.

❶ 종교 ❷ 언어

5 다음 마인드맵의 자연재해 발생 지역에서 나타나는 피해로 옳지 <u>않은</u> 것은?

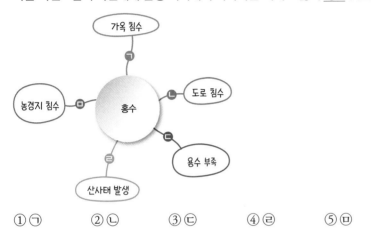

① ㉠   ② ㉡   ③ ㉢   ④ ㉣   ⑤ ㉤

문제 해결 전략

❶ ⬚ 는 한꺼번에 많은 비가 내려 하천이 범람하여 사람들의 생활 터전이 물에 잠기는 등 피해를 입는 현상이다. 홍수가 나면 농경지와 가옥, 도로 등이 ❷ ⬚ 되고 산사태가 일어나는 등 많은 재산과 인명 피해를 입는다.

❶ 홍수 ❷ 침수

6 다음 검색창의 빈칸에 들어갈 답변으로 적절하지 <u>않은</u> 것은?

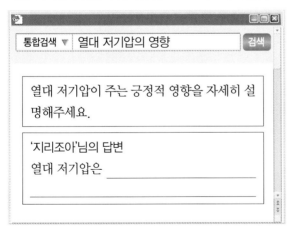

① 무더위를 식혀 준다.
② 가뭄을 해결해 준다.
③ 지열 발전을 할 수 있다.
④ 지구의 열 균형을 유지해 준다.
⑤ 바닷물을 순환시켜 적조 현상을 완화시킨다.

문제 해결 전략

열대 저기압은 열대 지역의 해상에서 발생하여 중위도 지역으로 이동하는 저기압을 말한다. 열대 저기압은 강한 ❶ ⬚ 과 많은 ❷ ⬚ 를 동반하기 때문에 큰 피해를 가져온다. 그러나 더위를 식히고 가뭄을 해소해 주며, 바닷물을 순환시켜 적조를 완화해 주기도 하며, 지구의 열 균형을 유지해 주기도 한다.

❶ 바람 ❷ 비

전략 1 인간에 의한 사막화

- **인간 활동과 자연재해**: 자연재해의 피해는 산업화·도시화, 삼림 파괴 등 인간의 활동에 의해 증가함.
- **홍수 피해 증가의 원인**: 도시화로 인한 무분별한 개발, 곡류 하천의 직선화, 온실가스 증가로 인한 지구 **❶**
- **사막화 피해 증가의 원인**: 오랜 가뭄, 과도한 농경지 개간 및 목축지 확대, **❷** 벌채 등

❶ 온난화 ❷ 삼림

필수 예제 1

(1) 다음 빈칸에 공통적으로 들어갈 알맞은 말을 쓰시오.

> 인구 증가와 도시화에 따라 무분별한 개발이 이루어지면 (   )의 피해가 증가하게 된다. 녹지 공간이 부족하고 콘크리트와 아스팔트로 포장된 곳이 많은 지역은 빗물이 땅속으로 흡수되지 못하고 넘쳐 (   ) 발생 위험이 커진다.

풀이 | (1) 인간 활동에 의한 홍수 피해 증가

원인	도시화, 무분별한 개발, 하천 직선화, 지구 온난화로 인한 해수면 상승
대책	무분별한 개발 제한, 배수 시설 정비, 조림 사업을 통한 녹지 면적 확대 등

답 | 홍수

(2) 다음 ㉠, ㉡에 들어갈 알맞은 말을 각각 쓰시오.

(2) 인간 활동에 의한 사막화 피해 증가

원인	• 자연적인 원인: 오랜 가뭄 • 인위적인 원인: 과도한 농경지 개간과 방목, 무분별한 삼림 벌채 등
대책	사막화 방지 협약 체결, 무분별한 방목과 농경지 개발 금지, 녹지 면적 확대

답 | ㉠ 사막 ㉡ 사막화

1-1 다음 (가), (나)에 대한 설명으로 옳지 <u>않은</u> 것은?

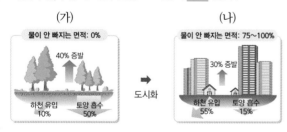

① (가) 지역은 삼림 지역이다.
② (나) 지역은 도시 지역이다.
③ (가) 지역은 빗물이 토양으로 흡수된다.
④ (나) 지역은 빗물이 하천으로 곧장 유입된다.
⑤ (나) 지역에서는 빗물의 유입으로 홍수가 잘 발생하지 않는다.

1-2 다음에 제시된 지역에서 공통적으로 나타나는 자연재해에 대비하는 방법으로 옳지 <u>않은</u> 것은?

> • 중국 내륙 지역
> • 북아메리카 서부
> • 아프리카 사헬 지대

① 국제 협력을 강화한다.
② 숲과 초지를 조성한다.
③ 배수 시설을 정비한다.
④ 지나친 방목을 규제한다.
⑤ 무분별한 농경지 개발을 제한한다.

>> 정답과해설 17쪽

전략 2 자원의 의미 및 자원의 분포와 소비

- **자원의 의미**: 인간 생활에 가치 있게 쓰이는 것으로 기술적·경제적으로 개발할 수 있는 것
- **에너지 자원**: 석탄은 전 세계에 고르게 분포, ❶ □□□ 는 서남아시아 지역에 집중 분포, 천연가스는 석유와 분포 지역 비슷
- **식량 자원**: 쌀은 대체로 생산지와 소비지가 일치, ❷ □□□ 은 국제 이동량이 많음.

❶ 석유 ❷ 밀

필수 예제 2

(1) 다음 빈칸에 들어갈 알맞은 말을 쓰시오.

> 석유는 과거에는 쓸모없는 '검은 물'로 여겨졌지만, 과학 기술의 발달로 지금은 가장 중요한 자원이 되었는데 이러한 특성을 자원의 (   )이라고 한다.

(2) 다음과 같은 생산량을 보이는 자원은 무엇인지 쓰시오.

▲ 10대 생산국

풀이 | (1) 자원의 특성

편재성	자원은 일부 지역에 집중적으로 분포함.
유한성	우리가 일상생활에서 사용하는 자원은 대부분 매장량이 한정되어 있음.
가변성	자원의 가치는 시대와 장소, 과학 기술의 발달, 사회적·문화적 배경 등에 따라 변화함.

답 | 가변성

(2) 에너지 자원의 소비와 분포

석탄	전 세계에 고르게 분포, 제철 공업의 원료 및 화력 발전의 연료로 이용
석유	서남아시아 지역에 집중 분포, 세계에서 가장 많이 소비되는 에너지 자원, 운송 수단 연료 및 공업 제품 원료
천연 가스	냉동 액화 기술과 수송 수단의 발달 → 이용량 증가

답 | 석유

2-1 다음은 자원의 가채 연수를 나타낸 자료이다. 이를 통해 알 수 있는 자원의 특성은?

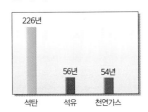

① 자원의 편재성   ② 자원의 유한성
③ 자원의 가변성   ④ 자원의 이동성
⑤ 자원의 희소성

2-2 다음 자원에 대한 설명으로 옳은 것을 l 보기 l에서 고르면?

┌ 보기 ┐
ㄱ. 제철 공업의 원료
ㄴ. 산업 혁명의 원동력
ㄷ. 국제적 이동량이 많은 자원
ㄹ. 세계에서 가장 많이 사용되는 에너지 자원
└─────────────────────┘

① ㄱ, ㄴ   ② ㄱ, ㄷ   ③ ㄴ, ㄷ
④ ㄴ, ㄹ   ⑤ ㄷ, ㄹ

전략 3 | 자원을 둘러싼 갈등 및 자원 개발과 주민 생활

- 자원을 둘러싼 갈등: 석유 자원을 둘러싼 갈등(지역적 편재, 수요 증가), 물 자원을 둘러싼 갈등(❶ [   ] 하천을 주변 지역, 물 소비량 증가), 식량 자원을 둘러싼 갈등
- 자원 개발과 주민 생활: 풍부한 자원을 바탕으로 부유해진 지역(산업 발달, 경제 발전 → 미국, 노르웨이), 자원이 풍부하지만 어려움을 겪는 지역(자원 개발에 따른 막대한 외화 유입에도 ❷ [   ] 격차 심화 → 나이지리아, 콩고 민주 공화국)

❶ 국제 ❷ 빈부

필수 예제 3

(1) 다음 빈칸에 들어갈 알맞은 말을 쓰시오.

(　　) 자원을 둘러싼 경쟁과 갈등은 국제 하천에서 많이 발생한다. 메콩강 상류에 중국이 댐을 건설하면서 하류의 국가와 갈등을 겪고 있다.

(2) 자원 개발에 따른 이익이 크지만 경제적 어려움을 겪고 있는 지역을 |보기|에서 골라 기호를 쓰시오.

┌ 보기 ┐
ㄱ. 미국　　　　　　　ㄴ. 노르웨이
ㄷ. 나이지리아　　　　ㄹ. 콩고 민주 공화국

풀이 | (1) 자원을 둘러싼 갈등

석유 자원을 둘러싼 갈등	• 갈등 원인: 자원의 지역적 편재, 수요 증가 • 갈등 지역: 카스피해, 북극해, 기니만 연안, 남중국해 등
물 자원을 둘러싼 갈등	• 갈등 원인: 소비량 증가, 자정 능력 한계 • 갈등 지역: 국제 하천 주변, 메콩강, 티그리스·유프라테스 강 등

답 | 물

(2) 자원 개발과 주민 생활

풍부한 자원을 바탕으로 부유해진 지역	• 자원을 이용하여 산업 발달, 경제 발전 • 미국, 노르웨이, 오스트레일리아, 캐나다, 아랍 에미리트, 사우디아라비아 등
자원이 풍부하지만 어려움을 겪는 지역	• 산업의 불균형 발전, 막대한 외화 유입에도 빈부 격차 심화 • 나이지리아, 콩고 민주 공화국, 시에라리온 등

답 | ㄷ, ㄹ

3-1 오른쪽 지도의 A 지역을 둘러싼 갈등에 대한 설명으로 알맞은 것은?

① A는 국제 하천에 해당한다.
② A는 메콩강과 비슷한 분쟁을 겪고 있다.
③ A는 물 분쟁이 발생하고 있는 지역이다.
④ A는 석유와 천연가스가 풍부하게 매장되어 있다.
⑤ A를 둘러싸고 상류와 하류 국가 간에 입장 차이가 발생한다.

3-2 다음 내용에 해당하는 지역을 A~E에서 고르면?

나이저강 삼각주에서 생산되는 석유를 수출하여 막대한 돈을 벌어들였다. 석유와 천연가스 생산량이 많지만, 자원 개발 이후 빈부 격차 및 갈등이 심화되었다. 또한 자원의 생산 및 운송 과정에서 환경이 오염되어 주민들의 건강이 나빠졌다.

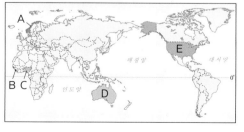

① A　　② B　　③ C　　④ D　　⑤ E

전략 4 신·재생 에너지

- 지속 가능한 자원(신·재생 에너지): 고갈되지 않고, 환경 문제가 적으며, 지구상에 비교적 ❶ [　　　] 분포함, 초기 개발 비용이 많이 들고, ❷ [　　　]의 영향을 크게 받음.
- 신·재생 에너지의 종류: 수력, 조력, 지열, 풍력, 태양광, 바이오 에너지 등

❶ 고르게 ❷ 자연환경

필수 예제 4

(1) 다음 빈칸에 들어갈 알맞은 말을 쓰시오.

> (　　　) 가능한 자원은 고갈되지 않고, 이용 시 오염 물질 배출량이 적어 환경 오염을 거의 일으키지 않는다. 또한 비교적 고르게 분포하고 있어 자원의 편재로 발생하는 문제가 적다는 장점이 있다.

(2) 다음 사진에 나타난 신·재생 에너지의 이름을 쓰시오.

풀이 | (1) 신·재생 에너지의 특징

종류	• 신에너지: 석탄 액화 가스화, 수소 에너지, 연료 전지 등 • 재생 에너지: 태양광, 풍력, 지열, 수력 등
특징	• 고갈되지 않음, 화석 연료의 의존도를 낮춤, 환경 문제가 적음, 지구상에 비교적 고르게 분포함. • 저장·수송, 대량 생산이 어려움, 초기 개발 비용이 많이 들어감, 자연환경의 영향을 크게 받음.

답 | 지속

(2) 신·재생 에너지의 종류

수력	유량이 풍부하고 낙차가 큰 지역
조력	밀물과 썰물의 차이가 큰 해안 지역
지열	판의 경계에 있어 지각 운동이 활발한 지역
풍력	강한 바람이 지속적으로 부는 산지나 해안 지역
태양광	일사량이 많고 비가 적게 내리는 지역
바이오 에너지	사탕수수, 옥수수에서 연료 추출, 가축 분뇨, 음식물 쓰레기로 전기 생산

답 | 풍력

4-1 다음 사진에 나타난 에너지에 대한 설명으로 옳지 <u>않은</u> 것은?

① 오염 물질의 배출이 적다.
② 고갈되지 않는 에너지이다.
③ 자연환경의 영향을 많이 받는다.
④ 초기 개발 비용은 적은 에너지이다.
⑤ 화석 연료에 비해 고르게 분포하고 있다.

4-2 다음 사진의 신·재생 에너지 개발에 유리한 지역으로 옳은 것은?

① 지각 운동이 활발한 지역이다.
② 화산 활동이 활발한 지역이다.
③ 밀물과 썰물의 차이가 큰 지역이다.
④ 일사량이 많고 비가 적게 내리는 지역이다.
⑤ 강한 바람이 지속적으로 부는 해안 지역이다.

1

다음 지도에 나타난 세계의 사막화에 설명으로 옳지 <u>않은</u> 것은?

① 사막화 현상이 심각해지고 있다.
② 중앙아시아 초원, 중국 내륙에서도 발생하고 있다.
③ 대표적인 지역이 사하라 사막 주변의 사헬 지대이다.
④ 과도한 농경과 목축과 같은 인간의 활동으로 발생한다.
⑤ 무분별한 개발로 아스팔트 같은 지표 면적이 증가하고 있기 때문이다.

문제 해결 **전략**

❶　　　　는 사막 주변의 초원 지대가 인간의 지나친 개발과 오랜 가뭄으로 사막과 같이 농사를 지을 수 없는 황폐해진 땅으로 변화하는 현상을 말한다. 최근에는 지구 온난화로 극심한 가뭄이 오랜 기간 지속되면서 사막화가 더욱 심해지고 있다. 사막화로 인한 피해는 아프리카의 ❷　　　　, 중국 내륙 지역 등에서 발생하고 있다.

❶ 사막화 ❷ 사헬 지대

2

다음과 같이 내용을 정리할 때 (가)에 들어갈 내용으로 알맞은 것은?

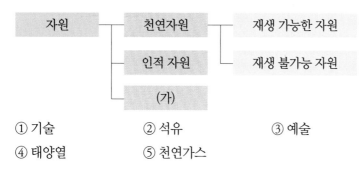

① 기술　　　② 석유　　　③ 예술
④ 태양열　　　⑤ 천연가스

문제 해결 **전략**

자원의 종류는 천연자원, 인적 자원, 문화적 자원으로 구분된다. ❶　　　　에는 석유, 태양열, 천연가스 등이 해당되며, ❷　　　　 자원에는 노동력, 기술, 창의성 등이 해당된다. 문화적 자원에는 예술, 종교, 전통 등이 해당된다.

❶ 천연자원 ❷ 인적

3

다음 A, B 자원에 대한 설명으로 옳지 <u>않은</u> 것은?

① A는 아시아 지역에서 주로 재배된다.
② A는 국제적 이동량이 적은 자원이다.
③ B는 재배 면적이 A보다 좁은 편이다.
④ B는 소비지가 전 세계적으로 널리 분포한다.
⑤ B는 서늘하고 비교적 건조한 기후 지역에서 재배된다.

문제 해결 **전략**

쌀은 고온 다습한 ❶　　　　의 계절풍 기후 지역에서 재배되며, 생산지에서 대부분 소비되기 때문에 국제적 이동량은 적은 편이다. 밀은 서늘하고 비교적 건조한 지역에서 잘 자라 전 세계적으로 재배되며, 소비지가 널리 분포하여 국제적 이동량은 ❷　　　　 편이다.

❶ 아시아 ❷ 많은

4 다음 지도에 표시된 지역에 대한 설명으로 옳은 것은?

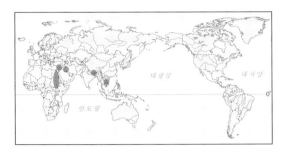

① 물 자원을 둘러싼 분쟁 지역이다.

② 석유 자원을 둘러싼 분쟁 지역이다.

③ 식량 자원을 둘러싼 분쟁 지역이다.

④ 에너지 자원을 둘러싼 분쟁 지역이다.

⑤ 종교 간의 차이로 분쟁이 발생하는 지역이다.

문제 해결 **전략**

❶ ☐ 자원을 둘러싼 갈등은 석유 자원의 지역적 편재, 수요 증가 등으로 발생하고 있다. 물 자원을 둘러싼 갈등은 물 소비량 증가로 ❷ ☐ 을 중심으로 발생하고 있다.

❶ 석유 ❷ 국제 하천

5 다음 글에 나타난 국가와 같이 풍부한 자원을 바탕으로 부유해진 지역을 지도에서 모두 고르면?

> 아랍 에미리트의 두바이는 과거 평범한 어촌이었지만 석유 개발을 통하여 중계 무역지로 발전하면서 현재 서남아시아의 뉴욕으로 불리고 있다.

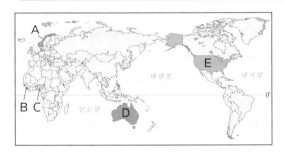

① A, B, C 　　② A, B, D 　　③ A, D, E

④ B, C, D 　　⑤ B, C, E

문제 해결 **전략**

미국, 노르웨이, 오스트레일리아, 사우디아라비아 등은 풍부한 ❶ ☐ 을 바탕으로 국가의 경제 발전을 이루어 산업이 성장하고 부유해진 국가들이다. 반면, 나이지리아, 콩고 민주 공화국, 시에라리온, 나우루 공화국 등은 천연자원은 풍부하지만 기술 수준이 낮고 자본이 부족하며, ❷ ☐ 격차가 심각한 지역이다.

❶ 천연자원 ❷ 빈부

6 다음 사진과 같은 신·재생 에너지를 생산하기 좋은 국가는?

① 미국

② 브라질

③ 싱가포르

④ 뉴질랜드

⑤ 사우디아라비아

문제 해결 **전략**

지열 발전소는 ❶ ☐ 운동이 활발하거나 ❷ ☐ 활동이 빈번한 신기 조산대 지역인 환태평양 조산대와 알프스·히말라야 조산대 지역에 발달한다. 지열 발전소는 뉴질랜드와 아이슬란드 지역에서 주로 볼 수 있다.

❶ 지각 ❷ 화산

대표 예제 1

다음은 학생이 작성한 수행 평가지의 답안이다. 학생이 얻을 총 점수는?

〈 수행 평가지 〉

문화의 의미와 특징에 대한 설명으로 옳으면 ○표, 틀리면 ×표를 하시오.(각 1점)

	설명	답안	점수
1	한 사회의 의식주, 언어, 종교 등의 공통된 생활 양식이다.	○	
2	세계의 모든 지역에서 문화는 다양하지 않고 동일하게 나타난다.	○	
3	문화는 자연환경의 영향을 받아 다르게 나타나지만, 경제적·사회적 환경의 영향을 받지 않는다.	×	
4	문화의 전파에 의해 문화가 변화되기 어렵다.	×	

① 0점　② 1점　③ 2점　④ 3점　⑤ 4점

개념 가이드

❶　　　는 인간과 환경이 상호 작용하는 과정에서 형성된 의식주, 언어, 종교, 사고방식 등과 같은 공통된 생활 양식을 말한다.

❶ 문화

대표 예제 2

다음 지도의 A~E와 특징이 바르게 연결된 것은?

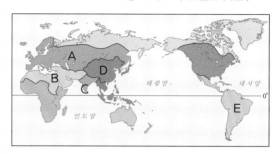

	문화 지역	특징
①	A	이슬람교, 아랍어, 유목
②	B	가톨릭교, 남부 유럽 영향
③	C	영어, 다양한 인종 구성
④	D	유교, 불교, 젓가락, 한자
⑤	E	크리스트교, 이른 산업화

개념 가이드

문화적 특징이 유사하게 나타나는 일정한 공간 범위를 ❶　　　이라고 한다. 언어, 민족, 의식주, 종교 등 다양한 요소가 복합적으로 작용해 형성된다.

❶ 문화 지역

대표 예제 3

다음 질문에 대한 대답으로 알맞은 것은?

다음과 같은 현상에 공통적으로 영향을 미친 요인은 무엇일까요?

• 인도에서는 소를 신성시 여기며, 갠지스 강에서 목욕을 합니다.
• 타이에서는 남자가 일생에 한 번 절에 들어가 3개월 정도의 수도 과정을 거치는 것이 전통입니다.

① 기후　　② 종교　　③ 지형
④ 사회 제도　⑤ 경제 발달 수준

개념 가이드

문화적 차이는 기후, 지형 등의 ❶　　　과 ❷　　　, 경제 발전 수준, 사회적 제도나 관습 차이 등의 경제·사회적 환경이 영향을 미친다.

❶ 자연환경 ❷ 종교

대표 예제 4

다음 자료의 문화 변용 사례를 설명할 수 있는 용어로 옳은 것은?

모과차, 유자차, 쌍화차, 배도라지차처럼 전통차를 판매하면서 커피 전문점의 서비스 형식을 빌린 전통차 포장 구매 전문점이 인기를 끌며 매출이 상승하고 있다.

난 유자차~ 난 모과차~

① 문화 공존   ② 문화 동화   ③ 문화 획일
④ 문화 융합   ⑤ 문화 전파

개념 가이드

지역 간 문화 전파로 외부에서 새로운 문화가 들어오면 문화 공존, 문화 동화, 문화 융합 등 기존 문화가 변화하는 현상이 나타나는데, 이를 ❶ [　　　]이라 한다.   ❶ 문화 변용

대표 예제 6

다음 지도에 나타난 자연재해에 대한 설명으로 옳은 것은?

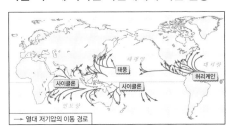

→ 열대 저기압의 이동 경로

① 열대 지역의 바다에서 형성된다.
② 땅이 메마르고 물이 부족해진다.
③ 중위도 바다에서 저위도로 이동한다.
④ 바닷물을 순환시켜 적조 현상을 심화시킨다.
⑤ 발생 지역과 관계없이 하나의 이름으로 불린다.

개념 가이드

❶ [　　　]은 열대 지역의 해상에서 발생하여 중위도 지역으로 이동하는 저기압을 말하며, 강한 ❷ [　　　]과 비를 동반하기 때문에 큰 피해를 가져온다.   ❶ 열대 저기압 ❷ 바람

대표 예제 5

다음 글에 나타난 지각 운동으로 발생하는 자연재해를 보기에서 모두 고르면?

지구 표면을 둘러싼 가장 바깥층인 지각은 여러 개의 판으로 이루어져 있다. 이 판들이 서서히 움직이면서 서로 부딪치거나 밀어내면 엄청난 에너지가 지구 표면에 전달된다.

보기
ㄱ. 가뭄   ㄴ. 지진   ㄷ. 화산
ㄹ. 지진 해일   ㅁ. 열대 저기압

① ㄱ, ㄴ, ㄷ   ② ㄱ, ㄷ, ㄹ   ③ ㄴ, ㄷ, ㄹ
④ ㄴ, ㄷ, ㅁ   ⑤ ㄷ, ㄹ, ㅁ

개념 가이드

❶ [　　　]는 인간 생활에 피해를 주는 자연 현상을 말한다. 홍수, 가뭄, 폭풍, 폭설 등 ❷ [　　　]에 의해 발생하는 재해와 지진, 화산 활동, 지진 해일 등 지각 운동으로 발생하는 재해로 나눌 수 있다.

❶ 자연재해 ❷ 기상 현상

대표 예제 7

다음 지도의 A, B에 대한 설명으로 옳지 않은 것은?

· 화산 · 지진 — 판 경계

① B는 환태평양 조산대이다.
② A, B 지역은 지각판의 경계이다.
③ A는 알프스·히말라야 조산대이다.
④ B지역에서는 폭설로 인한 피해가 심각하다.
⑤ A, B 지역에서는 내진 설계된 건물을 쉽게 찾을 수 있다.

개념 가이드

지진과 화산 활동은 ❶ [　　　]의 경계에서 자주 발생한다. 이런 지진과 화산 활동은 알프스·히말라야 조산대와 ❷ [　　　] 조산대에서 가장 활발하게 나타난다.   ❶ 지각판 ❷ 환태평양

대표 예제 8

다음 밑줄 친 ㉠~㉤ 중 옳은 내용의 개수는?

〈논술 평가지〉

3학년 ○반 ○○번 성명: 박수인

논술 주제: 도시화가 진행되면서 나타나는 문제

도시화가 진행되면 ㉠ 녹지 면적이 줄어들고 아스팔트와 콘크리트로 덮인 면적은 늘어난다. ㉡ 아스팔트와 콘크리트는 비가 와도 빗물이 토양으로 잘 흡수되지 못한다. 이 때문에 ㉢ 도시 지역에서는 삼림 지역보다 땅속으로 흡수되는 빗물의 양이 적고 ㉣ 하수도를 통해 하천으로 바로 흘러가는 빗물의 양 역시 적어져 ㉤ 홍수 발생 위험이 높아진다.

① 1개   ② 2개   ③ 3개   ④ 4개   ⑤ 5개

개념 가이드

최근 산업화, 도시화 등으로 **❶**＿＿이 자연환경에 미치는 영향이 커지면서 자연재해의 발생이 잦아지고 피해 규모도 커지고 있다.

❶ 인간

대표 예제 9

오른쪽 사진에 나타난 자연재해의 피해를 줄이기 위한 노력으로 옳은 것은?

① 갯벌 보존에 힘쓴다.

② 내진 설계를 의무화한다.

③ 용암길에 인공 벽을 건설한다.

④ 녹색 댐 기능을 하는 숲을 잘 가꾼다.

⑤ 신속한 제설 작업을 위한 장비를 확보한다.

개념 가이드

❶＿＿은 삼림이 인공 댐과 같이 빗물을 머금었다가 서서히 내보내는 기능을 한다고 하여 붙여진 이름이다.

❶ 녹색 댐

대표 예제 10

다음 A에 해당하는 자원으로 옳지 않은 것은?

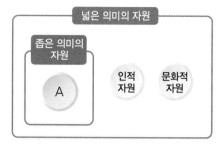

① 밀   ② 석유   ③ 노동력

④ 철광석   ⑤ 태양광

개념 가이드

자원은 천연자원을 포함하는 **❶**＿＿ 의미의 자원과 인적 자원 및 문화적 자원까지 포함하는 **❷**＿＿ 의미의 자원으로 구분할 수 있다.

❶ 좁은 **❷** 넓은

대표 예제 11

다음은 석유의 분포와 이동을 나타낸 지도이다. 이에 대한 설명으로 옳지 않은 것은?

① 편재성이 매우 큰 자원이다.

② 생산지와 소비지가 일치한다.

③ 국제적 이동이 가장 많은 자원이다.

④ 인류가 가장 광범위하게 사용하는 자원이다.

⑤ 서남아시아 지역에 전체의 약 60% 이상이 매장되어 있다.

개념 가이드

❶＿＿는 서남아시아 지역에 전체의 약 60% 이상이 매장되어 있어서 자원의 **❷**＿＿이 매우 크다.

❶ 석유 **❷** 편재성

>> 정답과해설 19쪽

대표 예제 12

다음은 쌀과 밀의 이동과 분포를 나타낸 지도이다. 이에 대한 설명으로 옳은 것은?

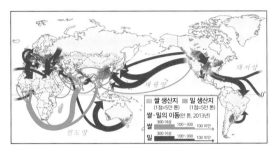

① 벼는 전 세계적으로 재배되고 있다.

② 밀은 고온 다습한 기후에서 잘 자란다.

③ 밀은 쌀보다 국제적 이동이 활발한 편이다.

④ 쌀은 바이오 연료로 이용되면서 수요가 증가했다.

⑤ 벼는 육류 소비 증가로 사료용 작물로 많이 사용된다.

개념 가이드

쌀은 대부분 생산지에서 소비되어 ❶　　　　 이동이 적고, 밀은 주요 ❷　　　　 와 소비지가 일치하지 않아 국제적 이동이 많다.

❶ 국제적 ❷ 생산지

대표 예제 13

다음 검색창에 들어갈 에너지로 적절하지 않은 것은?

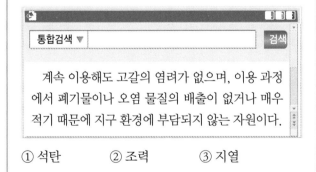

통합검색 ▼　　　　　　　　　　　　　　검색

　　계속 이용해도 고갈의 염려가 없으며, 이용 과정에서 폐기물이나 오염 물질의 배출이 없거나 매우 적기 때문에 지구 환경에 부담되지 않는 자원이다.

① 석탄　　　② 조력　　　③ 지열

④ 풍력　　　⑤ 태양광

개념 가이드

❶　　　　 자원은 고갈의 염려가 없으며, 폐기물이나 오염 물질의 배출이 없거나 매우 적어 지구 환경에 부담되지 않는 자원이다. 태양력을 이용한 태양열·태양광 에너지, 바람을 이용한 ❷　　　　 에너지가 대표적이다.

❶ 지속 가능한 ❷ 풍력

대표 예제 14

다음 지도에 나타난 지역에서 공통적으로 발생하고 있는 현상에 대한 설명으로 옳은 것은?

① 인종 간의 갈등

② 물 자원을 둘러싼 갈등

③ 식량 자원을 둘러싼 갈등

④ 에너지 자원을 둘러싼 갈등

⑤ 종교의 차이에서 발생한 갈등

개념 가이드

❶　　　　 은 여러 국가의 영토를 거쳐 흐르는 하천으로 ❷　　　　 자원을 둘러싼 경쟁과 갈등이 많이 발생한다.

❶ 국제 하천 ❷ 물

1

다음 글과 같은 생활 모습이 나타나는 문화 지역을 지도의 A~E에서 고르면?

이슬람교를 믿는 사람이 많고 아랍어를 주로 사용한다. 건조한 기후 탓에 유목이 이루어지는 모습을 볼 수 있다.

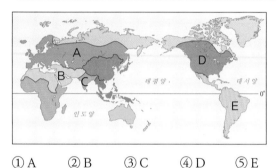

① A ② B ③ C ④ D ⑤ E

Tip

　❶　는 인간과 환경이 상호 작용하면서 형성된 공통된 생활 양식을 의미한다. 같은 문화 요소를 공유하거나 유사한 문화 경관이 나타나는 공간적 범위를 　❷　이라 한다. ❶ 문화 ❷ 문화 지역

2

다음 지도의 두 지역에서 분쟁이 발생하게 된 공통적인 요인은?

① 언어 ② 종교 ③ 음식
④ 의복 ⑤ 법률

Tip

　❶　가 다르면 주민들의 생활 양식이나 사고 방식 등이 다르게 나타나므로 서로 다른 종교를 가진 사람들이 함께 사는 지역에서는 　❷　이 나타날 수 있다.
❶ 종교 ❷ 갈등

3

다음 A, B에 들어갈 자연재해가 바르게 연결된 것은?

A	B	A	B
① 가뭄	폭설	② 폭설	화산
③ 홍수	가뭄	④ 지진	화산
⑤ 화산	홍수		

Tip

　❶　는 비가 단시간에 집중적으로 내리거나 장기간에 지속해서 내려 하천이나 호수가 범람하여 발생하는 재해이다. 　❷　은 비교적 오랫동안 비가 내리지 않아 땅이 메마르고 물이 부족하여 나타나는 재해이다. ❶ 홍수 ❷ 가뭄

4

(가), (나) 자연재해에 대한 설명으로 옳지 않은 것은?

(가) (나)

① (가)는 집중 호우로 홍수 및 산사태가 발생한다.
② (가)는 바닷물을 순환시켜 적조 현상을 완화시킨다.
③ (나)의 피해를 줄이기 위해 지붕 경사를 급하게 한다.
④ (가)는 열대 지역의 해상에서 발생하여 중위도 지역으로 이동한다.
⑤ (나)는 겨울철에 건조한 공기가 많이 유입되는 지역에서 발생한다.

Tip

태풍은 　❶　해상에서 발생하여 중위도 지역으로 이동하는 저기압이다. 폭설은 겨울철에 　❷　공기가 많이 유입되는 지역에서 발생한다. ❶ 열대 ❷ 습한

5 다음 (가), (나)를 통해 알 수 있는 자원의 특성이 바르게 연결된 것은?

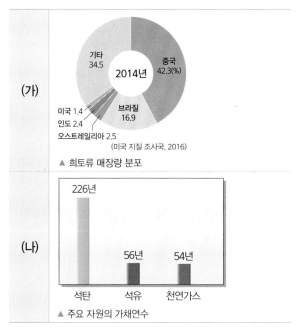

(가)
▲ 희토류 매장량 분포

기타 34.5
중국 42.3(%)
2014년
미국 1.4
인도 2.4
오스트레일리아 2.5
브라질 16.9
(미국 지질 조사국, 2016)

(나)
▲ 주요 자원의 가채연수

226년
56년
54년
석탄 석유 천연가스

	(가)	(나)		(가)	(나)
①	가변성	유한성	②	가변성	편재성
③	유한성	가변성	④	편재성	가변성
⑤	편재성	유한성			

> **Tip**
> 자원은 일부 지역에 집중되어 분포하는 **❶**〔 〕, 대부분 매장량이 한정되어 있는 **❷**〔 〕, 자원의 가치가 기술·경제 수준, 사회·문화적 배경 등에 따라 변화하는 **❸**〔 〕의 특성을 지닌다.
> ❶ 편재성 ❷ 유한성 ❸ 가변성

6 다음 (가), (나) 자원에 대한 설명으로 옳지 않은 것은?

(가)   (나)

① (가)는 밀, (나)는 쌀의 재배 모습이다.
② (나)는 고온 다습한 기후에서 잘 자란다.
③ (나)는 생산지와 소비지가 대부분 일치한다.
④ (가)는 서늘하고 비교적 건조한 지역에서도 잘 재배된다.
⑤ (나)는 전 세계적으로 재배되며 국제적인 이동량이 많다.

> **Tip**
> **❶**〔 〕은 소비지가 널리 분포하고 전 세계적으로 재배 면적이 넓어 국제적 이동량이 많다. 반면 **❷**〔 〕은 대부분 생산지에서 소비되어 국제 이동량이 적다.
> ❶ 밀 ❷ 쌀

7 다음은 국가별 1인당 물 자원의 분포를 나타낸 지도이다. 이에 대한 설명으로 옳지 않은 것은?

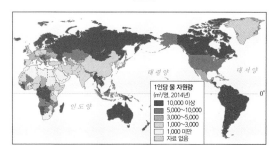

대평양 대서양
인도양
1인당 물 자원량
(㎥/명, 2014년)
10,000 이상
5,000~10,000
3,000~5,000
1,000~3,000
1,000 미만
자료 없음

① 물 자원은 편재성이 나타난다.
② 우리나라는 물 자원 부족 문제가 나타날 것이다.
③ 사막과 그 주변 지역은 물 부족 문제가 심각하다.
④ 물 자원 확보를 위한 국가 간 경쟁이 발생할 것이다.
⑤ 적도 지방은 연 강수량이 적어 물 부족 문제가 나타난다.

> **Tip**
> 물 자원은 강수량과 증발량의 영향을 크게 받아 지역별로 **❶**〔 〕하게 분포한다.
> ❶ 불균등

1 다음 지식 검색창의 빈칸에 들어갈 내용으로 옳은 것을 | 보기 |에서 고르면?

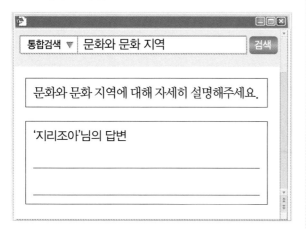

| 통합검색 ▼ | 문화와 문화 지역 | 검색 |

문화와 문화 지역에 대해 자세히 설명해주세요.

'지리조아'님의 답변

_____

_____

| 보기 |
ㄱ. 문화적 특징이 유사하게 나타나는 일정한 공간을 문화 지역이라고 한다.
ㄴ. 문화 지역은 하나의 지표를 중심으로 구분된 것으로 달라지지 않는다.
ㄷ. 문화는 다른 지역과의 문화 교류를 통해서도 변화하지 않는 속성을 지닌다.
ㄹ. 한 지역의 사람들이 환경에 적응하면서 나타나는 공통의 생활 양식을 문화라고 한다.

① ㄱ, ㄴ ② ㄱ, ㄹ ③ ㄴ, ㄷ
④ ㄴ, ㄹ ⑤ ㄷ, ㄹ

2 다음 글의 ㉠에 들어갈 용어로 적절한 것은?

세계 여러 지역에서는 자신만의 문화를 강요하고 주장하면서 대립과 갈등이 빈번하게 발생하고 있다. 문화적 차이에 따른 갈등을 줄여 나가려면 다양한 문화를 이해하고 인정하는 (㉠) 태도가 필요하다.

① 문화 사대주의 ② 문화 상대주의
③ 문화 제국주의 ④ 문화 획일주의
⑤ 자문화 중심주의

3 다음 지도의 A, B 지역에서 자주 발생하는 자연재해를 | 보기 |에서 고르면?

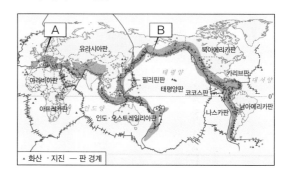

• 화산 • 지진 — 판 경계

| 보기 |
ㄱ. 가뭄   ㄴ. 지진   ㄷ. 화산
ㄹ. 홍수   ㅁ. 지진 해일   ㅂ. 열대 저기압

① ㄱ, ㄹ, ㅂ ② ㄱ, ㅁ, ㅂ ③ ㄴ, ㄷ, ㅁ
④ ㄷ, ㄹ, ㅁ ⑤ ㄷ, ㅁ, ㅂ

4 다음 신문기사에 나타난 국가에서 나타나는 생활 모습으로 옳지 <u>않은</u> 것은?

제○○○호   ○○ 신문   ○○○○년 ○○월 ○○일

아이슬란드는 겨울이 길고 춥지만 사람들은 난방비 걱정을 하지 않는다. 지열 에너지를 이용해 난방을 하기 때문이다.

① 지진 대비 훈련을 한다.
② 다목적 댐과 제방을 건설한다.
③ 풍부한 지열을 활용해 전기를 생산한다.
④ 내진 설계를 의무화하여 건물을 짓는다.
⑤ 온천을 이용한 관광 산업이 발달하였다.

5 다음 자료의 (가)에 들어갈 자연재해로 옳은 것은?

① 지진   ② 폭설   ③ 홍수
④ 사막화   ⑤ 열대 저기압

6 다음 (가)에 들어갈 대답으로 옳은 것은?

자원은 지구상에 고르게 분포하지 않고 일부 지역에 편중되어 분포하는 특성이 있다. 이에 따라 자원은 풍부한 곳에서 부족하거나 더 많이 필요한 곳으로 이동하게 된다.

자원의 어떤 특성을 설명한 걸까?

정답은 __(가)__ 에 해당해.

① 가변성   ② 무한성   ③ 보편성
④ 유한성   ⑤ 편재성

7 다음은 석유의 생산과 소비를 나타낸 그래프이다. 이에 대한 설명으로 옳지 <u>않은</u> 것은?

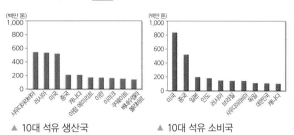

▲ 10대 석유 생산국   ▲ 10대 석유 소비국

① 국제 이동량이 많다.
② 생산국과 소비국이 일치하지 않는다.
③ 생산량이 가장 많은 국가는 이란이다.
④ 소비량과 생산량이 모두 많은 국가는 미국이다.
⑤ 우리나라는 소비량의 대부분을 수입에 의존한다.

8 다음은 지속 가능한 자원 개발에 대한 친구들의 토론 내용이다. 지속 가능한 자원 개발의 장점에 대해 이야기한 친구를 고르면?

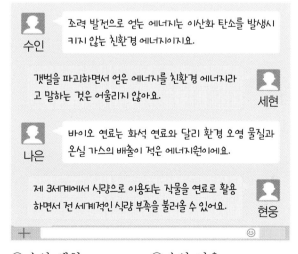

수인: 조력 발전으로 얻는 에너지는 이산화 탄소를 발생시키지 않는 친환경 에너지이지요.

세현: 갯벌을 파괴하면서 얻은 에너지를 친환경 에너지라고 말하는 것은 어울리지 않아요.

나은: 바이오 연료는 화석 연료와 달리 환경 오염 물질과 온실 가스의 배출이 적은 에너지원이에요.

현웅: 제 3세계에서 식량으로 이용되는 작물을 연료로 활용하면서 전 세계적인 식량 부족을 불러올 수 있어요.

① 수인, 세현   ② 수인, 나은
③ 수인, 현웅   ④ 세현, 현웅
⑤ 나은, 현웅

1 다음 형성 평가에서 가장 높은 점수를 받은 친구는?

〈 형성 평가지 〉

문화에 대한 설명이 옳으면 O표, 틀리면 X를 하시오.(각 1점)

	설명	답안	점수
1	세계화에 따라 각 지역의 문화의 차이가 극명해지고 있다.		
2	서로 다른 문화에 대한 이해와 존중 부족 등으로 인한 갈등이 발생하기도 한다.		
3	한 지역의 문화가 다른 지역으로 옮겨 가거나 주변으로 퍼져 나가기도 한다.		
4	특정 지역 내에서 공통으로 나타나는 경향이 있고, 학습을 통해 기존의 문화를 익히며 살아간다.		

〈 학생들의 답안지 〉

	1	2	3	4
하영	○	○	×	○
미래	○	○	○	×
수인	×	○	○	○
현웅	×	○	×	○
세현	×	○	○	×

① 하영 　　② 미래 　　③ 수인
④ 현웅 　　⑤ 세현

Tip

❶　　　는 국제 사회에서 국가 간 상호 의존성이 증가하면서 세계가 단일한 생활권을 형성해 나가는 현상을 말한다. 최근에는 세계화에 따라 각 지역의 문화가 점차 유사해지는 현상인 ❷　　　도 함께 이루어지고 있다.

❶ 세계화 ❷ 문화의 세계화

2 다음은 문화 변용에 대한 개념을 도식화한 것이다. (나)에 해당하는 사례로 적절한 것은?

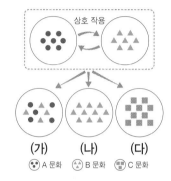

(가) 　(나) 　(다)

A 문화 　 B 문화 　 C 문화

① 우리나라의 세로쓰기는 가로쓰기로 변화하였다.
② 프랑스에서는 바게트로 만들어진 햄버거를 판매하고 있다.
③ 서양의 침대와 우리나라의 온돌이 만나 돌침대가 탄생하였다.
④ 서양의 드레스와 우리나라의 한복이 만나 한복 드레스가 나왔다.
⑤ 우리나라에는 불교, 유교, 크리스트교 등의 다양한 종교가 공존한다.

Tip

문화 ❶　　　은 서로 다른 문화가 함께 존재하는 것, 문화 ❷　　　는 하나의 문화는 남고 다른 문화는 사라지는 것, 문화 융합은 두 문화가 만나 새로운 문화가 만들어지는 것이다.

❶ 공존 ❷ 동화

3 다음은 뉴스에 나온 한 장면을 나타낸 것이다. 경북 포항 지역에 발생한 자연재해에 대한 설명으로 옳은 것은?

경북 포항의 한 고등학교에서 대학수학능력시험을 하루 앞두고 일어난 자연재해에 많은 수험생들과 학부모들이 혼란스러워하고 있습니다. 수험장의 벽이 무너지고 땅이 갈라지는 등 큰 피해를 입었습니다. 교육부는 예정대로 시험을 치르기 어렵다고 판단해 일주일 연기를 결정했습니다.

① 주로 지각판의 경계에서 발생한다.

② 발생 시기를 정확하게 예측할 수 있다.

③ 햇빛이 차단되어 평균 기온이 낮아진다.

④ 발생 지역에 따라 부르는 이름이 다르다.

⑤ 오랜 시간 동안 넓은 지역에 걸쳐 피해가 발생한다.

4 다음은 사회 수업 활동의 일부이다. 용어 (가)에 대한 설명으로 옳은 것은?

〈퀴즈 풀이 방법〉

[1단계] 다음 사례에 해당하는 용어를 아래 〈글자 카드〉에서 찾아 하나씩 지우세요.

• 방글라데시에서 자주 발생하는 자연재해

• 사하라 사막의 남쪽에서 발생하는 심각한 자연재해

• 일본에서 건물이 지진 피해의 충격을 덜 받고 견딜 수 있도록 하는 것

• 주로 건조 지역에서 발생하며, 오랜 시간 비가 내리지 않아 나타나는 자연재해

[2단계] 남은 글자를 모두 활용하여 만들 수 있는 용어를 쓰세요.

• 용어: _____(가)_____

① 지각판의 경계에서 발생한다.

② 발생 시기를 정확하게 예측할 수 있다.

③ 짧은 시간 동안 많은 비가 내려 발생한다.

④ 발생 지역에 따라 부르는 이름이 각각 다르다.

⑤ 오랜 시간 동안 넓은 지역에 걸쳐 피해가 발생한다.

Tip

❶_____은 지구 내부의 에너지가 지표면으로 전달되어 땅이 갈라지고 흔들리는 현상이다. ❷_____의 경계에서 자주 발생하는데, 가장 활발한 지역은 알프스·히말라야 조산대와 환태평양 조산대이다.

❶ 지진 ❷ 지각판

Tip

❶_____은 지역에 따라 부르는 이름이 다양하다. 북태평양 서부에서는 ❷_____, 북아메리카에서는 허리케인, 인도양 일대에서는 사이클론이라고 불린다.

❶ 열대 저기압 ❷ 태풍

5 다음에 제시된 그림을 참고하여 질문에 대한 바른 대답을 한 친구를 고르면?

물이 안 빠지는 면적: 0%
40% 증발
하천 유입 10% 토양 흡수 50%
▲ 삼림 지역

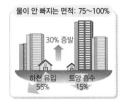

물이 안 빠지는 면적: 75~100%
30% 증발
하천 유입 55% 토양 흡수 15%
▲ 도시 지역

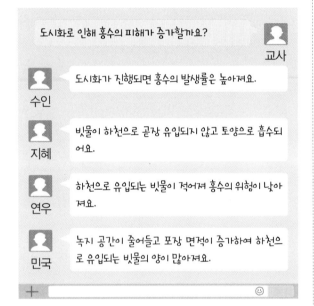

도시화로 인해 홍수의 피해가 증가할까요?
교사

수인: 도시화가 진행되면 홍수의 발생률은 높아져요.

지혜: 빗물이 하천으로 곧장 유입되지 않고 토양으로 흡수되어요.

연우: 하천으로 유입되는 빗물이 적어져 홍수의 위험이 낮아져요.

민국: 녹지 공간이 줄어들고 포장 면적이 증가하여 하천으로 유입되는 빗물의 양이 많아져요.

① 수인, 지혜　② 수인, 연우　③ 수인, 민국
④ 지혜, 연우　⑤ 연우, 민국

6 다음에 제시된 자료와 유사한 사례로 옳은 것은?

제○○○호　　○○ 신문　　○○○○년 ○○월 ○○일

Fresh Iceland Mountain Air

환경 오염이 심해지며 흔했던 깨끗한 공기가 희귀한 것이 되어버렸다. 아이슬란드에서는 현지의 깨끗한 공기를 담은 공기 캔을 관광객들에게 판매하기도 한다.

① 희토류는 중국에 집중적으로 분포하고 있다.
② 석탄은 전 세계적으로 비교적 고르게 분포한다.
③ 현재 천연가스의 가채연수는 50여 년 남짓으로 길지 않다.
④ 인류가 사용할 수 있는 물은 지역적으로 불균등하게 분포하고 있다.
⑤ 석유는 과거에 쓸모없는 검은 물이었으나 오늘날 가장 중요한 자원이 되었다.

7 다음 자료를 통해 알 수 있는 내용으로 옳은 것은?

아프리카 고릴라는 핸드폰이 무섭다.

콩고 민주 공화국은 금, 구리 등의 자원과 전 세계 매장량의 80% 이상의 콜탄을 보유한 국가이지만, 국내 총생산(GDP) 순위 100위 안에 들지 못하는 국가이다. 휴대전화를 만드는 데 꼭 필요한 콜탄이 고릴라의 서식지에 집중적으로 매장되어 있다 보니, 야생 동물들이 마구잡이로 죽임을 당하고 살 곳을 잃어버리고 있다. 또한 콜탄을 둘러싼 정부군과 반군 간의 대립이 끊이지 않아 주민 생활이 어려워졌으며, 광산 근로자들이 낮은 임금으로 노동력을 착취당하는 일도 발생하고 있다.

① 경제적으로 빈곤한 국가들은 자원이 부족하다.

② 선진국은 자원의 매장량이 풍부한 국가들이다.

③ 자원의 절대적인 양이 경제적인 풍요로움을 결정한다.

④ 자원을 수출해 얻은 이익으로 다른 산업을 발전시킬 수 있다.

⑤ 자원이 풍부해도 자원을 차지하려는 충돌 과정에서 피해를 보기도 한다.

Tip
자원이 풍부하지만 기술과 자본이 부족한 국가는 자원의 생산과 운송 과정에서 배출된 유해 물질로 ❶[   ], 개발로 얻은 막대한 이익이 제대로 분배되지 않고 일부에 집중되어 ❷[   ] 등의 문제가 발생하기도 한다.
❶ 환경 오염 ❷ 빈부 격차

8 다음 형성 평가에서 친구가 받은 점수로 옳은 것은?

〈사회① 형성 평가지〉
3학년 ○반 ○○번 성명: 김지혜

주제: 지속 가능한 자원

– 주제와 관련하여 설명이 옳으면 ○표, 틀리면 ×표를 하시오.

– 정답은 1점, 오답은 0점으로 계산하시오.

	설명	답안	점수
1	고갈의 염려가 없다.	○	
2	현재의 기술로 효율성이 가장 높다.	×	
3	이용 과정에서 오염 물질 배출량이 적다.	○	
4	경제적 측면에서 비용이 많이 든다.	○	
5	바이오 에너지 생산량이 늘어나면 식량 부족 문제가 발생할 수 있다.	×	

① 1점 ② 2점 ③ 3점 ④ 4점 ⑤ 5점

Tip
❶[   ]한 자원은 계속 이용해도 고갈의 염려가 없으며, 이용 과정에서 폐기물이나 오염 물질의 배출이 없거나 매우 적기 때문에 지구 환경에 부담되지 않는 자원이다. 그러나 현재의 기술로는 ❷[   ] 연료보다 효율성과 경제성이 떨어진다는 단점이 있다.
❶ 지속 가능 ❷ 화석

전편 마무리 전략

핵심 개념 1 위도에 따른 계절의 차이

지구가 12월경에 위치하고 있을 때의 모습이야.

태양

동지(12월 22일경)
북반구: 겨울
남반구: 여름

남회귀선

북반구가 태양의 열을 적게 받을 때, 북반구는 겨울임.

적도는 일 년 내내 덥기 때문에 열대 기후가 나타남.

남반구가 태양의 열을 많이 받을 때, 남반구는 여름임.

핵심 개념 2 세계 기후 지역의 생활 모습

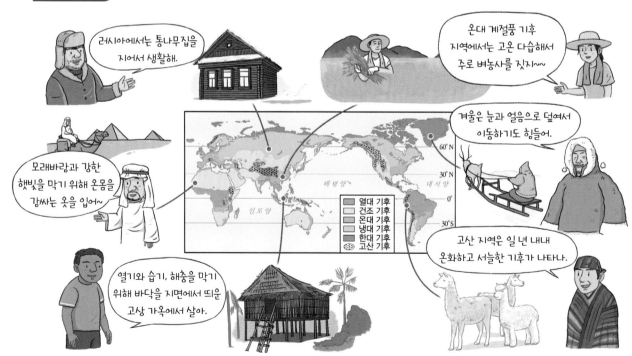

러시아에서는 통나무집을 지어서 생활해.

온대 계절풍 기후 지역에서는 고온 다습해서 주로 벼농사를 짓지~~

겨울은 눈과 얼음으로 덮여서 이동하기도 힘들어.

모래바람과 강한 햇빛을 막기 위해 온몸을 감싸는 옷을 입어~

열기와 습기, 해충을 막기 위해 바닥을 지면에서 띄운 고상 가옥에서 살아.

고산 지역은 일 년 내내 온화하고 서늘한 기후가 나타나.

태평양
대서양
인도양
60° N
30° N
0°
30° S

열대 기후
건조 기후
온대 기후
냉대 기후
한대 기후
고산 기후

핵심 개념 3 우리나라의 자연 경관

핵심 개념 4 자원 확보를 둘러싼 갈등

신유형·신경향·서술형 전략

1

다음은 2월의 오스트레일리아 시드니와 우리나라 제주도의 모습이다. 이에 대해 옳은 설명을 한 친구를 ㅣ보기ㅣ에서 고르면?

▲ 2월의 시드니

▲ 2월의 제주도

> 지혜: 제주도에 극야 현상이 나타나.
> 서언: 시드니는 적도 부근에 위치해.
> 우진: 제주도는 북반구에 위치하고 있어.
> 나은: 지구가 23.5° 기울어진 채 태양을 공전하기 때문에 시드니와 제주도의 계절이 반대로 나타나.

① 지혜, 서언   ② 지혜, 우진   ③ 서언, 우진
④ 서언, 나은   ⑤ 우진, 나은

2

다음은 (가), (나) 지역에서 자라는 식생에 대한 자료이다. 이를 바탕으로 (가), (나) 지역의 기후 특징을 추론한 것으로 옳은 것은?

지역	대표적인 식생	식생의 특징
(가)	▲ 동백나무	한랭 건조한 겨울을 나기 위해 잎이 작고 두껍다. 반짝거리는 잎이 특징이다.
(나)	▲ 코르크참나무	건조한 여름을 견디기 위해 뿌리가 깊고 껍질이 두껍다. 껍질은 와인의 마개로 사용된다.

① (가)는 연교차가 작고 연중 강수량이 고르다.
② (나)는 편서풍과 난류의 영향을 많이 받는 지역이다.
③ (가)에서는 여름의 고온 다습한 기후를 이용해 벼농사가 발달하였다.
④ (나)의 대도시 주변에서는 낙농업과 혼합 농업이 활발히 이루어진다.
⑤ (가)에서는 여름철 고온 건조한 기후를 잘 견디는 나무를 재배하는 수목 농업이 발달하였다.

> **Tip**
> 지구가 23.5° 기울어진 채 태양 주위를 1년에 한 번 **❶** [　] 하기 때문에 남반구와 북반구는 계절이 서로 **❷** [　] 로 나타난다.
> **❶** 공전 **❷** 반대

> **Tip**
> **❶** [　] 기후 지역에서는 고온 다습한 여름철 기후를 이용하여 벼농사가 발달하였고, **❷** [　] 기후 지역은 고온 건조한 여름철 기후를 견디는 포도, 올리브, 오렌지, 코르크참나무 등을 재배하는 수목 농업이 발달하였다.
> **❶** 온대 계절풍 **❷** 지중해성

3

다음은 '우리나라의 아름다운 자연 경관'이라는 다큐멘터리 방송 화면의 일부이다. 촬영지에 대한 설명으로 옳은 것을 | 보기 |에서 고르면?

| 보기 |

ㄱ. (가)는 하천의 퇴적 작용이 활발한 곳이다.

ㄴ. (나)는 육지가 바다 쪽으로 돌출한 곳이다.

ㄷ. (가)는 화강암 산지가 침식을 받아 만들어졌다.

ㄹ. (다)는 밀물과 썰물의 퇴적 작용으로 형성되었다.

① ㄱ, ㄴ   ② ㄱ, ㄷ   ③ ㄴ, ㄷ

④ ㄴ, ㄹ   ⑤ ㄷ, ㄹ

Tip

우리나라는 설악산, 북한산 같은 바위가 그대로 드러난 ❶ 산지가 많고, 동해안은 해안선이 단조로워 모래 해안과 암석 해안이 발달하였고, 서해안과 남해안은 해안선이 복잡하고 섬이 많으며 넓은 ❷ 이 나타나기도 한다.   ❶ 화강암 ❷ 갯벌

4

다음에 제시된 여행지 소개 자료를 보고, 여행지에 해당하는 문화 지역을 지도의 A~E에서 고르면?

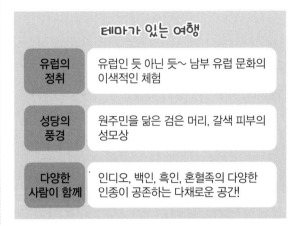

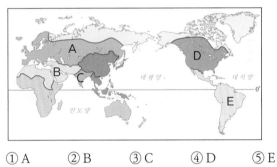

① A   ② B   ③ C   ④ D   ⑤ E

Tip

라틴 아메리카 문화 지역은 ❶ 유럽의 영향을 받았고, ❷ 와 포르투갈어를 주로 사용하며 가톨릭교를 믿는다.

❶ 남부 ❷ 에스파냐어

5

다음은 비슷한 시기에 지진이 발생한 두 나라의 피해를 비교한
자료이다. 이에 대한 설명으로 옳은 것은?

아이티		칠레
2010년 1월 12일	발생일	2010년 2월 27일
7.0	지진 규모	8.8
22만 명	사망자	700명
81억~139억 달러	재산 피해액	150억~300억 달러
830달러	1인당 국내 총생산(GDP)	1만 3,331달러
규정 없음.	내진 설계	의무화
미흡함.	지진 대비 교육	실시함.

① 피해 규모는 지진의 규모에 비례한다.

② 내진 설계의 효과는 입증하기 어렵다.

③ 생활 수준이 높을수록 자연재해의 피해가 적다.

④ 생활 수준에 상관없이 지진 피해는 동일하게 나타난다.

⑤ 생활 수준이 낮을수록 피해 방지 대책에 투입되는 노력
이 많다.

6

다음 자료의 ㉠, ㉡에 대한 설명으로 옳은 것을 고르면?

▲ 쌀국수

▲ 반미 샌드위치

베트남의 대표적인 음식인 '퍼'는 우리에게 쌀국수로 알
려져 있다. 사골 육수에 ㉠쌀로 만든 면과 고기를 넣고 취
향에 맞게 각종 향신료를 곁들여 먹는 음식이다. 프랑스
문화의 영향을 받아 독특한 베트남식 샌드위치인 '반미'가
탄생하기도 했는데, ㉡밀가루로 만든 바게트 사이에 양념
한 고기와 야채를 넣어 이국적인 맛을 느낄 수 있다.

① ㉠은 소비지가 널리 분포해 국제적 이동량이 많다.

② ㉠은 비교적 건조한 지역에서도 재배가 가능하다.

③ ㉠은 대부분 생산지에서 소비되어 국제적 이동량이
적다.

④ ㉡은 주로 가축 사료와 바이오 에너지의 원료 등으로 사
용된다.

⑤ ㉡은 주로 고온 다습한 아시아의 계절풍 기후 지역에서
재배된다.

Tip

❶ 은 지진이나 화산, 태풍, 홍수의 피해를 줄이기 위한 경
보 시스템을 구축하고 자연재해를 예측 및 대비하여 ❷ 보
다 자연재해로 인한 피해가 작다.   ❶ 선진국 ❷ 개발 도상국

Tip

❶ 은 대체로 생산지에서 소비되기 때문에 국제적 이동량
이 적고, ❷ 은 소비지가 널리 분포하기 때문에 국제적 이동
량이 많다.   ❶ 쌀 ❷ 밀

7

다음 자료를 보고 물음에 답하시오.

▲ 그리스 산토리니

▲ 그리스 샐러드

뜨거운 태양과 시원한 바다, 하얀 건물이 이국적인 풍경을 자랑한다. 푸른 바다를 바라보며 이 지역에서 유명한 올리브유를 듬뿍 뿌린 샐러드를 맛보는 것도 색다른 별미가 될 듯 하다.

(1) 위의 자료에서 설명하는 지역에서 나타나는 기후의 이름을 쓰시오.

_____

(2) 위의 자료에서 설명하는 지역에서 나타나는 기후의 기온과 강수량의 특징을 여름과 겨울로 나누어 각각 서술하시오.

_____

_____

8

다음 자료를 보고 물음에 답하시오.

▲ 팜유를 생산하는 기름야자 농장

인도네시아 정부가 지난 28일부터 자국 물가 안정을 이유로 팜유 수출을 금지했다. 팜유는 팜나무 열매의 기름으로 ㉠열대 지방에서 원주민의 노동력으로 선진국의 자본과 기술이 합쳐져 대량으로 재배된다. 우리나라에서는 주로 라면, 과자 등의 가공식품을 튀기는 데 사용한다. 이번 팜유 수출 금지 조치로 인해 우리나라뿐만 아니라 전 세계적으로 식료품 가격 상승이 예상되어 소비자들의 시름은 더욱 깊어질 예정이다.

(1) 인도네시아처럼 천연자원을 지니고 있는 국가가 자국의 이익을 위해 자원을 정치적으로 이용하려는 움직임을 무엇이라 하는지 쓰시오.

_____

(2) (1)의 사례를 한 가지 서술하시오.

_____

_____

1 다음 지도에 대한 설명으로 옳지 <u>않은</u> 것은?

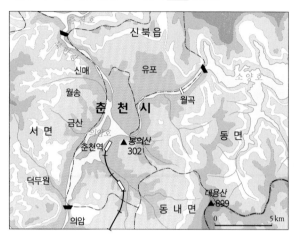

① 춘천시는 철도 이용이 가능하다.

② 춘천시는 호수가 많은 도시이다.

③ 소양호는 의암호의 동쪽에 위치한다.

④ 신북읍은 동내면보다 남쪽에 위치한다.

⑤ 춘천시는 주변이 산으로 둘러싸여 있다.

2 다음은 위치의 표현에 관한 ○× 퀴즈이다. 정답이 바르게 연결된 것을 고르면?

설명	답
랜드마크는 한 지역을 식별하게 해 주는 대표적인 상징물이다.	
세계 규모에서의 위치 표현은 대륙과 해양을 이용하여 나타낼 수 있다.	
경도는 적도를 기준으로 얼마나 북쪽 또는 남쪽에 있는지를 나타내는 수치로, 0°~90°의 범위를 지닌다.	

① × - ○ - ○   ② ○ - ○ - ×

③ ○ - × - ○   ④ × - ○ - ×

⑤ × - × - ○

3 파리에서 축구 경기가 5월 3일 오후 5시에 열린다고 한다. 서울에서 생중계로 볼 수 있는 날짜와 시간은?(파리의 경도는 동경 15°, 서울의 경도는 동경 135°임.)

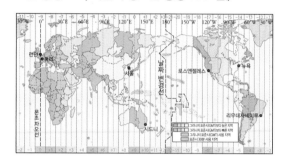

① 5월 3일 오전 9시

② 5월 3일 오후 1시

③ 5월 3일 오후 9시

④ 5월 4일 오전 1시

⑤ 5월 4일 오후 1시

4 다음과 같은 마인드맵의 특징을 보이는 (가) 기후 지역을 지도에서 고르면?

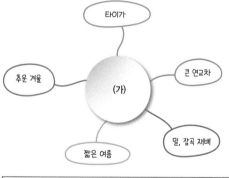

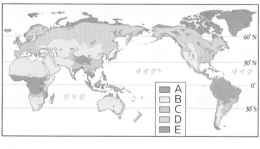

① A   ② B   ③ C   ④ D   ⑤ E

5 다음 (가), (나) 그래프에 대한 설명으로 옳은 것은?

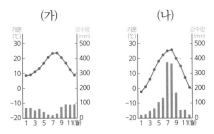

① (가)는 온대 계절풍 기후이다.

② (나)는 서안 해양성 기후이다.

③ (가)는 서부 유럽, 뉴질랜드 등지에서 나타난다.

④ (가) 지역에서는 포도, 올리브 등을 재배하는 수목 농업이 발달하였다.

⑤ (나) 지역에서는 곡물 재배와 가축 사육을 함께 하는 혼합 농업이 발달하였다.

6 다음 자료를 통해 알 수 있는 키토의 특징으로 옳지 <u>않은</u> 것은?

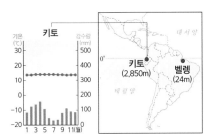

① 고산 도시가 발달하였다.

② 일찍부터 사람들이 많이 거주하였다.

③ 일 년 내내 봄과 같은 온화한 날씨가 지속된다.

④ 해발 고도가 높아질수록 기온이 높아져 살기에 적합하다.

⑤ 다양한 형태의 휴양지로 개발되어 관광객들이 방문하고 있다.

7 다음 검색창의 '이 지역'에서 볼 수 있는 가옥의 형태로 옳은 것은?

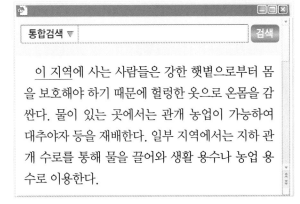

이 지역에 사는 사람들은 강한 햇볕으로부터 몸을 보호해야 하기 때문에 헐렁한 옷으로 온몸을 감싼다. 물이 있는 곳에서는 관개 농업이 가능하여 대추야자 등을 재배한다. 일부 지역에서는 지하 관개 수로를 통해 물을 끌어와 생활 용수나 농업 용수로 이용한다.

①  ②

③  ④

⑤

8 다음 자료와 같은 기온 분포를 보이는 지역에 대한 설명으로 옳은 것을 |보기|에서 고르면?

(단위:℃)

월	1	2	3	4	5	6
평균 기온	-26.8	-26.8	-25.9	-17.7	-7.6	0.6
월	7	8	9	10	11	12
평균 기온	3.9	3.3	-0.8	-8.6	18.2	-12.4

┌ 보기 ┐
ㄱ. 고상 가옥을 짓는다.
ㄴ. 겨울이 짧고 여름이 길다.
ㄷ. 여름에 이끼류 등의 풀이 자란다.
ㄹ. 카사바, 얌, 타로 같은 농작물을 재배한다.

① ㄱ, ㄴ ② ㄱ, ㄷ ③ ㄴ, ㄷ
④ ㄴ, ㄹ ⑤ ㄷ, ㄹ

9 다음 사진은 안데스 산지 주민들의 생활 모습을 나타낸다. 이에 대한 설명으로 옳지 않은 것은?

▲ 원주민의 전통 음식

▲ 주민들의 모습

① 일교차가 커 여러 겹의 옷을 겹쳐 입는다.
② 주민들은 주로 감자와 옥수수를 재배한다.
③ 주로 소나 염소를 방목하거나 이목을 한다.
④ 저지대보다 기후 환경이 유리해 고대 문명이 발달할 수 있었다.
⑤ 라마와 알파카를 기르는데, 짐을 운반하고 고기와 털을 얻기에 유용하다.

10 다음 글에서 설명하는 해안 지형을 A~E에서 고르면?

파랑의 침식 작용으로 인해 형성되었다. 암석의 단단한 부분이 침식에 견디어 육지와 분리된 암석 기둥이 만들어졌다.

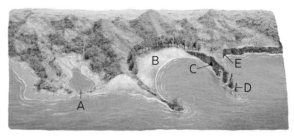

① A ② B ③ C ④ D ⑤ E

11 다음은 제주도 관광 안내판이다. ㉠~㉤ 중 옳지 않은 것은?

제주도
㉠ 제주도는 화산 활동으로 형성되었으며, ㉡ 우리나라에서 가장 높은 산인 한라산이 위치해 있다. ㉢ 큰 화산의 사면에 형성되는 작은 화산인 오름, ㉣ 뜨거운 용암이 식을 때 부피가 줄어들며 수직으로 쪼개짐이 발생하여 만들어진 주상 절리, ㉤ 석회암이 지하수에 녹아 만들어진 용암동굴 등 다양한 지형을 관찰할 수 있다.

① ㉠ ② ㉡ ③ ㉢ ④ ㉣ ⑤ ㉤

12 교사의 질문에 옳지 <u>않은</u> 대답을 한 학생은?

> 우리나라의 매력적인 자연 경관에 대해 이야기해 볼까요?
> — 교사

> 지혜 : 국토의 70%가 산지로 이루어져 있어요.

> 우찬 : 우리나라는 서쪽이 높고 동쪽이 낮아요.

> 희철 : 동해안은 수심이 깊고 해안선이 단조로워요.

> 하영 : 우리나라 대부분의 하천은 서·남해안으로 흘러들어 가요.

> 서현 : 서해안에는 조차가 크고 해안선의 드나듦이 복잡해 갯벌이 형성되었어요.

① 지혜 ② 우찬 ③ 희철
④ 하영 ⑤ 서현

서술형 전략

13 다음은 키위 수확 시기를 비교한 자료이다. 뉴질랜드가 세 국가와 키위 수확 시기가 <u>다른</u> 이유를 서술하시오.

	1월 2월 3월 4월 5월 6월 7월 8월 9월 10월 11월 12월
뉴질랜드	
대한민국	
일본	
이탈리아	

---

14 다음은 열대 우림 기후가 나타나는 지역을 나타낸 지도이다. 이를 보고 물음에 답하시오.

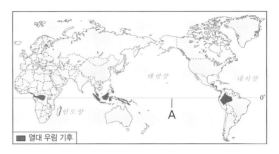

■ 열대 우림 기후

(1) 자료의 A선은 무엇을 나타내는지 쓰시오.

_____

(2) 열대 우림 기후가 나타나는 지역의 기후적 특징을 기온과 강수량 측면에서 서술하시오.

_____

---

15 다음 (가), (나) 산지의 특징을 형성 시기와 형태 측면에서 비교하여 서술하시오.

(가) ▲ 애팔래치아산맥   (나) ▲ 히말라야산맥

1 다음 지도의 A 문화 지역에 대한 설명으로 옳은 것을 보기에서 고르면?

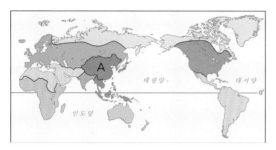

┌─ 보기 ─────────────────────────────┐
ㄱ. 젓가락을 사용하고 벼농사가 발달하였다.
ㄴ. 크리스트교를 믿고 일찍 산업화를 이루었다.
ㄷ. 원시 종교를 믿으며 부족 중심의 생활을 한다.
ㄹ. 한자를 사용하고 유교적 생활 양식을 공유한다.
└──────────────────────────────────┘

① ㄱ, ㄴ   ② ㄱ, ㄹ   ③ ㄴ, ㄷ
④ ㄴ, ㄹ   ⑤ ㄷ, ㄹ

2 다음 스위스 언어 분포 지도를 보고 옳지 <u>않은</u> 설명을 한 친구는?

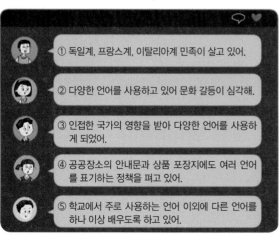

① 독일계, 프랑스계, 이탈리아계 민족이 살고 있어.

② 다양한 언어를 사용하고 있어 문화 갈등이 심각해.

③ 인접한 국가의 영향을 받아 다양한 언어를 사용하게 되었어.

④ 공공장소의 안내문과 상품 포장지에도 여러 언어를 표기하는 정책을 펴고 있어.

⑤ 학교에서 주로 사용하는 언어 이외에 다른 언어를 하나 이상 배우도록 하고 있어.

3 다음은 S커피 전문점의 국가별 분포 지도이다. 이 지도와 관련된 문화 현상에 대한 설명으로 옳은 것은?

① 개별 국가의 문화적 고유성이 더욱 강화된다.

② 서로 다른 문화 간의 접촉이 많아지면 갈등이 발생된다.

③ 문화는 주변 지역과 구분되는 독특한 문화 경관을 형성한다.

④ 문화는 전파되는 과정에서 지역의 특성이 반영되어 변형된다.

⑤ 한 지역의 문화가 다른 지역에서 비슷하게 나타나거나 전 세계적으로 같은 문화를 공유한다.

4 다음 ㉠에 들어갈 내용으로 옳지 <u>않은</u> 것은?

세계 여러 지역에서는 자신만의 문화를 강요하거나 주장하면서 대립과 갈등이 빈번하게 발생하고 있다. 주로 종교와 언어와 관련된 경우가 많은데, 문화적 차이에 따른 갈등을 줄여 나가려면 ㉠

① 상대방에게 자신의 문화를 강요하지 않는다.

② 문화의 우열을 가리고 좋은 문화를 수용한다.

③ 소수의 언어와 문화도 존중하는 자세가 필요하다.

④ 다양한 문화를 이해하고 인정하는 관용적 태도가 필요하다.

⑤ 우리와 다른 언어, 종교 등 문화적 요소의 다양성을 인정한다.

>> 정답과해설 32쪽

5 다음 (가), (나)에 들어갈 자연재해를 바르게 연결한 것을 고르면?

> • ((가))는/은 짧은 시간에 비가 집중적으로 내리거나 오랫동안 지속해서 내릴 때, 열대 저기압과 계절풍의 영향을 받아 집중 호우가 내리는 아시아의 계절풍 지역에서 주로 나타난다.
> • ((나))는/은 오랫동안 비가 내리지 않아 땅이 메마르고 물이 부족하여 나타나는 재해로, 건조 기후 지역에서 주로 발생한다.

	(가)	(나)
①	폭설	홍수
②	가뭄	홍수
③	홍수	가뭄
④	가뭄	폭설
⑤	홍수	폭설

6 다음 지도에 표시된 지역에 대한 설명으로 옳은 것은?

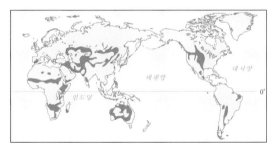

① 큰 강 주변의 저지대에서 주로 발생한다.
② 짧은 기간 좁은 범위에 걸쳐 발생하는 경우가 많다.
③ 겨울철에 습한 공기가 많이 유입되는 지역에서 발생한다.
④ 오랜 가뭄과 과도한 농경지 개간 등으로 땅이 황폐하게 변하고 있다.
⑤ 열대 지역의 해상에서 발생하여 중위도 지역으로 이동하는 저기압의 피해가 심하다.

7 다음 사진과 같은 자연재해로 인한 피해와 주민 생활에 대한 설명으로 옳지 <u>않은</u> 것은?

① 화산재로 항공기 운항이 중단된다.
② 터를 높게 하여 터돋움집을 짓는다.
③ 비옥해진 토양을 이용해 농사를 짓는다.
④ 온천과 지형을 이용한 관광 산업이 발달한다.
⑤ 분출물이 마을과 농경지를 덮쳐 인명 및 재산 피해가 발생한다.

8 다음 ㉠, ㉡에 들어갈 내용으로 옳지 <u>않은</u> 것은?

> **2. 인간 활동과 홍수**
> ① 홍수의 의미: 비가 단시간에 집중적 또는 장기간에 지속적으로 내려 하천이나 호수가 흘러넘치는 현상
> ② 홍수를 증가시키는 인위적 요인
>   • ㉠
> ③ 홍수 피해를 줄이기 위한 대책
>   • ㉡

① ㉡: 숲을 조성해 녹지 면적을 증가시킨다.
② ㉠: 녹지 공간이 감소하고 포장 면적이 증가하였다.
③ ㉡: 무분별한 개발을 제한하고 배수 시설을 정비한다.
④ ㉠: 생태 하천을 복원하고 녹지 공간을 많이 만든다.
⑤ ㉠: 하천을 직선으로 만들면서 유속이 빨라져 하천 하류 지역에 물이 불어났다.

9 다음 선생님의 질문에 대한 대답으로 가장 적절한 것을 ㅣ보기ㅣ에서 고르면?

자원의 의미에 대해 알아볼까요?

자연
기술적 의미의 자원
경제적 의미의 자원

┌ 보기 ┐
ㄱ. 자연은 모두 자원으로 가치가 있어요.
ㄴ. 자원은 인간 생활에 유용하게 이용되는 것을 말해요.
ㄷ. 경제적 의미의 자원은 기술적 의미의 자원보다 범위가 넓어요.
ㄹ. 경제적, 기술적으로 개발이 가능해야 자원으로 이용될 수 있어요.

① ㄱ, ㄴ   ② ㄱ, ㄹ   ③ ㄴ, ㄷ
④ ㄴ, ㄹ   ⑤ ㄷ, ㄹ

10 다음은 A 자원의 분포와 이동을 나타낸 지도이다. 이에 대한 설명으로 옳지 않은 것은?

태평양
대서양
인도양

⊟ 주요 매장지
A의 이동(백만 톤, 2013년)
5,000   3,000   1,000 이하

① 인류가 가장 광범위하게 사용하는 자원이다.
② 연소 시 오염 물질 배출량이 많아 규제의 대상이 되고 있다.
③ 우리나라, 일본, 유럽의 여러 나라는 많은 양을 수입에 의존한다.
④ 서남아시아 지역에 60% 이상이 매장되어 있어 편재성이 매우 크다.
⑤ 매장되어 있는 국가와 주요 소비 국가가 일치해 국제적 이동이 적다.

11 다음은 우리나라에서 옷을 구매하기까지의 과정을 나타낸 그림이다. 이에 대한 설명으로 옳지 않은 것은?

우리 마을 주민들은 대부분 면화와 관련된 일을 하죠.

면화를 심고 기를 뿐만 아니라 좀 더 나은 품질의 면화를 연구하거나 다른 나라로 수출하는 일도 해요.

미국 텍사스

우리는 미국산 면화를 이용해 옷을 만드는 공장에서 일해요. 공장에서 일하는 덕분에 아이들을 학교에 보내죠.

방글라데시 다카

저는 방글라데시에서 만들어진 좋은 품질의 티셔츠를 구매했어요.

대한민국 서울

① 자원을 이용할수록 국가 간, 지역 간 연결의 단절이 심화되고 있다.
② 물건 하나를 만드는 데에는 세계 여러 지역의 다양한 자원이 필요하다.
③ 자원이 생산되고 이동하는 과정에 수많은 사람의 삶이 연결되어 있다.
④ 자원을 이용함으로써 우리와 다른 지역 주민의 삶이 서로 영향을 주고받는다.
⑤ 소비 행위가 다른 지역의 삶에 미칠 영향을 고려하여 바람직한 방향으로 소비해야 한다.

12 다음 (가)~(다) 지역에서 개발하기 유리한 신·재생 에너지가 바르게 연결된 것을 고르면?

> (가) 밀물과 썰물의 차이가 큰 해안이 있는 프랑스
> (나) 북대서양에서 강한 바람이 지속적으로 불어오는 영국
> (다) 일사량이 많고 비가 적게 내리는 사막이 대부분인 사우디아라비아

	(가)	(나)	(다)
①	태양광	풍력	지열
②	수력	지열	풍력
③	조력	풍력	태양광
④	조력	수력	풍력
⑤	지열	수력	태양광

서술형 전략

13 다음은 다양한 기준으로 문화 지역을 구분한 유럽 지도와 글이다. 이 자료의 ㉠과 같은 음식 문화가 발달한 까닭을 기후 환경과 농업을 관련지어 쓰시오.

(신고등 지도, 2015.)

(지리 연구, 2016.)

> 방학 때 유럽 여행을 했다. 남부 지역은 돌로 만든 건물이 많았는데. 북쪽으로 갈수록 통나무집이 많았다. 아마도 타이가 지대가 넓게 펼쳐져 있는 영향인 것 같다. 매일 아침 버터 바른 빵을 먹었다. 그런데 이탈리아에서 온 친구를 보니, 빵에 버터 대신 ㉠ 올리브유에 찍어 먹는 것을 더 좋아하는 것 같았다.

14 다음 지도를 보고 물음에 답하시오.

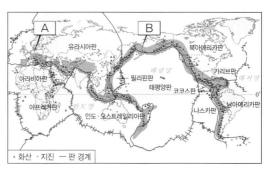

(1) A, B의 이름을 쓰시오.

(2) A와 B에서 자주 발생하는 자연재해로 인한 피해를 서술하시오.

15 다음은 식량 자원의 국제 이동을 나타낸 지도이다. 이를 보고 물음에 답하시오.

(1) A, B 자원이 무엇인지 쓰시오.

(2) A 자원과 B 자원 중 국제적 이동이 적은 자원을 쓰고, 그 이유를 서술하시오.

중등 사회의 성공적인 입문서!

시작은 **하루 사회**
시리즈

완벽한 기초력 향상

교과서의 필수 핵심 개념만
간추려서 쉽게 익히는 교재로
중등 사회·역사 기초력 향상!

1·6·5·4 프로젝트

하루 6쪽, 주 5일, 4주 완성으로
단기간에 체계적으로 끝내자!
매일매일 공부 습관 형성에도 GOOD!

흥미로운 시각 자료

만화, 삽화, 마인드맵 등의
다채롭고 재미있는 비주얼 요소로
중등 사회·역사 필수 개념을 쏙쏙!

사회 과목도 절대 놓치지 마! "시작은 하루 사회" 예비 중1~중3(사회 ①, 사회 ②, 역사 ①, 역사 ②)

book.chunjae.co.kr

교재 내용 문의	교재 홈페이지 ▶ 중학 ▶ 교재상담
교재 내용 외 문의	교재 홈페이지 ▶ 고객센터 ▶ 1:1문의
발간 후 발견되는 오류	교재 홈페이지 ▶ 중학 ▶ 학습지원 ▶ 학습자료실

중간고사 기말고사
고득점을 예약하자!

중학전략
사회①
BOOK 2

천재교육

중학 전략
사회①
BOOK 2

이 책의 구성과 활용

이 책은 3권으로 이루어져 있는데 본책인
BOOK1, 2의 구성은 아래와 같아.

주 도입

본격적인 본문 학습에 앞서, 재미있는 만화를 살펴보면
서 이번 주에 공부할 내용을 확인할 수 있습니다.

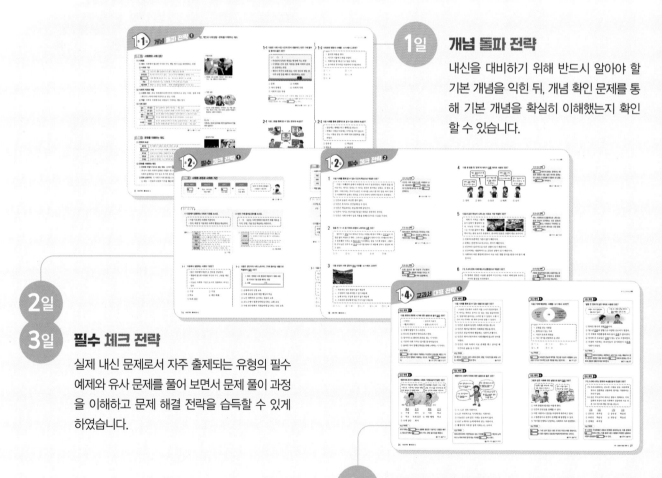

1일 **개념 돌파 전략**

내신을 대비하기 위해 반드시 알아야 할
기본 개념을 익힌 뒤, 개념 확인 문제를 통
해 기본 개념을 확실히 이해했는지 확인
할 수 있습니다.

2일
3일 **필수 체크 전략**

실제 내신 문제로서 자주 출제되는 유형의 필수
예제와 유사 문제를 풀어 보면서 문제 풀이 과정
을 이해하고 문제 해결 전략을 습득할 수 있게
하였습니다.

4일 **교과서 대표 전략**

교과서의 핵심 개념을 다루는 주제를 대표 예제로 엄선
하여 수록하였으며, 많은 문제를 풀어 보면서 문제에 대
한 적응력을 높일 수 있도록 하였습니다.

주 마무리 코너

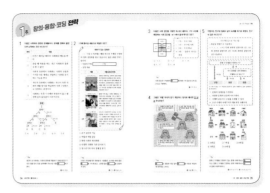

누구나 합격 전략

내신 유형에 맞춘 기본 연습 문제를 풀어 보면서 학습에 대한 자신감을 가질 수 있습니다.

창의·융합·코딩 전략

융복합 사고력과 창의력을 키우는 문제를 풀어 보면서 다양한 문제에 대한 적응력을 높일 수 있습니다.

권 마무리 코너

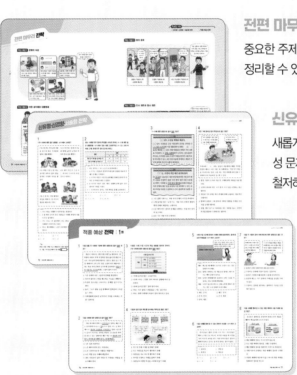

전편 마무리 전략

중요한 주제를 엄선하여 단원을 마무리하고 최종 정리할 수 있도록 하였습니다.

신유형·신경향·서술형 전략

새롭게 등장한 유형 문제, 시대 흐름을 반영한 경향성 문제를 다루었으며, 서술형 문제를 풀이 보면서 철저하게 내신을 대비할 수 있도록 하였습니다.

적중 예상 전략

학습한 내용을 최종 평가해 보는 코너로 2회에 걸쳐 제공하여, 스스로 자기 실력을 가늠해 볼 수 있도록 하였습니다.

정답과 해설

각 문제에 대한 기본 개념과 자료 분석, 쌍둥이 문제 등 자세한 풀이를 담았습니다. 특히 적중 예상 전략 해설에는 다시 한번 문제를 수록하고 출제 의도, 선택지 분석, 개념이나 용어 등을 제시하여 빈틈없이 해당 주제를 숙지할 수 있도록 구성하였습니다.

이 책의 차례

BOOK 2

개념 1 사회화와 사회 집단

(1) 사회화

① 의미: 사회에서 필요한 지식과 가치, 행동 방식 등을 내면화하는 과정

② 사회화 기관

가정	기본적인 생활 습관과 사고 방식, 취향 등을 형성함.
또래 집단	비슷한 나이의 친구 집단 → 청소년기의 사회화에 큰 영향을 미침.
❶	사회 생활에 필요한 지식, 기능, 가치 등을 체계적으로 교육함.
직장	업무에 필요한 기능, 인간관계, 조직의 규범 등을 학습함.
대중 매체	대량으로 정보를 전달함. → 현대 사회에서 영향력이 커지고 있음.

(2) 사회적 지위와 역할

① 사회적 지위: 귀속 지위(태어나면서부터 자연적으로 갖는 지위), 성취 지위(개인의 노력에 의해 후천적으로 얻는 지위)

② 역할: 사회적 지위에 따라 사람들이 기대하는 행동 양식

(3) 사회 집단

접촉 방식	1차 집단	자주 접촉하고 강한 친밀감을 느끼는 집단
	2차 집단	특정 목적을 달성하기 위해 수단적인 만남을 바탕으로 하는 집단
결합 의지	공동 사회	자신의 결합 의지와 상관없이 자연 발생적으로 만들어진 집단
	❷	목적을 위해 개인의 결합 의지가 반영되어 구성된 집단
소속감	내집단	자신이 속해 있으면서 '우리'라는 공동체 의식을 느끼는 집단
	외집단	자신이 속해 있지 않으면서 낯설고 싫은 감정을 느끼는 집단

❶ 학교 ❷ 이익 사회

l 재사회화

▲ 변화된 사회 환경에 적응하기 위해 새로운 지식, 기술, 생활 양식 등을 배운다.

l 역할 갈등

▲ 육아와 근로를 병행하는 부부들이 겪는 역할 갈등처럼, 개인이 가지는 여러 지위와 관련된 역할들이 충돌하는 상황이 발생한다.

Quiz

가족이나 또래 집단처럼 자연 발생적으로 만들어진 집단은?

답 l 공동 사회

개념 2 문화를 이해하는 태도

(1) 문화의 속성

공유성	한 사회의 구성원은 공통의 문화를 공유함.
❶	문화는 자신이 속한 사회에서 성장하면서 후천적으로 습득됨.
축적성	문화가 다음 세대로 전해지면서 새로운 내용이 추가되고 쌓임.
변동성	문화는 고정된 것이 아니라 시간이 흐르면서 끊임없이 변화함.
전체성	문화의 각 영역은 다른 영역과 밀접하게 연결되어 있음.

(2) 문화를 이해하는 태도

① 문화에 우열이 있다고 보는 태도: 문화의 ❷ ___ 부정 → 자문화 중심주의(자신이 속한 사회의 문화만 우월한 것으로 보는 태도), 문화 사대주의(다른 사회의 문화만을 가치 있고 우수한 것으로 믿는 태도)

② 문화 상대주의: 각 사회가 처한 환경을 고려하여 그 사회의 문화를 이해하려는 태도 → 인류의 보편적 가치를 훼손하는 문화는 인정할 수 없음.

❶ 학습성 ❷ 상대성

l 문화의 의미

▲ 문화 공연(좁은 의미)   ▲ 아오자이(넓은 의미)

무용 관람은 예술 활동으로서의 문화를 즐기는 것이다. 아오자이(AoDai)는 베트남 전통문화의 하나로서 베트남 사람의 생활 모습을 보여 준다.

Quiz

다른 문화를 이해할 때 그 사회 입장에서 문화를 이해하고 존중하는 태도는?

답 l 문화 상대주의

1-1 다음은 사회 수업 시간의 판서 내용이다. 빈칸 ㉠에 들어갈 용어로 옳은 것은?

> 1. (㉠   )
> • 자신만의 독특한 개성을 형성해 가는 과정
> • 구성원들 간의 상호 작용을 통해 사회적 존재로 성장하는 과정
> • 개인이 자기가 속해 있는 사회 집단의 행동 양식과 규범 등을 배우고 내면화하는 과정

① 문화   ② 사회화

③ 자아 정체성   ④ 사회적 지위

⑤ 사회적 상호 작용

풀이 | 인간이 자신이 속한 사회의 행동 양식과 규범 등의 ❶[   ]를 습득하며, 다른 사람과 관계를 맺으면서 자신의 정체성을 형성해 가는 과정을 ❷[   ]라고 한다.

❶ 문화 ❷ 사회화 답 | ②

1-2 사회화된 행동의 사례를 ┃보기┃에서 고르면?

> ┌ 보기 ┐
> ㄱ. 졸리면 하품을 한다.
> ㄴ. 아기가 이불에 소변을 보았다.
> ㄷ. 재채기를 할 때 손으로 입을 가린다.
> ㄹ. 숟가락과 젓가락을 이용하여 식사를 한다.

① ㄱ, ㄴ   ② ㄱ, ㄷ

③ ㄴ, ㄷ   ④ ㄴ, ㄹ

⑤ ㄷ, ㄹ

2-1 다음 그림을 통해 알 수 있는 문화의 속성은?

① 공유성   ② 학습성

③ 전체성   ④ 변동성

⑤ 축적성

풀이 | 문화는 각 영역의 단순한 결합이 아니라 하나의 ❶[   ]로 존재한다. 이러한 문화의 속성을 ❷[   ]이라고 한다. 어떤 사회의 문화를 이해하기 위해서는 문화의 한 부분만 바라볼 것이 아니라, 문화 요소 간의 전체적인 연관 관계를 살펴보아야 한다.

❶ 전체 ❷ 전체성 답 | ③

2-2 다음 사례를 통해 공통적으로 알 수 있는 문화의 속성은?

> • 설날에는 세배를 하고 세뱃돈을 받는다.
> • 대체로 시험날 아침에는 미역국을 먹지 않는다.
> • 수능 시험을 앞둔 언니에게 엿과 찹쌀떡을 선물하였다.

① 공유성   ② 학습성

③ 변동성   ④ 축적성

⑤ 전체성

개념 1 대중 매체와 대중문화

(1) 대중 매체 많은 사람에게 대량의 정보를 동시에 전달하는 수단

전통적 대중 매체	인쇄 매체(신문 등), 음성 매체(라디오 등), 영상 매체(텔레비전 등) → 정보의 일방적 전달, 수동적 수용
뉴 미디어	인터넷, 스마트폰 등 → **❶**[ ] 소통, 대중이 문화 생산자의 역할을 함.

(2) 대중문화 다수의 대중이 쉽게 접하고 누리는 문화

긍정적 측면	문화의 대중화에 기여, 즐거움과 휴식 제공 등
부정적 측면	문화의 획일화, 이윤 추구 등 **❷**[ ]로 인한 문화의 질 저하 등

❶ 쌍방향 ❷ 상업화

| 대중문화의 획일화

▲ 대중 매체를 통해 비슷한 생활 양식이 퍼지면서 사람들의 사고와 취향이 비슷해진다.

Quiz

다수의 사람들이 쉽게 접하고 누리는 문화는?

답 | 대중문화

개념 2 민주 정치의 발전과 이념

(1) 민주 정치의 발전 과정

고대 아테네	• **❶**[ ] : 시민이 민회에 참석하여 국가의 중요한 일을 결정함. • 제한적 민주 정치: 여자, 노예, 외국인 등은 정치 참여 불가
근대	• 시민 혁명 발생: 대의 민주 정치, 인간의 존엄성, 자유, 평등 이념 • 정치 참여 제한: 여자, 농민, 노동자 등은 제외
현대	참정권 확대 운동으로 일정한 나이 이상의 모든 국민에게 선거권을 부여하는 보통 선거가 확립됨. → 대의 민주 정치의 보편화, 대중 민주주의

(2) 민주 정치의 기본 원리

국민 주권	국가 의사를 결정하는 최고 권력인 **❷**[ ]이 국민에게 있다는 것
국민 자치	주권을 가진 국민이 스스로 나라를 다스리는 것
입헌주의	헌법에 따라 국가를 운영하는 것
권력 분립	국가 권력을 분산시켜 서로 다른 기관이 나누어 맡도록 하는 것

❶ 직접 민주 정치 ❷ 주권

| 정치의 의미

▲ 좁은 의미의 정치는 정치인들이 정치권력을 획득하고 행사하는 활동을, 넓은 의미의 정치는 일상생활에서 사회 구성원이 함께 결정을 내리는 과정을 의미한다. 학급 회의는 넓은 의미의 정치에 해당한다.

Quiz

(보통, 평등) 선거 실시로 대중이 정치의 주체가 되는 대중 민주주의가 형성되었다.

답 | 보통

개념 3 민주 정치와 정부 형태

(1) 의원 내각제와 대통령제 입법부와 행정부의 관계에 따라 구분됨.

의원 내각제	구성	국민이 의회 의원을 선출하고, 의회 다수당의 대표가 **❶**[ ]가 되어 내각을 구성함.
	특징	의회의 내각 불신임권과 내각의 의회 해산권, 내각의 법률안 제출권, 의회 의원의 장관 겸직 가능 등
대통령제	구성	국민이 의회 의원과 대통령을 각각 선출하고, 대통령이 행정부를 구성함.
	특징	대통령의 권한 행사에 대한 의회의 각종 동의권과 승인권, 대통령의 법률안 거부권 등

(2) 우리나라의 정부 형태 **❷**[   ]적 요소를 가미한 대통령제

❶ 총리 ❷ 의원 내각제

| 정부 구성 방식

▲ 의원 내각제   ▲ 대통령제

Quiz

의회 다수당의 대표가 총리가 되어 내각을 구성하는 정부 형태는?

답 | 의원 내각제

1-1 다음 그림을 통해 알 수 있는 대중문화의 특징은?

밸런타인데이 등 소위 ○○ 데이는 제과업계가 만들고 언론에서 부채질해 생겨난 기념일 문화입니다. 오늘날 우리 청소년들은 이러한 문화가 어떻게 생겨났는지도 모른 채, 방송을 보고 과자나 초콜릿 등을 선물하기 바쁩니다.

① 교양성   ② 상업성   ③ 실용성
④ 오락성   ⑤ 일방성

풀이 | 밸런타인데이 등 각종 ○○ 데이 문화는 대부분 기업이 ❶ [ ] 을 추구하기 위해 만들어 낸 것으로 문화의 ❷ [ ] 이 나타나는 사례이다.

❶ 이윤 ❷ 상업성   **답** | ②

1-2 대중문화의 특징을 | 보기 |에서 고르면?

┌─ 보기 ─────────────────┐
│ ㄱ. 상업성   ㄴ. 희소성 │
│ ㄷ. 획일성   ㄹ. 형평성 │
└──────────────────────┘

① ㄱ, ㄴ   ② ㄱ, ㄷ
③ ㄴ, ㄷ   ④ ㄴ, ㄹ
⑤ ㄷ, ㄹ

2-1 다음 헌법 조항과 관련된 민주 정치 기본 원리를 쓰시오.

• 제40조 입법권은 국회에 속한다.
• 제66조 ④ 행정권은 대통령을 수반으로 하는 정부에 속한다.
• 제101조 ① 사법권은 법관으로 구성된 법원에 속한다.

풀이 | 제시된 헌법 소항에는 국가 권력을 ❶ [ ], 행성, 사법으로 분리하여 독립된 기관이 나누어 맡도록 하는 ❷ [ ] 의 원리가 나타나 있다.

❶ 입법 ❷ 권력 분립   **답** | 권력 분립의 원리

2-2 다음 헌법 조항과 관련된 민주 정치의 기본 원리는?

제1조 ① 대한민국은 민주 공화국이다.
      ② 대한민국의 주권은 국민에게 있고, 모든 권력은 국민으로부터 나온다.

① 입헌주의   ② 국민 주권
③ 국민 자치   ④ 권력 분립
⑤ 지방 자치

3-1 (가), (나)에 해당하는 정부 형태를 쓰시오.

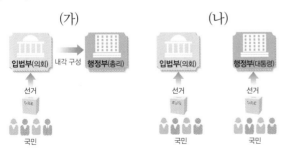

풀이 | (가)는 국민의 선거에 의해 다수당을 차지한 정당에서 선출된 총리가 내각을 구성하는 ❶ [ ] 이다. (나)는 국민이 의회 의원과 대통령을 각각 선거로 선출하는 ❷ [ ] 이다.

❶ 의원 내각제 ❷ 대통령제   **답** | (가) 의원 내각제, (나) 대통령제

3-2 왼쪽의 그림 (가) 정부 형태에 대한 설명으로 옳지 <u>않은</u> 것은?

① 다수당의 횡포가 우려된다.
② 책임 정치 실현이 가능하다.
③ 대통령은 법률안 거부권을 갖는다.
④ 의회 의원은 행정부의 장관을 겸직할 수 있다.
⑤ 의회 다수당의 대표인 총리가 내각을 구성한다.

1주 1일 개념 돌파 전략 ❷

바탕 문제

인간이 자신이 속한 사회의 지식, 행동 양식, 가치관 등을 배워 가는 과정을 무엇이라고 하는가?

➡ 사회의 ❶ ______ 를 후천적으로 학습하는 것은 ❷ ______ 이다.

답 | ❶ 문화 ❷ 사회화

1 (가)에 해당하는 사례가 아닌 것은?

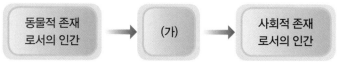

동물적 존재로서의 인간 → (가) → 사회적 존재로서의 인간

① 아기가 말을 배우는 것
② 줄을 서서 버스를 기다리는 것
③ 수업 시간에 졸려서 엎드려 자는 것
④ 가정에서 부모님께 규칙을 배우는 것
⑤ 직장에서 자신이 수행해야 할 업무를 배우는 것

바탕 문제

사회 집단 중 자신이 속하지 않아서 낯선 감정을 느끼거나, 때로는 부정적인 감정도 가지게 되는 집단을 무엇이라고 하는가?

➡ 사회 집단을 구성원의 ❶ ______ 유무에 따라 구분하면 ❷ ______ 과 외집단으로 분류할 수 있다.

답 | ❶ 소속감 ❷ 내집단

2 빈칸 ㉠, ㉡에 들어갈 용어를 옳게 연결한 것은?

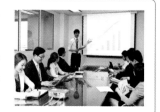

선생님: 오른쪽 사진과 같은 사회 집단의 유형은 무엇인가요?
천재: 구성원 간의 접촉 방식을 기준으로 구분하면 (㉠)에, 결합 의지에 따라 구분하면 (㉡)에 해당합니다.

	㉠	㉡		㉠	㉡
①	내집단	1차 집단	②	외집단	2차 집단
③	이익 사회	공동 사회	④	1차 집단	공동 사회
⑤	2차 집단	이익 사회			

바탕 문제

문화 (사대, 상대)주의는 다른 사회의 문화를 우수한 것으로 믿고 자신의 문화를 열등한 것으로 생각하는 태도이다.

➡ 다른 문화를 동경하고 숭상하여 자신의 문화를 열등하다고 생각하는 문화 이해 태도는 ❶ ______ 이고, 문화를 그 사회가 처한 환경을 고려하여 이해하는 태도는 ❷ ______ 이다.

답 | ❶ 문화 사대주의 ❷ 문화 상대주의

3 다음 그림에 나타난 문화 이해 태도는?

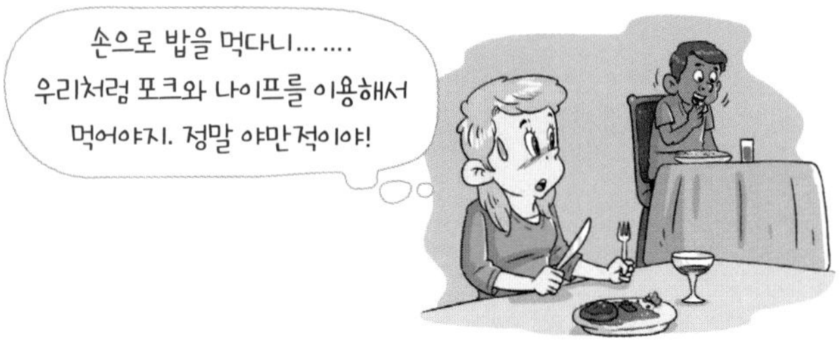

손으로 밥을 먹다니……
우리처럼 포크와 나이프를 이용해서
먹어야지. 정말 야만적이야!

① 문화 사대주의
② 문화 상대주의
③ 문화 절대주의
④ 문화 제국주의
⑤ 자문화 중심주의

바탕 문제

정보 통신 기술을 활용하여 다양한 수단으로 정보를 공유하고 소통하는 매체를 무엇이라고 하는가?

➡ 인터넷, 스마트폰과 같이 정보 제공자와 수용자 사이의 **❶** 소통이 가능한 매체를 **❷** 라고 한다.

답 | ❶ 쌍방향 ❷ 뉴 미디어

4 다음은 (가) 대중 매체를 검색한 결과이다. (가)에 해당하는 대중 매체는?

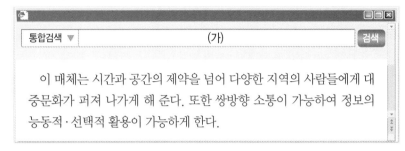

이 매체는 시간과 공간의 제약을 넘어 다양한 지역의 사람들에게 대중문화가 퍼져 나가게 해 준다. 또한 쌍방향 소통이 가능하여 정보의 능동적·선택적 활용이 가능하게 한다.

① 신문 　　　　② 영화 　　　　③ 라디오
④ 인터넷 　　　　⑤ 텔레비전

바탕 문제

학급 회의, 반상회 등 사람들 사이의 의견 차이를 조정하는 것은 (좁은 , 넓은) 의미의 정치에 해당한다.

➡ 정치를 정치인들이 하는 활동으로 보는 것은 **❶** 의미의 정치이고, 구성원 간에 발생하는 갈등을 조정하고 문제를 해결하는 모든 활동으로 보는 것은 **❷** 의미의 정치이다.

답 | ❶ 좁은 ❷ 넓은

5 (가)에 들어갈 내용으로 알맞은 것은?

① 학급 회의에서 분리수거 방법을 의논하는 거야.
② 가족들이 모여서 여름 휴가 장소를 결정하는 거야.
③ 정부가 학원의 심야 교습 금지 정책을 발표하는 거야.
④ 아파트 주민들이 층간 소음에 대한 대책 회의를 하는 거야.
⑤ 노동자와 사용자 간의 갈등을 해결하기 위해 협상을 진행하는 거야.

바탕 문제

우리나라 정부 형태의 특징은 무엇인가?

➡ 우리나라는 기본적으로 **❶** 를 채택하고 있지만, **❷** 적 요소도 일부 채택하고 있다.

답 | ❶ 대통령제 ❷ 의원 내각제

6 다음 밑줄 친 부분에 해당하는 요소를 | 보기 |에서 있는대로 고르면?

우리나라는 입법부와 행정부가 엄격하게 분리되는 대통령제를 채택하고 있지만, <u>의원 내각제적 요소도 지니고 있습니다.</u>

보기

ㄱ. 국무총리 제도 　　　　ㄴ. 행정부의 법률안 제출권
ㄷ. 대통령의 법률안 거부권 　　　　ㄹ. 국회 의원의 국무 위원 겸직 가능

① ㄱ, ㄴ 　　　　② ㄴ, ㄷ 　　　　③ ㄷ, ㄹ
④ ㄱ, ㄴ, ㄹ 　　　　⑤ ㄴ, ㄷ, ㄹ

전략 1 사회화 과정과 사회화 기관

유아, 아동기		청소년기		성인기		노년기
❶ , 또래 집단	→	학교, 또래 집단, 대중 매체	→	**❷** , 대중 매체	→	노인 학교, 대중 매체

> 성인이 된 후에도 끊임없이 사회화가 이루어져.

❶ 가정 ❷ 직장

필수 예제 1

(1) 다음에서 설명하는 사회화 기관을 쓰시오.

- 가장 기초적인 사회화 기관이다.
- 언어, 예절 등 기본적인 사회적 행동을 학습한다.

(2) 빈칸 ㉠에 들어갈 용어를 쓰시오.

(㉠)은/는 사회 변화에 적응하기 위해 새로운 지식, 규범, 기술 등을 학습하는 과정이다.

풀이 | (1)

가정	가장 기초적인 사회화 기관
또래 집단	놀이를 통해 집단 생활의 규칙 학습
학교	사회화를 목적으로 만든 공식적 사회화 기관
직장	업무에 필요한 기능 등 학습
대중 매체	대량으로 정보를 전달하는 사회화 기관

답 | 가정

(2)

사회화	자신이 속한 사회에서 필요한 언어와 행동 방식, 규범과 가치관 등을 배우고 내면화하는 과정
재사회화	지위나 사회 환경의 변화로 다시 새로운 지식과 기술, 생활 양식 등을 배우는 것

답 | 재사회화

1-1 다음에서 설명하는 사회화 기관은?

- 많은 사람에게 대량으로 정보를 전달한다.
- 생활에 필요한 다양한 지식과 가치, 규범을 제공한다.
- 오늘날 사회화 기관으로서의 영향력이 커지고 있다.

① 가정　　　　　② 직장
③ 학교　　　　　④ 대중 매체
⑤ 또래 집단

1-2 다음은 경민이의 사회 노트이다. (가)에 들어갈 내용으로 적절하지 않은 것은?

> 1. 의미: 변화된 사회 환경에 적응하기 위해 새로운 지식과 기술 등을 배우는 과정
> 2. 사례: _____(가)_____

① 군대에서의 신병 교육
② 또래 집단을 통한 역할 행동의 학습
③ 노인 대학에서 실시하는 컴퓨터 교육
④ 교도소에서 범죄자에게 실시하는 교화 교육
⑤ 사내 연수원에서 직원들에게 실시하는 사원 교육

전략 2 사회적 지위와 역할 갈등

• 사회적 지위: 사회적 관계에서 개인이 차지하는 위치

구분	귀속 지위	성취 지위
의미	태어나면서부터 자연적으로 주어지는 지위	자신의 능력이나 노력에 의해 ❶ ☐ 적으로 얻는 지위
사례	남자, 여자, 딸, 아들, 왕자 등	어머니, 학생, 남편, 요리사, 교사 등

• 역할 갈등: 한 개인이 가진 여러 ❷ ☐ 에 따른 역할이 충돌하여 갈등을 일으키는 것

❶ 후천 ❷ 지위

필수 예제 2

(1) (가), (나)에 해당하는 지위의 유형을 쓰시오.

(가) 저는 왕의 아들로 태어났으니 당연히 왕자예요.

(나) 저는 가난한 집에서 태어났지만 노력하여 사장 자리까지 올랐죠.

(2) 다음 사례에서 나타나는 개념을 쓰시오.

천재 씨는 주말에 아들과 함께 놀이 공원에 가기로 하였으나, 갑자기 회사에서 급한 회의 일정이 잡혀 어떻게 해야 할지 고민하고 있다.

풀이 | (1) 사회적 지위

특징	개인은 동시에 여러 개의 지위를 가짐.
유형	• 귀속 지위: 전통 사회에서 중시됨. • 성취 지위: 현대 사회에서 중시됨.

답 | (가) 귀속 지위, (나) 성취 지위

(2) 역할 갈등의 원인과 해결 방안

원인	여러 지위에 따른 역할을 동시에 수행해야 하는 경우 역할이 서로 충돌하며 발생함.
해결 방안	• 우선순위를 정하여 중요한 역할부터 수행 • 사회적 제도 마련 등

답 | 역할 갈등

2-1 다음 설명에 해당하는 지위를 | 보기 |에서 고르면?

자신의 능력이나 노력에 의해 후천적으로 얻게 되는 지위

┌ 보기 ┐
ㄱ. 교사   ㄴ. 남자
ㄷ. 공주   ㄹ. 아들
ㅁ. 학생 회장   ㅂ. 교내 합창단원

① ㄱ, ㄴ, ㅁ   ② ㄱ, ㅁ, ㅂ
③ ㄴ, ㄹ, ㅁ   ④ ㄷ, ㄹ, ㅁ
⑤ ㄹ, ㅁ, ㅂ

2-2 다음 상황을 해결하기 위한 방법으로 적절한 것은?

축구 선수인 A 씨는 월드컵 최종 예선과 첫 아이의 출산 예정 시기가 겹쳐서 고민이 많다. 대표팀은 그가 경기에서 큰 역할을 할 것을 기대하고 있지만, 아버지로서 태어날 아이와 함께하고 싶은 마음도 크다.

① 더 많은 사회적 지위를 갖는다.
② 주어진 역할은 무조건 다 수행한다.
③ 자신의 역할 중에서 한 가지만 수행한다.
④ 부담감을 없애기 위해 모든 역할을 포기한다.
⑤ 역할의 우선순위를 정해 중요한 것부터 수행한다.

전략 3 문화의 속성

공유성	문화는 한 사회의 구성원들이 공통으로 공유하는 것임.
학습성	문화는 태어날 때부터 가지는 것이 아니라 ❶ 적으로 학습한 것임.
축적성	문화는 말과 글 등을 통하여 다음 세대로 전해지면서 새로운 내용이 추가됨.
변동성	문화는 고정된 것이 아니라 시간이 지나면서 끊임없이 변화하는 것임.
전체성	문화를 구성하는 요소들은 유기적으로 연관되어 있어 전체가 하나의 ❷ 를 이룸.

공유성으로 인해 다른 사람들의 행동 및 생각을 예측할 수 있어 원활한 사회생활이 이루어지게 돼.

❶ 후천 ❷ 체계

필수 예제 3

(1) 다음 그림을 통해 알 수 있는 문화의 속성을 쓰시오.

『정조실록』에도 왕실의 돌잔치 기록이 남아 있네?

응. 돌잔치 풍습이 오랫동안 행해지면서 돌잔치의 내용과 음식의 종류는 다양해지고 더욱 풍부해졌어.

(2) 다음 사례와 관련 있는 문화의 속성을 쓰시오.

어린아이는 처음에는 젓가락을 잘 사용하지 못하지만, 자라면서 젓가락을 사용한 식사 문화를 익히게 된다.

풀이 | (1)

의의	한 세대의 문화가 다음 세대로 전승되고 여기에 새로운 지식과 기술이 쌓여 가면서 문화는 더욱 풍부하고 다양해짐.
사례	기술이 발달하면서 휴대 전화에 새로운 기능이 계속 추가되고 있다.

답 | 축적성

(2)

의의	자신이 속한 사회에 따라 행동과 사고방식이 달라질 수 있음.
사례	어릴 때 다른 지역으로 입양되어 자란 쌍둥이가 얼굴의 생김새나 신체 조건은 비슷하지만, 언어나 행동 양식, 사고방식은 다른 모습을 보임.

답 | 학습성

3-1 교복을 통해 문화의 속성을 옳게 설명한 학생은?

① 강우: 청소년들이 교복을 줄여 입는 것을 자연스럽게 받아들이는 것은 축적성의 사례야.

② 명희: 중학교에 입학하면서 교복을 입고 관리하는 방법을 배우는 것은 공유성의 사례야.

③ 태형: 교복을 만드는 기술이 축적되어 실용적이고 편리한 의복으로 발전한 것은 변동성의 사례야.

④ 정은: 교복 착용 현상이 학생의 생활 지도, 의류 산업 등과 연관되어 있는 것은 전체성의 사례야.

⑤ 철호: 교복 모양이 비슷했던 과거와 달리 요즘 교복 모양과 색깔이 다양한 것은 학습성의 사례야.

3-2 (가), (나)와 관련 있는 문화의 속성을 옳게 연결한 것은?

(가) 우리나라 사람들은 까치를 보면 반가운 손님이 올 것이라고 생각한다.

(나) 과거에는 주로 편지를 써서 소식을 전했지만, 오늘날에는 휴대 전화를 많이 사용한다.

	(가)	(나)
①	공유성	학습성
②	공유성	변동성
③	변동성	학습성
④	전체성	공유성
⑤	축적성	변동성

전략 4 문화 이해 태도

- 문화에 우열이 있다고 보는 태도: ❶ ⬚⬚⬚⬚(자신이 속한 사회의 문화만 우월한 것으로 보는 태도), 문화 사대주의(다른 사회의 문화만을 가치 있고 우수한 것으로 믿는 태도)
- 바람직한 문화 이해 태도: ❷ ⬚⬚⬚⬚(그 사회의 입장에서 문화를 이해하는 태도)
- 극단적 문화 상대주의: 인간의 존엄성, 생명, 자유를 무시하는 문화까지 인정하고 존중하는 태도(예 이슬람의 명예 살인, 중국의 전족 문화 등)

❶ 자문화 중심주의 ❷ 문화 상대주의

필수 예제 4

(1) 다음 그림을 통해 알 수 있는 문화 이해 태도를 쓰시오.

영어로 쓰여 있어서 더 고급스러운 것 같아.

(2) 다음 글에 나타난 문화 이해 태도를 쓰시오.

> 이슬람교도들은 돼지고기를 먹지 않는다. 그 이유는 중동 지역의 덥고 건조한 기후는 돼지를 기르기에 적합하지 않고, 돼지의 주식이 사람이 먹는 곡물이므로 물과 식량을 두고 인간과 경쟁하는 존재가 될 수 있기 때문이다.

풀이| (1) 문화 사대주의의 장점과 단점

장점	타문화의 장점을 받아들이는 데 도움이 됨.
단점	• 자신의 문화적 정체성과 고유성을 상실할 수 있음. • 자신의 상황에 맞지 않는 문화를 따르게 될 수 있음.

답 | 문화 사대주의

(2) 문화 상대주의의 장점과 유의점

장점	각 문화의 배경을 이해하고 가치를 존중하므로 다양한 문화가 공존하기 위한 기초가 됨.
유의점	인류의 보편적 가치를 훼손하는 극단적 문화 상대주의는 경계해야 함.

답 | 문화 상대주의

4-1 다음 글에 나타난 문화 이해 태도로 적절한 것은?

> 유럽인들은 나체로 살던 자파테크 족을 미개하다고 여겨 강제로 옷을 입게 하였다. 그 결과 고온 다습한 기후 때문에 주민 대부분이 피부병에 걸렸고, 신분을 나타내는 문신이 옷에 가려져 사회가 혼란해졌다.

① 문화 상대주의   ② 문화 사대주의
③ 문화 절대주의   ④ 문화 제국주의
⑤ 자문화 중심주의

4-2 다음 대화에서 진선이가 가지고 있는 문화 이해 태도로 적절한 것은?

티베트에서는 사람이 죽으면 시신을 들판에 버려 새들이 쪼아 먹게 하는 풍습이 있다. 시신을 그렇게 방치하다니 야만적인거 같아.

영수

티베트는 기온이 낮아서 시신을 땅에 묻기 어렵대. 티베트의 자연환경으로 인해 그런 문화가 생긴 것 같아.

진선

① 문화 사대주의   ② 문화 상대주의
③ 문화 절대주의   ④ 자문화 중심주의
⑤ 극단적 문화 상대주의

1 다음 사례를 통해 알 수 있는 인간의 특성으로 적절한 것은?

> 프랑스 아베롱의 숲에서 야생의 한 아이가 발견되었다. 사람의 말을 알아듣지도, 하지도 못하는 이 아이는 완전히 벌거벗은 상태로, 네 발로 걸었다. 이타르라는 의사가 6년간 이 아이를 교육시켰지만 말을 하지 못하고 야생에서의 습관도 대부분 고치지 못하여 사회에 적응하지 못하였다.

① 인간과 동물은 비슷한 점이 많다.
② 인간은 혼자서도 인간답게 살 수 있다.
③ 인간은 학습보다는 본능에 의해 살아간다.
④ 인간이 가지는 인간다운 특징은 대부분 선천적인 것이다.
⑤ 인간은 사회 속에서 상호 작용을 통해 인간다운 모습을 가진다.

문제 해결 전략

인간은 사회 속에서 다른 사람들과 상호 작용하면서 ❶ ⬜ 과정을 거쳐야 인간답게 살아갈 수 있는 ❷ ⬜ 존재이다.

❶ 사회화 ❷ 사회적

2 밑줄 친 ㉠~㉤ 중 지위의 유형이 나머지와 <u>다른</u> 것은?

> 집안의 ㉠ 장남으로 태어난 인우는 어렸을 때 몸이 약해 ㉡ 부모님이 걱정을 많이 하셨다고 한다. 그러나 ㉢ 중학생이 되면서 키도 또래보다 커지고 튼튼해진 인우는 ㉣ 복싱 선수가 되겠다는 꿈을 가지게 되었다. 그렇지만 부모님은 인우가 ㉤ 의사가 되기를 원하시기 때문에 공부도 열심히 하고 있다.

① ㉠ ② ㉡ ③ ㉢ ④ ㉣ ⑤ ㉤

문제 해결 전략

태어나면서 자연적으로 주어지는 지위는 ❶ ⬜ 이고, 자신의 노력이나 능력으로 얻는 지위는 ❷ ⬜ 이다.

❶ 귀속 지위 ❷ 성취 지위

3 다음 모임이 사회 집단이 <u>아닌</u> 이유를 「보기」에서 고르면?

> 보기
> ㄱ. 지속적인 상호 작용이 없기 때문에
> ㄴ. 구성원의 수를 파악할 수 없기 때문에
> ㄷ. 눈에 보이는 모임의 장소가 없기 때문에
> ㄹ. 소속감과 공동체 의식을 가지지 않기 때문에

① ㄱ, ㄴ ② ㄱ, ㄹ ③ ㄴ, ㄷ ④ ㄴ, ㄹ ⑤ ㄷ, ㄹ

문제 해결 전략

사회 집단은 둘 이상의 구성원이 ❶ ⬜ 과 공동체 의식을 가지고 지속적인 ❷ ⬜ 을 하는 집합체이다.

❶ 소속감 ❷ 상호 작용

4 다음 중 밑줄 친 '문화'의 의미가 <u>다른</u> 의미로 사용된 것은?

정희: 문화 생활을 즐길 시간이 없어.

영수: 문화인답게 품위를 갖추어야 해.

동건: 생일 선물로 문화 상품권을 받았어.

태희: 문화 시민이라면 공중도덕을 잘 지켜야 해.

승주: 설날에 웃어른께 세배하는 것은 한국 문화야.

① 정희　　② 영수　　③ 동건　　④ 태희　　⑤ 승주

문제 해결 전략

❶□□□□ 의미의 문화는 문학이나 예술과 관련된 것을, 넓은 의미의 문화는 한 사회의 구성원들이 만들어 낸 공통의 ❷□□□□을 의미한다.

❶ 좁은 ❷ 생활 양식

5 다음과 같은 현상이 나타나는 이유로 가장 적절한 것은?

> 　세계 각 지역은 나름의 음식 문화가 형성되어 있다. 낙농업 국가인 스위스는 치즈를 끓여서 빵을 찍어 먹는 퐁뒤 요리가 유명하고, 섬나라인 일본은 초밥이 대표 요리이다.

① 인류의 보편적인 기준이 없기 때문이다.
② 문화는 선천적으로 타고나는 것이기 때문이다.
③ 인간마다 심리적으로 다른 성향이 있기 때문이다.
④ 인간에게는 생물학적으로 공통된 성향이 있기 때문이다.
⑤ 사회마다 다른 환경에 맞추어 서로 다른 생활 양식을 발전시켜 왔기 때문이다.

문제 해결 전략

어느 사회에서나 공통적으로 나타나는 문화 현상이 존재하는 것은 문화의 ❶□□□□이고, 사회마다 구체적인 모습이 서로 다르게 나타나는 것은 문화의 ❷□□□□이다.

❶ 보편성 ❷ 다양성

6 (가), (나)의 문화 이해 태도의 공통점으로 적절한 것은?

> (가) 탈레반 정권은 이슬람 율법에 어긋난다는 이유로 세계 문화 유산인 바미안 불상을 파괴하였다.
> (나) 조선 시대에 만들어진 세계 지도인 천하도에는 중국이 중앙에 크게 자리 잡고 있고 조선은 주변에 작게 이름만 적혀 있다.

① 문화의 우열이 있다고 본다.
② 문화 제국주의로 흐를 우려가 있다.
③ 자문화의 정체성을 상실할 가능성이 높다.
④ 문화의 상대성을 전제로 다른 문화를 이해한다.
⑤ 한 사회의 문화를 그 사회 구성원의 입장에서 이해한다.

문제 해결 전략

자문화 중심주의와 문화 사대주의는 문화의 ❶□□□□을 부정하고 문화에 ❷□□□□이 있다고 보는 태도이다.

❶ 상대성 ❷ 우열

전략 1 대중문화

- **특징**: 다수의 취향과 정서 반영, 대량 생산·대량 소비, ❶ [＿＿＿＿]를 통해 확산·공유됨, 뉴 미디어의 발달로 더욱 다채로워짐.
- **긍정적 영향**: 문화의 대중화에 기여, 즐거움과 휴식 및 정보 제공, 사회 문제 개선에 도움 등
- **부정적 영향**: 비슷한 생활 양식 전파로 획일화, 이윤 추구로 인한 ❷ [＿＿＿＿] 등

❶ 대중 매체 ❷ 상업화

필수 예제 1

(1) 다음에서 설명하는 개념을 쓰시오.

> 다수의 사람들이 일상생활 속에서 쉽게 접하고 누리는 문화로, 주로 대중 매체에 의해 생산·확산된다.

(2) 다음 그림을 통해 알 수 있는 대중문화의 특징을 쓰시오.

풀이 | (1) 대중문화의 의미와 형성 배경

의미	다수의 대중이 쉽게 접하고 누리는 문화
형성 배경	교육 기회의 확대, 생활 수준의 향상, 대중 매체의 발달 등

답 | 대중문화

(2) 대중문화의 부정적 영향

획일성	대중 매체를 통해 대량 생산·대량 소비되므로 획일화 초래 → 개성이 상실되고 지나치게 유행을 쫓음.
상업성	문화를 상품화하여 이윤 추구 → 자극적·폭력적인 문화를 생산하여 문화의 질이 저하됨.

답 | 획일성

1-1 밑줄 친 ㉠~㉤ 중 옳은 것은?

> 대중문화
> 1. 의미: ㉠ 소수의 특권 계층이 향유하는 문화
> 2. 특징: ㉡ 대량으로 생산되고 소량으로 소비됨, ㉢ 대중 매체에 의해 널리 확산됨.
> 3. 형성 배경: ㉣ 교육 수준 향상으로 문화적 수준이 낮아짐, ㉤ 대량 생산과 대량 소비로 경제 주체로서 대중의 영향력이 축소됨.

① ㉠   ② ㉡   ③ ㉢   ④ ㉣   ⑤ ㉤

1-2 다음에서 설명하는 문화의 긍정적 측면을 〈보기〉에서 고르면?

> 다수의 대중이 쉽게 접하고 누리는 문화로, 교육 기회가 확대되고, 생활 수준이 향상되었으며, 대중 매체가 발달하면서 형성되었다.

┌ 보기 ┐
ㄱ. 대중의 취향이 비슷해진다.
ㄴ. 풍부한 정보와 지식을 제공한다.
ㄷ. 특권 계층이 고급 문화를 누릴 수 있다.
ㄹ. 오락과 휴식을 제공하여 삶을 풍요롭게 한다.

① ㄱ, ㄴ   ② ㄱ, ㄹ   ③ ㄴ, ㄷ
④ ㄴ, ㄹ   ⑤ ㄷ, ㄹ

전략 2 민주 정치의 발전 과정

구분	고대 아테네	근대	현대
시민	시민권을 가진 ❶	일정 수준 이상의 재산을 가진 남자	모든 사람
형태	직접 민주주의	대의 민주 정치	❷
한계	여자, 노예, 외국인은 정치 참여 제한	성별, 재산, 계층에 따라 정치 참여 제한	국민의 의사를 정확히 반영하기 어려움.

❶ 성인 남자 ❷ 대의 민주 정치

필수 예제 2

(1) 다음에서 설명하는 역사적 사건을 쓰시오.

> 왕의 절대 권력에 저항하여 시민의 자유와 권리가 확대되고, 근대 민주 정치가 성립하는 계기가 되었다.

(2) 빈칸 ㉠에 들어갈 용어를 쓰시오.

> 근대 시민 혁명 이후에도 노동자, 여성, 농민 등은 정치 참여가 배제되었고, 이들은 참정권 확대 운동을 전개하였다. 그 결과 현대 사회에서는 일정한 나이 이상의 모든 국민에게 선거권을 부여하는 (㉠) 선거 제도가 확립되었다.

풀이 | (1)

영국 명예 혁명	• 국왕의 전제 정치에 저항 • 주요 문서: 권리 장전
미국 독립 혁명	• 영국의 부당한 식민 지배에 대항 • 주요 문서: 독립 선언문
프랑스 혁명	• 불평등한 사회 구조에 저항 • 주요 문서: 프랑스 인권 선언

답 | 시민 혁명

(2) 현대 민주 정치

배경	참정권 확대 운동 → 보통 선거 제도의 확립
특징	• 대중 민주주의 형성: 대중이 정치 주체로 등장 • 대의 민주 정치의 보편화: 사회 규모가 커지고 복잡해짐.
한계	시민의 의사를 정확하게 반영하기 어려움.

답 | 보통

2-1 (가)에 들어갈 옳은 내용을 ┃보기┃에서 고르면?

아테네 민주 정치의 특징에 대해 말해볼까요?

(가)

┃보기┃
ㄱ. 직접 민주 정치가 시행되었어요.
ㄴ. 남녀 모두 정치에 참여할 수 있었어요.
ㄷ. 재산에 따라 공직을 맡을 기회가 주어졌어요.
ㄹ. 모든 시민이 민회에 참석해 공동체의 중요한 일을 결정했어요.

① ㄱ, ㄴ   ② ㄱ, ㄹ   ③ ㄴ, ㄷ
④ ㄴ, ㄹ   ⑤ ㄷ, ㄹ

2-2 현대 민주 정치에 대해 잘못 설명한 학생은?

을: 대중 민주주의가 보편화되었지.

정: 국가 규모가 커져서 간접 민주 정치를 실시해.

갑: 보통 선거 제도가 확립되었어.

병: 시민들의 선거권이 점점 축소되고 있어.

무: 대표를 선출하여 시민의 의사를 대신 결정하게 해.

① 갑   ② 을   ③ 병   ④ 정   ⑤ 무

전략 3 민주 정치의 기본 원리

국민 주권의 원리	국가의 의사를 결정하는 ❶ 은 국민에게 있음. → 국가의 권력 행사는 국민의 동의를 바탕으로 해야 함.
국민 자치의 원리	주권을 가진 국민이 스스로 국가를 다스려야 함. → 직접 민주 정치, 간접 민주 정치
입헌주의의 원리	❷ 에 따라 통치가 이루어지도록 함. → 권력 남용을 방지하여 국민의 자유와 권리를 보장함.
권력 분립의 원리	국가의 권력을 서로 다른 기관이 나누어 맡도록 함. → 권력의 집중과 남용을 방지하여 국민의 자유와 권리를 보장함.

```
        입법부(국회)
        법률 제정
        ↙        ↘
행정부(정부) ←→ 사법부(법원)
법률 집행        법률 적용
```
▲ 권력 분립의 원리

❶ 주권 ❷ 헌법

필수 예제 3

(1) 다음 헌법 조항과 관련된 민주 정치의 기본 원리를 쓰시오.

> 제72조 ① 대통령은 필요하다고 인정할 때에는 외교·국방·통일 기타 국가 안위에 관한 중요 정책을 국민 투표에 부칠 수 있다.

(2) 다음 내용과 관련된 민주 정치의 기본 원리를 쓰시오.

> • 법에 의한 지배를 통해 국민의 자유와 권리를 보장한다.
> • 민주주의 원리와 국민의 기본권을 헌법에 보장하고, 헌법에 따라 국가를 운영해야 한다.

풀이 | (1) 국민 자치 원리의 실현 방법

직접 민주 정치	국민이 직접 의사 결정에 참여함.
간접 민주 정치	국민이 선출한 대표자가 나라를 통치하는 방식 → 국민 투표, 주민 투표 등의 직접 민주 정치 요소를 병행함.

답 | 국민 자치의 원리

(2)

헌법	국민의 기본권을 보장하고 국가 기관의 조직과 작용 원리를 정하는 최고의 법
헌법 규정	제69조 대통령은 취임에 즈음하여 다음의 선서를 한다. "나는 헌법을 준수하고 국가를 보위하며 …… 성실히 수행할 것을 국민 앞에서 엄숙히 선서합니다."

답 | 입헌주의의 원리

3-1 다음 글을 통해 알 수 있는 민주 정치의 기본 원리는?

> 그동안의 경험으로 볼 때, "권력을 잡은 사람은 모두 그것을 남용하고, 자기 권위를 최대한 신장하려고 한다."는 경향이 있음을 알 수 있다. …… 이 남용을 막기 위해서는 권력의 속성상 권력으로 권력을 견제하는 것이 필요하다.
> – 몽테스키외, "법의 정신"

① 국민 주권의 원리 ② 국민 자치의 원리
③ 권력 분립의 원리 ④ 복지국가의 원리
⑤ 입헌주의의 원리

3-2 다음은 링컨 대통령의 게티즈버그 연설문 중 일부이다. 밑줄 친 부분과 관련된 민주 정치의 기본 원리는?

> …… 신의 가호 아래 이 나라는 자유의 새로운 탄생을 보게 될 것이며, 국민의(of the people), 국민에 의한(by the people), 국민을 위한(for the people) 정부는 지상에서 절대 사라지지 않을 것입니다.

① 입헌주의의 원리 ② 국민 자치의 원리
③ 국민 주권의 원리 ④ 권력 분립의 원리
⑤ 복지국가의 원리

전략 4 정부 형태

- 의원 내각제와 대통령제의 장·단점

구분	의원 내각제	대통령제
장점	• ❶ [ ] 정치의 실현 • 의회와 내각의 협조 관계로 능률적인 행정 가능	• 대통령의 임기 동안 안정적인 국정 운영 가능 • 의회 다수당의 횡포 견제
단점	• 다수당의 횡포 우려 • 소수당 난립 시 정국 불안정 우려	• 대통령에 권한 집중 시 독재 우려 • 의회와 행정부 대립 시 해결 곤란

- 우리나라의 정부 형태: 의원 내각제 요소를 가미한 대통령제

대통령제 요소	국민이 선거를 통해 국회 의원과 대통령을 각각 선출, 대통령의 ❷ [ ] 거부권 등
의원 내각제 요소	국무총리 제도, 행정부의 법률안 제출권, 국회 의원의 장관 겸직 가능 등

❶ 책임 ❷ 법률안

필수 예제 4

(1) 다음과 같은 특징을 지닌 정부 형태를 쓰시오.

입법부와 행정부가 엄격하게 분리된다.	○
의회 다수당에서 뽑은 수상이 행정부를 구성한다.	×
국가 원수는 행정부의 수반이 된다.	○
의회 의원은 행정부의 장관을 겸직할 수 있다.	×

(○: 예, ×: 아니요)

(2) 빈칸 ㉠에 들어갈 정부 형태를 쓰시오.

국민이 선거를 통하여 의회를 구성하면, 의회 다수당의 대표가 총리가 되어 내각을 구성하는 정부 형태는 (㉠)이다.

풀이 | (1)

구성 방식	• 의회 의원과 대통령을 각각의 선거를 통해 선출함. • 대통령이 행정부를 구성함.
입법부와 행정부의 관계	• 엄격한 분리 • 의회 의원은 행정부의 장관 겸직 불가 • 행정부의 법률안 제출 불가능

답 | 대통령제

(2)

구성 방식	• 의회 의원만 선거로 선출함. • 의회 다수당의 대표가 총리(수상)가 되어 내각을 구성함.
입법부와 행정부의 관계	• 긴밀하게 협조 • 의회 의원은 내각의 장관 겸직 가능 • 행정부의 법률안 제출 가능

답 | 의원 내각제

4-1 다음 신문 기사를 통해 알 수 있는 A국의 정부 형태는?

○○ 신문

A국은 이번 총선에서 □□당이 의회 다수당이 되었다. 현재 행정부 수반은 △△당 소속이기 때문에 □□당과의 정치적 대립이 우려된다.

① 대통령제　　　② 국무총리제
③ 의원 내각제　　④ 절대 왕정제
⑤ 입헌 군주제

4-2 우리나라 정부 형태의 특징 중 의원 내각제 요소가 아닌 것을 보기에서 고르면?

보기
ㄱ. 국무총리 제도를 두고 있다.
ㄴ. 행정부는 의회를 해산할 수 없다.
ㄷ. 대통령은 법률안 거부권을 갖는다.
ㄹ. 행정부는 법률안을 제출할 수 있다.

① ㄱ, ㄴ　　② ㄱ, ㄹ　　③ ㄴ, ㄷ
④ ㄴ, ㄹ　　⑤ ㄷ, ㄹ

1 오른쪽 사진과 같은 대중 매체의 특징으로 적절한 것은?

① 정보의 제공원이 소수이다.

② 산업 혁명이 진행되면서 등장하였다.

③ 대량의 정보를 일방적으로 전달한다.

④ 대중은 정보의 소비자인 동시에 생산자가 된다.

⑤ 신문, 텔레비전과 같은 기존의 대중 매체와 유사한
특징을 가진다.

문제 해결 **전략**

인터넷, 스마트폰 등 **❶** 는 쌍방
향 소통이 가능하여 정보의 능동적·선
택적 활용이 가능해 대중이 문화의 소
비자인 동시에 **❷** 가 된다.

❶ 뉴 미디어 ❷ 생산자

2 다음 사례를 통해 알 수 있는 정치의 기능으로 가장 적절한 것은?

> A국의 동부에는 석유 화학 공장이 모여 있다. 이로 인해 많은 공해 물질
> 들이 동풍을 타고 서부 지역으로 날아가 서부의 농업 지역에 큰 피해를 입
> 히게 되었다. 이에 서부 지역 주민들은 국가에 대해 거센 항의와 함께 적
> 절한 조치를 요구하였고, 이 문제의 해결을 위해 임시 국회가 열렸다.

① 특정 집단의 이익을 대변한다.

② 국가 권력을 획득하고 행사한다.

③ 공정한 경쟁이 이루어지도록 유도한다.

④ 이해 집단 간에 발생하는 갈등을 조정한다.

⑤ 집단 간의 갈등에 대해 중립적인 입장을 갖는다.

문제 해결 **전략**

정치는 다양한 대립과 갈등을 조정하여
❶ 를 이끌어 내며, 사회 질서 유
지 및 사회 **❷** 에 기여하고, 사회
가 나아가야 할 방향을 제시한다.

❶ 합의 ❷ 통합

3 다음은 민주 정치의 발전 과정을 나타낸 것이다. 이에 대한 설명으로 옳지 <u>않은</u>
것은?

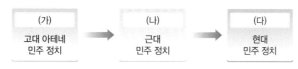

(가)	(나)	(다)
고대 아테네 민주 정치	근대 민주 정치	현대 민주 정치

① (가), (나) 시기의 시민은 소수 집단이다.

② (나)는 (가)에 비해 대의제를 지향하였다.

③ (다)는 (가)보다 시민의 범위가 확대되었다.

④ (나)는 시민 혁명을 통해 보통 선거 제도가 정착되었다.

⑤ (다)는 시민들의 노력으로 대중 민주주의가 이루어졌다.

문제 해결 **전략**

고대 아테네 민주 정치와 **❶** 민
주 정치에서는 성별, 신분, 재산 등에 따
라 정치 참여가 제한되었다. 그러나 현
대 민주 정치에서는 **❷** 선거 제
도로 대중 민주주의가 확립되었다.

❶ 근대 ❷ 보통

4 민주주의의 이념에 대해 잘못 설명한 학생은?

① 평등은 모든 사람이 불합리한 차별을 받지 않는 것을 말해.

② 현대 사회에서는 실질적 평등보다 형식적 평등이 더 강조되고 있어.

③ 인간의 존엄성은 모든 인간이 인간이라는 이유만으로 존엄하다는 의미야.

④ 인종, 성별, 재산 등의 이유로 차별받지 않고 누구나 동등한 대우를 받아야 해.

⑤ 국가로부터 부당한 억압을 받는 것은 자유를 침해당하는 것으로, 민주주의 이념에 어긋나.

문제 해결 **전략**

민주주의의 근본 이념은 ❶[   ] 실현으로, 이를 위해서는 ❷[   ]와 평등이 보장되어야 한다.

❶ 인간의 존엄성 ❷ 자유

5 다음은 중학생인 윤성이가 대통령제의 장·단점에 대해 정리한 것이다. 옳지 않은 것은?

장점	① 대통령이 의회의 다수당을 견제할 수 있다.
	② 대통령의 임기 동안 정책의 지속성이 보장된다.
	③ 정책의 결정과 집행이 빠르고 효율적으로 이루어진다.
단점	④ 행정부와 의회가 대립할 경우 정책을 시행하기 어렵다.
	⑤ 대통령에게 권한이 집중될 때 독재 정치가 나타날 수 있다.

문제 해결 **전략**

❶[   ]는 입법부와 행정부가 융합된 정부 형태이므로 의회와 내각의 상호 협조를 통한 효율적인 행정이 가능하다. 반면에 ❷[   ]는 입법부와 행정부가 엄격하게 분리된 정부 형태이므로 의회와 내각의 대립 시 조정이 곤란하다.

❶ 의원 내각제 ❷ 대통령제

6 오른쪽 그림에 나타난 정부 형태에 대한 설명으로 옳지 않은 것은?

① 책임 정치를 실현할 수 있다.
② 왕은 국가를 대표하는 상징적 존재이다.
③ 의회 의원은 내각의 각료를 겸직할 수 없다.
④ 내각이 의회 해산권을 행사하면 총선거를 다시 시행해야 한다.
⑤ 내각이 국정을 잘못 운영하면 의회는 내각을 불신임할 수 있다.

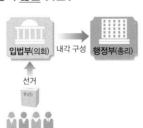

문제 해결 **전략**

❶[   ]에서는 내각 불신임권과 의회 해산권이 있으며, 내각이 의회에 대해 책임을 지기 때문에 ❷[   ]가 가능하다.

❶ 의원 내각제 ❷ 책임 정치

대표 예제 1

다음 표현과 관련된 시기에 대한 설명으로 옳지 <u>않은</u> 것은?

> • 주변인
> • 심리적 이유기
> • 제2의 반항기
> • 질풍노도의 시기

① 신체적 발달이 두드러진다.
② 부모의 간섭에서 벗어나려고 한다.
③ 정서적으로 불안과 혼란을 겪는 시기이다.
④ 기존의 사회 가치나 질서를 잘 받아들인다.
⑤ 올바른 자아 정체성 확립을 위해 노력하는 시기이다.

개념 가이드

❶ 은 다른 사람과 구별되는 자신만의 고유성을 깨닫고 자신이 누구인지 명확히 이해하는 것으로, 주로 ❷ 에 형성된다.

❶ 자아 정체성 ❷ 청소년기

대표 예제 2

현준이와 은지가 설명하는 사회화 기관을 옳게 연결한 것은?

> 태어나서 처음으로 접하는 사회화 기관으로, 기본적인 인성과 생활 습관 형성에 큰 영향을 미쳐.

> 사회생활에 필요한 지식, 기술, 규범, 가치 등을 체계적으로 배우는 공식적 사회화 기관이야.

현준   은지

	현준	은지		현준	은지
①	가정	회사	②	가정	학교
③	학교	또래 집단	④	대중 매체	학교
⑤	또래 집단	회사			

개념 가이드

유아기에는 ❶ 에서 생활에 필요한 기본적인 것들을 배우고, 청소년기에는 ❷ 에서 지식, 규범, 질서 등을 배운다.

❶ 가정 ❷ 학교

대표 예제 3

다음 사례를 통해 알 수 있는 내용으로 옳은 것은?

> 1920년 인도에서 늑대가 키운 소녀가 발견되었다. 이 아이는 똑바로 걷거나 옷 입는 것을 힘들어하였고, 동물처럼 울부짖는 소리만 낼 수 있었다. 오랜 시간이 지난 후에도 몇 개의 단어만 말할 수 있었다.

① 인간은 동물과 동일한 사회화 과정을 겪는다.
② 인간은 태어날 때부터 사회화된 행동을 한다.
③ 인간은 본능에 따라 행동하는 사회적 존재이다.
④ 인간은 태어나면서부터 사회생활에 필요한 언어를 익힌다.
⑤ 인간은 사회 속에서 서로 관계를 맺고 살아갈 때 인간다운 삶을 살 수 있다.

개념 가이드

한 개인이 자신이 속한 사회의 언어, 규범, 가치관 등을 배워 나가는 과정을 ❶ 라고 한다.

❶ 사회화

대표 예제 4

혜정이의 사회적 지위에 대한 설명으로 옳은 것은?

> 천재 중학교에 다니고 있는 ⓒ 학생이야.
> K팝 그룹 방탄소녀시대 ⓒ 팬클럽 회원이야.
> 나는 우리집에서 ㉠ 첫째딸이야.
> 지난 모둠 수업 때 ㉣ 모둠 대표로 발표 수업을 했어.

① ㉠, ⓒ은 귀속 지위이다.
② ⓒ은 자연적으로 가지게 되는 지위이다.
③ 오늘날은 ⓒ과 같은 지위는 중요하지 않다.
④ ㉣은 노력이나 능력에 따라 얻는 지위이다.
⑤ 혜정이의 지위 중 성취 지위는 ⓒ, ㉣이다.

개념 가이드

태어나면서부터 자연적으로 갖는 지위를 ❶ , 개인의 능력이나 노력에 따라 얻게 되는 지위를 ❷ 라고 한다.

❶ 귀속 지위 ❷ 성취 지위

대표 예제 5

다음 (가)에 해당하는 사례를 | 보기 |에서 고르면?

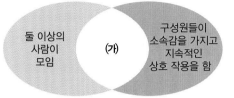

둘 이상의 사람이 모임　(가)　구성원들이 소속감을 가지고 지속적인 상호 작용을 함

┌ 보기 ┐
ㄱ. 공원을 걷는 사람들
ㄴ. 함께 살고 있는 가족
ㄷ. 자전거 동호회 회원들
ㄹ. 야구 경기를 관람하러 온 관중

① ㄱ, ㄴ　　② ㄱ, ㄷ　　③ ㄴ, ㄷ
④ ㄴ, ㄹ　　⑤ ㄷ, ㄹ

개념 가이드

❶□□□은 비슷한 관심과 목적을 가진 둘 이상의 사람들이 소속 감을 가지고 지속적인 상호 작용을 하는 집단이다.　❶ 사회 집단

대표 예제 7

밑줄 친 '문화'와 같은 의미로 사용된 것은?

재용아, 우리 일요일에 영화 보러 갈까?

다음 주 시험이 끝날 때까지 문화 생활은 꿈도 못 꿔.

① 한복은 한국의 전통문화이다.
② 청소년 문화의 영향으로 다양한 신조어가 생겼다.
③ 각 지역의 자연환경에 따라 음식 문화가 달라진다.
④ 마지막 주 수요일은 '문화가 있는 날'로 지정되었다.
⑤ 국내에 거주하는 외국인들이 증가하면서 다문화 사회가 되었다.

개념 가이드

❶□□□ 의미의 문화는 세련되고 교양 있는 모습, 예술이나 문 학, 공연과 관련된 것을 의미하고, ❷□□□ 의미의 문화는 한 사 회의 공통의 생활 양식을 의미한다.　❶ 좁은 ❷ 넓은

대표 예제 6

그림과 같은 사례에 대한 설명으로 옳지 않은 것은?

동일한 일을 하면서도 정규 직은 임금이 더 많구나.

승차 시설이 없어 버스에 탈 수 없어.

① 사회 통합과 발전을 어렵게 한다.
② 인간의 존엄성을 침해할 수 있다.
③ 어떤 사람이나 집단을 부당하게 대우하고 있다.
④ 고정관념이나 편견이 존재할 때 발생할 수 있다.
⑤ '차이'를 인정하고 존중하는 사회에서 자주 발생한다.

개념 가이드

❶□□는 '서로 같지 않고 다른 것'으로 자연스러운 현상이고,
❷□□은 다른 사람이나 집단을 부당하게 대우하는 것이다.
❶ 차이 ❷ 차별

대표 예제 8

(가), (나)에 나타난 문화의 속성을 옳게 연결한 것은?

(가) 우리나라에서는 중요한 시험을 앞둔 사람에게 엿이나 찹쌀떡을 선물하면 합격을 기원한다는 의미가 있다.
(나) 같은 부모로부터 태어난 쌍둥이 형제라도 각자 문화적 특성이 다른 사회에서 성장하면 서로 다 른 사고 방식과 행동 양식을 갖는다.

	(가)	(나)		(가)	(나)
①	공유성	축적성	②	공유성	학습성
③	보편성	학습성	④	변동성	학습성
⑤	전체성	축적성			

개념 가이드

한 사회의 구성원들은 공통의 문화를 공유하는데, 이를 문화의
❶□□□이라고 한다. 이를 통해 다른 사람들이 특정한 상황에서 어떻게 행동할지 ❷□□할 수 있다.　❶ 공유성 ❷ 예측

대표 예제 9

다음 문화 이해 태도로 인해 나타날 수 있는 문제로 옳은 것은?

> 혼일강리역대국도지도는 우리 조상들이 만든 지도이지만 중화사상의 영향을 받아 중국을 중앙에 크게 그려 넣었다.

① 인간의 존엄성을 침해할 수 있다.
② 문화 제국주의가 나타날 수 있다.
③ 국제적인 고립을 가져올 수 있다.
④ 다른 문화의 장점을 받아들이지 못한다.
⑤ 문화의 주체성을 잃고, 고유문화가 사라질 수 있다.

개념 가이드

다른 사회의 문화를 우수한 것으로 믿고 동경하면서 자신의 문화를 열등하다고 여기는 태도를 ❶[ ]라고 한다.

❶문화 사대주의

대표 예제 10

다음 중 문화 이해의 태도가 올바른 학생은?

① 영어로 쓰여 있어서 더 고급스러워.

② 건조 지역에서 돼지를 키우는건 어렵구나.

③ 손으로 밥을 먹다니 야만적이야.

④ 핼러윈 파티가 추석보다 좋아요

⑤ 더운 나라들은 점심 시간에 문을 닫고 낮잠을 자는구나. 다들 게으르네.

개념 가이드

한 사회의 문화를 그 문화가 형성된 배경 등을 고려하여 이해하는 태도를 ❶[ ]라고 한다.

❶문화 상대주의

대표 예제 11

밑줄 친 '문화'의 긍정적 측면을 ㅣ보기ㅣ에서 고르면?

> 생활 수준의 향상과 의무 교육의 보급에 따라 대중의 지적 수준이 향상되고, 라디오나 텔레비전 등의 매체가 발달하면서 이 <u>문화</u>가 등장하였다.

보기

ㄱ. 사람들의 개성과 독창성이 발달한다.
ㄴ. 여가를 즐길 수 있도록 오락과 휴식을 제공한다.
ㄷ. 사람들이 문화적으로 풍요로운 삶을 누릴 수 있다.
ㄹ. 대중의 흥미를 끌기 위해 자극적이거나 폭력적인 문화가 나타난다.

① ㄱ, ㄴ　　② ㄱ, ㄷ　　③ ㄴ, ㄷ
④ ㄴ, ㄹ　　⑤ ㄷ, ㄹ

개념 가이드

대중문화는 ❶[ ]를 통하여 많은 사람들에게 동시에 제공되기 때문에 사람들의 생각과 취향이 ❷[ ]될 수 있다.

❶대중 매체 ❷획일화

대표 예제 12

다음 정치의 의미에 해당하는 사례로 옳은 것은?

정치는 사회 구성원 간의 대립과 갈등을 조정하고 해결하는 활동이에요.

① 한국과 미국의 정상 회담이 개최되었다.
② 유명 정치인이 도지사 선거에 출마하였다.
③ 국회에서 「산업 안전 재해법」이 통과되었다.
④ 주민 회의에서 쓰레기 처리 방안에 대해 논의하였다.
⑤ 대통령과 장관 등이 국무 회의에서 환경 정책을 논의하였다.

개념 가이드

❶[ ] 의미의 정치의 관점에서 보면 우리 주변에서 일어나는 갈등, 분쟁을 해결하는 과정을 정치라고 할 수 있다.

❶넓은

대표 예제 13

(가), (나)의 민주 정치에 대한 설명으로 옳지 <u>않은</u> 것은?

▲ 고대 아테네 민주 정치

▲ 근대 민주 정치

① (가) – 시민들이 직접 정치에 참여하였다.
② (나) – 시민 혁명을 통해 등장하였다.
③ (가) – 선거로 민회에 참여하는 사람을 정하였다.
④ (나) – 의회 중심의 대의 민주 정치가 발전하였다.
⑤ (가), (나) – 제한된 민주 정치를 실시하였다.

개념 가이드

아테네에서는 모든 시민이 국가의 일을 직접 결정하는 **❶** [   ] 가 이루어졌으나 시민권은 **❷** [   ] 에게만 있었다.

❶ 직접 민주주의 **❷** 성인 남자

대표 예제 14

(가), (나)에 해당하는 민주 정치의 원리를 옳게 연결한 것은?

> (가) 헌법 제1조 ② 대한민국의 주권은 국민에게 있고 모든 권력은 국민으로부터 나온다.
> (나) 헌법 제69조 대통령은 취임에 즈음하여 다음의 선서를 한다. "나는 헌법을 준수하고 …… 성실히 수행할 것을 국민 앞에서 엄숙히 선서합니다."

	(가)	(나)
①	국민 주권의 원리	권력 분립의 원리
②	국민 주권의 원리	입헌주의의 원리
③	국민 자치의 원리	국민 주권의 원리
④	국민 자치의 원리	입헌주의의 원리
⑤	입헌주의의 원리	국민 자치의 원리

개념 가이드

국가의 의사를 결정하는 최고 권력인 **❶** [   ] 이 국민에게 있다는 민주 정치의 원리는 **❷** [   ] 이다. **❶** 주권 **❷** 국민 주권의 원리

대표 예제 15

다음과 같은 정부 형태에 대한 설명으로 옳지 <u>않은</u> 것은?

입법부(의회)
선거
국민

행정부(대통령)
선거
국민

① 입법부와 행정부는 독립적이다.
② 책임 있는 정치 실현이 가능하다.
③ 의회 의원은 내각의 각료를 겸직할 수 없다.
④ 대통령의 임기 보장으로 국가를 안정적으로 운영할 수 있다.
⑤ 대통령은 법률안을 제출할 수 없지만, 법률안을 거부할 수 있다.

개념 가이드

❶ [   ] 는 입법부와 행정부가 엄격히 분리된 정부 형태로, 의회 의원은 행정부 장관을 겸직할 수 **❷** [   ]. **❶** 대통령제 **❷** 없다

대표 예제 16

다음은 우리나라의 신문 기사이다. 이를 통해 알 수 있는 것으로 옳은 것은?

○○신문	□□신문
정부는 법률안을 국회에 제출하였다.	대통령은 국회 의원 김△△ 의원을 통일부 장관으로 임명하였다.

① 국회 중심으로 국가가 운영된다.
② 직접 민주주의를 강화하고자 노력한다.
③ 의원 내각제 요소를 일부 채택하고 있다.
④ 우리나라의 정부 형태는 순수 대통령제이다.
⑤ 국회와 정부 간의 협력이 이루어지지 않는다.

개념 가이드

행정부의 법률안 제출권, **❶** [   ] 의 장관 겸직 가능, 국무총리 제도 등은 우리나라에 도입된 **❷** [   ] 요소이다.

❶ 국회 의원 **❷** 의원 내각제

1 ⊙의 기능에 해당하지 <u>않는</u> 것은?

(⊙)은/는 인간이 자신이 속한 사회의 언어, 규범, 가치관 등을 배워 나가는 과정이다.

① 자신만의 개성과 자아를 형성한다.
② 모든 사회에서 똑같은 행동이 나타난다.
③ 자신이 속한 사회의 구성원으로 성장한다.
④ 사회를 지속적으로 유지하고 발전시켜 간다.
⑤ 사회 구성원들이 사회의 규범과 가치를 공유한다.

Tip
다른 사람들과 ❶ [　　　] 을 하면서 인간은 지식, 가치, 행동 양식 등을 습득하는데 이를 ❷ [　　　] 라고 한다.
❶ 상호 작용 ❷ 사회화

2 다음 상황에 대한 옳은 설명을 | 보기 |에서 고르면?

보기
ㄱ. 역할 갈등이 발생하였다.
ㄴ. 개인이 하나의 지위만 갖기 때문에 발생한다.
ㄷ. 역할들 간에 우선순위를 정하여 해결해야 한다.
ㄹ. 현대 사회는 지위와 역할이 다양해지면서 역할 갈등이 감소하고 있다.

① ㄱ, ㄴ　　② ㄱ, ㄷ　　③ ㄴ, ㄷ
④ ㄴ, ㄹ　　⑤ ㄷ, ㄹ

Tip
두 가지 이상의 지위와 관련된 타인의 요구나 기대가 서로 충돌하는 것을 ❶ [　　　] 이라고 한다.
❶ 역할 갈등

3 수빈이의 일정표에서 ⊙~②에 해당하는 사회 집단을 구분한 것으로 옳지 <u>않은</u> 것은?

월요일 MON	⊙ 학교 체육 대회 예선 - ⓒ 2반과 농구 시합
목요일 THU	진로 체험 활동 - 삼촌 ⓒ 회사 견학
일요일 SUN	② 준구네 가족 사진 촬영

① ⊙ – 2차 집단　　② ⓒ – 외집단
③ ⓒ – 2차 집단　　④ ② – 내집단
⑤ ② – 1차 집단

Tip
사회 집단은 구성원의 ❶ [　　　] 유무에 따라 내집단과 ❷ [　　　] 으로 구분할 수 있다.　❶ 소속감 ❷ 외집단

4 (가), (나)에 해당하는 문화의 특징을 옳게 연결한 것은?

(가) 추위를 피하려고 난방을 하는 모습은 어느 지역에서나 볼 수 있는 현상이다. 하지만 (나) 우리나라의 온돌이나 서유럽의 벽난로처럼 구체적인 난방 방식은 각 지역의 자연환경, 사회적 상황 등에 따라 다르게 나타난다.

	(가)	(나)
①	문화의 공유성	문화의 상대성
②	문화의 전체성	문화의 특수성
③	문화의 보편성	문화의 다양성
④	문화의 다양성	문화의 보편성
⑤	문화의 축적성	문화의 학습성

Tip
모든 문화에는 공통적으로 나타나는 특징이 있는데, 이를 문화의 ❶ [　　　] 이라고 한다. 하지만 사회마다 문화의 구체적인 모습은 다르게 나타나는데, 이를 문화의 ❷ [　　　] 이라고 한다.
❶ 보편성 ❷ 다양성

5 밑줄 친 ㉠~㉤ 중 우리나라의 김치에 담겨 있는 문화의 속성으로 옳은 것은?

> ㉠ 우리 민족은 김치를 즐겨 먹는다. 하지만 ㉡ 같은 민족이라도 외국에서 성장한 사람들은 김치 문화에 익숙하지 않은 경우가 많다. 이는 김치를 자주 접하지 못했기 때문이다. ㉢ 김치는 우리나라의 음식 문화, 농경 문화, 공동체 문화 등과 밀접하게 연결되어 있다. ㉣ 원래 김치는 소금에 절인 백김치 형태였는데, 고추가 전래되면서 고춧가루를 섞게 되었다. ㉤ 오늘날의 김치 문화는 조상 대대로 전해진 솜씨와 발효 과학이 축적된 결과물이다.

① ㉠ – 학습성
② ㉡ – 공유성
③ ㉢ – 축적성
④ ㉣ – 변동성
⑤ ㉤ – 전체성

> **Tip**
> 문화는 고정된 것이 아니라 시간의 흐름에 따라 달라지는데, 이를 문화의 ❶〔　　〕이라고 한다.　　　　❶ 변동성

6 (가)에 들어갈 내용으로 옳은 것은?

어떤 부족이 식인 풍습이 있다 하더라도 나름의 이유와 의미가 있기 때문에 그 문화를 존중해 주어야 해.

그런 문화는 인정하면 안 돼. 왜냐하면 ＿(가)＿ 때문이야.

① 인류의 보편적 가치가 훼손되기
② 사회 구성원들의 결속이 약해지기
③ 자기 문화의 고유성을 잃어버릴 수 있기
④ 다른 문화의 장점을 받아들이기 어려워지기
⑤ 문화의 다양성이 약화되는 문제가 발생하기

> **Tip**
> 인간의 존엄성을 해치는 문화도 문화 상대주의 관점에서 이해하는 ❶〔　　〕는 경계되어야 한다.
> ❶ 극단적 문화 상대주의

7 다음 (가) 민주 정치에 대한 설명으로 옳은 것은?

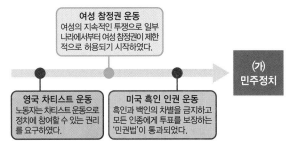

> **여성 참정권 운동**
> 여성의 지속적인 투쟁으로 일부 나라에서부터 여성 참정권이 제한적으로 허용되기 시작하였다.

> **(가) 민주정치**

> **영국 차티스트 운동**
> 노동자는 차티스트 운동으로 정치에 참여할 수 있는 권리를 요구하였다.

> **미국 흑인 인권 운동**
> 흑인과 백인의 차별을 금지하고 모든 인종에게 투표를 보장하는 '민권법'이 통과되었다.

① 의회 정치가 확립되었다.
② 보통 선거 제도가 확립되었다.
③ 직접 민주 정치가 보편화되었다.
④ 신분, 재산, 성별 등에 따라 선거권을 부여하였다.
⑤ 시민들의 의사가 대표자를 통해 정확하게 반영되고 있다.

> **Tip**
> 현대 사회에서는 성별, 신분, 재산 등과 관계 없이 일정한 나이 이상의 모든 국민에게 선거권을 부여하는 ❶〔　　〕 선거 제도가 확립되었다.　　　　❶ 보통

8 정부 형태를 비교한 내용으로 옳지 않은 것은?

	의원 내각제	대통령제
① 대표 국가	영국, 일본	미국
② 선거	의원	의원, 대통령
③ 입법부와 행정부의 관계	긴밀한 관계	엄격한 분리
④ 장점	책임 있는 정치 가능	행정부가 안정되어 지속적인 정책 수행 가능
⑤ 단점	입법부와 행정부의 대립 시 조정 어려움	다수당의 횡포

> **Tip**
> ❶〔　　〕에서 대통령은 의회에서 의결한 법률안에 대해 ❷〔　　〕을 행사할 수 있는데, 이것은 다수당의 횡포를 견제할 수 있는 장점이 있다.
> ❶ 대통령제 ❷ 거부권

1 다음 사례와 관련된 사회학적 개념에 대한 설명으로 옳지 않은 것은?

70세가 넘은 나이에도 정보 사회에 적응하기 위해 컴퓨터를 배워요.

① 재사회화이다.
② 인간의 사회화는 평생에 걸쳐 이루어진다.
③ 개인의 지위 또는 소속 집단이 바뀌는 경우에도 요구된다.
④ 오늘날에는 정보 통신 기술의 발달로 중요성이 약해지고 있다.
⑤ 사회 변화에 적응하기 위해 새로운 지식과 생활 양식을 습득하는 것이다.

2 다음 내용이 설명하는 사회 집단은?

• 개인이 어떤 행동이나 판단을 할 때 기준으로 삼는 집단이다.
• 자신이 실제로 속해 있는 집단과 일치하면 만족감을 느끼지만, 그렇지 않은 경우에는 소속 집단에 대해 불만을 가질 수 있다.

① 내집단 　　　② 공동 사회
③ 준거 집단 　　④ 1차 집단
⑤ 2차 집단

3 다음 대화를 통해 알 수 있는 문화의 속성을 옳게 연결한 것은?

다수의 한국인은 식사를 할 때 자연스럽게 김치를 찾아.

초기의 김치와 달리 요즘 김치에는 빨간 고추가 들어간 양념이 사용돼.

정은　　　　찬주

	정은	찬주
①	공유성	학습성
②	공유성	변동성
③	변동성	축적성
④	축적성	변동성
⑤	학습성	축적성

4 다음 사례에 나타나는 문화 이해 태도에 대한 설명으로 옳은 것은?

이슬람 극단주의 무장 세력이 유네스코 세계 문화유산으로 지정된 팔미라 유적지에서 2,000년 역사를 지닌 고대 신전을 파괴하였다. 이슬람 극단주의 무장 세력은 우상 숭배와 다신교를 금지하는 이슬람교의 종교적 특성을 내세우며 점령지의 고대 유적과 유물을 파괴하고 있다.

① 문화 사대주의의 입장이다.
② 문화의 우열을 인정하지 않는다.
③ 자기 문화를 무시하거나 낮게 평가한다.
④ 자신이 속해 있는 문화를 기준으로 다른 문화를 평가한다.
⑤ 한 사회의 문화를 그 사회의 구성원의 입장에서 이해한다.

5 다음과 같은 현상으로 인해 나타날 수 있는 대중문화의 문제점으로 옳은 것은?

어디로 튈지 모르는 말도 안 되는 전개, 욕설과 폭력, 배우자의 외도와 복수가 난무하는 자극적인 상황은 '막장 드라마'의 필수 요소이다. 이러한 막장 드라마는 왜 만들어지는 것일까? 그것은 바로 시청률 때문이다. 자극적인 소재와 연출로 대중의 흥미를 끌어야 시청률이 높아질 수 있는 것이다.

① 정보를 조작하여 여론을 왜곡시킨다.
② 개성보다는 유행에 민감해질 수 있다.
③ 소수의 특권층만 문화를 즐기게 된다.
④ 대중들의 사고나 취향이 획일화된다.
⑤ 상업성으로 인해 문화의 질이 낮아질 수 있다.

6 다음 사례를 통해 알 수 있는 정치의 기능으로 옳은 것은?

① 사회를 무질서와 혼란에 빠뜨린다.
② 정치권력을 획득하고 유지·행사한다.
③ 권력을 가진 소수 집단의 이익을 실현한다.
④ 사람들이 가지고 싶어 하는 가치를 제한한다.
⑤ 대립과 갈등을 해결하여 사회 질서를 유지한다.

7 다음 사건을 통해 등장한 민주주의의 특징으로 옳은 것은?

• 명예 혁명   • 미국 독립 혁명
• 프랑스 혁명

① 보통 선거가 실시되었다.
② 직접 민주 정치가 실시되었다.
③ 정치 참여의 기회는 모든 사람에게 주어졌다.
④ 의회를 중심으로 하는 대의 민주 정치가 실시되었다.
⑤ 대중이 정치의 주체가 되는 대중 민주주의가 확립되었다.

8 다음 그림의 (가)에 해당하는 개념으로 옳은 것은?

(가)는 민주주의의 근본이념이며, 모든 인간은 인종, 민족, 신분, 성별, 재산 등에 관계없이 그 자체로 존중받아야 한다는 것이다.

① 공공복리   ② 입헌주의
③ 국민 주권   ④ 정의의 실현
⑤ 인간의 존엄성

9 다음 그림과 관련된 정부 형태로 옳은 것은?

① 봉건제   ② 대통령제
③ 의원 내각제   ④ 입헌 군주제
⑤ 절대 군주제

1 다음은 사회화와 관련된 문제들이다. 문제를 정확히 풀었다면 도착하는 곳은 어디인가?

문제	내용
1	인간은 태어날 때부터 사회화된 행동을 한다.
2	졸릴 때 하품을 하는 것은 사회화의 결과로 볼 수 없다.
3	사회적 측면에서 사회화는 사회의 규범과 가치를 다음 세대로 전달하고 사회를 유지하는 기능을 한다.
4	개인적 측면에서 사회화는 자신이 속한 사회의 생활 양식을 학습하여 사회 구성원으로 성장하는 과정이다.
5	사회화는 특정 시기에만 한정되지 않고 평생에 걸쳐 끊임없이 이루어진다.

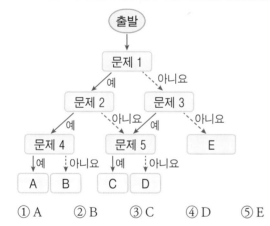

① A   ② B   ③ C   ④ D   ⑤ E

Tip

성인이 된 이후에도 사회의 변화에 적응하기 위해 새로운 지식과 생활 양식 등을 습득해야 하는데, 이를 ❶ _____ 라고 한다.

❶ 재사회화

2 (가)에 들어갈 내용으로 적절한 것은?

> **테마가 있는 영화관**
>
> ○○ 시립 도서관에는 매월 하나의 주제를 선정하여 영화 상영회를 열고 있습니다. 많은 관람 부탁드립니다.
>
> • 이달의 주제: (가)
> • 상영 작품

	작품	작품 감상 포인트
1주	〈빌리 엘리어트〉	광부인 아버지는 정부의 탄광 폐쇄에 저항하여 동료들과 파업 중이다. 하지만 아들 빌리의 발레 재능을 알게 되면서 고민에 빠진다. 아들의 학비를 위해 다시 탄광 일을 해야 하나? 아니면 동료들과 함께 파업을 계속해야 하나?
2주	〈천번의 굿나잇〉	분쟁 지역 종군 기자인 레베카는 기자로서의 사명감을 가지고 일한다. 테러 현장에서 부상을 입은 후 딸들은 레베카가 엄마로서 함께 평범하게 살기를 원한다. '어머니'와 '기자' 사이에서 레베카의 고민은 깊어져 간다.
3주	〈굿모닝 맨하탄〉	인도의 가정주부인 샤시는 조카의 결혼을 도와주기 위해 미국으로 간다. 그곳에서 영어 학원을 다니며 자신감을 되찾게 되지만, 영어 수업의 최종 시험과 조카의 결혼 날짜가 겹쳐 버렸다. 샤시는 어떤 선택을 할까?

① 준거 집단의 기능
② 역할과 역할 갈등
③ 현대 사회와 재사회화
④ 다양한 사회화 기관 알아보기
⑤ 청소년기의 자아 정체성 찾기

Tip

사회가 복잡해지면 대부분의 사람들은 과거에 비해 많은 ❶ _____ 를 가지게 되고, 그만큼 많은 ❷ _____ 을 경험하게 된다.

❶ 지위 ❷ 역할 갈등

3 다음은 사회 집단을 구분한 히스토그램이다. (가)~(라)에 해당하는 사회 집단을 I 보기 I에서 옳게 짝지은 것은?

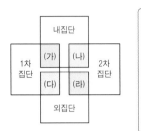

보기
ㄱ. (가) - 우리 가족
ㄴ. (나) - 친구네 가족
ㄷ. (다) - 우리 학교
ㄹ. (라) - 삼촌이 다니는 회사

① ㄱ, ㄴ   ② ㄱ, ㄷ   ③ ㄱ, ㄹ
④ ㄴ, ㄷ   ⑤ ㄷ, ㄹ

> **Tip**
> 사회 집단은 구성원의 **❶** 에 따라 1차 집단과 2차 집단으로 구분한다.
>
> ❶ 접촉 방식

4 그림은 '차별' 두더지 잡기 게임이다. 망치로 때리면 안 되는 두더지는?

① 장애인 등 교통 약자를 위한 저상버스를 마련하지 않는다.

② 같은 일을 하는데 비정규직이라고 월급을 적게 받는다.

③ 중국어를 못한다는 이유로 중국에 파견 근무를 보내지 않는다.

④ 원어민 강사 채용 시 백인이 아니라는 이유로 뽑지 않는다.

⑤ 남자라는 이유로 간호사관학교에 입학할 수 없다.

> **Tip**
> **❶** 은 정당한 이유 없이 **❷** 를 이유로 부당하게 대우하는 것이다.
>
> ❶ 차별 ❷ 차이

5 지영이는 친구네 집에서 같이 숙제를 하기로 하였다. 친구네 집은 어디인가?

〈친구네 집으로 가는 법〉
• 화살표 방향으로 이동한다.
• ㄱ, ㄴ, ㄷ, ㄹ이 (가)와 관련된 설명이면 1칸, (나)와 관련된 설명이면 2칸, (다)와 관련된 설명이면 3칸 이동한다.

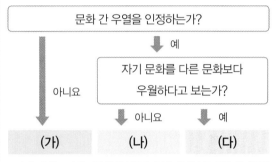

문화 간 우열을 인정하는가?

아니요 → (가)

예 → 자기 문화를 다른 문화보다 우월하다고 보는가?
아니요 → (나)
예 → (다)

※ (가)~(다)는 각각 자문화 중심주의, 문화 사대주의, 문화 상대주의 중 하나이다.

ㄱ. 문화의 상대성을 인정한다.
ㄴ. 다양한 문화의 공존에 이바지한다.
ㄷ. 국제적 갈등이나 고립을 초래할 수 있다.
ㄹ. 조선 시대의 사대주의가 대표적인 사례이다.

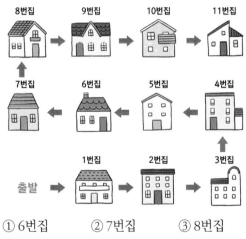

① 6번집   ② 7번집   ③ 8번집
④ 9번집   ⑤ 10번집

> **Tip**
> 문화 간 우열을 인정하지 않는 문화 이해 태도는 **❶** 이고, 문화 간 우열을 인정하는 문화 이해 태도는 **❷** 와 문화 사대주의이다.
>
> ❶ 문화 상대주의 ❷ 자문화 중심주의

6 다음은 텔레비전 뉴스의 한 장면이다. 이에 대한 옳은 설명을 |보기|에서 있는 대로 고르면?

> 앵커: 최근 인터넷의 발달과 함께 ㉠스마트폰을 이용한 1인 미디어가 인기를 얻고 있습니다. 김 기자, 자세히 소개해 주시죠.
>
> 김 기자: 몇 년 전 출연자들이 스스로 주제를 정하여 방송을 하고 실시간으로 시청자들과 소통하는 한 텔레비전 예능 프로그램이 큰 인기를 얻었습니다. 이러한 현상은 혼자서 콘텐츠 기획, 진행, 촬영은 물론 편집까지 맡아 하는 '1인 미디어'가 그만큼 주목을 받고 있음을 보여 줍니다. 2000년대 중반 손수 제작물(UCC) 열풍이 문화 생산자로의 문턱을 낮췄다면, 1인 미디어는 개인이 유행과 수익을 창출해 내는 '문화 창업 모델'로 진화하였습니다. 최근에는 1인 창작자를 발굴하고, 그들에게 기획, 스튜디오 지원, 홍보 등의 업무를 제공하는 기업도 생겨나고 있습니다.

보기

ㄱ. ㉠은 뉴 미디어이다.
ㄴ. 많은 사람들에게 대량의 정보를 전달만 한다.
ㄷ. 정보의 생산자와 소비자 간의 경계가 모호하다.
ㄹ. 정보 제공자와 수용자 간에 쌍방향적 의사소통이 일어난다.

① ㄱ, ㄴ ② ㄴ, ㄷ ③ ㄷ, ㄹ
④ ㄱ, ㄷ, ㄹ ⑤ ㄴ, ㄷ, ㄹ

Tip

최근에는 인터넷, 스마트폰 등 ❶ [   ]가 발달하여 ❷ [   ] 의사소통이 가능해져 대중이 문화 생산자의 역할을 하게 되었다.

❶ 뉴 미디어 ❷ 쌍방향

---

7 다음 신문 기사의 댓글 내용으로 옳지 <u>않은</u> 것은?

> 홈 사회 정치 경제 국제 문화 IT 랭킹 연재 포도 TV
>
> 천재 뉴스
>
> **불법 노점상 문제 개선 공청회 열려**
>
> 김세훈 기자 입력 2022.11.08. 10:12 댓글 5개
>
> ○○시가 불법 노점상 문제 개선 공청회를 개최한다. 불법 노점상의 수가 증가하여 시민 통행이 불편해져 갈등이 끊이지 않자, ○○시는 노점상의 생존권을 고려하면서도 거리 환경을 개선할 수 있는 정책을 추진하고자 한다. 공청회에서 논의된 의견을 바탕으로 ○○시는 노점상과의 공동 업무 협약을 체결하였다. 노점과 가판대를 규격화하여 노점상의 수가 40% 가량 줄고 도심 환경이 깨끗해졌다.

소금빵먹고싶다 10분 전	
①	정치 과정을 통해서 개인이나 집단 간에 발생하는 대립과 갈등을 잘 조정해야 해.
떡볶이에치즈추가 30분 전	
②	이런 과정을 통해 사회 문제의 해결책을 마련하고, 사회가 나아가야 할 방향을 제시하는 것이 바람직해.
회전목마인생 1시간 전	
③	시민들은 국가 기관이 정책을 올바르게 수행할 수 있도록 감시하고, 정책을 비판하는 사람들을 언론사에 고발해야 해.
빼앗긴들에도봄은오겠지 1시간 전	
④	국가는 갈등 관계에 있는 개인이나 집단이 대화와 토론을 통해 서로의 의견 차이를 좁히고 합의에 이를 수 있도록 중재자 역할을 해야 합니다.
짱구아빠 2시간 전	
⑤	시민들도 정책에 대한 자신의 의견을 적극적으로 표현하는 것이 중요합니다. 하지만 자신이 속한 집단의 이익만을 추구하는 것은 좋지 않아요.

Tip

시민은 주인 의식을 바탕으로 자발적이고 적극적으로 정치에 ❶ [   ]하는 자세를 가져야 한다.

❶ 참여

8 최종 칸 (가)에 들어갈 용어에 대한 설명으로 옳은 것은?

> 다음에서 설명하는 각각의 용어를 〈글자 카드〉를 사용하여 답하시오. 사용한 〈글자 카드〉는 버리시오.
>
> ↓
>
> 〈글자 카드〉
>
> | 주 | 권 | 유 | 립 |
> |---|---|---|---|
> | 자 | 국 | 권 | 평 |
> | 력 | 등 | 분 | 민 |
>
> • 외부의 간섭을 받지 않고 스스로 판단하여 행동하는 것
> • 국가의 의사를 결정하는 최고 권력이 국민에게 있다는 민주 정치의 원리
> • 국가 권력을 서로 독립된 기관이 나누어 맡도록 하는 민주 정치 원리
>
> ↓
>
> 남은 〈글자 카드〉를 활용하여 단어를 만드시오.
>
> ↓
>
> (가)

① 우리나라는 (가)를 보장하기 위해 국민 투표, 주민 소환제 등을 마련하고 있다.

② (가)는 모든 인간은 인간이기 때문에 그 자체로 존중받아야 한다는 의미이다.

③ (가)는 헌법에 따라 국가 기관을 구성하고 권력을 행사한다는 것을 의미한다.

④ 실질적 (가)가 이루어지기 위해서는 개인의 선천적·후천적 차이를 고려해야 한다.

⑤ 오늘날에는 정부의 정책 결정에 참여하고 국가에 최소한의 인간다운 삶을 요구할 수 있는 (가)를 중시한다.

> **Tip**
>
> ❶□□□는 국가나 다른 사람에게 구속받지 않고 자신이 원하는 대로 판단하여 행동하는 것이고, ❷□□□은 모든 사람이 부당하게 차별받지 않고 동등하게 대우받는 것이다.
>
> ❶ 자유 ❷ 평등

9 다음 중 올바른 코딩 결과는?

> 〈코딩 방법〉
>
> | ㄱ | ㄴ | ㄷ | ㄹ |
> |---|---|---|---|
> | | | | |
>
> • ㄱ, ㄴ, ㄷ, ㄹ 중 의원 내각제의 내용에는 1, 대통령제의 내용에는 0 값을 입력한다.
> • 1이 입력된 칸의 전구에는 불이 들어오고(¤), 0이 입력된 칸의 전구에는 불이 들어오지 않는다. (●)

> ㄱ. 미국, 브라질 등의 국가에서 선택하고 있다.
> ㄴ. 의회는 내각 불신임권을 통해 행정부를 견제한다.
> ㄷ. 입법부와 행정부는 따로 구성되어 서로 견제하며 균형을 이룬다.
> ㄹ. 의회와 내각이 국민의 요구에 민감하게 반응하는 책임 정치를 실현할 수 있다.

①    ②

③   ④

⑤

> **Tip**
>
> ❶□□□□□에서 의회는 내각에 책임을 물을 수 있는 ❷□□□□□□을 가지며, 내각은 의회를 해산할 수 있는 의회 해산권을 가진다.
>
> ❶ 의원 내각제 ❷ 내각 불신임권

와~ 이번 지방 선거에는 후보자가 엄청 많네요. ○○도지사, △△시장, ○○도 의회 의원, △△시 의회 의원 등등

이번 선거는 집행 기관인 지방 자치 단체의 장과 의결 기관인 지방 의회 의원을 선출하지.

게다가 광역 자치 단체와 기초 자치 단체 모두를 선출해야 하니 많아 보이겠지.

우리나라는 선거의 공정한 관리와 정당에 대한 사무를 처리하기 위해 선거 관리 위원회를 두고 있단다.

지방 자치 제도를 통해 권력 분립의 원리를 실현하고 주민들 스스로 지역의 일을 해결함으로써 민주주의를 실현할 수 있단다.

그러면 지역 실정을 제대로 반영하기 어렵잖아.

어휴~ 그냥 중앙 정부가 지방의 일을 다 처리하면 안 되나요?

이런 복잡한 선거를 관리하는 곳이 있나요?

또 공정한 선거를 위해 법에 따라 선거구를 정하는 선거구 법정주의와, 국가나 지방 자치 단체가 선거 운동 비용의 일부를 부담하는 선거 공영제를 실시하고 있지.

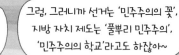

지방 자치 제도나 선거 제도는 민주주의에서 매우 중요하군요.

그럼, 그러니까 선거는 '민주주의의 꽃', 지방 자치 제도는 '풀뿌리 민주주의', '민주주의의 학교'라고도 하잖아~

개념 1 정치 과정과 선거

(1) 정치 과정 이익 표출 → 이익 집약 → 정책 결정 → 정책 집행 → 정책 평가

(2) 정치 주체

개인	투표, 집회, 누리 소통망 서비스 등을 통해 의견을 제시함.
언론	사회의 쟁점과 관련한 정보를 전달하고, 여론을 형성함.
이익 집단	집단 구성원의 특수한 이익을 실현하기 위해 만든 단체
시민 단체	공익을 실현하기 위해 시민들이 자발적으로 만든 단체
정당	❶ 획득을 목적으로 정치적 견해가 같은 사람들이 모인 단체
국가 기관	정책을 결정·집행하는 공식적 정치 주체(국회, 행정부, 법원 등)

(3) 선거의 기본 원칙

보통 선거	일정한 나이 이상의 모든 국민에게 선거권을 주는 원칙
평등 선거	유권자가 행사하는 표의 가치를 동등하게 인정하는 원칙
직접 선거	다른 사람을 통하지 않고 자신이 직접 투표를 해야 하는 원칙
비밀 선거	어느 후보를 선택했는지 다른 사람이 알지 못하도록 하는 원칙

(4) 공정 선거를 위한 제도와 기관

선거 공영제	국가가 선거 과정을 관리하고 선거 비용 일부를 지원하는 제도
선거구 법정주의	❷ 로 선거구를 획정하는 제도
선거 관리 위원회	공정한 선거, 국민 투표 관리, 정치 자금 사무 처리 등

❶ 정권 ❷ 법률

| 우리나라 지방 자치 단체의 구성

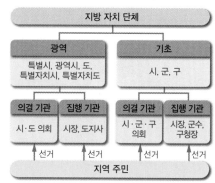

▲ 우리나라의 지방 자치 단체는 광역 자치 단체와 기초 자치 단체가 있다. 지방 자치 단체는 의결 기관인 지방 의회와 집행 기관인 지방 자치 단체장으로 구분된다.

Quiz

모든 유권자에게 한 표씩 투표의 가치를 동등하게 부여하는 민주 선거의 원칙은?

답 | 평등 선거

개념 2 법의 종류

(1) 사법

의미	개인과 개인 사이의 사적인 생활 관계를 규율하는 법	
종류	❶	개인 간 재산 관계나 거래 관계, 가족 관계 등을 다루는 법
	상법	기업의 활동과 관련된 상거래 관계를 다루는 법

(2) 공법

의미	개인과 국가 간, 국가 기관 간의 공적인 생활 관계를 규율하는 법	
종류	헌법	국가의 기본 원칙이 담겨 있는 국가 최고의 법
	형법	범죄의 종류와 형벌의 정도를 규정한 법
	행정법	행정 기관의 조직과 작용 및 구제를 다루는 법
	소송법	재판의 절차와 방법을 규정한 법

(3) 사회법

의미	국가가 사적인 생활 영역에 개입하여 사회적 약자를 보호하는 법	
종류	노동법	근로자의 근로 조건과 권리 등을 규정한 법
	경제법	공정한 경제 질서 보장, 소비자의 권익 보호를 위해 제정된 법
	❷	국민의 복지 향상, 기본적인 생활 보장을 위해 제정된 법

❶ 민법 ❷ 사회 보장법

| 정의의 여신

▲ 정의의 여신의 두 눈을 가린 것은 공정성을, 저울은 평등한 판결을, 칼은 법의 강제성을 의미한다.

Quiz

국가가 사적인 생활 영역에 개입하여 모든 국민의 인간다운 생활을 보장하는 법은?

답 | 사회법

1-1 공교육 정상화 및 학습 규제에 관한 정치 과정 중 (가), (나)에 해당하는 정치 과정의 단계를 옳게 연결한 것은?

	(가)	(나)
①	이익 집약	정책 집행
②	이익 표출	정책 결정
③	이익 표출	정책 평가
④	정책 결정	정책 집행
⑤	정책 결정	정책 평가

풀이 | (가)는 선행 학습에 대해 찬성과 반대의 의견이 표출되고 있으므로 정치 과정의 단계 중 **❶** 단계이다. (나)는 국회에서 법률이 통과되었으므로 **❷** 단계에 해당한다.

❶ 이익 표출 ❷ 정책 결정 **답 | ②**

1-2 보기 는 정치 과정의 단계를 나타낸 것이다. 순서대로 바르게 나열한 것은?

┌─ 보기 ─────────────────────────┐
ㄱ. 정부의 정책 집행
ㄴ. 개인이나 집단의 이익 표출
ㄷ. 정당이나 언론의 이익 집약
ㄹ. 국회와 정부에서 관련 법률 제정 및 정책 결정
└────────────────────────────────┘

① ㄱ-ㄴ-ㄷ-ㄹ
② ㄱ-ㄷ-ㄹ-ㄴ
③ ㄴ-ㄷ-ㄹ-ㄱ
④ ㄴ-ㄹ-ㄱ-ㄷ
⑤ ㄷ-ㄹ-ㄱ-ㄴ

2-1 다음과 같은 상황을 규율하는 법은?

① 상법 ② 민법 ③ 헌법
④ 형법 ⑤ 경제법

풀이 | 법은 사람들 간의 다양한 관계를 원활하게 유지하고 사람들의 **❶** 를 보장하기 위해 다양한 생활 영역을 규율한다. 그중 **❷** 은 범죄 행위와 그에 따른 형벌의 내용을 규정한 법이다.

❶ 권리 ❷ 형법 **답 | ④**

2-2 빈칸 ㉠에 들어갈 법의 종류에 해당하는 것은?

┌────────────────────────────────┐
근대 서구에서는 국가의 간섭을 최소화하고 개인의 자유를 최대한 보장하려 하였지만, 빈부 격차, 노사 갈등 등의 문제가 발생하였다. 이러한 문제를 해결하기 위해 새롭게 (㉠)이/가 등장하였다.
└────────────────────────────────┘

① 민법 ② 형법
③ 노동법 ④ 소송법
⑤ 행정법

개념 1 재판의 종류와 공정한 재판

(1) 재판의 종류

민사 재판	개인 간에 일어난 분쟁을 해결하기 위한 재판
형사 재판	범죄가 발생하였을 때 죄의 유무, 형벌의 종류와 정도를 정하는 재판
가사 재판	가족이나 친족 사이에 벌어진 다툼을 해결하는 재판
행정 재판	국가나 행정 기관의 부당한 권리 침해로 인한 분쟁을 해결하는 재판
선거 재판	선거의 효력이나 당선의 유·무효를 가리는 재판
소년 보호 재판	19세 미만 소년의 범죄 사건에 대해 보호 처분 등의 조치를 내리는 재판

(2) 재판의 당사자

① 민사 재판: 원고(소를 제기한 사람), ❶ ___(소를 제기당한 사람)

② 형사 재판: 검사(범죄를 수사하고 공소를 제기하여 피고인의 처벌을 요구하는 사람), 피고인(범죄 혐의가 있어 형사 재판을 받는 사람)

(3) 공정한 재판을 위한 제도

사법권의 독립	법원을 입법부, 행정부로부터 독립시켜 오직 법에 근거한 재판이 이루어지게 하는 것 → 법원의 독립, 법관의 독립
공개 재판주의	재판의 심리와 판결을 일반인에게도 공개함.
증거 재판주의	법원은 구체적인 증거에 의해 사실을 인정하고 판결을 내려야 함. → 다른 증거 없이 피고인의 자백만으로는 유죄 판결을 내릴 수 없음.
심급 제도	법원을 상급 법원과 하급 법원으로 나누어 여러 번 재판을 받을 수 있게 하는 제도 → 항소, ❷ ___

ㅣ 민사 재판의 법정 모습

▲ 중앙의 법관을 중심으로 좌우에 원고와 피고가 위치한다.

ㅣ 형사 재판의 법정 모습

▲ 중앙의 법관을 중심으로 왼쪽에 검사, 오른쪽에 피고인이 위치한다.

Quiz

형사 재판의 당사자는?

답ㅣ 검사, 피고인

❶ 피고 ❷ 상고

개념 2 사회 변동과 사회 문제

(1) 현대 사회의 변동 양상

산업화	전체 산업에서 제조업과 서비스업의 비율이 증가하는 현상
정보화	지식과 ❶ ___가 생활의 중심이 되는 사회로 변화하는 현상
세계화	국가 간 교류가 증가하면서 국가 간 상호 의존성이 높아지는 현상

(2) 한국 사회 변동의 최근 경향

① 저출산·고령화 현상

구분	저출산	고령화
의미	태어나는 아이의 수는 줄어들고 노인 인구 비율이 증가하는 현상	
원인	자녀 양육 부담 증가, 자녀에 대한 인식 변화, 맞벌이 부부 증가 등	의료 기술 발달과 생활 수준의 향상으로 인한 평균 수명 증가 등
문제점	생산 가능 인구 감소 및 노인 부양 부담 증가 등	
대응 방안	보육비 지원 및 육아 휴직 확대 등 제도 마련 등	노인 복지 정책 마련, 노년층의 경제 활동 장려 등

② 다문화 사회: 한 사회에 다양한 인종, 종교, 문화가 공존하는 사회

(3) 사회 문제

사회 구성원 대다수가 문제로 여기며 바람직한 방향으로 개선되어야 한다고 생각하는 현상 → 시대나 장소에 따라 달라지는 ❷ ___을 지님.

5 (명) 4.53 (통계청, 2016) ※ 합계 출산율: 여성 1명이 평생 동안 낳을 것으로 예상되는 평균 출생아 수

4.53 3.43 2.82 1.66 1.57 1.63 1.47 1.08 1.23 1.24

0 1970 1975 1980 1985 1990 1995 2000 2005 2010 2015 (년)

▲ 우리나라 합계 출산율의 변화

50 (%) (통계청, 2016) 42.5 39.2 35.6 28.7 20.0 12.8 9.0 5.9 4.3

*2015년 이후는 예상 수치임.

1985 1995 2005 2015 2025 2035 2045 2055 2065 (년)

▲ 우리나라 65세 이상 노인 인구 구성 비율의 변화

Quiz

세계가 서로 긴밀하게 연결되어 영향을 주고받는 현상은?

답ㅣ 세계화

❶ 정보 ❷ 상대성

1-1 다음과 같은 모습의 법정에서 이루어지는 재판은?

① 가사 재판　　② 민사 재판
③ 선거 재판　　④ 형사 재판
⑤ 행정 재판

풀이 | 그림을 보면 중앙의 법관을 중심으로 좌우에 **❶**⬚ 와 피고가 위치한다. **❷**⬚ 소송에서 소를 제기한 사람을 **❶**⬚ 라고 하고, 소를 제기당한 사람을 피고라고 한다. 따라서 그림은 **❷**⬚ 재판의 법정 모습임을 알 수 있다.

❶ 원고 ❷ 민사　답 | ②

1-2 재판에 사용되는 용어에 대한 옳은 설명을 |보기|에서 고르면?

┌─ 보기 ─────────────────────┐
ㄱ. 피고인 - 기소된 사람
ㄴ. 원고 – 소송을 당한 쪽의 당사자
ㄷ. 피고 - 민사 소송에서 소를 제기한 사람
ㄹ. 검사 - 형사 재판의 공소를 제기하는 사람
└─────────────────────────┘

① ㄱ, ㄴ　　　② ㄱ, ㄹ
③ ㄴ, ㄷ　　　④ ㄴ, ㄹ
⑤ ㄷ, ㄹ

2-1 그림은 국내 인터넷 이용률 변화 추이를 나타낸 것이다. 이를 통해 알 수 있는 현대 사회의 변동 양상으로 옳은 것은?

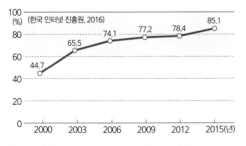

① 고령화　　② 도시화
③ 산업화　　④ 세계화
⑤ 정보화

풀이 | 제시된 그림을 보면 국내 인터넷 이용률이 매우 빠르게 증가하고 있다. 이것은 **❶**⬚ 과 정보가 중심이 되어 사회생활의 변화를 이끌어가는 현상인 **❷**⬚ 를 보여 주고 있다.

❶ 지식 ❷ 정보화　답 | ⑤

2-2 다음 내용과 관계 깊은 현대 사회의 변동 양상은?

• 전체 산업에서 제조업과 서비스업이 차지하는 비중이 높아졌다.
• 대량 생산, 대량 소비가 가능해졌다.
• 빈부 격차, 도농 격차, 환경 오염 등이 심화되었다.

① 고령화　　② 도시화
③ 산업화　　④ 세계화
⑤ 정보화

개념 돌파 전략 ❷

대의 민주주의하에서 시민을 대신하여 일할 대표자를 뽑는 과정을 무엇이라고 하는가?

➡ **❶** 는 현대 민주 국가에서 가장 기본적인 정치 **❷** 수단으로, 민주 정치의 성패를 좌우하는 핵심 요소이다.

답 | ❶ 선거 ❷ 참여

1 (가), (나)에 해당하는 민주 선거 원칙을 옳게 연결한 것은?

(가)

19세 이상이면 누구나 투표할 수 있어요!

(나)

난 부자니까 두 표를 행사해도 되죠?

안 됩니다. 모든 사람의 투표 가치는 똑같아야 해요.

	(가)	(나)		(가)	(나)
①	보통 선거	직접 선거	②	보통 선거	평등 선거
③	평등 선거	보통 선거	④	평등 선거	직접 선거
⑤	비밀 선거	보통 선거			

선거 공영제와 선거구 법정주의의 공통적인 목적은 무엇인가?

➡ 국가가 선거 과정을 관리하는 선거 공영제와 선거구를 **❶** 로 획정하는 제도인 선거구 법정주의는 공통적으로 **❷** 한 선거를 보장하기 위한 제도이다.

답 | ❶ 법률 ❷ 공정

2 다음 글에 나타난 공정한 선거를 보장하기 위한 제도로 옳은 것은?

- 선거 과정을 국가 기관이 관리하여 선거 운동의 기회를 균등하게 제공한다.
- 선거에 출마하는 후보자의 선거 공보 제작과 발송 비용을 국가나 지방 자치 단체에서 부담한다.

① 선거 공영제 ② 선거구 법정주의
③ 선거 관리 위원회 ④ 민주 선거의 4원칙
⑤ 대통령 선거인단 제도

겉으로 드러나는 행위의 결과를 중시하는 사회 규범은 (도덕, 법)이다.

➡ 법은 사회 구성원들이 어떤 행동을 하도록 또는 하지 못하도록 **❶** 에 의해 정해진 것으로, 행위의 **❷** 를 규율하는 강제적 규범이다.

답 | ❶ 국가 ❷ 결과

3 다음과 같은 사회 규범만이 갖는 특징은?

사람을 체포 또는 감금하여 가혹한 행위를 가한 자는 7년 이하의 징역에 처한다.

① 강제성 ② 공유성 ③ 객관성
④ 일관성 ⑤ 자율성

개인 간에 일어난 분쟁을 해결하기 위한 재판은 무엇인가?

➡ 개인 간의 다툼을 해결하기 위한 재판은 ❶ 으로, 소를 제기한 사람은 원고이고, 소를 제기당한 사람은 ❷ 이다.

답 | ❶ 민사 재판 ❷ 피고

4 다음 사건과 관련된 재판으로 옳은 것은?

① 가사 재판   ② 민사 재판   ③ 선거 재판
④ 형사 재판   ⑤ 행정 재판

공정한 재판을 위해 사법권의 독립을 실현하기 위한 방법은 무엇인가?

➡ ❶ 의 조직이나 운영에 대해 외부의 영향을 받지 않도록 ❶ 을 독립시키고, ❷ 의 임기를 법률에 규정하는 등 ❷ 의 신분을 보장한다.

답 | ❶ 법원 ❷ 법관

5 다음 내용을 헌법에서 규정하고 있는 궁극적인 목적으로 적절한 것은?

> • 사법부를 다른 국가 기관으로부터 독립시킨다.
> • 재판이 헌법과 법률, 법관의 양심에 따라 이루어지도록 보장한다.

① 신속한 재판을 위해서
② 공정한 재판을 위해서
③ 효율적인 재판을 위해서
④ 법관의 권리 보호를 위해서
⑤ 소송 비용의 절감을 위해서

사회의 출산율이 낮아지고, 전체 인구에 대한 노인 인구의 비중이 높아지는 현상을 무엇이라고 하는가?

➡ 태어나는 아이의 수가 줄어드는 현상을 ❶ 현상이라고 하고, 노인 인구의 비율이 증가하는 현상을 ❷ 현상이라고 한다.

답 | ❶ 저출산 ❷ 고령화

6 그림은 우리나라 합계 출산율의 변화를 나타낸 것이다. 이와 같은 현상의 원인을 ⎸보기⎸에서 고른 것은?

> ⎸ 보기 ⎸
> ㄱ. 노인 인구의 증가   ㄴ. 의료 기술의 발달
> ㄷ. 맞벌이 부부의 증가   ㄹ. 자녀 양육비 부담 증가

① ㄱ, ㄴ   ② ㄱ, ㄹ   ③ ㄴ, ㄷ
④ ㄴ, ㄹ   ⑤ ㄷ, ㄹ

전략 1 정치 과정의 단계

구분	의미	주체
이익 표출	다양한 요구나 이익 표출	개인, 이익 집단 등
이익 집약	표출된 이익 집약 및 여론 수렴	언론, 정당, 선거 등
정책 결정	국가 기관의 정책 결정	❶ , 정부
정책 집행	국가 기관의 정책 집행	❷
정책 평가	집행된 정책에 대한 평가	국민

정치 과정을 통해 다양한 갈등과 사회 문제를 해결함으로써 사회 통합과 발전에 기여할 수 있어.

❶ 국회 ❷ 정부

필수 예제 1

(1) 빈칸 ㉠에 들어갈 용어를 쓰시오.

사회가 다원화되고 민주주의가 발달하면서 다양한 이해관계가 표출된다. (㉠)은/는 다양하게 표출된 이해관계를 집약하여 정책으로 결정·집행하는 과정이다.

(2) 다음 그림에 해당하는 정치 과정의 단계를 쓰시오.

풀이 | (1)

의미	다양하게 표출된 이해관계를 집약하여 공공 정책으로 결정하고 집행하는 과정
기능	• 시민의 요구가 정책에 반영되는 통로 • 사회 통합과 발전에 기여

답 | 정치 과정

(2)

이익 표출	공직자의 청탁 수수 및 사익 추구를 금지하는 법을 만들자는 제안이 나오면서 국민의 관심이 높아졌다.
이익 집약	공청회 등을 통해서 시민의 다양한 의견을 수렴함으로써 갈등을 조정하였다.

답 | 이익 집약

1-1 그림은 정치 과정의 단계를 나타낸 것이다. (가)~(마)에 대한 설명으로 옳은 것은?

① (가) – 새로운 요구를 정책에 반영한다.
② (나) – 정부와 국회가 담당한다.
③ (다) – 국회 의결과 정부의 정책 수립이 이루어진다.
④ (라) – 결정된 정책이 법원에 의해 집행된다.
⑤ (마) – 시민과 이익 집단이 요구, 지지를 표출한다.

1-2 정치 과정에 대한 옳은 설명을 l 보기 l에서 고르면?

┌ 보기 ┐
ㄱ. 한번 결정된 정책은 수정되거나 보완할 수 없다.
ㄴ. 정치 과정은 갈등과 대립을 심화시키는 역할을 한다.
ㄷ. 시민들의 요구를 바탕으로 정책을 결정하고 집행하는 과정이다.
ㄹ. 현대 민주 사회에서는 국가 기관뿐만 아니라 다양한 정치 주체가 정치 과정에 참여한다.
└──────────────────────┘

① ㄱ, ㄴ   ② ㄱ, ㄷ   ③ ㄴ, ㄷ
④ ㄴ, ㄹ   ⑤ ㄷ, ㄹ

전략 **2** 선거

- 기능: 대표자 선출, 대표자에게 **❶** [　　　] 부여, 권력 통제, 주권 행사, 여론 반영, 정책 평가 등
- 민주 선거의 기본 원칙

❷ [　　] 선거(↔ 제한 선거)	평등 선거(↔ 차등 선거)	직접 선거(↔ 대리 선거)	비밀 선거(↔ 공개 선거)

19세 이상이면 누구나 투표할 수 있어요!

난 부자니까 두 표를 행사해도 되죠? / 안 됩니다. 모든 사람의 투표 가치는 똑같아야 해요.

몸이 불편해도 투표는 내 손으로 직접 해야죠. / 투표소

나 안 찍으면 알지? / 내가 누구에게 투표했는지 모를 테니 찍고 싶은 사람을 찍겠어.

▲ 일정한 나이에 이른 모든 국민이 선거권을 가지는 원칙 | ▲ 모든 유권자가 행사하는 표의 가치를 동등하게 인정하는 원칙 | ▲ 선거권을 가진 사람이 직접 투표해야 하는 원칙 | ▲ 어떤 후보를 선택하였는지 다른 사람이 모르게 하는 원칙

❶ 정당성 ❷ 보통

필수 예제 **2**

(1) 상훈과 희연의 대화에 나타난 선거의 기능을 각각 쓰시오.

우리나라를 위해 열심히 일할 일꾼을 뽑는 이번 선거에 꼭 참여할 거야. (상훈)

선거를 통해 국민의 지지와 동의를 얻은 사람이 대표자로 선출되어야 해. (희연)

(2) 다음 사례에서 위배한 민주 선거 원칙을 쓰시오.

> 어떤 나라에서는 선거권을 사람마다 다르게 주고 있다. 부자에게는 두 표, 대부분의 사람에게는 한 표를 준다.

풀이 (1)

대표 선출	오늘날 대부분의 민주 국가에서는 대의 정치를 채택하고 있음.
대표자에게 정당성 부여	국민의 동의와 지지를 바탕으로 선출되기 때문에 임기 동안 대표로서의 정당성을 부여함.

답 상훈 – 대표자 선출, 희연 – 대표자에게 정당성 부여

(2)

평등 선거	모든 유권자가 행사하는 투표권의 가치를 같게 부여함.
차등 선거	사회적 신분, 교육 수준, 재산 등에 따라 특정의 선거인들에게 복수의 투표권을 부여함.

답 평등 선거

2-1 다음 내용에 해당하는 정치 참여 방법은?

> - 대의 정치하에서 시민이 정치에 참여하는 가장 기본적인 방법이다.
> - 시민을 대신하여 정책을 결정하고, 시민의 의사와 이익을 전달할 대표를 뽑는다.

① 선거 ② 국민 발안
③ 국민 소환 ④ 정당 설립
⑤ 지방 자치

2-2 다음 내용과 관련 있는 민주 선거의 원칙은?

> 민주주의가 가장 발달했던 영국에서도 20세기 이전까지 신분, 재산, 성별에 따라 정치에 참여할 수 있는 시민이 제한되어 있었다. 정치 참여에서 소외된 노동자, 농민, 여성, 흑인 등은 꾸준히 참정권 확대를 위한 노력을 기울였다.

① 비밀 선거 ② 보통 선거
③ 직접 선거 ④ 차등 선거
⑤ 평등 선거

전략 3 우리나라의 지방 자치

- **지방 자치 단체**: 광역 자치 단체(특별시, 광역시, 도), **❶**[　　　] 자치 단체(시, 군, 구)
- **지방 자치 단체의 구성**: 주민의 선거로 직접 선출된 지방 의회와 지방 자치 단체장

지방 의회	의결 기관 → 조례 제정, 정책 결정, 예산안 심의·의결, 지방 자치 단체의 행정 사무 감사
지방 자치 단체장	집행 기관 → **❷**[　　] 제정, 정책 집행, 예산안 제출, 지방 자치 단체의 사무 처리

- **주민 참여 방법**

지방 선거	지방 선거에 출마 또는 투표 참여	주민 청원제	행정 요구 사항을 주민이 직접 제출
주민 투표제	주요 문제를 주민이 투표로 결정	주민 참여 예산제	지역 예산 편성에 주민 참여
주민 소환제	공무원을 주민 투표로 해임	주민 감사 청구제	주민이 직접 감사 청구
주민 발의제	주민이 조례의 제·개정, 폐지 청구	여론 형성	집회, 서명, 공청회 등

❶ 기초 ❷ 규칙

필수 예제 3

(1) 다음 내용이 의미하는 제도를 쓰시오.

- 풀뿌리 민주주의
- 민주주의의 학교

(2) 빈칸 ㉠, ㉡에 들어갈 용어를 쓰시오.

지방 자치 단체의 의결 기관은 (㉠)이고, 집행 기관은 (㉡)이다.

풀이 (1)

풀뿌리 민주주의	주민의 자발적 참여로 민주주의 실현
민주주의의 학교	자치 과정을 통해 민주주의를 배우고 실천할 수 있음.
권력 분립 실현	국가의 힘이 중앙 정부에 집중되는 것을 막음.
주민 복리 증진	지역 상황에 맞게 지역의 문제를 해결할 수 있음.

답 | 지방 자치 제도

(2)

지방 의회	지방 자치 단체장
• 지방 의원으로 구성 • 조례 제정 • 정책 결정 • 예산안 심의·의결 • 행정 사무 감사	• 지방 자치 단체 대표 • 규칙 제정 • 정책 집행 • 예산안 제출 • 지방 자치 단체 사무 처리

답 | ㉠ 지방 의회, ㉡ 지방 자치 단체장

3-1 다음은 지방 자치 단체의 구성을 나타낸 것이다. (가)~(다)에 대한 설명으로 옳지 <u>않은</u> 것은?

(가) 지방 자치 단체	
(나) 의결 기관	(다) 집행 기관

① (가)는 지역 문제를 자율적으로 처리한다.

② (가)는 광역 자치 단체와 기초 자치 단체로 나뉜다.

③ (나)는 조례를 제정한다.

④ (다)는 지방 자치 단체장이다.

⑤ (나)의 구성원은 지역 주민이 선출하고, (다)는 중앙 정부가 임명한다.

3-2 다음에서 설명하는 주민 참여 제도로 옳은 것은?

지방 자치 단체장이나 지방 의회 의원이 주민의 의사에 반하거나 직무를 잘 수행하지 못했을 때 주민 투표를 통해 지역의 공직자를 해임시킬 수 있는 제도이다.

① 지방 선거　　　　② 주민 소환제

③ 주민 청원제　　　④ 주민 투표제

⑤ 주민 참여 예산제

전략 4 법의 종류

- **공법**: 개인과 국가 간, 국가 기관 간의 공적인 생활 관계를 규율하는 법
  예 ❶ [   ], 형법, 행정법, 소송법 등
- **사법**: 개인과 개인 사이의 사적인 생활 관계를 규율하는 법 예 민법, 상법
- **사회법**: 국가가 사적인 생활 영역에 개입하여 장애인, 저소득층, 근로자
  등의 ❷ [   ]를 보호하는 법 예 노동법, 경제법, 사회 보장법

> 법은 국가에 의해 강제되는 사회 규범으로, 강제성과 명확성이 특징이야.

❶ 헌법 ❷ 사회적 약자

필수 예제 4

(1) (가), (나)의 법이 속한 법 영역을 각각 쓰시오.

> (가) 헌법, 형법, 행정법, 소송법
> (나) 민법, 상법

(2) 다음 내용이 설명하는 법 영역을 쓰시오.

> - 공법과 사법의 중간적 성격을 가지고 있다.
> - 사회·경제적 약자를 보호하기 위해 만들어졌다.

풀이 | (1)

공법	헌법	국민의 권리와 의무, 국가 통치 구조 등을 규정한 한 나라의 최고 법
	형법	범죄 행위와 형벌의 내용을 규정한 법
	행정법	행정 기관의 조직과 작용, 행정 기관으로부터 권리 침해 시 구제 방법에 대해 규정한 법
	소송법	재판의 절차와 방법을 규정한 법
사법	민법	개인과 개인 간의 재산 관계와 가족 관계 등을 다루는 법
	상법	기업을 중심으로 전개되는 생활 관계를 다루는 법

답 | (가) 공법, (나) 사법

(2)

의미	국가가 사적인 생활 영역에 개입하여 사회적 약자를 보호하는 법
등장 배경	근대 사회에서 자본주의가 발달함에 따라 빈부 격차, 노사 대립, 환경 오염 등의 문제가 발생함.
특징	• 국가가 사적인 영역에 개입하므로 사법과 공법의 중간적인 성격을 지님. • 현대 복지 국가에서 중요성이 강조됨.
종류	• 노동법: 근로자의 근로 조건과 권리 규정 • 경제법: 공정한 경제 질서 보장, 소비자의 권익 보호 • 사회 보장법: 국민의 복지 향상, 기본적인 생활 보장

답 | 사회법

4-1 다음 사례에 적용할 수 있는 법은?

① 공법
② 민법
③ 상법
④ 경제법
⑤ 행정법

4-2 다음과 같은 시대적 배경으로 인해 등장한 법 영역은?

> 산업 혁명으로 기계를 이용한 대량 생산이 가능해지면서 성인보다 낮은 임금의 아동 노동을 활용하였다. 이르면 4살 때부터 일하기 시작한 아이들은 하루 16시간 가량 일하고, 일하는 도중에 다쳐도 제대로 보상받지 못하였다.

① 공법
② 사법
③ 사회법
④ 소송법
⑤ 행정법

1 (가), (나)에 해당하는 정치 참여 주체에 대한 설명으로 옳은 것은?

(가)  (나)

① (가)는 정치적 견해가 같은 사람들끼리 결성한다.

② (가)는 자기 집단의 이익을 실현하는 것이 목적이다.

③ (나)는 선거에 후보자를 배출한다.

④ (나)는 정부와 의회를 매개하는 역할을 한다.

⑤ (나)는 정부의 협조와 지원을 받고 주요 정책을 홍보한다.

문제 해결 전략

이해관계를 같이하는 사람들이 자신의 특수한 이익을 실현하기 위해 만든 단체는 **❶** 이고, 사회 전체의 이익을 실현하기 위해 시민들이 자발적으로 만든 집단은 **❷** 이다.

❶ 이익 집단 ❷ 시민 단체

2 다음과 같은 현상을 방지하기 위해 우리나라에서 실시하고 있는 제도는?

> 1812년 매사추세츠 주지사 게리(Gerry)는 그가 속한 정당을 지지하는 사람이 많은 지역과 그렇지 않은 지역을 마음대로 나누어 독특한 모양의 선거구를 만들었다. 그 모양이 샐러맨더라는 전설의 괴물과 비슷하다고 해서 게리맨더라는 이름이 붙었다.

① 보통 선거 　　② 게리맨더링 　　③ 선거 공영제

④ 선거구 법정주의 　　⑤ 선거 관리 위원회

문제 해결 전략

특정 개인이나 정당이 선거구를 자신에게 유리하도록 정하는 것을 막기 위해 선거구를 **❶** 로 정하는 제도를 **❷** 라고 한다.

❶ 법률 ❷ 선거구 법정주의

3 빈칸 ㉠에 들어갈 주민 참여 제도는?

> ○○시에서 시행 중인 (㉠)은/는 수백억 원의 예산이 주민이 직접 제안한 사업들로 편성되는 등의 효과를 거두고 있다. 전통 시장 환경 개선, 사회 복지관 기능 보강, 가로등 교체 등 주민이 직접 발굴한 사업에 예산을 편성하여 투입하였다.

① 지방 선거 　　② 주민 소환제 　　③ 주민 청원제

④ 주민 투표제 　　⑤ 주민 참여 예산제

문제 해결 전략

지방 정부의 예산 편성에 **❶** 이 직접 참여하는 제도는 **❷** 이다.

❶ 주민 ❷ 주민 참여 예산제

4 다음 사례에서 알 수 있는 법의 기능으로 적절한 것은?

> 구두 디자이너 수빈 씨는 국제 대회에서 상을 받은 자신의 구두와 똑같은 디자인의 구두들이 타인의 A 쇼핑몰에서 판매되고 있는 것을 보았다. 수빈 씨는 A 쇼핑몰에 자신의 허락 없이 만든 구두의 판매를 중단하라고 요구했으나 A 쇼핑몰은 판매 중단을 거부하였다. 수빈 씨는 저작권법에 따라 소송을 제기하여 A 쇼핑몰로부터 손해를 배상받았다.

① 경제 성장   ② 선의 실현
③ 분쟁의 해결   ④ 국제 평화 유지
⑤ 소비자의 권익 보장

문제 해결 전략

❶◻◻◻은 객관적이고 공정한 행동 기준을 제시하여 분쟁을 예방하고, 분쟁 발생 시 이를 해결하여 ❷◻◻◻를 유지한다. 또한 개인의 권리가 침해되었을 때 이를 구제하여 권리를 보호한다.

❶ 법 ❷ 사회 질서

5 (가), (나)와 관련된 법의 영역을 |보기|에서 옳게 연결한 것은?

(가)   (나)

> **보기**
> ㄱ. 공법   ㄴ. 사법   ㄷ. 사회법

	(가)	(나)			(가)	(나)
①	ㄱ	ㄴ		②	ㄱ	ㄷ
③	ㄴ	ㄱ		④	ㄴ	ㄷ
⑤	ㄷ	ㄴ				

문제 해결 전략

개인 간의 생활 관계를 규율하는 법을 ❶◻◻◻, 국가를 중심으로 한 생활 관계를 규율하는 법을 ❷◻◻◻, 국가가 사적 영역에 개입하여 사회적 약자를 보호하는 법을 사회법이라고 한다.

❶ 사법 ❷ 공법

6 다음 사례를 해결할 수 있는 법은?

두 달이나 임금을 안 주시면 어떻게 해요?

장사가 안되니까 그렇죠. 돈 생기면 줄게요.

① 민법   ② 상법   ③ 형법
④ 소송법   ⑤ 근로 기준법

문제 해결 전략

사회법의 종류에는 노동자의 권리를 보호하기 위한 ❶◻◻◻, 공정한 경제 질서 유지를 위한 경제법, 국민의 복지 향상과 기본적인 생활 보장을 위한 ❷◻◻◻ 등이 있다.

❶ 노동법 ❷ 사회 보장법

전략 1 민사 재판과 형사 재판

• **민사 재판**: 개인 간에 일어난 분쟁을 해결하기 위한 재판(당사자 – 원고, **❶**〔   〕)
• **형사 재판**: 범죄가 발생했을 때 죄의 유무, 형벌의 종류와 정도를 정하는 재판(당사자 - 검사, **❷**〔   〕)
• **국민 참여 재판**: 형사 재판의 피고인이 원하는 경우에 국민이 재판에 배심원으로 참여하는 제도

❶ 피고 ❷ 피고인

필수 예제 1

(1) 다음과 같은 절차에 의해 이루어지는 재판의 종류를 쓰시오.

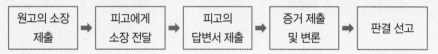

원고의 소장 제출 ➡ 피고에게 소장 전달 ➡ 피고의 답변서 제출 ➡ 증거 제출 및 변론 ➡ 판결 선고

(2) 다음 사례에 해당하는 재판의 종류를 쓰시오.

> 지나가던 행인을 폭행하고 지갑을 훔쳐 간 범죄자를 잡아 검사가 재판을 청구하였다.

풀이 | (1)

원고	손해를 입었다고 주장하면서 소를 제기한 사람
피고	원고의 주장에 의해 소를 제기당한 사람

답 | 민사 재판

(2)

구분	재판 청구인	상대방
형사 재판	검사	피고인
민사 재판	원고	피고

답 | 형사 재판

1-1 빈칸 ㉠에 들어갈 재판의 종류로 적절한 것은?

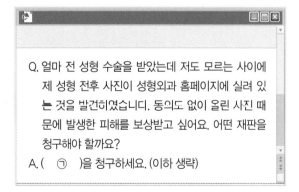

Q. 얼마 전 성형 수술을 받았는데 저도 모르는 사이에 제 성형 전후 사진이 성형외과 홈페이지에 실려 있는 것을 발견히였습니다. 동의도 없이 올린 사진 때문에 발생한 피해를 보상받고 싶어요. 어떤 재판을 청구해야 할까요?
A. (㉠)을 청구하세요. (이하 생략)

① 가사 재판 ② 민사 재판
③ 선거 재판 ④ 형사 재판
⑤ 행정 재판

1-2 그림과 같은 모습의 법정에서 이루어지는 재판은?

① 가사 재판 ② 민사 재판
③ 선거 재판 ④ 행정 재판
⑤ 국민 참여 재판

전략 **2** 심급 제도

- **의미**: 법원을 상급 법원과 하급 법원으로 나누어 여러 번 재판을 받을 수 있게 하는 제도
  → 우리나라는 ❶ ☐ 심제를 원칙으로 함.
- **상소**: 재판의 당사자가 하급 법원의 판결에 불복하여 상급 법원에 다시 재판을 청구함.

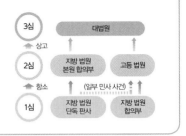

항소	1심 판결에 불복하여 상급 법원에 2심을 청구하는 것
❷ ☐	2심 판결에 불복하여 상급 법원에 3심을 청구하는 것

❶ 3 ❷ 상고

필수 예제 2

(1) 다음 내용이 설명하는 제도를 쓰시오.

> 법원의 판결에 따를 수 없다고 생각되면 다시 재판을 신청할 수 있다.

풀이 | (1)

목적	• 공정하고 신중한 재판 • 국민의 자유와 권리 보호
각급 법원	• 1심: 지방 법원 단독 판사, 지방 법원 합의부 • 2심: 지방 법원 본원 합의부, 고등 법원 • 3심: 대법원

답 | 심급 제도

(2) 빈칸 ㉠, ㉡에 들어갈 용어를 쓰시오.

> 1심 판결에 따르지 않고 다시 재판을 청구하는 것을 (㉠), 2심 판결에 따르지 않고 다시 재판을 청구하는 것을 (㉡)(이)라고 한다.

(2)

상소	상급 법원에 다시 재판을 청구하는 것
항소	1심 판결에 불복할 경우 상급 법원에 2심을 청구하는 것
상고	2심 판결에 불복할 경우 상급 법원에 3심을 청구하는 것

답 | ㉠ 항소, ㉡ 상고

2-1 빈칸 ㉠, ㉡에 들어갈 용어를 옳게 연결한 것은?

> 재판의 당사자가 하급 법원의 판결에 불복하여 상급 법원에 재판을 청구하는 것을 (㉠)(이)라고 한다. 우리나라는 일반적으로 하나의 사건에 대해 세 번까지 재판을 받을 수 있게 한다. (㉡)은/는 우리나라 최고 법원으로서 3심제의 마지막 재판을 담당한다.

	㉠	㉡
①	상고	대법원
②	상소	대법원
③	상소	고등 법원
④	항소	고등 법원
⑤	항소	지방 법원 합의부

2-2 다음 제도에 대한 설명으로 옳지 않은 것은?

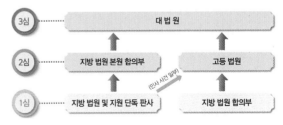

① 국민의 자유와 권리를 보장하기 위한 제도이다.
② 신중하고 공정한 재판을 위해 실시하는 제도이다.
③ 법원의 잘못된 판결을 바로잡을 수 있는 기회이다.
④ 급이 다른 법원에서 여러 번 재판을 받을 수 있는 제도이다.
⑤ 상급 법원의 판결에 불복하여 하급 법원에 다시 재판을 청구한다.

전략 3 한국 사회 변동의 최근 경향

- 저출산·고령화 사회: 태어나는 아이의 수는 줄어드는 반면, ❶ ⬜⬜ 인구의 비율은 증가하는 현상

문제점	생산 가능 인구가 줄어 경제 성장 둔화, 노인 부양의 부담 증가 등
대응 방안	• 저출산 현상: 출산과 육아 관련 각종 제도 마련 및 차별 금지 등 • 고령화 현상: 노인 복지 정책 마련, 노년층의 경제 활동 장려 등

- 다문화 사회: 한 사회에 다양한 인종, 종교, 문화가 공존하는 사회

긍정적 영향	❷ ⬜⬜ 부족 문제 해결, 우리 사회의 문화가 다양하고 풍부해짐.
부정적 영향	가치관과 문화의 차이, 의사소통의 어려움, 이주민들에 대한 차별과 오해 등

저출산·고령화로 인해 발생한 문제를 다문화적 변화로 해결할 수 있는데, 이주민 유입에 따른 노동력 부족 문제 해소가 그 사례야.

❶ 노인 ❷ 노동력

필수 예제 3

(1) 빈칸 ㉠, ㉡에 들어갈 용어를 쓰시오.

> 사회의 출산율이 낮아지는 현상을 (㉠) 현상이라고 하고, 전체 인구에 대한 노인 인구의 비중이 높아지는 현상을 (㉡) 현상이라고 한다.

(2) 고령화 현상의 대책을 보기에서 골라 쓰시오.

┌ 보기 ┐
ㄱ. 양육비 지급　　ㄴ. 연금 제도 개선
ㄷ. 보육 시설 확대　　ㄹ. 재취업 기회 확대

풀이 | (1)

저출산 현상 원인	자녀 양육에 대한 부담 증가, 혼인과 자녀에 대한 인식 변화, 맞벌이 부부 증가
고령화 현상 원인	의료 기술 발달과 생활 수준 향상에 따른 평균 수명 증가

답 | ㉠ 저출산, ㉡ 고령화

(2)

문제점	노인 부양 부담 증가로 국가적·사회적 부담 증가
대응 방안	• 개인적 차원의 노후 대비, 노인 복지 정책 마련 • 평생 교육 및 재취업 기회 제공, 연금 제도 개선 • 노인 편의 시설 확대 등

답 | ㄴ, ㄹ

3-1 빈칸 ㉠에 들어갈 한국 사회의 변동 모습으로 옳은 것은?

> (㉠) 정책 세미나
> • 주제: 노년기 삶의 질 향상 및 노인 여가 활성화
> • 일시 및 장소: ○월 ○일 ○○시
> • 참가자: ◇◇대학교 사회복지학과 교수 ◆◆◆,
> 　□□ 연구소 소장 ■■■, ☆☆부 정책국장 ★★★

① 개방화　　② 고령화
③ 민주화　　④ 산업화
⑤ 세계화

3-2 그래프는 국내 체류 외국인 현황을 나타낸 것이다. 이와 같은 현상이 나타나게 된 배경으로 적절한 것은?

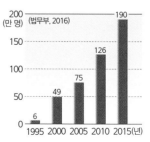

① 전통 문화의 발달　　② 국가 간 경계 강화
③ 국내 일자리 부족　　④ 외국인 근로자 증가
⑤ 단일 민족의식 강화

전략 4 현대 사회 문제와 해결 방안

사회 문제	해결 방안
• 인구 문제: 저출산·고령화(❶ [＿＿＿]), 급격한 인구 증가(개발 도상국) • 노동 문제: 실업 문제, 노사 갈등, 비정규직 증가, 고용 불안 등 • 환경 문제: 산업화에 따른 대기·수질·토양 오염 심화, 사막화, 지구 온난화 등	• 인구 문제: 출산 장려 정책(선진국), 출산 ❷ [＿＿＿] 정책(개발 도상국) • 노동 문제: 기업의 투자 확대, 정부의 취업 정보 제공과 기회 확대, 임금 차별 시 정부의 제재 등 • 환경 문제: 쓰레기 분리 배출, 오염 방지 시설 투자 등

❶ 선진국 ❷ 억제

필수 예제 4

(1) 다음 글이 설명하는 용어를 쓰시오.

> 발생 원인이 사회에 있으며, 사회 구성원 대다수가 바람직하지 않은 것으로 여겨 개선되어야 한다고 생각하는 문제이다.

(2) 다음과 같은 정책을 통해 해결하고자 하는 사회 문제를 쓰시오.

> • 친환경 기술 개발   • 오염 방지 시설 투자
> • 쓰레기 분리 배출

풀이 | (1)

원인	• 사회 변동이나 가치관의 변화 • 사회 제도 또는 구조의 결함이나 모순
특징	• 발생 원인이 사회에 있으며, 인간의 노력으로 해결이 가능해야 함. • 시대나 장소에 따라 달라지는 상대성을 지님.

답 | 사회 문제

(2)

양상	대기·수질·토양 오염, 지구 온난화, 열대림 파괴, 사막화 등 → 지구 전체의 삶을 위협하는 사회 문제
해결 방안	쓰레기 분리 배출, 물건 재사용, 오염 방지 시설 투자, 친환경 기술 개발, 국가 간 협력 확대 등

답 | 환경 문제

4-1 다음은 우리나라의 시대별 인구 정책 포스터이다. 이를 통해 알 수 있는 사회 문제의 특징은?

▲ 1970년대   ▲ 1980년대   ▲ 2000년대

① 사회 문제는 시대에 따라 달라진다.

② 사회 문제는 어느 사회에서나 동일하다.

③ 사회 구조 자체의 문제 때문에 발생한다.

④ 오랜 시간에 걸쳐 사회 전반에 영향을 끼친다.

⑤ 선진국의 사회 문제가 개발 도상국보다 심각하다.

4-2 다음 신문 기사와 관련된 현대 사회 문제를 해결하기 위한 방안으로 적절한 것은?

> ○○일보
>
> 국제 연합(UN)의 발표에 따르면 2016년 기준 세계 인구가 74억 명에 이르고, 2050년에는 97억 명으로 늘어날 전망이다. 아프리카, 아시아의 일부 개발 도상국의 높은 출산율은 지구촌의 빈곤이나 경제적 불평등을 심화시키고 있다.

① 산아 제한 정책

② 출산 지원금 확대

③ 영유아 보육비 지원

④ 육아 휴직 제도 확대

⑤ 출산과 육아로 인한 차별 금지

1 그림의 법정과 관련된 재판을 |보기|에서 고르면?

배심원석
법관석
증인석
변호인
피고인석
검사석

┌─ 보기 ─────────────────────────────┐
ㄱ. 가사 재판   ㄴ. 형사 재판
ㄷ. 민사 재판   ㄹ. 국민 참여 재판
└───────────────────────────────┘

① ㄱ, ㄴ   ② ㄱ, ㄷ   ③ ㄱ, ㄹ
④ ㄴ, ㄹ   ⑤ ㄷ, ㄹ

문제 해결 전략

❶ ____ 재판의 법정에는 중앙의 법관을 중심으로 왼쪽에 검사, 오른쪽에 피고인이 위치한다. ❷ ____ 은 일반 국민이 형사 재판에 배심원으로 참여하는 제도이다.

❶ 형사 ❷ 국민 참여 재판

2 다음 글에서 강조하는 재판의 원칙으로 적절한 것은?

> 지방 법원 판사 A 씨는 "이 사건과 관련하여 직접적인 증거는 범행 현장에 함께 있었다는 B의 진술밖에 없는데, B의 진술은 범행 현장에 관한 사실과 일치하지 않는 부분이 있고, 진술 자체도 서로 모순되고 일치하지 않는 점이 많아 신빙성이 낮다."라며 뺑소니로 기소된 C에 대해 무죄를 선고하였다.

① 심급 제도   ② 공개 재판주의
③ 증거 재판주의   ④ 사법권의 독립
⑤ 헌법과 법률에 따른 재판

문제 해결 전략

법원은 반드시 구체적인 ❶ ____ 에 의해 사실을 인정하고 그에 따라 판결을 내려야 한다. 다른 ❶ ____ 없이 피고인의 자백만으로는 ❷ ____ 판결을 내릴 수 없다.

❶ 증거 ❷ 유죄

3 다음과 같은 헌법 조항이 보장하는 제도적 장치는?

> 제101조 ① 사법권은 법관으로 구성된 법원에 속한다.
> ③ 법관의 자격은 법률로 정한다.
> 제103조 법관은 헌법과 법률에 의하여 그 양심에 따라 독립하여 심판한다.

① 심급 제도   ② 공개 재판주의
③ 사법권의 독립   ④ 증거 재판주의
⑤ 국민 참여 재판

문제 해결 전략

공정한 재판을 위해서 ❶ ____ 의 독립이 이루어져야 한다. 법원의 조직이나 운영에 대해 외부의 간섭이나 영향을 받지 않도록 법원을 다른 국가 기관에서 독립시켜야 하고, ❷ ____ 의 임기를 법률에 규정하는 등 신분 보장이 이루어져야 한다.

❶ 사법권 ❷ 법관

4 다음 발명 시계를 통해 알 수 있는 현대 사회의 특징으로 적절한 것은?

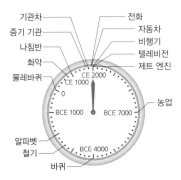

① 사회 변동의 속도는 일정하다.

② 주로 국가 안에서의 변동이 많다.

③ 현대 사회의 변동은 그 범위가 매우 넓다.

④ 현대로 올수록 변동의 속도가 매우 빨라지고 있다.

⑤ 한 나라의 변동은 다른 나라에 거의 영향을 미치지 않는다.

문제 해결 **전략**

발명 시계를 보면 대부분의 주요한 **❶** 이 55분 이후에 나타났다. 이를 통해 사회 변동의 **❷** 가 과거에 비해 빨라지고 있음을 알 수 있다.

❶ 발명 ❷ 속도

5 다음 그래프는 우리나라와 외국의 교역량을 나타낸 것이다. 이와 관련 있는 현대 사회 변동 양상의 영향을 |보기|에서 있는 대로 고르면?

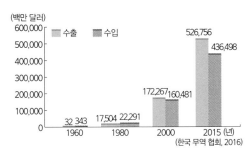

┌ 보기 ┐
ㄱ. 소비자의 상품 선택의 폭이 넓어졌다.
ㄴ. 정보 소유의 차이로 정보 격차가 발생한다.
ㄷ. 국가 간 빈부 격차와 불평등이 심화되었다.
ㄹ. 다국적 기업 제품이 세계 곳곳에서 생산·소비되고 있다.

① ㄱ, ㄴ   ② ㄴ, ㄷ   ③ ㄷ, ㄹ

④ ㄱ, ㄷ, ㄹ   ⑤ ㄴ, ㄷ, ㄹ

문제 해결 **전략**

세계화는 교통과 정보 통신 기술의 발달로 상품, 자원 등이 **❶** 을 넘어 자유롭게 이동하며 국가 간 **❷** 이 높아지는 현상이다.

❶ 국경 ❷ 상호 의존성

대표 예제 1

다음 사례에 해당되는 정치 과정의 단계와 정치 참여 주체를 옳게 연결한 것은?

> 공직자의 청탁 수수 및 사익 추구 금지에 대한 국민의 의견을 반영하기 위해 공청회를 개최하여 시민의 생각을 취합해 정부에 제시하였다.

	정치 과정의 단계	정치 참여 주체
①	이익 집약	정부, 국회
②	이익 집약	정당, 언론
③	정책 결정	정부, 국회
④	정책 결정	정당, 언론
⑤	정책 집행	정부

개념 가이드

현대 민주주의 사회에서는 개인이나 집단이 표출하는 다양한 요구와 지지가 ❶ □□□ 이나 언론 등을 통해 집약된다. ❶ 정당

대표 예제 2

다음 정치 주체에 대한 옳은 설명을 ┃보기┃에서 고르면?

> • 대한 변호사 협회 • 노동조합

┌ 보기 ┐
ㄱ. 정치 과정의 공식적 참여자이다.
ㄴ. 공동체의 가치를 지키기 위해 만든 단체이다.
ㄷ. 특정 분야의 전문적 지식을 토대로 사회 문제에 대한 해결책을 제시한다.
ㄹ. 자기 집단만의 이익을 지나치게 추구할 경우에는 공익과 충돌할 수 있다.

① ㄱ, ㄴ ② ㄱ, ㄷ ③ ㄴ, ㄷ
④ ㄴ, ㄹ ⑤ ㄷ, ㄹ

개념 가이드

이해관계를 같이하는 사람들이 자신의 특수한 이익을 실현할 목적으로 만든 단체를 ❶ □□□ 이라고 한다. ❶ 이익 집단

대표 예제 3

다음 사회 수업의 주제로 옳은 것은?

> 선거 공영제
> 선거구 법정주의
> 선거 관리 위원회

① 지방 자치 실현
② 선거 비용 절감
③ 직접 민주주의 실현
④ 선거의 공정성 확보
⑤ 정책 결정 과정의 효율화

개념 가이드

국가가 선거 과정을 관리하고 선거 비용의 일부를 지원하는 제도는 ❶ □□□ 이다. ❶ 선거 공영제

대표 예제 4

다음 문제점을 해결하기 위해 우리나라에서 시행하고 있는 제도에 대한 설명으로 옳은 것은?

> 특정 정당이나 후보에게 유리하도록 선거구를 임의로 정하는 것을 게리맨더링이라고 한다. 미국의 매사추세츠 주지사인 게리가 자기 정당에게 유리하게 만든 선거구의 모습이 '샐러맨더'라는 괴물과 비슷하다고 해서 생긴 말이다.

① 선거 운동 비용의 일부를 국가가 지원한다.
② 유권자가 누구에게 투표했는지 모르게 한다.
③ 국회에서 정한 법률에 따라 선거구를 정한다.
④ 일정 나이의 모든 국민에게 선거권을 부여한다.
⑤ 투표율을 높이기 위해 의무 투표제를 실시한다.

개념 가이드

대부분의 국가에서는 ❶ □□□ 에 따라 선거구를 획정한다.

❶ 법률

대표 예제 **5**

(가)에 대한 설명으로 옳지 <u>않은</u> 것은?

(가)는 왜 '풀뿌리 민주주의' 라고 불리는 거지?

지역 주민이 지역의 살림살이에 자발적으로 참여하여 민주주의를 실현한다는 뜻에서야.

① 지역 주민이 지역 대표를 직접 선출한다.

② 지역 실정에 부합하는 정치를 할 수 있다.

③ 지역 주민의 복리 증진을 목적으로 한다.

④ 중앙 정부와 권력을 나누어 맡아 권력 분립 원리를 실현한다.

⑤ 지방 정부에 법률과 명령을 제정할 수 있는 권한을 부여한다.

개념 가이드

지방 의회는 ❶ ☐ 를 제정하고, 지방 자치 단체의 장은 ❷ ☐ 을 제정할 수 있다. ❶ 조례 ❷ 규칙

대표 예제 **6**

지방 자치 단체장에 대한 옳은 설명을 ┃보기┃에서 고르면?

┌─ 보기 ─────────────────────────┐
ㄱ. 지방 자치 단체를 대표한다.
ㄴ. 의결 기관으로 조례를 제정한다.
ㄷ. 지방 의회가 결정한 정책을 집행한다.
ㄹ. 도지사, 시장, 군수, 구청장 등이 해당한다.
ㅁ. 지방 자치 단체가 사용할 예산을 심의·의결한다.
ㅂ. 지방 자치 단체의 행정 사무에 대한 감사를 한다.
└──────────────────────────────┘

① ㄱ, ㄴ, ㄹ   ② ㄱ, ㄷ, ㄹ

③ ㄴ, ㄷ, ㅁ   ④ ㄴ, ㅁ, ㅂ

⑤ ㄹ, ㅁ, ㅂ

개념 가이드

우리나라의 지방 자치 단체는 의결 기관인 ❶ ☐ 와 집행 기관인 ❷ ☐ 으로 구성된다. ❶ 지방 의회 ❷ 지방 자치 단체장

대표 예제 **7**

다음은 도덕과 법을 비교한 것이다. 옳지 <u>않은</u> 것은?

	도덕	법
① 목적	선의 실현	정의의 실현
② 특징	자율성	강제성
③ 규율 대상	행위의 결과	양심과 동기
④ 규율 주체	개인	국가
⑤ 위반할 경우	양심의 가책, 사회적 비난	국가에 의한 제재

개념 가이드

법은 모든 사회 구성원이 반드시 따라야 하는 ❶ ☐ 을 가지기 때문에 위반할 경우에는 ❷ ☐ 에 의한 제재를 받는다.

❶ 강제성 ❷ 국가

대표 예제 **8**

그림에서 알 수 있는 법의 기능으로 옳은 것은?

「제조물 책임법」에 따라 차량 수리비를 물어 드리겠습니다.

① 범죄자 처벌

② 사회적 약자 보호

③ 소수 집단의 이익 보호

④ 분쟁의 해결과 권리 보호

⑤ 국민의 권리와 의무 및 국가 통치 구조 규정

개념 가이드

❶ ☐ 은 분쟁이 발생했을 때 공정하고 객관적인 판단 기준을 제시함으로써 분쟁을 ❷ ☐ 하고 나아가 분쟁을 예방하는 역할을 한다. ❶ 법 ❷ 해결

대표 예제 9

다음 설명에 해당하는 법의 종류를 |보기|에서 고르면?

> 개인과 국가의 관계 또는 국가 기관 사이의 공적인 생활 관계를 규율하는 법의 영역

보기
ㄱ. 민법   ㄴ. 상법   ㄷ. 헌법
ㄹ. 형법   ㅁ. 경제법   ㅂ. 행정법

① ㄱ, ㄴ, ㄹ   ② ㄱ, ㄷ, ㅁ
③ ㄴ, ㄷ, ㄹ   ④ ㄴ, ㅁ, ㅂ
⑤ ㄷ, ㄹ, ㅂ

개념 가이드

❶　　　　은 국가 최고의 법으로, 국민의 권리와 의무, 국가 통치 조직 및 국가의 운영 원리가 담겨 있고, ❷　　　　은 범죄의 종류와 처벌의 기준을 정하고 있다.
❶ 헌법 ❷ 형법

대표 예제 10

다음 법들이 속한 법 영역에 대한 설명으로 옳지 <u>않은</u> 것은?

> • 「근로 기준법」 임금은 매월 1회 이상 일정한 날짜를 정하여 지급하여야 한다.
> • 「국민 기초 생활 보장법」 국가는 생활이 어려운 자에게 필요한 급여를 주어 최소 생활을 보장하고 이들의 자활을 조성해야 한다.
> • 「소비자 기본법」 사업자는 물품 등의 하자에 따른 소비자의 불만이나 피해를 해결, 보상해야 한다.

① 사회적 약자의 보호를 목적으로 한다.
② 사적인 생활 영역에 국가가 개입한다.
③ 개인의 자유와 권리를 최대한 보장한다.
④ 복지 국가에서 그 중요성이 강조되고 있다.
⑤ 모든 국민의 인간다운 삶을 보장하는 것을 목적으로 한다.

개념 가이드

❶　　　　의 목적은 사회적·경제적 약자를 보호하고, 모든 국민의 인간다운 생활을 보장하는 것이다.
❶ 사회법

대표 예제 11

다음 법정에서 진행되는 재판에 대한 설명으로 옳은 것은?

① 민사 재판이다.
② 피해자가 공소를 제기한다.
③ 선거와 관련한 위법 사실을 재판한다.
④ 개인 간 권리나 의무에 관한 다툼을 해결한다.
⑤ 피고인의 죄의 유무와 형벌의 종류를 정한다.

개념 가이드

형사 재판에서는 ❶　　　　가 공소를 제기한다.
❶ 검사

대표 예제 12

(가) 제도에 대해 <u>잘못</u> 설명한 학생은?

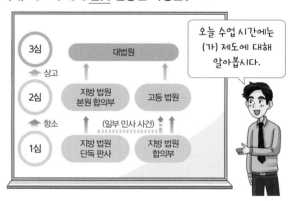

오늘 수업 시간에는 (가) 제도에 대해 알아봅시다.

① 형식 : (가) 제도는 심급 제도입니다.
② 철수 : 항소와 상고를 합쳐 '상소'라고 해요.
③ 미선 : 이 제도는 민사 재판에만 적용됩니다.
④ 송화 : 이것은 공정한 재판을 위한 제도입니다.
⑤ 수지 : 같은 목적으로 공개 재판주의와 증거 재판주의를 채택하고 있어요.

개념 가이드

❶　　　　는 급을 달리하는 법원에서 여러 번 재판을 받을 수 있도록 하는 제도이다.
❶ 심급 제도

대표 예제 13

다음 발명 시계와 관련된 옳은 설명을 보기 에서 고르면?

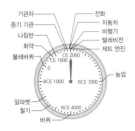

보기

ㄱ. 사회 변동의 요인이 다양해지고 있다.

ㄴ. 사회 변동의 속도가 점점 빨라지고 있다.

ㄷ. 사회 변동이 인간에게 미치는 영향이 줄어든다.

ㄹ. 대부분의 주요한 발명이 55분 이후에 나타났다.

① ㄱ, ㄴ   ② ㄱ, ㄷ   ③ ㄴ, ㄷ

④ ㄴ, ㄹ   ⑤ ㄷ, ㄹ

개념 가이드

정치, 경제, 제도, 가치관 등 사회의 모든 분야에서 기존의 사회 질서가 새로운 사회 질서로 바뀌어 가는 것을 ❶ 이라고 한다.

❶ 사회 변동

대표 예제 14

다음 그래프를 통해 알 수 있는 사회 변동의 문제점은?

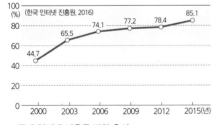

▲ 국내 인터넷 이용률 변화 추이

① 인간 소외 현상이 나타난다.

② 국가 간 정치적·경제적 격차가 심화된다.

③ 정보 격차로 인한 사회 불평등이 심화된다.

④ 빈부 격차, 도시와 농촌 간의 격차가 심화된다.

⑤ 영향력이 강한 문화에 의해 문화 다양성이 파괴된다.

개념 가이드

❶ 기술의 발달로 지식과 정보가 중심이 되어 사회 변화를 이끌어 가는 현상을 ❷ 라고 한다. ❶ 정보 통신 ❷ 정보화

대표 예제 15

다음 그래프를 통해 알 수 있는 우리 사회의 모습으로 옳지 않은 것은?

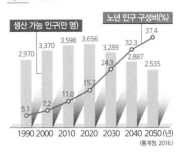

① 노동력이 부족해진다.

② 국가 경쟁력이 약해진다.

③ 노인 부양비 부담이 증가한다.

④ 일자리 부족 문제가 심각해진다.

⑤ 세금 감소와 사회 보장비 증가로 정부 재정이 악화된다.

개념 가이드

저출산·고령화 현상이 지속되면 ❶ 가 감소하여 경제 성장이 둔화되고 국가 경쟁력이 저하된다. ❶ 생산 가능 인구

대표 예제 16

다음 사례를 통해 알 수 있는 사회 문제의 특징은?

개발 도상 국가에서는 인구 증가율이 높지만, 선진국이 많은 유럽이나 북아메리카 지역은 인구 증가율이 낮다. 따라서 선진국에서는 노동력 부족이나 사회 부양비 부담 증가 등이 문제가 되고, 개발 도상 국가에서는 식량 부족과 기아가 문제가 된다.

① 사회 문제의 발생 원인은 사회에 있다.

② 사회 문제는 어느 사회에서나 동일하다.

③ 사회 문제는 시간과 장소에 따라 달라진다.

④ 사회 문제는 인간의 노력으로 해결 가능하다.

⑤ 현대 사회의 사회 문제는 복잡하고 다양하다.

개념 가이드

사회 구성원들이 문제라고 인식하여 바람직한 방향으로 개선되어야 한다고 생각하는 사회 현상을 ❶ 라고 한다. ❶ 사회 문제

1 (가)~(마)를 정치 과정의 순서대로 옳게 나열한 것은?

> (가) 국회에서 '공교육 정상화 촉진 및 선행 교육 규제 특별 법안'을 통과시켰다.
> (나) 정부는 교내 선행 학습 금지, 교육 과정에서 벗어난 내용은 시험 출제를 금지하도록 했다.
> (다) ○○ 방송이 실시한 여론 조사 결과 선행 학습 금지에 대해 대부분의 시민이 찬성하였다.
> (라) 시민 단체가 선행 학습 금지법을 제정하기 위한 서명 운동을 추진하였다. 그러나 학원 연합은 학생들의 학습권을 침해한다며 반대하였다.
> (마) 방과 후 수업이 운영되기 어려워지고, 사교육 쏠림 현상이 심해져서 정책의 보완이 요구된다.

① (나)-(마)-(다)-(가)-(라)
② (다)-(가)-(나)-(라)-(마)
③ (다)-(라)-(마)-(가)-(나)
④ (라)-(가)-(나)-(다)-(마)
⑤ (라)-(다)-(가)-(나)-(마)

> **Tip**
> 정책 결정 과정은 **❶** ⎯ 이익 집약⎯정책 결정⎯정책 집행 ⎯ **❷** 의 순으로 이루어진다.
> ❶ 이익 표출 ❷ 정책 평가

2 다음은 정당, 이익 집단, 시민 단체를 비교한 것이다. 옳지 않은 것은?

	정당	이익 집단	시민 단체
공통점	① 정책 결정 과정에 영향력을 행사함		
목적	② 정치권력 획득	자기 집단의 특수 이익 실현	③ 사회 전체의 이익 실현
특징	④ 선거에 후보자 추천	⑤ 정치적 책임을 짐	시민의 정치 참여 유도

> **Tip**
> **❶** 은 정치적 견해를 같이하는 사람들이 **❷** 획득을 목적으로 결성한 단체이다.
> ❶ 정당 ❷ 정권

3 그림의 ㉠, ㉡에 대한 설명으로 옳은 것은?

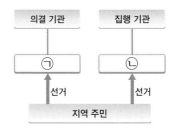

① ㉠은 ㉡에게 예산안을 제출한다.
② ㉠은 지방 자치 단체의 재산을 관리·운영한다.
③ ㉡은 지역 실정에 맞는 정책을 결정한다.
④ ㉠, ㉡이 심각하게 잘못된 행동을 했을 때 주민 소환을 할 수 있다.
⑤ ㉠, ㉡의 구성원을 선출하는 지방 선거 이외에는 주민 참여 방법이 없다.

> **Tip**
> **❶** 은 선거로 선출된 공무원이 주민의 의사에 반하거나 직무를 잘 수행하지 못했을 때 **❷** 를 통해 해임을 결정할 수 있는 제도이다.   ❶ 주민 소환 ❷ 주민 투표

4 다음과 같은 사회 규범에 대한 설명으로 옳지 않은 것은?

① 강제성이 있는 사회 규범이다.
② 다른 사회 규범에 비해 내용이 추상적이다.
③ 구성원들의 합의에 따라 국가가 제정하였다.
④ 분쟁을 합리적으로 해결하기 위한 판단 기준이 된다.
⑤ 사회가 복잡해지면서 다른 사회 규범에 비해 더욱 중요성이 커지고 있다.

> **Tip**
> **❶** 은 강제성이 있으며, 다른 사회 규범에 비해 그 내용이 명확하다.   ❶ 법

5 다음 사건과 관련된 재판에 대한 옳은 설명을 ㅣ보기ㅣ에서 고르면?

> A 씨는 친구인 B 씨에게 5,000만 원을 빌려주었다. 그러나 B 씨는 돈이 있으면서도 돈을 갚기로 한 날짜가 지나도록 핑계를 대며 돈을 갚지 않았다. 이에 A 씨는 B 씨를 상대로 돈을 갚을 것을 요구하는 소를 법원에 제기하였다.

┌ 보기 ┐
ㄱ. A는 원고, B는 피고가 된다.
ㄴ. 민사 소송법에 의해 재판이 진행된다.
ㄷ. B에게 죄가 있는지를 판단하고 형벌의 양을 결정하는 재판이다.
ㄹ. A, B의 사생활 보호를 위해 재판은 비공개로 진행되는 것이 원칙이다.

① ㄱ, ㄴ   ② ㄱ, ㄷ   ③ ㄴ, ㄷ
④ ㄴ, ㄹ   ⑤ ㄷ, ㄹ

> **Tip**
> 재판의 종류에는 개인 간에 권리와 의무에 관한 분쟁을 해결하기 위한 **❶** 과, 범죄가 발생했을 때 죄의 유무, 형벌의 종류와 정도를 정하는 **❷** 등이 있다.
> ❶ 민사 재판 ❷ 형사 재판

6 다음과 같은 사법 제도에 대한 설명으로 옳지 <u>않은</u> 것은?

1심		2심		3심
지방 법원 합의부 지방 법원 단독 판사	⊙→	(가) 지방 법원 합의부	⊙→	(나)

① 심급 제도이다.
② ⊙은 '항소', ⓒ은 '상소'이다.
③ (가)는 고등 법원, (나)는 대법원이다.
④ 국민의 자유와 권리를 보장하기 위한 제도이다.
⑤ 3심제가 원칙이지만 단심이나 2심으로 실시되는 재판도 있다.

> **Tip**
> 1심 법원의 판결에 불복하여 2심을 청구하는 것은 **❶** , 2심 법원의 판결에 불복하여 3심을 청구하는 것을 **❷** 라고 한다.
> ❶ 항소 ❷ 상고

7 다음 글을 통해 알 수 있는 한국 사회 변동의 특징으로 옳은 것은?

> 한국은 '한강의 기적'이라고 불릴 정도로 불과 50여 년 만에 세계 10위권의 경제 규모를 가진 나라로 발전하였다. 1962년부터 경제 개발 5개년 계획이 추진되면서 1960년대에는 노동 집약적 경공업이, 1970년대에는 중화학 공업이, 1980년대 이후에는 첨단 산업이 발달하였다.

① 지역의 균등한 발전을 이루었다.
② 정부 주도로 급속한 성장을 하였다.
③ 형평성을 추구하는 경제 성장을 이루었다.
④ 모든 산업 분야에서 균형적인 성장을 이루었다.
⑤ 농업 사회에서 산업 사회를 거치지 않고 정보화 사회로 진입하였다.

> **Tip**
> 우리나라는 1960년대 초반까지 전형적인 **❶** 사회였으나, 이후 **❷** 주도의 경제 성장 정책을 통하여 빠르게 산업 사회로 진입하였다.
> ❶ 농업 ❷ 정부

8 다음과 같은 사회 변화에 대응하는 방안으로 옳지 <u>않은</u> 것은?

결혼 이민·귀화 수의 변화
14만 2,015명 2007년 / 30만 5,446명 2015년

다문화 가족 수의 변화
32만 8,288명 2007년 / 81만 8,585명 2015년

(안전행정부, 2015.)

① 다양한 문화 이해 교육 실시
② 단일 민족이라는 전통과 관념 강화
③ 다문화 가정에 대한 체계적인 지원책 모색
④ 국민들의 사고 전환을 위한 지속적인 홍보와 교육
⑤ 다문화 사회로의 변화를 반영하는 법과 제도 마련

> **Tip**
> 한 사회 안에 다양한 인종, 종교, 문화가 공존하는 사회를 **❶** 라고 한다.
> ❶ 다문화 사회

1 (가)에 해당하는 정치 주체의 역할로 옳은 것은?

> 조작된 번호로 문자 메시지를 보내 유료 결제를 유도하는 문자 결제 사기가 심각해지자, (가)는 「전기 통신 사업법」을 개정하였다. 개정된 법률은 문자 결제 사기를 막는 데 필요한 내용을 담고 있다.

① 시민의 이익을 조정하고 정책을 집행한다.
② 정책 결정 과정에서 전문적인 견해를 제시한다.
③ 국민의 다양한 의사를 반영하여 법률을 만든다.
④ 대중 매체를 통해 정보를 알리고 여론을 형성한다.
⑤ 정책과 관련한 분쟁이 발생하였을 때 재판을 통해 해결한다.

2 (가), (나)에서 위반한 선거의 기본 원칙을 옳게 연결한 것은?

(가)   (나)

> 시민 혁명 직후 프랑스에서는 '최소 3일치 임금에 해당하는 세금을 낼 수 있는 사람'에게만 선거권을 주었어.

> 과거 영국에서는 특정 대학교의 졸업생에게 선거에서 2표를 행사할 수 있게 했어.

	(가)	(나)
①	보통 선거	직접 선거
②	보통 선거	평등 선거
③	직접 선거	평등 선거
④	평등 선거	보통 선거
⑤	평등 선거	비밀 선거

3 다음은 어느 국가 기관의 캐릭터들이다. 이 기관의 역할로 옳지 않은 것은?

캐릭터명 : 참참	캐릭터명 : 바루	캐릭터명 : 알리
'참된 참여' 의미 투표 용지와 투표함 소재 표현	'바른 선거, 바른 관리' 의미 공명이와 태극 소재 표현	'민주주의를 알리다' 의미 날개와 하트 소재 표현

① 투표 참여를 홍보한다.
② 선거 과정을 공정하게 관리한다.
③ 정당과 정치 자금에 관한 업무를 처리한다.
④ 인구수와 행정 구역 등을 고려하여 선거구를 결정한다.
⑤ 국민에게 선거에 관한 올바른 인식을 심어주는 교육 활동을 한다.

4 다음과 같은 제도를 실시하는 궁극적인 목적으로 옳은 것은?

> • 지역 주민은 주민 참여 예산제를 통해 자치 단체의 예산 편성 과정에 직접 참여할 수 있다.
> • 지역 사회의 주요한 일에 대하여 주민 투표를 실시하여 지역 주민이 직접 결정할 수 있다.
> • 지역 주민은 주민 발의제를 통해 새로운 조례안을 제정하거나 기존 조례의 변경이나 폐지를 요구할 수 있다.

① 중앙 정부의 견제
② 국가 기관의 권력 분산
③ 직접 민주주의 한계 보완
④ 지역 발전과 주민의 복리 증진
⑤ 지역 실정에 맞는 신속한 정책 결정

5 사진은 정의의 여신상이다. 칼과 저울이 의미하는 것을 옳게 연결한 것은?

	칼	저울
①	자율성	평등한 판결
②	절대성	정확한 판결
③	강제성	평등한 판결
④	강제성	사회적 약자의 보호
⑤	절대성	사회적 약자의 보호

6 다음 그림의 법정에서 재판이 진행될 사건으로 옳은 것은?

① 15세 미만의 청소년이 물건을 훔쳤다.
② 국회 의원이 불법 선거 운동을 하여 당선되었다.
③ 「식품 위생법」 위반으로 식당이 영업 정지를 당했다.
④ 과속 운전을 하다가 어린이 보호 구역에서 어린이를 다치게 했다.
⑤ 층간 소음으로 아래층 주민이 윗층 주민에게 정신적·금전적 손해 배상을 청구하였다.

7 다음 상황에서 도움받을 수 있는 법으로 옳은 것은?

① 민법　　② 경제법　　③ 노동법
④ 행정법　　⑤ 사회 보장법

8 다음 그림을 통해 알 수 있는 한국 사회의 변동 경향으로 적절한 것은?

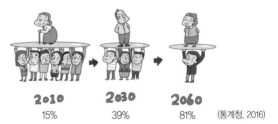

2010	2030	2060	
15%	39%	81%	(통계청, 2016)

※ 노년 부양비: 노인 인구(65세 이상) / 생산 가능 인구(15~64세)×100. 노인 인구에 대한 생산 가능 인구의 경제적 부담을 나타내는 지표이다.

① 다문화적 변화
② 사회적 차별 완화
③ 산업 구조의 불균형
④ 정보화 사회로의 변화
⑤ 저출산·고령화 현상의 심화

9 사회 문제에 해당하는 것을 ⌐보기⌐에서 고르면?

┌ 보기 ┐
ㄱ. 노인 우울증 환자가 급격히 증가하였다.
ㄴ. 여름철 집중 호우로 산사태가 발생하였다.
ㄷ. 조류 인플루엔자 유행으로 계란값이 상승했다.
ㄹ. 낮은 출산율로 인하여 노동력 부족 현상이 나타났다.

① ㄱ, ㄴ　　② ㄱ, ㄷ　　③ ㄱ, ㄹ
④ ㄴ, ㄹ　　⑤ ㄷ, ㄹ

1 다음 미로의 출구로 옳은 것은?

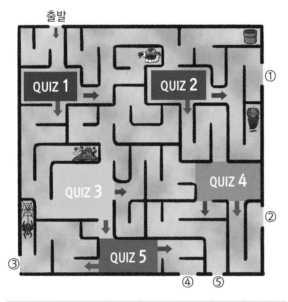

출발

	QUIZ	→	→
1	정책에 대한 해설과 비판을 제공하여 여론을 형성한다.	이익 집단	언론
2	정치 과정의 공식적 참여자이다.	정당	정부
3	정책은 집행되는 과정에서 국민의 평가를 받아 수정되기도 한다.	○	×
4	민주주의의 발달로 시민의 주권 의식이 높아지면서 이익을 표출하게 되었다.	○	×
5	사회 전체의 이익을 실현하기 위해 정책을 제안하고 올바르게 결정되고 집행되는지 감시한다.	법원	시민 단체

Tip

❶⬚⬚은 국민에게 정책에 대한 정보를 제공하는 동시에 비판과 해결 방안도 제공하여 **❷**⬚⬚ 형성에 주도적인 역할을 한다.

❶ 언론 ❷ 여론

---

2 다음 두 사람의 대화 중 첨부 파일과 같은 방법을 방지하기 위한 제도로 옳은 것은?

우리당대표

큰일이군. 지지율을 보니 이번 선거에서 〈우리당〉이 의석을 많이 확보하지 못할것 같아. 무슨 방법이 없나?

대표님, 좋은 방법이 있습니다. 첨부 파일을 보낼테니 열어 보십시오. 이렇게 하면 〈우리당〉이 〈미래당〉보다 의석을 더 가져올 수 있습니다.

의석늘리기.hwp
유효기간 ~2022.11.19
용량 79KB

첨부 파일 〈의석 늘리기〉

1) 기존 선거구와 예상 득표 및 확보 의석수

구분	미래당	우리당
A선거구	36,000	34,000
B선거구	38,000	32,000
C선거구	34,000	36,000

➡ 선거 결과 예상 미래당 2석, 우리당 1석 확보

2) 선거구 변경 후 예상 득표 및 확보 의석수

구분	미래당	우리당
A선거구	32,000	38,000
B선거구	34,000	36,000
C선거구	42,000	28,000

➡ 선거 결과 예상 미래당 1석, 우리당 2석 확보

① 게리맨더링　　　　② 선거 공영제
③ 선거구 법정주의　④ 선거 관리 위원회
⑤ 재외 국민의 선거권 보장

Tip

특정 정당이나 후보에게 유리하도록 선거구를 임의로 정하는 것을 **❶**⬚⬚이라고 한다.

❶ 게리맨더링

3 다음 빙고줄이 완성되기 위해 빈칸 (가)에 들어갈 제도로 적절하지 **않은** 것은?

지역 사회의 정치 과정에 시민이 참여하는 방법을 모두 지우시오.

사법권의 독립	지방 선거	국회 의원 선거
대통령 중심제	(가)	보통 선거
입헌주의	주민 청원제	3심제

① 지역 사회의 중요한 문제를 주민의 투표로 직접 결정한다.

② 집회, 서명, 공청회 등에 참여하거나 누리집을 통해 문제를 제기한다.

③ 조례를 제정하고, 지방 자치 단체의 행정 사무에 대한 감사를 진행한다.

④ 일부 지역의 예산 편성에 주민이 참여하여 예산 각 항목의 중요도 등을 결정한다.

⑤ 지역의 대표자가 주민 의사를 거스르거나 직무를 잘 수행하지 못했을 때 그에 대한 해임 여부를 주민이 결정한다.

Tip

시민은 **❶** ⬚ 를 통해 지역의 일을 해결해 나갈 지역 대표를 뽑는다. 한편 **❷** ⬚ 은 주민이 지방 자치 단체에 희망하는 것이나 개선 사항을 문서로 제출하는 것이다.

❶ 지방 선거 ❷ 주민 청원

4 해적들이 보물을 숨겨둔 섬을 찾아가려고 한다. 보물이 있는 섬은 어디인가?

〈보물섬 가는 법〉
• 화살표 방향으로 이동한다.
• ㄱ, ㄴ, ㄷ, ㄹ의 각 법률 조항이 사법에 해당하면 1칸, 공법에 해당하면 2칸, 사회법에 해당하면 3칸을 이동한다.

ㄱ. 만 18세가 된 사람은 혼인할 수 있다.
ㄴ. 타인의 재물을 절취한 자는 6년 이하의 징역 또는 1천만 원 이하의 벌금에 처한다.
ㄷ. 사용자는 임산부와 18세 미만자를 오후 10시부터 오전 6시까지의 시간 및 휴일에 근로시키지 못한다.
ㄹ. 장애인 연금의 수급권자는 18세 이상의 중증 장애인으로서 소득 인정액이 선정 기준액 이하인 사람으로 한다.

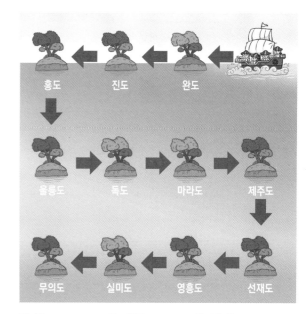

① 독도　　　② 제주도　　　③ 선재도
④ 영흥도　　　⑤ 실미도

Tip

개인과 개인 간의 사적인 생활을 규율하는 법은 **❶** ⬚ 이고, **❷** ⬚ 과 상법이 이에 해당한다.

❶ 사법 ❷ 민법

5 다음 동화의 주인공들이 받게 될 재판의 종류를 옳게 연결한 것은?

(가) 공양미 300석을 시주하였으나 여전히 앞이 보이지 않는다.

계약을 위반하였으니 손해 배상을 받아야겠어요.

(나) 왕비는 백설공주를 죽이려고 하였다.

독이 든 사과를 먹었으니 곧 죽겠지? 이제 이 세상에서 가장 아름다운 사람은 바로 나야.

헉! 사과가~.

(다) 나뭇꾼은 선녀의 옷을 도둑질하였다.

나무꾼이 날개옷을 훔쳐가서 하늘로 돌아갈 수가 없어요.

(라) 사나이는 약속한 임금을 받지 못했다.

피리를 불어서 마을의 쥐를 쫓아 주었는데, 마을 사람들이 약속한 돈을 주지 않아요.

	민사 재판	형사 재판
①	(가)	(나), (다), (라)
②	(가), (나)	(다), (라)
③	(가), (라)	(나), (다)
④	(나), (다)	(가), (라)
⑤	(가), (다), (라)	(나)

6 다음 재판 사례를 읽고 친구들이 나눈 대화 중 옳지 않은 것은?

A 나라의 왕은 자신이 직접 만든 법으로 나라를 다스리면서 재판을 할 수 있는 권한까지 가지고 있었다. 재판을 할 때에는 재판을 받는

한번 내린 판결은 절대 번복되지 않는다!

억울합니다. 증거도 있습니다.

사람과 가까운 신하 이외에는 아무도 들어오지 못하도록 하였다. 어느 날 왕의 친구가 한 백성과 토지를 가지고 다투게 되었다. 직접 재판을 나선 왕은 자신의 친구에게 유리한 판결을 내렸다. 백성은 억울하다며 다른 증거를 가지고 오겠다고 하였지만, 왕은 자신이 내린 판결은 어떤 경우에도 바뀔 수 없다고 하였다.

① 아름: A 나라는 공정한 재판이 이루어지기 힘들 것 같네.

② 다운: 왕이 법도 만들고, 나라도 다스리고, 재판까지 하다니! 사법부의 독립과는 거리가 멀군.

③ 우리: 게다가 A 나라는 공개 재판주의도 지켜지지 않고 있어.

④ 나라: 소송 당사자의 인권 침해나 불공정한 판결을 방지하기 위해 재판 과정을 공개해야 해.

⑤ 강산: 우리나라와는 너무 다르네. 우리나라는 같은 법원에서 여러 번 다시 재판받을 수 있어.

7 철희와 영순이가 젠가 게임을 하고 있다. 블록이 무너지지 않기 위해 뽑으면 <u>안 되는</u> 블록을 있는 대로 고르면?

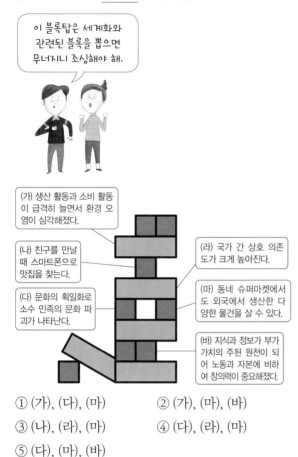

이 블록탑은 세계화와 관련된 블록을 뽑으면 무너지니 조심해야 해.

(가) 생산 활동과 소비 활동이 급격히 늘면서 환경 오염이 심각해졌다.

(나) 친구를 만날 때 스마트폰으로 맛집을 찾는다.

(다) 문화의 획일화로 소수 민족의 문화 파괴가 나타난다.

(라) 국가 간 상호 의존도가 크게 높아진다.

(마) 동네 슈퍼마켓에서도 외국에서 생산한 다양한 물건을 살 수 있다.

(바) 지식과 정보가 부가 가치의 주된 원천이 되어 노동과 자본에 비하여 창의력이 중요해졌다.

① (가), (다), (마) ② (가), (마), (바)
③ (나), (라), (마) ④ (다), (라), (마)
⑤ (다), (마), (바)

8 수행 평가로 사회 문제를 선정하여 보고서를 작성할 때, (가)~(마)에 들어갈 내용으로 옳지 <u>않은</u> 것은?

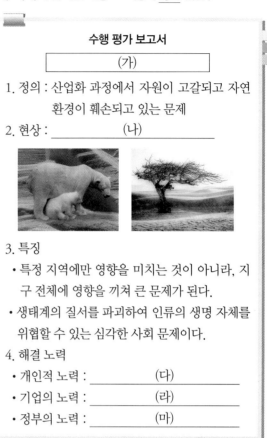

수행 평가 보고서

(가)

1. 정의 : 산업화 과정에서 자원이 고갈되고 자연 환경이 훼손되고 있는 문제
2. 현상 : _____(나)_____

3. 특징
 • 특정 지역에만 영향을 미치는 것이 아니라, 지구 전체에 영향을 끼쳐 큰 문제가 된다.
 • 생태계의 질서를 파괴하여 인류의 생명 자체를 위협할 수 있는 심각한 사회 문제이다.
4. 해결 노력
 • 개인적 노력 : _____(다)_____
 • 기업의 노력 : _____(라)_____
 • 정부의 노력 : _____(마)_____

① (가) – 환경 문제
② (나) – 지구 온난화, 사막화 현상, 열대 우림 감소, 오존층 파괴 등
③ (다) – 재활용을 생활화하고, 자원과 에너지를 아껴 써야 한다.
④ (라) – 에너지 효율이 낮은 상품을 생산해야 한다.
⑤ (마) – 온실가스를 감축하기 위한 제도를 마련해야 한다.

Tip
❶   로 북극의 빙하가 녹으면서 해수면이 상승하고, 농경지와 목축지가 과잉 개발되면서 ❷   가 촉진되고 있다.

❶ 지구 온난화 ❷ 사막화

전편 마무리 전략

핵심 개념 1 문화의 속성

할머니가 휴대 전화 문자 메시지 전송 방법을 배워서 문자를 전송함.

청소년들은 자음만 이용해서 문자를 보내도 그들끼리는 이해함.

요즘에는 휴대 전화를 많이 써서 공중전화를 이용하는 사람이 거의 없음.

휴대 전화를 통해 문화의 속성을 이해해 보자.

휴대 전화에 영상 통화, 길 찾기, 음악 재생 등의 기능이 추가되고 있음.

휴대 전화는 온라인 게임 산업 등 경제적 측면과, 학습 방법, 가족 관계에도 영향을 줌.

핵심 개념 2 의원 내각제와 대통령제

의원 내각제는 국민의 요구에 민감하게 반응한다는 점에서 국민 주권의 원리를 잘 실현하고 있어. 그리고 의회의 내각 불신임권이나 내각의 의회 해산권은 권력 분립의 원리를 반영하고 있어.

대통령제는 국민이 국가의 대표를 직접 선출한다는 점에서 국민 주권의 원리를 잘 반영하고 있어. 그리고 의회와 행정부가 엄격히 분리된다는 점에서 권력 분립의 원리를 잘 지키고 있어.

의회 의원 선거 A당 압승   뉴스1

의회 의원 선거 수리
A당
A당 대표

이번 의회 의원 선거 결과 A당이 의회 의원 과반수에 해당하는 의석을 차지하였습니다. 이로써 A당은 자기 당의 힘으로 내각을 구성할 수 있게 되었습니다. 총리 자리에 오를 것으로 예상하는 A당의 대표는 의회와의 긴밀한 협조를 바탕으로 국민을 위한 정치를 펴겠다고 밝혔습니다.

법안이 공표될 수 있을까?   뉴스2

한창 논란이 되었던 보육비 지원과 관련한 법안이 국회 다수당인 야당의 찬성으로 지난밤 통과되었습니다. 하지만 대통령은 법안 통과 전부터 이 법안이 국민의 이익에 반한다며 반대해 왔습니다. 이제 법안이 통과되면서 과연 대통령이 거부권을 행사할 것인지에 국민의 관심이 쏠리고 있습니다.

보육비지원 국회통과
대통령

핵심 개념 3 법의 종류

저 사람이 내 가방을 소매치기 했어요.

형법이 적용되니까 공법에 해당돼.

지금 전셋돈을 해 줄 돈이 없어요.

전셋돈을 돌려줄 수 없다니요?

민법이 적용되니까 사법에 해당돼.

나라에서 주는 지원금이 도움이 돼.

국민 연금법이 적용되니까 사회법에 해당돼.

법은 규율하는 생활 영역에 따라 공법, 사법, 사회법으로 구분돼. 사회법은 공법과 사법의 중간적인 성격이야.

핵심 개념 4 민사 재판과 형사 재판

혹부리 영감

혹부리 영감이 무서운 도깨비들에게서 벗어나려고 자신의 혹을 노래 주머니라고 말하자, 도깨비들은 많은 재물을 주고 그 혹을 가져가는데…….

얼씨구나, 혹도 떼고 부자가 되었어.

노래 주머니를 얻었으니 나도 영감처럼 노래를 잘 부를 수 있을 거야.

전혀 쓸모도 없는 혹을 노래 주머니라고 속여서 이득을 취했으니 사기 혐의에 해당해.

혹부리 영감은 재물을 얻으려고 거짓말을 한 것이 아니라 목숨을 구하기 위해 거짓말을 했고, 도깨비들이 스스로 재물을 준 것이므로 '거짓말하여 재물을 얻어내려는 고의가 없었다.'라고 볼 수 있어. 고의가 없는 행위는 사기죄에 해당하지 않아.

1

(가)~(마)에 대한 옳은 설명을 | 보기 |에서 고르면?

(가) 은경 씨는 부모님의 사랑을 받으며 바른 가치관과 말하는 법을 배웠다.

(나) 은경 씨는 동네 친구들과 함께 놀면서 규칙과 약속의 중요성을 배웠다.

(다) 학창 시절 은경 씨는 공부할 과목이 많아 힘들었지만, 다양한 지식을 쌓았다.

(라) 대학 졸업 후 은경 씨는 회사에 입사하여 관련 업무를 배웠다.

(마) 은경 씨는 영상 촬영과 편집을 배워서 1인 미디어 방송을 해 보려고 한다.

| 보기 |
ㄱ. (가)~(마)는 사회화가 이루어지는 과정이다.
ㄴ. 은경 씨와 나이가 같은 사람들은 사회화 과정의 내용이 모두 일치한다.
ㄷ. (가), (나)는 1차 집단에서, (다), (라)는 2차 집단에서 사회화가 이루어지고 있다.
ㄹ. (마)는 재사회화로, 노년기 이후에만 가능한 사회화 과정이다.

① ㄱ, ㄴ ② ㄱ, ㄷ ③ ㄴ, ㄷ
④ ㄴ, ㄹ ⑤ ㄷ, ㄹ

Tip
현대 사회는 변화 속도가 빠르므로 이에 적응하기 위해 새로운 지식, 기술, 가치 등을 배우는데, 이를 **❶** 라고 한다.

❶재사회화

2

표는 시대별 민주 정치의 특징을 나타낸 것이다. A~C에 대한 옳은 설명만을 | 보기 |에서 있는 대로 고르면?(단, A~C는 고대 아테네, 근대, 현대 민주 정치 중 하나이다.)

질문	답변		
	A	B	C
보통 선거 제도를 실시하는가?	예	아니요	아니요
직접 민주제를 실시하는가?	아니요	아니요	예

| 보기 |
ㄱ. 민주 정치는 C-B-A 순으로 발전하였다.
ㄴ. A 시기는 시민들의 정치적 무관심과 선출된 대표의 부패가 문제로 지적된다.
ㄷ. A 시기의 시민은 추첨 및 윤번제를 통해 일생에 한 번씩은 공직에 종사할 수 있었다.
ㄹ. B 시기의 시민은 신분, 재산, 성별에 관계 없이 정치 참여의 기회를 가졌다.
ㅁ. C 시기의 민주 정치는 시민 혁명을 통해 등장하였다.

① ㄱ, ㄴ ② ㄴ, ㄷ ③ ㄷ, ㄹ
④ ㄱ, ㄴ, ㅁ ⑤ ㄷ, ㄹ, ㅁ

Tip
❶ 을 통해 등장한 근대 민주 정치는 고대 아테네와 달리 시민의 대표로 구성된 의회를 중심으로 한 **❷** 가 이루어졌다.

❶시민 혁명 ❷대의 민주 정치

3

⊙~⑩에 대한 설명으로 옳지 <u>않은</u> 것은?

> ### ○○신문
>
> ## ○○남도 도민들 제대로 화났다.
>
> ○○남도 도민들은 공공 의료원의 운영을 중단한 ⊙ <u>○○남도 도지사</u>와 이를 뒷받침하기 위해 (ⓒ)을/를 제정한 ○○남도 의회 의원들을 상대로 주민 소환을 추진한다. ⓒ <u>주민 소환제</u>에서 도지사는 총투표권자의 10%, 도의원은 20% 이상의 서명을 받아야 소환 투표를 청구할 수 있고, 1/3 이상 투표에 참여하고 과반수 이상의 찬성을 얻으면 소환이 확정된다.

> ### □□신문
>
> ## □□군, 주민이 직접 예산 편성에 참여
>
> ⓔ <u>□□군</u>은 2022년도 예산 편성에 반영할 주민 참여 예산 사업을 선정하기 위한 '주민 참여 예산 주민 투표'를 실시한다. 이러한 ⑩ <u>주민 참여 예산제</u>를 통해 주민들은 자치 단체의 예산 편성 과정에 직접 참여할 수 있다. 올해 모바일 투표를 도입하여 누구나 편리하게 투표할 수 있다.

① ⊙은 집행 기관으로, 지방 자치 단체의 사무를 관리한다.

② ⓒ에 들어갈 말은 '규칙'으로, 지방 자치 단체가 법령의 범위 안에서 제정하는 규범이다.

③ ⓒ은 대의 민주 정치의 한계를 보완하는 직접 민주 정치의 요소이다.

④ ⓔ은 기초 지방 자치 단체이다.

⑤ ⓒ, ⑩은 지역 주민들의 주인 의식을 높이는 데 기여한다.

4

빈칸 ⊙에 들어갈 법의 특징으로 옳은 것은?

우리나라 (⊙)에는 동물이 사람에게 손해를 끼치면 동물을 데리고 나온 사람, 위 사례에서는 가영 씨가 책임을 지도록 하고 있다. 나훈 씨는 가영 씨에게 휴대 전화 수리비와 다리 치료비를 청구할 수 있다.

① 행정 기관의 조직과 작용 및 구제에 관한 내용을 다룬 법이다.

② 국민의 권리와 의무, 국가 통치 구조 등을 규정하는 최고 법이다.

③ 개인과 가족 관계, 재산 관계에 관해 규율하는 대표적인 사법이다.

④ 범죄의 유형과 그에 관하여 어떠한 형벌을 부과할 것인지를 규정한 법이다.

⑤ 실업, 빈곤 등으로 어려움을 겪는 사람을 돕고, 국민의 복지를 향상하기 위해 만든 법이다.

5

다음 중 옳지 **않은** 내용을 말한 사람은 누구인가?

기자 - 오늘은 형사 재판의 참여자들과 인터뷰를 해 보겠습니다.

법관 - 헌법과 법률, 국민의 여론에 따라서 판결해야 합니다.

배심원 - 원칙적으로 만 20세 이상 국민이면 누구나 될 수 있습니다.

검사 - 공소를 제기할 수 있는 권한이 있습니다.

피고인 - 변호인의 도움을 받을 수 있고, 제가 원하지 않으면 배심원은 재판에 참여할 수 없어요.

① 기자
② 검사
③ 법관
④ 배심원
⑤ 피고인

6

(가), (나)에 들어갈 옳은 내용을 | 보기 |에서 고르면?

▲ 우리나라에 거주하는 외국인의 수

▲ 우리나라에 거주하는 외국인 유형

▲ 우리나라에 거주하는 외국인 국적

이와 같은 변화는 우리 사회에 　(가)　 와 같은 긍정적인 영향을 끼칠 수 있어.

그래 맞아. 하지만 　(나)　 와 같은 문제도 나타날 수 있어.

┌ 보기 ┐

ㄱ. (가) - 우리 사회의 문화를 더 풍부하게 만든다.

ㄴ. (가) - 다양한 언어가 사라지고 단일 언어로 통합된다.

ㄷ. (나) - 이주민에 대한 편견과 차별로 인권 침해가 나타날 수 있다.

ㄹ. (나) - 저출산·고령화로 인한 노동력 부족 문제를 더욱 악화시킨다.

① ㄱ, ㄴ
② ㄱ, ㄷ
③ ㄴ, ㄷ
④ ㄴ, ㄹ
⑤ ㄷ, ㄹ

7

다음 글을 읽고 물음에 답하시오.

> (가) 이슬람교도는 돼지를 불결한 동물로 여기며 돼지고기를 먹지 않는다. 그 이유는 쿠란에서 금지하고 있기도 하지만 건조 기후와 관련이 있다. 돼지는 덥고 건조한 기후를 잘 견디지 못하고 많은 수분이 필요하며, 주로 곡식을 먹는다. 따라서 돼지는 물과 식량을 둘러싸고 인간과 경쟁하는 위협적인 존재가 될 수 있다. 이러한 까닭으로 이슬람교도에게 돼지는 혐오스러운 동물이 된 것이다.
>
> (나) 과거 중국에서는 어린 여자아이의 발을 천으로 단단히 감고 작은 신발을 신겨 발이 자라지 못하게 하는 '전족'이라는 풍습이 있었다. 전족을 한 아이는 발 모양이 변하고, 어른이 되어도 발 크기는 10~15cm에 불과하였다. 전족 풍습은 여성을 혼자서는 걸을 수 없는 정도에까지 이르게 하고, 결혼한 여성이 도망가지 못하게 하는 수단으로 악용되었다.

(1) (가)와 같은 문화 이해 태도를 쓰시오.

_____

(2) (나)와 같은 풍습이 가치 있는 문화로 인정받을 수 <u>없는</u> 이유를 서술하시오.

_____

8

다음 그림을 보고 물음에 답하시오.

(1) (가)~(라) 중 민주 선거 원칙에 위배된 것을 쓰고, 어떤 선거 원칙에 위배되는지를 각각 쓰시오.

_____

(2) 우리나라에서 공정한 선거를 위해 마련된 제도와 기관을 모두 서술하시오.

_____

_____

1 다음 밑줄 친 사회화 기관에 대한 설명으로 옳지 <u>않은</u> 것은?

> 현준이 어머니는 현준이를 보면 늘 불안하다. 중학생이 되면서 부쩍 부정적인 말을 많이 할 뿐만 아니라, 부모님의 말에 반항하는 경우도 종종 있고 가정 내에서의 규칙 같은 것을 소홀히 하기 때문이다. 최근 학교 폭력 문제가 심각하게 등장하면서 <u>현준이와 어울리는 친구들</u>에게도 신경이 많이 쓰인다.

① 기존 문화와 다른 그들만의 문화를 형성한다.
② 정서적 불안과 고민을 해소하는 기능을 수행한다.
③ 특정한 청소년을 소외시키는 문제를 일으키기도 한다.
④ 놀이, 스포츠 활동 등을 함께하며 일체감과 소속감을 느낀다.
⑤ 사회생활에 필요한 규칙이나 지식을 교육하는 주된 기관이다.

2 다음 사례에 대한 설명으로 옳지 <u>않은</u> 것은?

> 의류 회사에서 한복 ㉠ 디자이너로 일하는 혜은 씨는 유치원에 다니는 ㉡ 딸을 두고 있다. 어느 날 회사에서 ㉢ 열심히 신상품을 디자인하고 있던 도중 딸이 갑자기 아프다는 연락을 받았다. 곧 중요한 회의를 앞두고 있는 상황이라 혜은 씨는 ㉣ 병원에 가야 할지, 회의에 참석해야 할지 고민에 빠졌다.

① ㉠은 성취 지위이다.
② ㉡은 태어나면서 갖는 지위이다.
③ ㉢은 디자이너로서 기대되는 역할이다.
④ ㉣은 역할 갈등 사례에 해당한다.
⑤ 귀속 지위보다 성취 지위로서 기대되는 역할을 중요시해야 한다.

3 다음은 사회 수업 시간의 학습 내용을 정리한 것이다. (가)~(바)에 대한 내용으로 옳지 <u>않은</u> 것은?

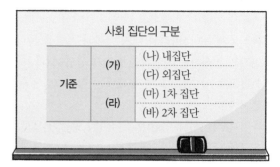

① (가)에 들어갈 말은 '소속감'이다.
② (나)와 (다)는 고정된 것이 아니라 상황에 따라 달라진다.
③ (라)에 들어갈 말은 '접촉 방식'이다.
④ (마)는 자주 접하고 친밀감을 느끼는 집단이다.
⑤ (바)는 현대 사회에서 비중이 점차 작아지고 있다.

4 다음과 같은 법과 제도를 실시하는 목적으로 옳은 것은?

① 적극적 우대 조치를 방지하기 위해
② 모든 사람들을 똑같이 대우하기 위해
③ 사람들을 서로 다르게 대우하기 위해
④ 차이를 인정하고 차별을 없애기 위해
⑤ 사람들의 다양한 특성을 고려하지 않기 위해

5 사회 수업 시간에 문화의 사례에 대해 발표하였다. 옳게 발표한 학생들을 |보기|에서 고르면?

그것이 인간이 창조한 것인지, 사회 구성원들의 생활 양식 속에서 지속적으로 나타나는지 등을 살펴보아야 해요.

〈문화와 문화가 아닌 것〉

┌ 보기 ┐
혜수 : 배고플 때 배에서 꼬르륵 소리가 나는 것은 문화가 아니에요.

은지 : 알래스카에서는 몇 개월 동안 밤에도 해가 보이는 백야 문화가 있어요.

민석 : 날씨가 쌀쌀해지면 집집마다 난방 시설을 가동하는 것도 문화에 해당해요.

재호 : 나이가 들수록 외모나 신체 능력에 변화가 생기는 것은 노년 문화의 특징이에요.

① 혜수, 은지
② 혜수, 민석
③ 은지, 민석
④ 은지, 재호
⑤ 민석, 재호

6 다음 사례를 통해 알 수 있는 문화의 속성을 |보기|에서 고르면?

한국인들은 밥과 김치를 주로 먹고, 미국인들은 빵과 고기를 주로 먹는다. 하지만 어렸을 때 이민을 가서 미국식 교육을 받고 자란 한국인들은 밥보다 빵에 익숙하고 김치도 잘 먹지 못하는 경우가 많다.

┌ 보기 ┐
ㄱ. 공유성
ㄴ. 변동성
ㄷ. 축적성
ㄹ. 학습성

① ㄱ, ㄴ
② ㄱ, ㄹ
③ ㄴ, ㄷ
④ ㄴ, ㄹ
⑤ ㄷ, ㄹ

7 다음 두 사람의 문화 이해 태도에 대한 설명으로 옳은 것은?

티베트에서 사람이 죽으면 그 시신을 새가 먹게 하는 조장을 한대. 정말 야만적인 행동이야.

용진

그 나라 사람들의 행동은 전통과 자연환경 등 여러 요인들이 복합적으로 작용하여 형성된 것으로, 그들을 비난해선 안돼.

수민

① 용진은 문화 사대주의적 태도를 보인다.
② 수민이는 문화에 우열이 있다는 입장이다.
③ 용진은 수민에 비해 타문화 수용에 호의적이다.
④ 용진의 태도는 자기 문화의 주체성을 상실할 우려가 있다.
⑤ 수민이는 문화를 평가하는 절대적인 기준을 인정하지 않는다.

8 다음 사례를 통해 알 수 있는 대중 매체의 수용 자세로 옳은 것은?

홍길동은 활빈당을 결성하여 탐관오리의 재물을 빼앗아 백성들에게 나누어 주었다.

○○신문
도적 떼 들끓어 나라 어지럽혀 홍길동, 재물 약탈

△△신문
의적 홍길동, 부패 관리 벌하고 백성들 돌봐

① 대중 매체의 정보는 무조건 믿지 않는다.
② 모든 대중 매체의 정보를 그대로 수용한다.
③ 대중 매체의 정보를 비판적인 시각으로 바라본다.
④ 거대 자본이 운영하는 대중 매체의 정보만 신뢰한다.
⑤ 다양한 매체에 의존하지 않고 하나의 대중 매체를 통해서만 정보를 얻는다.

9 다음 글을 읽고 정치 생활에서 시민의 역할에 대한 설명으로 옳지 <u>않은</u> 것은?

> 서울시는 시민이 제안한 아이디어를 정책으로 실현하기 위해 시민 제안 누리집인 '천만 상상 오아시스'를 운영하고 있다. 시민들은 이 누리집을 통해 접수된 정책 아이디어에 온라인 투표와 댓글로 자유롭게 의견을 표시한다. 그리고 공무원, 전문가들과 쌍방향 의사소통을 통해 실행 방안을 모색한다.

① 정책 집행 과정을 감시하고 비판한다.
② 사회 문제 해결에 적극적으로 참여한다.
③ 다양한 활동을 통해 사회 문제의 개선을 요구한다.
④ 자신이 속한 집단의 이익을 공동체의 이익보다 중시한다.
⑤ 정당하게 행사되는 권력에 대해 협력하는 자세를 갖는다.

10 (가)~(라) 중 옳지 <u>않은</u> 내용을 골라 바르게 고쳐 쓴 것을 ┃보기┃에서 고르면?

> 보통 선거의 실시로 모든 사람에게 정치에 참여할 수 있는 권리가 보장되고 대중이 정치의 주체가 되는 대중 민주주의가 형성되었다. 하지만 대의 민주 정치에서 일반 대중은 (가) 선거 이외의 정치 과정에서 소외되기 쉽기 때문에, 현대 민주 국가에서는 (나) 대의 민주 정치를 실시하지 않고 (다) 국민이 대표를 통해 국가 의사를 결정할 수 있는 국민 투표, 국민 소환 제도를 채택하여 (라) 국민의 적극적인 정치 참여를 제도적으로 보장하고 있다.

┌ 보기 ┐
ㄱ. (가) – 선거 이외의 정치 과정에서 소외되지 않기 때문에
ㄴ. (나) – 대의 민주 정치를 기본으로 하면서
ㄷ. (다) – 국민이 직접 국가 의사를 결정
ㄹ. (라) – 국민의 적극적인 정치 참여를 제도적으로 제한

① ㄱ, ㄴ   ② ㄱ, ㄷ   ③ ㄴ, ㄷ
④ ㄴ, ㄹ   ⑤ ㄷ, ㄹ

11 다음 그림이 나타내는 민주 정치의 기본 원리에 대한 설명으로 옳지 <u>않은</u> 것은?

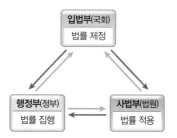

① 우리나라는 헌법에 이 원리를 명시하고 있다.
② 국가 기관의 권력 남용을 방지하기 위한 것이다.
③ 궁극적으로 국민의 기본권을 보장하려는 것이다.
④ 헌법에 따라 국가 권력을 행사해야 한다는 것이다.
⑤ 국가 권력을 서로 독립된 기관이 나누어 맡도록 하여 상호 견제와 균형을 이루려는 것이다.

12 다음 밑줄 친 부분에 해당하는 것을 ┃보기┃에서 고르면?

> 우리나라의 정부 형태는 미국의 것을 본떠 조직하였는데, 미국과는 다소 다른 점이 있다. 그것은 영국과 같은 <u>의원 내각제의 요소</u>를 일부 반영하고 있다는 점이다.

┌ 보기 ┐
ㄱ. 대통령이 법률안을 거부할 수 있다.
ㄴ. 국회 의원이 국무 위원을 겸할 수 있다.
ㄷ. 행정부가 국회에 법률안을 제출할 수 있다.
ㄹ. 대통령을 보좌하여 국정을 총괄하는 국무총리를 둔다.
ㅁ. 의회는 각종 동의권, 탄핵 소추권 등을 통해 행정부를 견제한다.

① ㄱ, ㄴ, ㄷ   ② ㄱ, ㄴ, ㄹ
③ ㄴ, ㄷ, ㄹ   ④ ㄴ, ㄹ, ㅁ
⑤ ㄷ, ㄹ, ㅁ

13 (가)~(라)에 대한 물음에 답하시오.

> (가) 조기 축구회 회원들
> (나) 시내버스에 탄 승객들
> (다) 연극을 보기 위해 모인 관중들
> (라) 천재 중학교 1학년 2반 학생들

(1) (가)~(라)에서 사회 집단이 아닌 것을 모두 쓰시오.

(2)(1)에서 사회 집단이 아닌 이유를 서술하시오.

14 다음 글을 읽고 물음에 답하시오.

> '브런치(brunch)'는 점심을 겸한 늦은 아침 식사를 가리키는 말인데, 아점이라는 우리말보다 브런치라는 외국어로 표현하면 더 고급스럽고 세련된 느낌을 준다고 생각하는 사람이 많다. 브런치 메뉴를 먹으려면 분식집이 아니라 카페나 서양 음식점에 가야 한다. 또한 브런치 메뉴는 물론 브런치를 파는 음식점 이름도 대부분 외국어이다.

(1) 위 글에서 나타난 문화 이해의 태도를 쓰시오.

(2)(1)의 문화 이해 태도의 문제점을 서술하시오.

15 다음 헌법 조항을 보고 물음에 답하시오.

> (가) 제1조 ② 대한민국의 주권은 국민에게 있고, 모든 권력은 국민으로부터 나온다.
> (나) 제69조 대통령은 취임에 즈음하여 다음의 선서를 한다. "나는 헌법을 준수하고 국가를 보위하며 …… 성실히 수행할 것을 국민 앞에서 엄숙히 선서합니다."
> (다) 제40조 입법권은 국회에 속한다.
> (라) 제72조 대통령은 필요하다고 인정할 때에는 외교·국방·통일 기타 국가 안위에 관한 중요 정책을 국민 투표에 부칠 수 있다.

(1) (가)~(라) 조항과 관련 있는 민주 정치의 기본 원리를 각각 쓰시오.

(2)(1)과 같은 민주 정치의 기본 원리를 통해 실현하고자 하는 민주주의의 이념을 세 가지 쓰시오.

16 다음 그림을 보고 물음에 답하시오.

(1) 위 그림에 해당하는 정부 형태를 쓰시오.

(2)(1)의 정부 형태의 장·단점을 각각 한 가지씩 서술하시오.

적중 예상 전략 | 2회

1 정치 과정의 각 단계인 (가)~(마)에 대한 설명으로 옳지 <u>않</u>은 것은?

① (가) – 현대 민주 사회에서는 다양한 가치와 이익이 표출된다.

② (나) – 시민들의 요구가 정당, 언론 등에 의해 모아지고 여론이 형성된다.

③ (다) – 공식적 정치 주체들에 의해 결정된다.

④ (라) – 결정된 정책은 법원이 집행한다.

⑤ (마) – 국민의 평가를 받아 수정을 거치고 새롭게 나온 요구를 다시 정책에 반영한다.

2 선생님의 질문에 옳지 <u>않</u>은 답변을 한 학생은?

① 태리 : 국민에게 주권자로서 의식을 갖게 해요.

② 보나 : 국민의 대표로서 일할 수 있는 정당성을 부여해요.

③ 현욱 : 선거를 통해서 직접 민주주의를 실현할 수 있어요.

④ 이진 : 선거로 대표자를 통제함으로써 책임 정치를 실현할 수 있어요.

⑤ 승완 : 선거가 진행되는 과정에서 정부가 추진하는 정책을 평가하기도 해요.

3 다음 (가) 제도에 대한 옳은 설명을 |보기|에서 있는 대로 고르면?

| 보기 |
ㄱ. 선거 운동의 과열을 방지한다.

ㄴ. 국가 기관이 선거 운동을 관리한다.

ㄷ. 선거구를 임의로 변경하는 것을 방지한다.

ㄹ. 누구에게나 선거 운동의 기회를 공평하게 보장한다.

① ㄱ, ㄴ   ② ㄴ, ㄷ   ③ ㄷ, ㄹ
④ ㄱ, ㄴ, ㄹ   ⑤ ㄴ, ㄷ, ㄹ

4 다음은 우리나라의 지방 자치 단체 조직도이다. 이에 대한 설명으로 옳지 <u>않</u>은 것은?

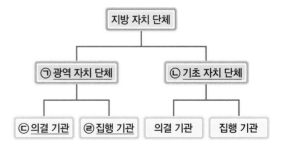

① 경기도, 세종특별자치시는 ㉠에 해당한다.

② ㉡에는 시, 군, 구가 있다.

③ ㉢과 ㉣은 지방 선거로 선출된다.

④ ㉢은 지방 의회로 조례를 제정한다.

⑤ ㉣은 지방 자치 단체가 사용할 예산을 심의하고 의결한다.

5 다음 사례에서 알 수 있는 법의 기능을 ⏐보기⏐에서 있는 대로 고르면?

> 운전자가 지켜야 할 내용이 도로 교통법에 규정됨으로써 교통사고가 줄어들어 보다 편리한 생활을 할 수 있게 되었으며, 누구의 잘못으로 교통사고가 발생했는지 판단할 수 있게 되었다.

┌ 보기 ┐
ㄱ. 불필요한 분쟁을 예방한다.
ㄴ. 분쟁을 합리적으로 해결한다.
ㄷ. 사람들이 지켜야 할 행동 기준이 된다.
ㄹ. 국민을 보호하기보다 국민의 행동을 강제한다.

① ㄱ, ㄴ ② ㄱ, ㄹ ③ ㄷ, ㄹ
④ ㄱ, ㄴ, ㄷ ⑤ ㄴ, ㄷ, ㄹ

6 생활 관계를 규율하는 법이 다른 하나는?

①

대표는 내 손으로 뽑아야지.
투표함

②

깨진 도자기를 배상해 주세요.

③

입영 통지서를 받고 입대했습니다.

④

저 사람이 내 가방을 소매치기했어요.

⑤

자동차세 납부가 오늘까지였지?

7 다음 A에 해당하는 법 종류를 ⏐보기⏐에서 고르면?

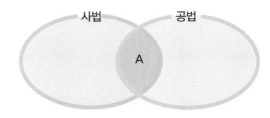
사법   공법   A

┌ 보기 ┐
ㄱ. 상법 ㄴ. 근로 기준법
ㄷ. 헌법 ㄹ. 소비자 기본법
ㅁ. 행정법 ㅂ. 국민 기초 생활 보장법

① ㄱ, ㄴ, ㅁ ② ㄱ, ㄷ, ㅁ
③ ㄴ, ㄷ, ㄹ ④ ㄴ, ㄹ, ㅂ
⑤ ㄷ, ㄹ, ㅂ

8 (가)~(다)와 관련한 재판에 대한 설명으로 옳지 <u>않은</u> 것은?

> (가) A는 B가 자신에 대한 헛소문을 퍼트리고 다닌다는 이야기를 듣고 화가 나, B와 다투게 되고 B는 전치 5주의 부상을 입었다.
> (나) C가 D의 집 앞에 있던 낡은 건물을 사서 새로 건물을 지으면서 D의 집에는 햇빛이 잘 들지 않게 되었다. 이에 D는 C에게 손해 배상을 요구하였다.
> (다) 부부였던 E와 F는 이혼하기로 합의하였으나, 재산 분할과 아이들의 양육권에 대해서는 서로 다른 입장을 주장하고 있다.

① (가)는 형사 재판, (나)는 민사 재판이다.
② (가)는 피해자인 B가 공소를 제기한다.
③ (나)에서 원고는 D, 피고는 C이다.
④ (가)의 A가 원할 경우 국민 참여 재판을 할 수 있다.
⑤ (다)는 가족 간의 다툼으로 가사 재판을 통해 해결할 수 있다.

9 (가)~(다)에 해당하는 것을 옳게 연결한 것은?

공정한 재판을 위한 제도	
(가)	법원의 조직이나 운영에 대해 외부의 간섭이나 영향을 받지 않으며, 법관의 신분을 보장한다.
(나)	재판은 각자의 주장을 뒷받침하거나 범죄 사실을 증명할 수 있는 증거를 바탕으로 진행한다.
(다)	재판은 국가의 안보를 위하여 필요한 경우를 제외하고 누구나 방청할 수 있다.

	(가)	(나)	(다)
①	심급 제도	공개 재판주의	증거 재판주의
②	심급 제도	증거 재판주의	공개 재판주의
③	사법권의 독립	공개 재판주의	증거 재판주의
④	사법권의 독립	증거 재판주의	공개 재판주의
⑤	행정권의 독립	증거 재판주의	공개 재판주의

11 다음 대화 중 밑줄 친 내용에 해당하는 것을 |보기|에서 고르면?

보기
ㄱ. 소수 민족의 고유문화가 사라진다.
ㄴ. 국가 간 정치적·경제적 격차가 심해진다.
ㄷ. 인터넷 중독, 사이버 범죄 등이 발생한다.
ㄹ. 무분별한 개발에 따른 환경 오염 문제가 발생한다.

① ㄱ, ㄴ ② ㄱ, ㄷ ③ ㄴ, ㄷ
④ ㄴ, ㄹ ⑤ ㄷ, ㄹ

10 다음 신문 기사를 통해 알 수 있는 사회 변동 요인으로 옳은 것은?

> **○○신문**
>
> 〈지난 80년간 세계를 바꾼 사건〉 1위로 월드 와이드 웹의 개발이 선정되었다. 'WWW'로 시작하는 인터넷 주소를 입력하면 그림이나 영상으로 이루어진 공간으로의 이동을 가능하게 하여 삶의 방식을 근본적으로 바꾸었다는 평가를 받고 있다. 2위는 페니실린의 대량 생산, 3위는 가정용 컴퓨터의 보급이 꼽혔다.

① 인구 변화   ② 정치적 사건
③ 가치관의 변화   ④ 자연환경의 변화
⑤ 과학 기술의 발달

12 다음 사진과 관련된 사회 문제를 해결하기 위한 방안으로 옳지 않은 것은?

① 소득과 고용의 안정
② 노인 정년 연장 축소
③ 양성평등 문화의 확립
④ 다양한 출산 장려 정책 마련
⑤ 연금 등의 사회 안전망 확충

13 (가), (나)는 정치 과정의 참여 주체이다. 물음에 답하시오.

(가)   (나)

▲ 한 노동조합이 자신들의 주장을 알리기 위해 집회를 하고 있다.   ▲ 환경 단체가 바다에 오염 물질을 버리는 기업에 항의 시위를 하고 있다.

(1) (가)와 (나)에 해당하는 정치 과정의 참여 주체를 각각 쓰시오.

(2) (가)와 (나)의 차이점을 서술하시오.

14 다음 글을 읽고 물음에 답하시오.

> 18세기 산업 혁명 당시 공장에서 일하는 아이들은 하루 16~17시간의 장시간 노동을 하며 다치거나 죽어도 제대로 보상받지 못하였다.

(1) 위와 같은 상황에서 등장한 법의 영역을 쓰고, 그 성격을 서술하시오.

(2) (1)의 법의 궁극적인 목적을 서술하시오.

15 다음 사법 제도를 보고 물음에 답하시오.

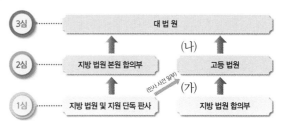

(1) (가)와 (나)에 해당하는 법률 용어를 쓰시오.

(2) 제도의 이름을 쓰고, 궁극적인 목적을 서술하시오.

16 다음은 우리나라의 시대별 인구 정책 포스터이다. 이를 보고 물음에 답하시오.

▲ 1970년대   ▲ 1980년대

▲ 2000년대   ▲ 2015년

(1) 최근의 포스터를 통해 알 수 있는 우리나라의 인구 문제를 서술하시오.

(2) 시대별로 변화된 포스터를 통해 알 수 있는 사회 문제의 특징을 서술하시오.

포기와 시작

누군가는 **포기**하는 시간

누군가는 **시작**하는 시간

코앞으로 다가온 시험엔
최단기 내신·수능 대비서로 막판 스퍼트!

7일 끝 (중·고등)

10일 격파 (고등)

book.chunjae.co.kr

교재 내용 문의 ·················· 교재 홈페이지 ▸ 중학 ▸ 교재상담
교재 내용 외 문의 ·················· 교재 홈페이지 ▸ 고객센터 ▸ 1:1문의
발간 후 발견되는 오류 ·················· 교재 홈페이지 ▸ 중학 ▸ 학습지원 ▸ 학습자료실

중간고사 기말고사
고득점을 예약하자!

중학전략
사회①
BOOK 3 정답과 해설

천재교육

중학 전략

사회①

BOOK 1

정답과 해설

1주 I. 내가 사는 세계 ~ III. 자연으로 떠나는 여행

1일 개념 돌파 전략 ❶ 8~11쪽

1강_지도 읽기~열대 우림 기후 지역

1-2 ②　　　　　　　**2-2** ①

2강_온대 기후 지역~우리나라의 자연 경관

1-2 ⑤　　　**2-2** ⑤　　　**3-2** ㉠ 곶, ㉡ 만

1강_지도 읽기~열대 우림 기후 지역

1-2 경도와 인간 생활

지구는 하루 24시간 동안 360°를 자전하기 때문에 경도 15°마다 1시간씩 차이가 난다. 이러한 시간 차이로 인한 교류의 혼란을 없애기 위해 세계의 여러 나라는 본초 자오선을 기준으로 국가별로 표준 경선과 표준시를 정하여 사용하고 있다.

2-2 열대 우림 기후 지역

제시된 지역은 적도 부근이다. 이 지역은 계절의 변화가 거의 없이 일 년 내내 기온이 높고 비가 많이 내려서 밀림이 울창하게 나타나는 곳은 열대 우림 기후 지역이다. 이 같은 열대 우림 기후가 나타나는 곳은 아프리카의 콩고 분지와 남아메리카의 아마존 분지, 인도네시아의 수마트라섬과 보르네오섬 등으로, 모두 적도에 걸쳐 있거나 그 부근에 있다. 가장 추운 달의 평균 기온이 18℃ 이상으로 계절의 구분 없이 일 년 내내 더운 날씨가 이어지며, 연중 강수량이 많아 매우 습하다. 연중 강수량이 많고 습도가 높으며, 거의 매일 스콜이 내린다. 이 지역에는 덥고 습한 날씨로 크고 작은 나무들이 빽빽하게 자라 숲을 이루는 열대 우림이 형성되어 있다.

2강_온대 기후 지역~우리나라의 자연 경관

1-2 온대 기후 지역

우리나라는 계절풍의 영향을 크게 받아 겨울이 춥고 건조하며, 여름에 강수량이 집중된다. 서안 해양성 기후 지역은 여름에는 서늘하고 겨울에는 따뜻하며, 강수량이 연중 고르다. 지중해성 기후는 여름에 건조하고 겨울에 습윤하다.

2-2 툰드라 기후 지역

툰드라 기후 지역은 주로 북극해 주변 지역에 분포하며, 평균 기온이 0℃를 밑도는 달이 많다. 가장 따뜻한 달에도 10℃를 넘지 않아 나무가 자라기 어렵고, 영구 동토층이 분포한다. 가장 따뜻한 달의 평균 기온이 10℃ 미만으로 춥지만, 기온이 0℃ 이상으로 올라가는 여름철에는 지표면이 녹고 짧은 풀이나 이끼 등이 자란다.

3-2 해안 지형의 특징

육지가 바다로 돌출된 곳에는 파랑의 침식 작용이 활발하여 암석 해안이 발달한다. 암석 해안에서는 해안 절벽, 해안 동굴, 바위 기둥 등의 다양한 침식 지형을 볼 수 있다. 그중에서 해안 절벽을 해식애라고 하며, 해식애의 윗부분은 전망이 좋아 관광 시설이 들어서기도 한다. 반면 바다가 육지로 들어간 만에는 연안류와 파랑의 퇴적 작용이 활발하여 모래 해안이 발달한다. 해안에 모래 등이 쌓여 형성된 모래밭을 사빈이라고 하며, 이는 주로 해수욕장으로 이용된다. 또 만은 곶보다 파도가 잔잔하여서 항구 발달에 유리하다.

1일 개념 돌파 전략 ❷ 12~13쪽

1 ④　**2** ①　**3** ⑤　**4** ②　**5** ③　**6** ⑤

1 공간 규모에 따른 위치 표현

적도는 지구상에 그어진 가상의 가로선이다. 적도를 기준으로 북반구와 남반구로 구분되고, 위도를 결정하는 기준이 된다. 본초 자오선은 지구상에 그어진 가상의 세로선이다. 본초 자오선을 기준으로 동경과 서경으로 나뉜다.

> **선택지 분석**
>
> ① 적도를 기준으로 동경과 서경으로 나뉜다. (×)
> 　→ 적도를 기준으로 북반구와 남반구로 나뉜다.
>
> ② 적도는 그리니치 천문대를 지나는 선이다. (×)
> 　→ 적도는 경도 0° 선이다.
>
> ③ 본초 자오선은 지구상에 그어진 가상의 가로선이다. (×)
> 　→ 본초 자오선은 지구상에 그어진 가상의 세로선이다.
>
> ④ 본초 자오선은 지구의 경도를 결정하는 기준이 된다. (O)
>
> ⑤ 본초 자오선을 중심으로 북반구와 남반구로 구분된다. (×)
> 　→ 본초 자오선을 중심으로 동경과 서경으로 나뉜다.

2 위도와 인간 생활

지구는 자전축이 23.5° 기울어진 상태로 공전하기 때문에 북반구와 남반구는 계절이 반대로 나타난다.

오답 피하기 ㄷ. 털모자는 한대 기후 지역에서 추위를 막기 위해 필요한 물건이다.

ㄹ. 털부츠도 겨울이 길고 추운 한대 기후 지역에서 추위를 막기 위해 챙겨야 할 물건이다.

3 열대 우림 기후 지역의 생활 모습

열대 우림 기후 지역에서는 집을 지을 때 주로 나무를 이용하며, 열기와 습기를 피하고자 지면에서 높이 띄워 짓는다. 또한 자주 내리는 많은 비에 대비하여 지붕 경사를 급하게 만든다.

┌─ 선택지 분석 ─────────────────────────┐

① 계절풍 지역에서 흔하다. (×)

→ 열대 우림 지역에서 흔하게 나타난다.

② 기본적으로 폐쇄적 가옥 구조이다. (×)

→ 열대 우림 기후 지역은 개방적인 가옥 구조이다.

③ 바람이 많이 불어 바람을 막는 기능이 있다. (×)

→ 무덥고 습한 날씨 때문에 가옥 구조가 개방적이다.

④ 가옥의 열기를 보존하기 위해 고상 가옥을 지었다. (×)

→ 가옥의 열기와 습기를 피하기 위해 짓는다.

⑤ 빗물이 잘 흐르도록 지붕의 경사가 급하게 지었다. (○)

└──────────────────────────────────┘

4 냉대 우림 기후 지역의 생활 모습

냉대 기후는 가장 추운 달의 평균 기온은 -3℃ 미만이고, 가장 따뜻한 달의 평균 기온은 10℃ 이상인 기후이다. 냉대 기후 지역은 기온의 연교차가 크며, 타이가라고 불리는 침엽수림이 분포한다.

5 산지 지형의 주민 생활

알프스산맥, 히말라야산맥, 로키산맥, 안데스산맥 등의 신기 습곡 산지는 형성 시기가 오래되지 않아 높고 험준하며, 지각 운동이 활발하여 지진이나 화산 활동이 일어나기도 한다. 반면에 스칸디나비아산맥, 우랄산맥, 애팔래치아산맥 등의 고기 습곡 산지는 오랜 시간 동안 풍화와 침식을 받아 비교적 고도가 낮고 경사가 완만하다.

6 우리나라 해안 지형의 특징

제시된 사진은 우리나라 서해안에 발달되어 있는 갯벌의 모습이다. 우리나라의 서해안 일대에는 해안선이 복잡하고 섬이 많다. 또한 수심이 얕으며 조석 간만의 차이가 커서 넓은 갯벌이 발달하고 있다. 갯벌은 다양한 환경 보존 기능과 생태계의 보고로서 가치가 높으며, 다양한 관광 체험이 이루어진다.

오답 피하기 ③ 동해안에는 사빈(모래사장), 석호, 해안 절벽 등이 발달하였으며, 서·남해안에는 갯벌이 발달하였다.

더 알아보기 우리나라 해안 지형의 특징

서해안	조차가 크고 물결이 잔잔한 만에서 토사가 쌓여 갯벌을 형성
동해안	• 파랑의 침식 작용이 활발한 곳: 해안 절벽, 시 스택 등 • 파랑의 퇴적 작용이 활발한 곳: 사빈(모래사장), 석호 등 → 해수욕장, 관광지로 이용

2일 필수 체크 전략 ❶   14~17쪽

1-1 ①	1-2 ①	2-1 ③	2-2 ⑤
3-1 ①	3-2 ⑤	4-1 ②	4-2 ③

1-1 지도를 표현하는 다양한 방법

제시된 지도는 세계의 기아 현황을 나타낸 단계 구분도이다. 단계 구분도는 색깔을 이용해 단계를 구분하는 방법으로 인구 밀도를 표현하기에 적합하다.

1-2 공간 규모에 따른 위치 표현

위치를 표현할 때에는 공간 규모에 따라 다르게 표현한다. 지역 규모에서는 랜드마크를 이용하고, 국가 규모에서는 지형지물이나 행정 구역을 이용하는 경우가 많다. 세계 규모에서 한 국가의 대략적인 위치는 대륙과 해양을 이용하고, 보다 정확한 위치를 나타내려 할 때 위도와 경도를 이용한다.

더 알아보기 공간 규모에 따른 위치 표현

랜드마크	좁은 지역 위치 표현, 한 지역을 대표하는 상징물로 지역에 따라 건물, 탑, 기념비, 학교, 관공서 등 다양한 형태로 표현함. 예 오스트레일리아의 오페라 하우스
대륙과 해양	세계 규모에서 한 국가의 위치를 대륙과 해양을 이용하여 표현함. 예 우리나라는 유라시아 대륙의 동쪽에 위치하고, 태평양과 접해 있음.
위도와 경도	세계 규모에서 한 국가의 정확한 위치를 위도와 경도로 표현함. 예 우리나라는 북위 33°~43°, 동경 124°~132°에 위치함.

2-1 경도에 따른 인간 생활

제시된 지도는 세계의 표준시를 나타낸다. 표준시는 일정한 범위의 국가나 지역에서 기준이 되는 시간이다. 국가별 표준 경선을 정하고 그 경선의 시각을 표준시로 사용하는데, 지역 간 표준시의 차이를 시차라고 한다. 본초 자오선(경도 0°)이 지나는 런던을 기준으로 경도 15°마다 1시간씩 차이가 난다. 우리나라보다 동쪽에 있는 지역일수록 표준시가 빠르다. 국토가 동서로 길게 뻗은 국가들은 여러 개의 시간대를 사용하는데, 그중 러시아는 가장 많은 11개의 시간대를 사용하고 있다. 우리나라는 동경 135°를 표준시로 사용하기 때문에 본초 자오선에 위치한 영국보다 9시간이 더 빠르다.

자료 분석 | 세계의 표준시

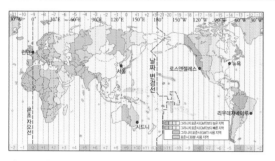

지구는 하루 24시간 동안 360° 자전하기 때문에 경도에 따라 시간 차이가 발생한다. 그런데 시간을 정하는 기준이 국가와 지역마다 다르면 지역 간의 교류에 불편과 혼란이 생길 수 있다. 그래서 세계 여러 국가는 본초 자오선(경도 0°)을 기준으로 국가별 표준 경선을 정하고, 그 경선의 시각을 표준시로 사용하고 있다.

2-2 지리 정보 시스템

지리 정보 시스템은 지리 정보를 컴퓨터로 분석하여 사용자에게 제공하는 정보 관리 체계이다.

오답 피하기 ㄱ, ㄴ은 공공 부분에서 활용하는 사례에 해당한다.

더 알아보기 | 지리 정보 기술의 활용

일상생활	길 찾기(내비게이션), 버스 도착 정보 안내, 생활 정보 찾기(음식점, 일기 예보 등), 증강 현실, 커뮤니티 매핑 등
공공 부문	국토, 환경, 교통 관리 등 공공 부분에서의 공간적 의사 결정에 활용(자연재해 예측, 도시 계획 수립, 관공서 입지 선정)

3-1 세계의 기후 지역

제시된 지도는 세계의 연평균 기온과 강수량 분포를 나타내고 있다. 등온선은 같은 기온이 나타나는 지점들을 연결한 선이다. 등온선을 보고 기온의 분포를 알 수 있다. 등온선은 위도와 대체로 평행한데, 저위도에서 고위도로 가면서 기온이 점차 낮아진다.

자료 분석 | 세계의 연평균 기온과 강수량 분포

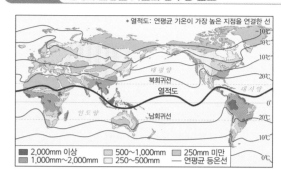

세계의 기후 지역은 기온과 강수량을 기준으로 구분하였다. 이렇게 구분된 기후 지역은 적도에서 극지방으로 가면서 열대 기후, 건조 기후, 온대 기후, 냉대 기후, 한대 기후가 나타난다.

3-2 세계의 기후 지역

(가)는 건조 기후 지역의 사막, (나)는 온대 기후 지역의 평야이다. 사막 기후 지역은 강수량이 매우 적어 물이 부족해 인간 거주에 불리하다. 하지만 온대 기후 지역은 기온이 온화하고 강수량이 적당해 농업에 유리하기 때문에 인간 거주에 유리하다.

4-1 열대 우림 기후 지역의 주민 생활

제시된 것은 열대 기후 지역인 싱가포르의 기후 그래프이다. 열대 기후 지역은 가장 추운 달의 평균 기온이 18℃ 이상으로 계절의 구분 없이 일 년 내내 덥고, 연중 강수량이 많아 매우 습하다. 따라서 지면의 열기와 습기, 해충이나 짐승 등의 침입을 막기 위해 지면에서 띄워 짓는 고상 가옥이 나타난다.

선택지 분석

ㄱ. 고상 가옥 (O)

ㄴ. 이동식 가옥 (x)
→ 스텝 기후 지역에서 이동식 가옥을 볼 수 있다.

ㄷ. 뚜렷한 사계절 (x)
→ 온대 기후 지역에서 뚜렷한 사계절을 볼 수 있다.

ㄹ. 연중 높은 기온과 많은 강수량 (O)

4-2 열대 우림 기후 지역의 주민 생활

이동식 화전 농업은 밀림에 불을 질러 농경지를 만들고, 토양이 척박해지면 새로운 농경지를 만들기 위해 이동한다. 주로 카사바, 얌 등을 재배한다. ③ 천연고무나 카카오 등을 재배하는 것은 플랜테이션이다.

숲에 불을 질러
나무를 제거한다.

땅을 골라 경지를
만든다.

작물을 길러
수확한다.

① 본초 자오선은 미국을 지나간다. (✕)
  → 영국 런던을 지난다.
② 중국은 여러 개의 표준시를 사용한다. (✕)
  → 중국은 오직 1개의 표준시만을 사용한다.
③ 서쪽에서 동쪽으로 갈수록 표준시가 느려진다. (✕)
  → 서쪽에서 동쪽으로 갈수록 표준시가 빨라진다.
④ 우리나라는 일본과 동일한 표준시를 사용한다. (O)
⑤ 날짜 변경선은 대서양 가운데 있으며 직선이다. (✕)
  → 날짜 변경선은 태평양은 한가운데를 지나며 일반적인 경선과 달리 꺾인 선의 형태를 띄고 있다.

2일 필수 체크 전략 ❷   18~19쪽

| 1 ① | 2 ③ | 3 ④ | 4 ⑤ | 5 ③ | 6 ⑤ |

1 공간 규모에 따른 위치 표현
세계 규모에서 한 국가의 대략적인 위치는 대륙과 해양을 이용하여 표현할 수 있다. 예를 들어, 우리나라는 아시아 대륙의 동쪽에 위치하며, 태평양과 접하고 있다. 또한 정확한 위치를 나타내고자 할 때 위도와 경도를 이용할 수 있다. 위도와 경도상으로 우리나라는 북위 33°~43°, 동경 124°~132°의 범위에 위치하고 있다.

2 위도와 경도를 이용한 위치 표현
위도는 적도를 기준으로 남위와 북위 각각 0~90°까지 표현한다. 경도는 본초 자오선을 기준으로 동경과 서경 각각 0°~180°까지 표현한다. 위선은 적도를 기준으로 같은 위도를 연결한 가로선, 경선은 본초 자오선을 기준으로 같은 경도를 연결한 세로선이다.

더 알아보기 위도와 경도

위도	적도(0°)와 평행하게 가로로 그은 가상의 선으로, 적도를 기준으로 북위·남위 0°~90°로 표현함.
경도	북극과 남극을 세로로 연결한 가상의 선으로, 본초 자오선(0°)을 기준으로 동경·서경 각각 0°~180°로 표현함.

3 세계의 여러 표준시
본초 자오선(경도 0°선)은 영국을 지나며, 날짜 변경선(경도 180°선)은 동경 180° 선과 서경 180° 선이 만나는 지점으로 태평양 한가운데를 지난다.

4 세계의 다양한 기후
적도 부근 지역은 연중 일사량이 많은 곳으로, 열대 기후가 나타난다. 남·북위 20°~30° 일대에는 비가 적게 내리는 건조 기후가 나타난다. 중위도 지방에서는 계절의 변화가 뚜렷한 온대 기후가 나타난다. 온대 기후 지역보다 위도가 높은 지역에는 겨울이 춥고 긴 냉대 기후가 나타난다. 극지방과 가까운 곳에서는 기온이 낮아 나무가 자라지 못하는 한대 기후가 나타난다. 한편 적도에 가까우면서 해발 고도가 높은 곳에는 일 년 내내 온화한 고산 기후가 나타난다.

5 온대 기후 지역
온대 기후 지역과 냉대 기후 지역은 사계절이 나타나고, 기온과 강수 조건이 농업 활동에 유리하여 많은 사람들이 살고 있다. 특히, 온대 기후 지역은 기후가 온화하고 강수량이 적절하여 오래 전부터 사람들이 모여 살면서 많은 도시가 분포하는 등 인구가 밀집해 있다. 온대 기후 지역에는 북반구의 중위도에 분포한 유럽, 아시아, 북아메리카 대륙에 속한 많은 나라들이 포함되어 있다. A는 열대 기후 지역, B는 건조 기후 지역, C는 온대 기후 지역, D는 냉대 기후 지역, E는 한대 기후 지역이다.

6 열대 기후 지역
제시된 사진은 열대 우림의 모습이다. 열대 우림 기후 지역의 덥고 습한 기후는 나무가 잘 자랄 수 있는 환경을 제공하여 다양한 종류와 높이의 나무들이 여러 층을 이루며 빽빽이 분포한다. 열대 우림은 이산화 탄소를 흡수하고 산소를 공급해 주며, 온실 효과를 억제하여 지구 온난화를 방지해 주며, 다양한 동식물의 서식지를 이룬다.

① 아마존에서는 타이가라고 불린다. (×)

　→ 타이가는 냉대 기후 지역에서 나타난다.

② 토양이 비옥하여 나무 성장에 유리하다. (×)

　→ 토양은 척박하다.

③ 나무의 종류가 단순하고 대부분 키가 크다. (×)

　→ 나무의 종류가 다양하다.

④ 동물들이 살아가기 어려운 환경을 만들어 낸다. (×)

　→ 생태계의 보고로 다양한 동식물의 서식지를 이룬다.

⑤ 이산화 탄소를 흡수하여 지구에 산소를 공급해 준다. (○)

3일 필수 체크 전략 ❶　　20~23쪽

| 1-1 ③ | 1-2 ④ | 2-1 ① | 2-2 ④ |
| 3-1 ② | 3-2 ④ | 4-1 ⑤ | 4-2 ② |

1-1 온대 기후 지역의 주민 생활

(가)는 서안 해양성 기후 지역인 런던의 기후 그래프이다. 서안 해양성 기후는 일 년 내내 고른 강수량을 보이며, 여름은 서늘하고 겨울은 온난한 기후가 나타난다. (나)는 온대 계절풍 기후가 나타나는 서울의 기후 그래프이다. 온대 계절풍 기후는 여름은 남동, 남서 계절풍의 영향으로 고온 다습하고, 겨울은 북서 계절풍의 영향으로 한랭 건조한 기후가 나타난다.

더 알아보기 온대 기후 지역의 기후

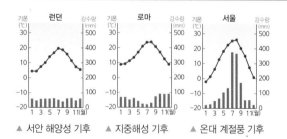

▲ 서안 해양성 기후　▲ 지중해성 기후　▲ 온대 계절풍 기후

서안 해양성 기후	• 편서풍과 난류 영향 • 여름은 서늘, 겨울은 따뜻 • 연중 고른 강수	런던
지중해성 기후	• 아열대 고압대 영향 • 여름 고온 건조 • 겨울 온난 습윤	로마
온대 계절풍 기후	• 계절풍 영향 • 여름 고온 다습 • 겨울 한랭 건조	서울

1-2 온대 기후 지역의 주민 생활

제시된 그래프는 지중해성 기후 지역인 로마의 기후 그래프이다. 지중해성 기후 지역에서는 고온 건조한 여름철을 잘 견디는 올리브, 포도, 오렌지, 코르크참나무 등을 재배하는 수목 농업이 이루어진다.

더 알아보기 온대 기후 지역의 농업

서안 해양성 기후	• 혼합 농업: 곡물 재배, 사료 재배, 가축 사육이 함께 이루어지는 농업 형태 • 낙농업: 대도시나 교통이 편리한 지역에 발달
지중해성 기후	• 수목 농업: 고온 건조한 여름철에 올리브, 포도, 오렌지, 코르크참나무 등을 재배 • 곡물 농업: 겨울철에 밀이나 보리 등 재배
온대 계절풍 기후	고온 다습한 여름철 기후를 이용한 벼농사

2-1 건조 기후 지역의 주민 생활

제시된 사진은 이동식 가옥인 게르의 모습으로 스텝 기후 지역임을 알 수 있다. 스텝 기후 지역은 연 강수량이 250~500mm 미만으로 짧은 풀이 자라 초원을 형성하기 때문에 말, 염소, 양 등 가축을 이끌고 풀과 물을 찾아서 이동하는 유목 생활을 한다. ②~⑤는 사막 기후 지역의 특징이다.

2-2 툰드라 기후 지역의 주민 생활

제시된 그래프는 툰드라 기후 지역인 배로의 기후 그래프이다. 툰드라 기후 지역은 기온이 너무 낮아 농사를 지을 수 없기에 순록 유목을 하거나 바다표범, 물고기 등을 잡으며 생활한다. 또한 나무가 자라기 어려울 정도로 너무 춥지만, 여름철에 지표면이 녹으면 짧은 풀이나 이끼가 자란다.

ㄱ. 수상 가옥 (×)

　→ 가옥의 열기로 얼었던 땅이 녹으면서 붕괴되는 것을 막기 위해 고상 가옥을 짓는다.

ㄴ. 순록 유목 (○)

ㄷ. 수목 농업 (×)

　→ 기온이 너무 낮아 농사를 지을 수 없다.

ㄹ. 여름철 짧은 풀과 이끼 (○)

3-1 산지 지형의 특징

제시된 내용은 신기 습곡 산지에 대한 설명이다. 알프스산맥, 히말라야산맥, 안데스산맥, 로키산맥 등의 신기 습곡 산지는 형성된 지 오래되지 않아 높고 험준하며, 지각 운동이 활발하여 지진이나 화산 활동이 일어나기도 한다. A는 알프스산맥, B는 우랄산맥, C는 히말라야산맥, D는 로키산맥, E는 안데스산맥이다. ② 우랄산맥은 고기 습곡 산지에 해당한다. 고기 습곡 산지는 오랜 침식으로 해발 고도가 낮고 경사가 완만하며, 우랄산맥, 스칸디나비아산맥, 애팔래치아산맥, 그레이트디바이딩산맥 등이 대표적이다.

3-2 해안 지형의 특징

제시된 자료는 해안 지형을 나타낸 것으로 A는 사빈(모래사장), B는 시 아치이다. 사빈은 바다가 육지 쪽으로 들어간 만에서 파랑의 퇴적 작용으로 형성되고, 시 아치는 육지가 바다 쪽으로 돌출한 곳에서 파랑의 침식 작용으로 형성된다.

> **더 알아보기** 해안 지형 지역의 주민 생활
>
>
>
> | 암석 해안 | 파랑의 침식 작용으로 해안 절벽(해식애), 해안 동굴, 시 스택, 시 아치 등이 형성 |
> | --- | --- |
> | 모래 해안 | 파랑의 퇴적 작용으로 사빈, 석호 등이 형성 |
> | 갯벌 | 조류의 퇴적 작용으로 형성, 양식장이나 염전으로 이용 |

4-1 우리나라의 자연경관

(가)는 돌산, (나)는 흙산이다. 설악산, 북한산, 금강산 등은 돌산으로 화강암(마그마가 땅속 깊은 곳에서 굳어져 만들어진 암석)으로 형성된 산지로 바위가 드러나 있어 기암 괴석을 이룬다. 화강암을 덮고 있던 암석층이 오랜 시간 침식으로 제거되면서 오늘날과 같은 모습을 갖추었다. ⑤ 지리산, 덕유산은 흙산으로 바위 위에 두꺼운 토양이 두껍게 덮여 있는 산지이다.

> **더 알아보기** 돌산과 흙산
>
> | 돌산 | 땅속 깊은 곳에서 형성된 화강암으로 이루어진 산지로 암석이 드러나 있음. → 설악산, 북한산, 금강산 |
> | --- | --- |
> | 흙산 | 편마암이 오랫동안 풍화와 침식을 받으며, 토양이 두껍게 덮인 산지로 흙과 나무로 이루어져 있음. → 지리산, 덕유산 |

4-2 우리나라의 자연경관

석회동굴은 석회암이 지하수에 녹아서 지하에 만들어진 동굴이다. 강원도 남부와 충청북도에 주로 나타나며 삼척의 환선굴과 대금굴, 영월의 고씨동굴, 단양의 고수동굴, 평창의 백룡동굴 등이 대표적이다.

> **오답 피하기** ㄴ, ㄹ은 용암동굴의 특징이다.

> **쌍둥이 문제 1**
>
> 다음 사진과 같은 우리나라의 지형에 대한 설명으로 옳은 것은?
>
>
>
> ① 만장굴, 김녕굴 등에서 볼 수 있다.
> ② 유동성이 큰 용암이 분출하여 형성되었다.
> ③ 종유석, 석순, 석주 등의 지형이 발달하였다.
> ④ 화강암이 오랜 풍화와 침식 작용을 받아 형성되었다.
> ⑤ 용암이 다각형의 기둥 모양으로 굳으면서 형성되었다.
>
> **해설** 사진은 석회암이 물에 녹으면서 형성된 석회동굴이다. 동굴 내부에는 종유석, 석순, 석주 등이 발달한다. 답 ③

> **3일 필수 체크 전략 ②** 24~25쪽
>
> 1 ④ 2 ④ 3 ② 4 ③ 5 ① 6 ④

1 온대 기후 지역 비교

A는 런던으로 서안 해양성 기후, B는 로마로 지중해성 기후, C는 서울로 온대 계절풍 기후가 나타난다. 서안 해양성 기후는 난류와 편서풍의 영향으로 연중 강수량이 고르며, 기온의 연교차가 작고, 여름은 서늘하고 겨울은 따뜻하다. 지중해성 기후 지역은 여름은 고온 건조, 겨울은 온난 습윤하다. 온대 계절풍 기후는 계절풍의 영향으로 기온의 연교차가 큰 대륙성 기후가 나타나며, 여름은 고온 다습하고 겨울은 한랭 건조하다.

2 지중해성 기후 지역

지중해성 기후는 여름에 고온 건조하고, 겨울에 온난 습윤하다. 따라서 고온 건조한 여름철에 잘 자라는 포도, 올리브, 오렌지, 코르크참나무를 재배하는 수목 농업, 온난 습윤한 겨울철에 밀, 보리, 귀리 등을 재배하는 곡물 농업이 이루어진다.

BOOK 1

3 툰드라 기후 지역

(가)는 사막 기후 지역의 흙집이나 흙벽돌집이고, (나)는 툰드라 기후 지역의 고상 가옥이다. 사막 지역 사람들은 쉽게 구할 수 있는 흙을 이용하여 흙집이나 흙벽돌집을 짓는데, 일교차를 조절하고 뜨거운 바람을 막기 위해 벽을 두껍게 만들고 창문을 작게 낸다. 툰드라 지역에서는 바닥을 지면에서 띄워서 지은 고상 가옥을 짓는다. 이는 난방열로 인해 얼었던 땅이 녹아 가옥이 붕괴되는 것을 막기 위해 기둥을 땅속 깊숙이 박고 지면에서부터 바닥을 높게 띄워 건물을 짓기 때문이다.

4 해안 지형의 특징

(가) 오스트레일리아 그레이트오션로드는 파랑의 침식 작용으로 형성된 암석 해안 지형으로 시 스택에 해당한다. (나) 오스트레일리아 골드 코스트는 파랑의 퇴적 작용으로 형성된 모래 해안 지형으로 모래사장(사빈)에 해당한다.

선택지 분석

ㄱ. (가)는 주로 만에서 형성된다. (×)
　→ 암석 해안은 주로 곶에 형성된다.

ㄴ. (가)는 파랑의 침식 작용으로 형성된다. (○)

ㄷ. (나)는 만에 형성된 모래 해안이다. (○)

ㄹ. (나)는 주로 조차가 큰 해안에서 형성된다. (×)
　→ 조차가 큰 해안에서 형성되는 것은 갯벌이다.

5 우리나라의 산지

우리나라는 북동쪽이 높고 남서쪽으로 갈수록 낮은 지형이 나타나며, 북동쪽에는 산지가 분포하고 남서부에 평야가 분포한다.

선택지 분석

① 대부분의 큰 하천은 황해나 남해로 흐른다. (○)

② 우리나라의 주요 평야는 동쪽에 발달해 있다. (×)
　→ 주요 평야는 서쪽에 발달해 있다.

③ 우리나라 산지는 대부분 남서쪽에 분포해 있다. (×)
　→ 산지는 주로 북동쪽에 분포해 있다.

④ 하천 상류의 평야 지대는 대부분 논으로 이용된다. (×)
　→ 평야 지대는 하천 하류 지역에 발달한다.

⑤ 우리나라는 남서쪽이 북동쪽보다 높은 지형 구조가 나타난다. (×)
　→ 우리나라는 북동쪽이 남서쪽보다 높다.

6 우리나라의 화산 지형

제주도는 우리나라의 대표적인 화산 지형이 나타나는 지역이

다. ④ 화강암은 화산이 폭발하기 전에 땅속 깊은 곳에서 마그마가 서서히 식어서 생긴 암석이며, 제주도는 현무암으로 이루어진 지형이 많다.

쌍둥이 문제 2

우리나라의 화산 지형에 대한 설명으로 옳지 않은 것은?

① 제주도에는 크고 작은 오름이 많다.

② 제주도에는 화강암이 널리 분포한다.

③ 한라산 정상에는 화구호인 백록담이 있다.

④ 우리나라에서 가장 높은 산인 백두산은 화산 폭발로 형성되었다.

⑤ 독도와 울릉도는 점성이 높은 용암이 분출하여 형성된 화산섬이다.

해설 제주도는 화산 활동에 의해 형성된 섬이다. 지하에서 분출된 용암이 지표면에서 식으면서 섬의 대부분이 검고 구멍이 뚫린 현무암으로 덮게 되었다.　　　　　　　　　답②

4일 교과서 대표 전략 ❶				26~29쪽
1 ⑤	2 ⑤	3 ④, ⑤	4 ②	5 ⑤
6 ②	7 ⑤	8 ②	9 ⑤	10 ③
11 ⑤	12 ①	13 ④	14 ⑤	15 ③

1 지도의 특징

지도란 지표 위에 나타나는 현상을 일정한 비율로 줄여 평면 위에 약속된 기호나 색 등으로 표현한 것이다. 지도를 통해 인문환경과 자연환경을 모두 파악할 수 있다. 방위 표시가 없을 때는 지도의 위쪽이 북쪽이며, 기호는 지표면의 여러 가지 현상을 지도에 간단하게 표현한 것이다. 특별한 목적에 따라 필요한 내용만 상세하게 나타낸 지도는 주제도이다.

2 위도와 경도

위도는 적도를 기준으로 얼마나 북쪽 또는 남쪽에 있는지를 나타내는 수치로, 0°~90°의 범위를 지닌다. 경도는 본초 자오선을 기준으로 얼마나 동쪽 또는 서쪽에 있는지를 나타내는 수치로, 각각 0°~180°의 범위를 지닌다. 본초 자오선은 영국의 그리니치 천문대를 지나는 경선이다.

3 경도의 차이가 미치는 영향

본초 자오선에서 동쪽으로 갈수록 시간이 빨라지고 서쪽으로 갈수록 시간이 늦어지며 두 지역의 경도차가 커질수록 시차도 커진다. 런던의 동쪽에 위치한 시드니(+10), 서울(+9), 모스크바(+2)는 표준시가 빠르며 서쪽에 위치한 로스앤젤레스(−8), 리우데자네이루(−3)는 느리다.

4 위도에 따른 일사량 차이

위도가 낮은 적도 부근은 태양의 고도가 높아 일사량이 많지만, 고위도 지방으로 갈수록 태양의 고도가 낮아지면서 일사량도 감소한다. 그 결과 적도 부근에서 극지방으로 가면서 열대 기후, 온대 기후, 냉대 기후, 한대 기후가 나타난다.

자료 분석 위도에 따른 일사량 차이

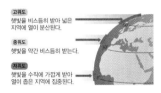

고위도
햇빛을 비스듬히 받아 넓은 지역에 열이 분산된다.

중위도
햇빛을 약간 비스듬히 받는다.

저위도
햇빛을 수직에 가깝게 받아 열이 좁은 지역에 집중된다.

적도 부근에서 극지방으로 갈수록 일사량이 줄어들어 연평균 기온이 낮아진다.

5 지리 정보 기술의 활용

지리 정보 기술이란 다양한 지리 정보를 수집하고 다루는 기술로, 지리 정보 시스템(GIS), 원격 탐사, 위성 위치 확인 시스템(GPS) 등이 있다. 지리 정보 기술은 스마트폰 등을 이용하여 길 찾기, 버스 도착 정보, 생활 정보 찾기, 도시 계획 수립 등 공공 부문과 민간 부문 모두에서 활발히 이용되고 있다.

6 세계의 기후 지역

A는 열대 기후, B는 건조 기후, C는 온대 기후, D는 냉대 기후, E는 한대 기후이다.

선택지 분석

① A: 겨울이 춥고 긴 반면, 여름은 짧다. (×)
　→ 냉대 기후로 D이다.

② B: 덥고 비가 적게 내리며 증발량이 강수량보다 많다. (○)

③ C: 몹시 춥고 강수량도 적어 나무가 자라지 못한다. (×)
　→ 한대 기후로 E이다.

④ D: 기온이 높고 강수량이 많아 덥고 습하다. (×)
　→ 열대 기후로 A이다.

⑤ E: 북부에 '타이가'라 불리는 침엽수림 지대가 나타난다. (×)
　→ 냉대 기후로 D이다.

7 열대 우림 기후 지역의 특징

열대 우림 기후 지역은 비가 많이 내려 토양의 양분이 쉽게 빠져나가 비옥하지 않고, 나무도 우거져 있어 농사를 짓기에 적합하지 않다. 그래서 밀림에 불을 질러 농경지를 만들고, 토양이 척박해지면 새로운 농경지를 만들기 위해 이동하는 이동식 화전 농업이 이루어진다. 카사바, 얌 등을 재배한다.

8 지중해성 기후 지역의 특징

유럽과 북아프리카의 지중해 연안, 미국 캘리포니아 일대, 오스트레일리아의 남서부 해안 등에 분포하는 지중해성 기후 지역은 여름이 매우 덥고 건조하고 겨울은 비교적 따뜻하고 습하다. 고온 건조한 여름철에는 올리브, 포도, 오렌지 등을 재배하는 수목 농업이 발달하였으며, 온난하면서도 비가 내리는 겨울철에 밀이나 보리를 재배하는 곡물 농업이 이루어진다.

9 서안 해양성 기후 지역의 특징

서부 유럽, 북아메리카의 북서 해안, 뉴질랜드 등에 분포하는 서안 해양성 기후 지역은 편서풍과 난류의 영향으로 연교차가 작다. 여름은 서늘하고 겨울은 따뜻하며 연중 강수량이 고르다.

더 알아보기 온대 기후 지역의 분포

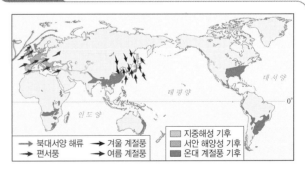

→ 북대서양 해류　→ 겨울 계절풍
→ 편서풍　→ 여름 계절풍

　지중해성 기후
　서안 해양성 기후
　온대 계절풍 기후

지중해성 기후는 지중해 연안을 비롯하여 남·북위 30°~40° 지역에 나타나며, 서안 해양성 기후는 지중해성 기후보다 대체로 고위도에 나타난다. 온대 계절풍 기후는 주로 대륙의 동안에서 나타난다.

10 건조 기후 지역

건조 기후 지역은 연 강수량 500mm 미만, 강수량보다 증발량이 많으며 기온의 일교차가 매우 크다. 연 강수량 250mm를 기준으로 사막 기후와 스텝 기후로 구분된다. 사막 기후 지역은 큰 일교차와 적은 강수량으로 인해 두꺼운 벽과 작은 창문을 가진 흙벽돌집 또는 흙집을 짓는다. 스텝 기후 지역 주민들은 유목 생활에 편리한 이동식 가옥을 짓고 산다.

11 툰드라 기후 지역

지도에 표시된 곳은 툰드라 기후 지역으로 위도 60° 이상의 고위도 지역과 고산 지대 등에 나타난다. 툰드라 기후 지역은 가장 따뜻한 달의 평균 기온이 10℃ 미만으로 기온이 너무 낮아 나무가 자라기 어려우며 영구 동토층이 분포한다. 가옥의 열기 때문에 영구 동토층이 녹아 붕괴되는 것을 막기 위해 고상 가옥을 짓는다.

12 산지 지형의 형성

(가)는 히말라야산맥, (나)는 안데스산맥에 위치한 신기 습곡 산지로 지각이 불안정해 지진 및 화산 활동이 활발하다. 고원은 해발 고도가 높은 곳에 있지만 지형의 높낮이가 크지 않고 평탄한 곳을 말한다. 대부분의 고원은 퇴적이나 침식으로 평탄하게 된 지층이 융기하여 형성되었다.

13 해안 지형의 형성

산호초는 산호가 죽거나 바닷 속 생물의 탄산칼슘 성분이 쌓여 만들어진 군체로, 깨끗하고 따뜻한 얕은 바다에서 잘 형성된다. 모래사장은 근처 하천에서 흘러온 모래가 파도에 의해 해안에 오랜 시간 퇴적되면서 만들어지는 지형이다.

14 해안 지역의 주민 생활

관광 산업의 발달로 주민들이 피해를 보는 일도 있다. 관광객의 증가로 교통 체증이 심해지고 범죄가 증가하기도 한다. 바다가 오염되어 녹조가 나타나기도 하며, 전통 건물 대신 관광 시설이 들어서고 외국 문화가 유입되면서 전통문화가 사라져 가기도 한다.

15 우리나라의 해안 지형

우리나라의 동해안은 수심이 깊고 해안선이 단조로우며 사빈(모래사장)과 석호 등이 발달했다. 서·남해안은 수심이 얕고 해안선이 복잡한 리아스 해안이며, 다도해와 갯벌이 발달했다.

4일 교과서 대표 전략 ❷
30~31쪽

1 ③	2 ②	3 ①	4 ⑤	5 ②
6 ⑤	7 ③	8 ⑤		

1 지도 읽기

목축업이 발달한 오스트레일리아의 소와 양의 분포를 점으로 나타낸 점묘도이다. 점이 밀집한 곳일수록 소와 양의 분포도 밀집해 있다. 오스트레일리아의 목축업은 강수량의 영향을 강하게 받는다.

2 경도의 차이가 미치는 영향

비행 시간은 13시간이고, 서울은 런던보다 9시간이 빠르다. 3월 4일 오후 8시(20시)+13시간+9시간=3월 5일 오후 6시(18시)로, 두 칸에 들어가는 숫자를 더하면 5+6=11이 된다.

3 온대 기후 지역

(가)는 서안 해양성 기후, (나)는 온대 계절풍 기후, (다)는 지중해성 기후를 나타낸다.

선택지 분석

① (가)는 연중 강수량이 고르다. (○)
② (가)는 (나)보다 7월 기온이 높다. (✕)
→ (나)의 7월 기온이 (가)보다 높다.
③ (가)는 (나)보다 기온의 연교차가 크다. (✕)
→ (나)의 연교차가 (가)보다 크다.
④ (나)는 (다)보다 여름철 강수량이 적다. (✕)
→ (다)는 세 기후 중 여름철 강수량이 가장 적다.
⑤ 여름철에 가장 습윤한 지역은 (다)이다. (✕)
→ (나)는 세 기후 중 여름철 강수량이 가장 많다.

4 이동식 화전 농업

열대 우림 기후 지역은 비가 많이 내려 토양의 양분이 쉽게 빠져나가 비옥하지 않고, 나무도 우거져 있어 농사를 짓기에 적합하지 않다. 그래서 밀림의 나무를 태워 경지를 확보한 후 얌, 카사바, 옥수수 등의 작물을 재배한다.

5 사막 기후와 스텝 기후 지역

(가)는 사막 기후 지역, (나)는 스텝 기후 지역의 사진이다.

더 알아보기 사막 기후와 스텝 기후

구분	사막 기후	스텝 기후
분포	남·북 회귀선, 대륙의 내부	사막을 둘러싼 지역
강수량	연 강수량 250mm 미만	연 강수량 250~500mm
의복	온몸을 감싸는 헐렁한 옷	가죽이나 털로 만든 옷
가옥	흙집, 흙벽돌집	이동식 가옥
농목업	오아시스 농업	유목 생활

6 산지 지형의 형성

(가)는 고기 습곡 산지, (나)는 신기 습곡 산지를 나타낸다.

더 알아보기 고기 습곡 산지와 신기 습곡 산지

구분	고기 습곡 산지	신기 습곡 산지
특징	오랜 침식으로 해발 고도가 낮고 경사가 완만함.	형성 시기가 오래되지 않아 해발 고도가 높고 험준함.
대표 산맥	우랄산맥, 애팔래치아산맥, 스칸디나비아산맥 등	히말라야산맥, 안데스산맥, 알프스산맥, 로키산맥 등

7 해안 지형의 형성

(가)는 해안 절벽, (나)는 모래사장이다. ③ 조류의 작용으로 미세한 흙이 퇴적되어 형성된 지형은 갯벌이다.

더 알아보기 암석 해안의 형성 과정

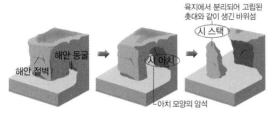

암석 해안에는 파랑의 침식 작용으로 형성된 해안 절벽인 해식애, 해안 동굴, 아치 모양의 시 아치, 육지와 분리된 암석 기둥인 시 스택 등이 만들어진다.

8 제주도의 자연 경관

(가) 지역은 제주도이다. 세계 자연 유산으로 등재된 제주도에서는 다양한 화산 지형을 볼 수 있다. 용암이 흐를 때 겉과 속이 식는 속도가 달라 만들어진 용암동굴, 용암이 굳으며 다각형의 기둥 모양으로 쪼개진 주상절리, 큰 화산의 사면에서 분출하여 형성된 작은 화산인 오름, 용암이 분출한 분화구에 물이 고여서 형성된 화구호 등이 대표적이다.

누구나 합격 전략 `32~33쪽`

1 ⑤	2 ⑤	3 ④	4 ④	5 ①
6 ②	7 ①	8 ③		

1 우리나라의 위치

세계 규모에서의 위치 표현은 대륙과 해양을 이용하여 표현할 수 있다. 이보다 정확한 위치를 나타내고자 할 때는 위도와 경도를 이용할 수 있다.

2 경도와 위도의 차이가 인간 생활에 미치는 영향

국토가 동서로 넓은 국가는 여러 개의 표준 경선에 걸치므로 다수의 표준시를 사용하기도 한다. 러시아는 동쪽 끝에서 서쪽 끝까지가 약 8,000km에 달하며, 총 11개의 시간대를 사용한다.

3 세계의 기후 지역

A는 열대 기후, B는 건조 기후, C는 온대 기후, D는 냉대 기후, E는 한대 기후이다. 겨울이 춥고 길며 기온의 연교차가 크고 '타이가'라 불리는 침엽수림 지대가 분포하는 기후는 냉대 기후 지역이다.

4 열대 우림 기후 지역의 주민 생활

열대 우림 기후에서는 지면에서 올라오는 뜨거운 열기 및 습기를 막고, 해충이나 짐승의 침입을 피하기 위해 땅에서 높이 띄워 짓는 고상 가옥을 볼 수 있다.

5 툰드라 기후 지역의 주민 생활

툰드라 기후 지역의 주민 생활에 대한 글이다. 툰드라는 '나무가 없는 땅'이라는 뜻으로, 툰드라 기후 지역은 가장 따뜻한 달의 평균 기온이 10℃ 미만으로 기온이 너무 낮아 나무가 자라지 못한다.

6 온대 기후 지역의 주민 생활

온대 계절풍 기후는 사계절이 뚜렷하며, 여름은 바다에서 불어오는 계절풍의 영향으로 고온 다습하고 겨울은 대륙에서 불어오는 계절풍의 영향으로 한랭 건조하다. 또한 기온의 연교차가 매우 큰 대륙성 기후가 나타나며, 여름철에 강수량이 집중한다. 여름철 기온이 높고 강수량이 많아 벼농사가 주로 이루어진다.

7 갯벌

갯벌은 조류(밀물과 썰물)의 퇴적 작용으로 미세한 흙이 퇴적되어 형성된 지형이다. 주로 염전, 양식장 등으로 이용된다. 최근에는 환경에 대한 관심이 높아지며 생태계의 보고, 오염 물질 정화, 자연재해 감소 등의 역할로 주목받고 있다.

8 우리나라의 자연 경관

우리나라의 지형은 동고서저의 형태로 동쪽이 높고 서쪽으로 갈수록 낮은 특징이 나타난다. 따라서 대부분의 큰 하천은 황해나 남해로 흘러들어 가며, 황해로 흘러드는 하천은 길이가 길고 경사가 완만하다.

> **자료 분석** 우리나라의 동고서저 지형

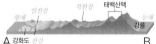

A-B의 단면을 살펴보면 태백산맥이 동쪽으로 치우쳐 솟아 있어 서쪽인 A로 갈수록 경사가 완만해지고 동쪽인 B로 갈수록 경사가 급해지는 것을 알 수 있다. 오랫동안 침식을 받아 완만해진 땅이 동쪽으로 치우쳐 힘을 받아 융기하여 동고서저 지형이 형성되었다.

> ### 창의·융합·코딩 전략   34~37쪽
>
> **1** ③   **2** ④   **3** ③   **4** ③   **5** ③
>
> **6** ⑤   **7** ⑤   **8** ②

1 우리나라의 위치

아시아 대륙 동쪽에 위치한 우리나라는 태평양과 접하고 있으며 북위 33°~43°, 동경 124°~132° 사이에 위치하고 있다. 북쪽으로는 러시아와 중국, 서쪽으로 중국, 남쪽으로는 일본에 둘러싸여 있다.

2 지리 정보 시스템(GIS)

강가에 위치하고 학교에서 가까우며 바로 옆에 과수원이 있는 조건을 모두 만족시키는 곳은 ④이다.

3 열대 우림 기후 지역

서안 해양성 기후 지역에서 곡물 재배와 가축 사육을 함께 하는 것은 혼합 농업이다. 이를 지우고 남는 글자를 조합하여 만들 수 있는 (가)는 플랜테이션이다. 플랜테이션은 열대 우림 기후 지역에서 원주민의 노동력과 선진국의 자본과 기술이 결합하여 천연고무, 카카오, 바나나 등의 상품 작물을 대규모로 재배하여 수출하는 농업을 말한다.

> **오답 피하기** ④는 이동식 화전 농업에 대한 설명이다.

4 지중해성 기후 지역

지중해성 기후는 여름이 고온 건조하고 겨울은 온난 습윤하다. 여름철에는 오렌지, 포도, 올리브 등을 재배하는 수목 농업이 이루어지고, 겨울철에는 밀과 보리 등을 재배하는 곡물 농업이 이루어진다. 서안 해양성 기후는 여름에 서늘하고 겨울에 온화하며 연중 강수량이 고르기 때문에 혼합 농업이 이루어진다. 온대 계절풍 기후는 계절풍에 따라 기후가 달라지며, 여름(8월)과 겨울(1월)의 기온과 강수량의 차이가 크다.

5 사막 기후 지역

사막 기후 지역의 여행 상품 광고 전단지이다. 사막 기후 지역은 연 강수량이 250mm 미만으로 강수량보다 증발량이 커서 식물이 자랄 수 없어 넓은 사막이 나타난다. 사막 지역에서는 흙을 이용하여 흙집이나 흙벽돌집을 짓는데, 일교차를 조절하고 뜨거운 바람을 막기 위해 벽을 두껍게 만들고 창문을 작게 낸다. 또한 건물을 다닥다닥 붙여서 지으며, 비가 거의 오지 않아 가옥의 지붕을 평평하게 한다. 이 지역에서는 모래바람과 뜨거운 햇볕으로부터 몸을 보호하기 위해 헐렁한 옷으로 온몸을 감싼다.

> **더 알아보기** 사막 기후의 흙집(흙벽돌집)
>
>
>
> 사막 기후 지역 사람들은 주변에서 쉽게 구할 수 있는 흙으로 흙집이나 흙벽돌집을 짓는다. 기온의 일교차가 큰 사막에서는 한낮에는 더위를 피하고 밤에는 추위를 막기 위해 벽을 두껍고 창문을 작게 만든다. 또한 그늘이 생기도록 건물을 다닥다닥 붙여서 지으며, 비가 거의 오지 않아 가옥의 지붕을 평평하게 만든다.

6 신기 습곡 산지

히말라야산맥을 보여주고 있다. 히말라야산맥은 대표적인 신기 습곡 산지로, 형성 시기가 오래되지 않아 해발 고도가 높고 험준하며 인도판이 유라시아 판을 밀어 올리면서 형성되었다.

쌍둥이 문제 3

다음 사진의 지역에 대한 설명으로 옳지 않은 것은?

▲ 스위스 마터호른   ▲ 네팔 마차푸차레산

① 지각이 안정되어 있다.

② 형성 시기가 오래되지 않았다.

③ 지진 및 화산 활동이 활발하다.

④ 해발 고도가 높고 경사가 급하다.

⑤ 히말라야산맥, 알프스산맥이 대표적이다.

[해설] 히말라야산맥, 알프스산맥, 안데스산맥, 로키산맥 등의 신기 습곡 산지는 형성 시기가 오래되지 않아 해발 고도가 높고 경사가 급하다. 지각이 불안정하여 지진 및 화산 활동이 활발하다.

답 ①

7 해안 지형의 형성

(가)는 해안 절벽, (나)는 모래사장을 나타낸다. 해안 절벽은 바위가 오랜 시간 동안 파랑에 의해 침식된 결과로 바다로 돌출된 곳에서 잘 형성된다. 모래사장은 모래가 파랑에 의해 오랜 시간 퇴적되면서 만들어진 지형으로 바다가 육지로 들어간 만에서 잘 형성된다.

선택지 분석

① (가)는 주로 해수욕장으로 이루어졌다. (×)
→ (가)는 주로 암석 해안으로 해안 절벽, 시 아치, 시 스택 등이 발달한다.

② (가)는 파랑의 퇴적에 의해 만들어졌다. (×)
→ (가)는 파랑의 침식에 의해 형성된다.

③ (나)는 바다 쪽으로 돌출한 해안에서 잘 형성된다. (×)
→ (나)는 바다가 육지로 들어간 만에서 잘 형성된다.

④ (나)는 주로 모래가 파랑에 의해 침식되면서 만들어졌다. (×)
→ (나)는 파랑의 퇴적 작용으로 만들어진 모래사장(사빈)이다.

⑤ (가)는 바위가 오랜 시간 동안 파도에 의해 침식된 결과로 나타난다. (○)

8 우리나라의 지형

우리나라는 동쪽이 높고 서쪽이 낮은 동고서저 지형으로, 대부분의 하천은 서해와 남해로 흘러간다. 동해로 흐르는 하천은 많지 않은데, 길이가 짧고 경사가 급한 것이 특징이다. 서·남해안은 해안선이 복잡한 리아스 해안으로 서해안은 조차가 커 갯벌이 발달하였고, 남해안은 다도해가 발달하였다. 동해안은 해안선이 단조로우며 깊은 바다와 넓은 모래사장을 볼 수 있다.

2주 IV. 다양한 세계, 다양한 문화 ~ VI. 자원을 둘러싼 경쟁과 갈등

1일 개념 돌파 전략 ❶ 40~43쪽

3강_문화와 문화 지역~자연재해의 발생
1-2 ③　　　**1-2** ④　　　**1-3** ⑤

4강_자연재해와 주민 생활~신·재생 에너지
1-2 ㉠ 홍수 ㉡ 사막화　　**2-2** ②　　**2-3** ③

3강_문화와 문화 지역~자연재해의 발생

1-2 세계의 문화 지역
아프리카 문화 지역은 사하라 사막의 남쪽 지역에서 나타나는 문화 지역이다. 이 지역은 부족 중심의 생활을 하고, 원시 종교의 영향을 받았으며, 유럽의 식민 지배를 받았다.

2-2 문화 전파와 세계화
커피, 청바지, 패스트푸드 등은 한 지역의 문화적 특성이 다른 지역에서도 같거나 비슷하게 나타나거나 전 세계적으로 같은 문화를 공유하는 현상인 문화 획일화의 사례에 해당한다.

3-2 자연재해의 발생
열대 저기압은 열대 지역의 해상에서 발생하여 중위도 지역으로 이동하면서 강한 바람과 많은 비를 동반하는 저기압을 말한다.

4강_자연재해와 주민 생활~신·재생 에너지

1-2 자연재해와 주민 생활
무분별한 개발, 하천 직선화, 지구 온난화 등 인간 활동에 의해 홍수 피해가 증가하고 있다. 오랜 가뭄, 과도한 농경지 개간과 방목, 무분별한 삼림 벌채 등 인간 활동에 의해 사막화 피해도 증가하고 있다.

2-2 자원 분포와 자원을 둘러싼 갈등
석유는 세계에서 가장 많이 사용하는 에너지 자원이다. 석유는 서남아시아의 페르시아만 지역에 많이 매장되어 있는데, 지역적으로 불균등하게 분포하여 국제 이동량이 많다. 주요 수출국은 사우디아라비아, 러시아, 아랍 에미리트 등이고, 주요 수입국은 경제 발전 수준이 높거나 공업이 발달하여 자원 소비량이 많은 미국, 중국, 인도, 일본 등이다.

3-2 신·재생 에너지
판의 경계에 위치하여 지각 운동이 활발한 지역에서 지열을 이용하여 에너지를 생산하고 있다.

1일 개념 돌파 전략 ❷ 44~45쪽

1 ④　　**2** ③　　**3** ②　　**4** ②　　**5** ④　　**6** ③

1 세계의 문화 지역
앵글로아메리카 문화 지역은 영어를 사용하며, 다양한 인종으로 구성되어 있다. 또한 산업이 발달되어 있고 크리스트교(개신교)를 믿는 지역이다. A는 유럽 문화 지역, B는 아프리카 문화 지역, C는 동아시아 문화 지역, D는 앵글로아메리카 문화 지역, E는 라틴 아메리카 문화 지역이다.

2 문화 전파와 세계화
세계화된 문화가 지역의 문화와 융합되어 지역의 특성이 반영된 새로운 문화를 형성하는 것을 문화의 다양화(문화 융합)이라고 한다. 햄버거는 세계화 과정에서 지역별로 개성 있는 햄버거가 등장하게 되었다.

3 자연재해의 발생
산불은 가뭄으로 인한 피해이다.

자료 분석 열대 저기압

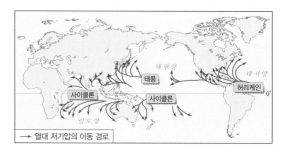

의미	열대 지역의 해상에서 발생하여 중위도 지역으로 이동하는 저기압
발생 지역	열대 해상(수온이 높아 대기가 따뜻하여 공기 중에 수증기가 많음.)
특징	• 피해: 강한 바람으로 선박과 건물 등 파손, 집중 호우로 홍수 및 산사태 발생, 해일이 발생하여 해안 저지대 침수 등 • 주민 생활: 예보 체계 구축, 제방이나 시설물 관리, 습지(갯벌) 보존

4 자연재해와 주민 생활

친구가 살고 있는 지역은 작년 겨울에 폭설이 내렸음을 알 수 있다. 폭설이 발생하는 지역에서는 태백산 눈 축제나 스키와 같은 겨울 스포츠가 발달한다. 일본의 삿포로나 캐나다의 퀘벡처럼 눈을 활용한 축제를 여는 등 관광 산업이 발전하고 있다.

5 자원 분포와 소비

A 자원은 석유, B 자원은 석탄에 해당한다. 석유는 세계에서 가장 많이 사용하는 에너지 자원으로, 서남아시아의 페르시아만 지역에 많이 매장되어 있는데, 지역적으로 불균등하게 분포하여 국제 이동량이 많다. 석탄은 산업 혁명 시기에 영국에서 제철 공업의 원료로 본격적으로 사용되고, 화력 발전의 연료로 이용되었다. 석탄은 전세계적으로 고르게 분포하고 있다.

> **자료 분석** **석유와 석탄**

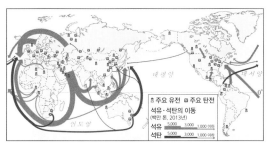

석유	• 분포: 지역적으로 편재 → 서남아시아의 페르시아만 지역 • 이동: 국제적 이동량이 많음.(생산지와 소비지가 다름.) • 특징: 세계에서 가장 많이 사용되는 에너지 자원, 에너지 생산, 운송 수단의 연료, 공업 제품의 원료로 이용
석탄	• 분포: 전 세계적으로 비교적 고르게 분포 • 이동: 국제적 이동량이 적음. • 특징: 산업 혁명기에 영국에서 제철 공업의 원료로 본격적으로 사용, 화력 발전의 연료로 이용

6 신·재생 에너지

현재 가장 많이 이용되는 에너지 자원은 석유, 석탄, 천연가스 등의 화석 연료이다. 신재생 에너지는 세계에 비교적 고르게 분포하고 있다.

> **더 알아보기** **신·재생 에너지의 장점과 단점**

장점	고갈되지 않음, 화석 연료의 의존도 낮춤, 오염 물질 배출이 적어 환경친화적임, 지구상에 비교적 고르게 분포함.
단점	저장·수송, 대량 생산이 어려움, 초기 개발 비용이 많이 들어 경제성이 낮음, 자연환경의 영향을 많이 받음.

2일 **필수 체크 전략 ❶**　　　　　46~49쪽

1-1 ①	1-2 ④	2-1 ④	2-2 ④
3-1 ②	3-2 ⑤	4-1 ②	4-2 ⑤

1-1 자연환경에 따른 지역 차

건조 기후 지역의 가옥 재료는 흙이며, 벽을 두껍게 하고 창문을 작게 만든다. 열대 기후 지역의 가옥 재료는 나무이며, 뜨거운 열기와 습기를 차단하기 위해 고상 가옥을 짓는다.

1-2 종교에 따른 지역 차

이슬람교 지역에서는 둥근 지붕과 뾰족한 탑으로 이루어진 모스크가 있고, 돼지고기나 술을 먹지 않고 할랄 식품만 먹는다. 힌두교 지역에서는 지역마다 다른 신을 모시는 사원을 볼 수 있으며, 소를 신성시하여 쇠고기를 먹지 않고, 여성들은 사리를 입는다. 제시된 지도의 A는 불교, B는 크리스트교, C는 이슬람교, D는 힌두교, E는 기타에 해당한다.

2-1 문화의 공존 지역

스위스는 독일어, 프랑스어, 이탈리아어, 레토로망스어를 공용어로 사용하여 다양한 언어가 공존하는 대표적인 지역이다.

> **더 알아보기** **문화의 공존 지역**

스위스	독일어, 프랑스어, 이탈리아어, 레토로망스어를 공용어로 사용
동남아시아	• 해상 교통의 요충지로 다양한 문화 유입 • 싱가포르, 말레이시아: 서로 다른 언어, 민족, 종교 공존
인도	힌두어를 포함한 여러 개의 공용어 사용
미국	원주민, 백인, 흑인, 아시아와 라틴 아메리카 이주민 등 다양한 인종과 민족이 어울려 살고 있음.

2-2 문화의 갈등 지역

벨기에는 네덜란드어를 쓰는 북부 지역과 프랑스어를 쓰는 남부 지역 간 갈등이 나타나고 있는 지역이다.

> **더 알아보기** **문화 갈등 지역**

언어	• 벨기에: 네덜란드어를 사용하는 북부 지역과 프랑스어를 사용하는 남부 지역 간 갈등 • 캐나다 퀘벡주: 프랑스어를 공용어로 사용하는 퀘벡주의 분리 독립 요구
종교	• 카슈미르: 힌두교(인도)와 이슬람교(파키스탄) 간 갈등 • 팔레스타인: 유대교와 이슬람교 간 갈등

3-1 지각 운동에 의한 자연재해

제시된 지도는 지진과 화산 활동 발생 지역을 나타낸 것이다. 지진은 지구 내부의 에너지가 지표면으로 전달되어 땅이 갈라지고 흔들리는 현상이다. 화산 활동은 지하 깊은 곳의 마그마가 지각의 약해진 틈을 따라 지표면 위로 분출하는 현상이다. 지진이나 화산 활동이 바다 밑에서 일어나면 해수면이 급격히 상승하여 바닷물이 육지로 밀려 오는 지진 해일이 발생하기도 한다.

자료 분석 지진과 화산 활동의 발생 지역

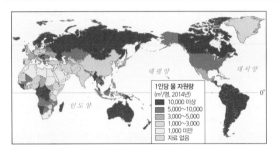

지진과 화산 활동은 지각판이 서로 충돌하거나 분리될 때 나타나므로 주로 지각판의 경계에서 발생한다.

3-2 기상 현상에 의한 자연재해

홍수는 비가 짧은 시간 동안 많이 내리거나 장기간 지속적으로 내리면서 발생한다. 또 겨울철에 내린 눈이 봄철에 한꺼번에 녹으면서 하천의 유량이 많아질 때 발생하기도 한다. 오랜 기간 비가 내리지 않으면 가뭄이 발생한다. 가뭄은 다른 자연재해보다 피해 범위가 넓으며, 천천히 발생하고 오랜 시간에 걸쳐 피해를 준다. 가뭄으로 인한 피해는 주로 사막 주변 지역에서 발생한다.

4-1 자연재해와 주민 생활

열대 저기압이 우리에게 늘 피해만 주는 것은 아니다. 열대 저기압은 많은 비를 동반하여 무더위를 식혀 주고 가뭄을 해결해 주기도 한다. 또한 바닷물을 순환시켜 적조 현상을 완화해 주고, 지구의 열 균형을 유지해 준다.

4-2 자연재해와 주민 생활

화산 활동이 활발한 지역에서는 화산이 폭발하면서 분출한 화산재가 쌓여 비옥해진 토양을 이용하여 농업 활동을 한다. 또한 지하의 열을 이용한 지열 발전으로 전력을 생산하며, 온천과 화산 지형을 이용한 관광 산업이 이루어지고, 유황 채취가 이루어지기도 한다. 지진이 활발한 지역에서는 내진 설계 의무화, 지진 대비 훈련 실시 등을 한다.

2일 필수 체크 전략 ❷   50~51쪽

1 ①   2 ②   3 ③   4 ②   5 ③   6 ③

1 세계의 문화 지역

A는 유럽 문화 지역, B는 아프리카 문화 지역, C는 동아시아 문화 지역, D는 앵글로아메리카 문화 지역, E는 라틴 아메리카 문화 지역이다. 일찍 산업화가 진행되었고 크리스트교를 믿는 곳은 유럽 문화 지역이다.

더 알아보기 세계의 문화 지역

문화 지역	특징
유럽	크리스트교, 일찍 산업화
건조(아랍)	이슬람교, 아랍어, 유목, 오아시스 농업
아프리카	유럽의 식민 지배, 원시 종교, 부족 중심 생활
인도	불교와 힌두교의 발상지, 다양한 종교와 언어
동아시아	벼농사, 유교, 불교, 한자, 젓가락 문화 등
동남아시아	벼농사, 인도와 중국의 영향, 다양한 종교
오세아니아	유럽인이 개척한 지역, 원주민 문화, 영어 사용
앵글로아메리카	크리스트교(개신교), 일찍 산업화, 영어 사용
라틴 아메리카	남부 유럽의 영향, 에스파냐어, 포르투갈어, 크리스트교(가톨릭교), 원주민·백인·흑인·혼혈족으로 구성
북극	순록 유목, 추운 기후에 적응한 생활 양식

2 세계의 문화 지역

북극 문화 지역은 북극해 연안의 툰드라 지역을 중심으로 형성되었으며, 추운 기후에 적응한 독특한 생활 양식이 나타난다. 주민들은 순록을 유목하며, 추운 기후에 대비해 두꺼운 털옷을 입는다.

3 문화 전파와 세계화

인도 화폐의 다양한 언어를 나타낸 자료이다. 인도 연방 정부에서 인정한 공용어인 힌디어와 영어 이외에도 각 주에서 사용하는 15개의 언어가 지폐 한 장에 표기되어 있다. 인도는 자국의 언어 상황을 현실적으로 받아들이고 자국 내의 많은 언어가 충돌 없이 공존하는 방안을 마련하였다. 스위스, 싱가포르, 말레이시아, 인도 등 많은 국가에서 문화 공존 사례를 볼 수 있다.

4 문화 전파와 세계화

카슈미르 지역은 힌두교(인도)와 이슬람교(파키스탄) 간 종교 갈등이 일어나고 있는 지역이다. 벨기에는 네덜란드어를 사용하는 북부 지역과 프랑스어를 사용하는 남부 지역 간에 언어 갈등이 나타나고 있다. 캐나다의 퀘벡주는 프랑스어를 공용어로 사용하는 퀘벡주가 분리 독립을 요구하면서 언어 갈등이 나타나고 있다.

5 자연재해와 주민 생활

홍수는 비가 짧은 시간 동안 많이 내리면서 발생한다. 또 겨울철에 내린 눈이 봄철에 한꺼번에 녹으면서 하천의 유량이 많아질 때 발생하기도 한다. 홍수가 발생하면 농경지, 가옥, 도로 등의 침수 및 산사태 발생으로 많은 재산과 인명 피해를 입는다. ⓒ 용수 부족은 가뭄 때 발생하는 피해이다.

6 자연재해와 주민 생활

열대 저기압이 우리에게 늘 피해만 주는 것은 아니다. 열대 저기압은 무더위를 식혀 주고 가뭄을 해결해 주기도 한다. 또한 바닷물을 순환시켜 적조 현상을 완화해 주고, 지구의 열 균형을 유지해 준다.

3일 필수 체크 전략 ❶ 52~55쪽

1-1 ⑤	1-2 ③	2-1 ②	2-2 ⑤
3-1 ④	3-2 ③	4-1 ④	4-2 ③

1-1 인간 활동에 의한 홍수 피해 증가

삼림 지역은 빗물이 땅속으로 스며들어 하천으로 유입되는 양이 많지 않다. 그러나 도시 지역은 빗물이 땅속으로 잘 흡수되지 못하고, 대부분 땅 위로 흘러 한꺼번에 하천으로 유입되기 때문에 홍수의 발생 위험이 커진다.

자료 분석 도시화에 따른 빗물의 흡수율 비교

▲ 삼림 지역　　　　　　▲ 도시 지역

도시화에 따라 녹지 면적이 줄어들고 포장 면적이 증가하면서 하천으로 곧장 유입되는 빗물의 양이 많아져 홍수 발생 위험이 커진다.

1-2 인간 활동에 의한 사막화 피해 증가

제시된 세 지역은 인간의 활동에 의해 사막화 피해가 증가하고 있는 지역들이다. 사막화에 의한 피해를 줄이기 위해 지나친 방목과 경작을 규제하고, 숲과 초지를 조성하거나 물 자원을 확보하기 위해 노력하고 있다. ③ 배수 시설 정비는 홍수를 대비하는 방법이다.

2-1 자원의 특성

우리가 일상생활에서 사용하는 자원은 대부분 매장량이 한정되어 있는데, 이러한 특성을 자원의 유한성이라고 한다. 가채 연수는 어떤 자원의 확인된 매장량을 그해의 연간 생산량으로 나눈 값을 말하는데, 자원의 매장량이 한정되어 있다는 것을 알 수 있다.

오답 피하기 ⑤ 사람들이 필요로 하거나 원하는 것에 비해 이를 충족해 줄 자원이 한정되어 있기 때문에 자원의 희소성이 발생한다.

2-2 자원의 소비와 분포

제시된 지도는 석유의 분포와 이동을 나타낸다. 석유는 세계에서 가장 많이 사용하는 에너지 자원이다. 석유는 서남아시아의 페르시아만 지역에 많이 매장되어 있는데, 지역적으로 불균등하게 분포하여 국제 이동량이 많다. ㄱ, ㄴ에 해당하는 자원은 석탄이다.

3-1 자원을 둘러싼 갈등

A는 카스피해이다. 카스피해는 석유와 천연가스가 풍부하게 매장되어 있어, 카스피해 연안 국가들은 자국의 이익에 따라 이곳을 바다로 볼 것인지, 호수로 볼 것인지를 놓고 대립하고 있다.

자료 분석 카스피해의 에너지 자원 분쟁

카스피해에는 대규모의 석유와 천연가스가 매장되어 있다. 따라서 카스피해 연안에 위치한 러시아, 아제르바이잔, 이란, 투르크메니스탄, 카자흐스탄은 카스피해의 더 많은 지역을 차지하기 위하여 대립하고 있다.

3-2 자원 개발과 주민 생활

나이지리아(C)에 대한 설명이다. A는 노르웨이, B는 시에라리온, D는 오스트레일리아, E는 미국이다.

4-1 신·재생 에너지

신·재생 에너지는 초기 개발 비용이 많은 드는 에너지이다.

4-2 신·재생 에너지

제시된 사진은 시화호 조력 발전소의 모습이다. 서해안의 밀물과 썰물의 차이를 이용하여 전력을 생산하고 있다. 조력 발전은 주로 밀물과 썰물의 차이가 큰 해안 지역에 건설된다.

선택지 분석

① 지각 운동이 활발한 지역이다. (×)
→ 이같은 지역은 지열 에너지 생산에 유리하다.

② 화산 활동이 활발한 지역이다. (×)
→ 이같은 지역은 지열 에너지 생산에 유리하다.

③ 밀물과 썰물의 차이가 큰 지역이다. (○)

④ 일사량이 많고 비가 적게 내리는 지역이다. (×)
→ 이같은 지역은 태양열 에너지 생산에 유리하다.

⑤ 강한 바람이 지속적으로 부는 해안 지역이다. (×)
→ 이같은 지역은 풍력 에너지 생산에 유리하다.

더 알아보기 조력 발전

개발 조건	밀물과 썰물의 차이가 큰 해안 지역
효과	규칙적 전력 생산, 일자리 창출, 관광 산업에 활용, 방조제를 교통로로 이용
문제점	갯벌 및 해양 생태계 파괴로 어획량 감소

3일 필수 체크 전략 ❷ 56~57쪽

1 ⑤   2 ③   3 ③   4 ①   5 ③   6 ④

1 인간 활동에 의한 사막화 피해 증가

사막화는 사막 주변의 초원 지대가 인간의 지나친 개발과 오랜 가뭄으로 사막과 같이 농사를 지을 수 없는 황폐해진 땅으로 변하는 현상을 말한다. 가축에 대한 수요가 증가함에 따라 농경지와 목축지가 지나치게 확대되었다. 결국 기존의 삼림과 초원은 파괴되었고, 계속되는 가뭄으로 토지가 황폐해지는 사막화 현상이 더욱 심해지게 되었다. 최근에는 지구 온난화로

극심한 가뭄이 오랜 기간 지속되면서 사막화가 더욱 심해지고 있다. 사막화로 인한 피해는 아프리카의 사헬 지대, 중국 내륙 지역 등에서 발생하고 있다.

2 자원의 특성

(가)는 문화적 자원으로 예술, 종교, 전통 등이 해당된다. 천연 자원에는 석유, 태양열, 천연가스 등이 해당된다. 노동력, 기술, 창의성 등은 인적 자원에 해당된다.

3 식량 자원의 소비와 분포

A는 쌀, B는 밀이다. 쌀은 고온 다습한 아시아 계절풍 기후 지역에서 재배되며, 밀은 서늘하고 비교적 건조한 지역에서도 잘 자라 전 세계적으로 재배되고 있다. ③ 밀의 재배 면적이 쌀보다 넓게 나타난다.

자료 분석 쌀과 밀의 분포와 이동

A 쌀은 대체로 생산지에서 소비되기 때문에 국제적 이동량이 적고, B 밀은 소비지가 널리 분포하기 때문에 국제적 이동량이 많다.

4 자원을 둘러싼 갈등

지도에 표시된 하천들은 나일강, 요르단강, 티그리스·유프라테스강, 갠지스강, 메콩강 등의 국제 하천들이다. 국제 하천은 모두 국가 간의 국경을 이루거나 여러 국가를 거쳐서 흐르는 하천으로, 상류에 있는 국가와 하류에 있는 국가 사이에 갈등이 발생하고 있다.

5 자원 개발과 주민 생활

미국, 노르웨이, 오스트레일리아, 아랍 에미리트 등은 풍부한 천연자원을 이용하여 산업을 발달시키거나 다른 국가에 자원을 수출하여 소득을 벌어들이면서 경제 발전을 이룬 국가들이다.

6 신·재생 에너지

환태평양 조산대에 있는 뉴질랜드는 많은 전력을 지열 발전을 이용하여 생산하고 있다.

1 ④	**2** ④	**3** ②	**4** ④	**5** ③
6 ①	**7** ④	**8** ④	**9** ④	**10** ③
11 ②	**12** ③	**13** ①	**14** ②	

1 문화

수행 평가지의 정답은 1-○, 2-×, 3-×, 4-×로 위 평가지를 제출한 학생은 1, 3, 4번만 맞추어 3점을 받게 된다. 문화는 인간과 환경이 상호 작용하면서 형성된 의식주, 언어, 종교, 사고 방식 등과 같은 공통된 생활 양식을 말한다. 문화는 다른 자연 환경뿐만 아니라 경제적·사회적 환경에 영향을 받아 지역마다 서로 다른 다양한 문화가 나타난다. 문화는 다른 지역과의 문화 교류를 통해 변화하는 속성을 가진다.

2 문화 지역

한국, 중국, 일본을 포함하는 동아시아 문화 지역은 벼농사를 짓고 유교와 불교가 발달하였다. 한자를 쓰며 젓가락을 사용하는 공통점을 지니고 있다.

3 종교에 따른 문화경관 차이

종교에 따른 생활 관습은 주민 생활에 공통성을 부여하며, 사회 체제를 유지하는 데에도 큰 영향을 미친다. 또한 종교 때문에 주변과는 다른 독특한 문화 경관이 나타나기도 한다.

4 문화 변용

우리나라의 전통차와 서양의 커피 전문점 서비스 방식이 결합하여 탄생한 전통차 포장 구매 전문점은 두 문화가 만나 새로운 문화가 만들어지는 것이므로 문화 융합의 사례에 해당한다.

> **더 알아보기** 문화 변용의 종류
>
> | 종류 | 내용 |
> |---|---|
> | 문화 공존 | 서로 다른 문화가 함께 존재함.
예 우리나라의 종교 |
> | 문화 동화 | 하나의 문화는 남고 다른 문화는 사라짐.
예 우리나라 세로쓰기 → 가로쓰기 |
> | 문화 융합 | 두 문화가 만나 새로운 문화가 만들어짐.
예 돌침대(온돌+침대) |

5 자연재해의 종류

지각 운동으로 인해 발생하는 자연재해에는 화산, 지진, 지진 해일이 있다.

6 열대 저기압

제시된 지도는 열대 저기압의 주요 발생 지역을 나타낸다. 열대 저기압은 열대 지역의 해상에서 발생하여 중위도 지역으로 이동하는 저기압을 말하며, 강한 바람과 비를 동반하기 때문에 큰 피해를 가져온다. 그러나 더위를 식히고 가뭄을 해소해 주며, 바닷물을 순환시켜 적조를 완화해 주기도 한다.

> **선택지 분석**
>
> ① 열대 지역의 바다에서 형성된다. (○)
>
> ② 땅이 메마르고 물이 부족해진다. (×)
> → 가뭄으로 인한 피해이다.
>
> ③ 중위도 바다에서 저위도로 이동한다. (×)
> → 적도 부근의 저위도 바다에서 중위도로 이동한다.
>
> ④ 바닷물을 순환시켜 적조 현상을 심화시킨다. (×)
> → 바닷물을 순환시켜 적조를 완화해 준다.
>
> ⑤ 발생 지역과 관계없이 하나의 이름으로 불린다. (×)
> → 열대 저기압은 발생 지역에 따라 태풍, 사이클론, 허리케인 등의 이름으로 불린다.

7 지각 운동에 의한 재해 발생 지역

A는 알프스·히말라야 조산대, B는 환태평양 조산대로 지진과 화산 활동이 활발한 지역이다. 내진 설계를 하여 건물을 짓고, 평상시에도 지진 대피 훈련을 하며, 화산 지형을 관광 자원으로 활용하기도 한다.

8 인간 활동에 의해 증가하는 홍수 피해

ㄹ은 옳지 않은 내용이다. 비가 내릴 때, 숲이나 늪지인 지역에 비해 콘크리트와 아스팔트로 덮인 도시 지역은 하수도를 통해 하천으로 바로 흘러들어가는 빗물의 양이 많아진다.

9 홍수 피해를 줄이기 위한 노력

제시된 사진은 홍수로 인해 도로가 물에 잠긴 피해를 보여주고 있다. 홍수의 대응 방안으로는 녹색 댐 조성, 다목적 댐과 저수지 건설, 제방 건설, 저류 시설 설치, 배수 시설과 사방 댐 설치, 투수성 보도 블럭 사용 등이 있다.

10 자원의 의미

A는 좁은 의미의 자원으로, 에너지·광물·식량·물 자원 등의 천연자원을 의미한다. 노동력은 인적 자원에 해당한다.

11 에너지 자원의 이동과 분포

석유는 매장되어 있는 국가와 주요 소비 국가가 달라서 국제적 이동이 가장 많은 자원이기도 하다.

다음은 석탄과 석유의 분포와 이동에 대한 지도이다. 이에 대한 설명으로 옳지 않은 것은?

① 석유는 국제적 이동량이 많다.

② 석유는 생산지에서 대부분 소비된다.

③ 석탄은 비교적 고르게 분포하고 있다.

④ 석유는 지역적 편재가 큰 에너지 자원이다.

⑤ 석탄은 석유보다 국제적 이동량이 적은 편이다.

[해설] 석유는 생산지와 소비지가 달라 국제적 이동량이 많고, 석탄은 비교적 고르게 분포하여 국제적 이동량이 적다. 답 ②

12 식량 자원의 이동과 분포

밀은 서늘하고 비교적 건조한 지역에서도 잘 자라기 때문에 전 세계적으로 재배되며, 국제적 이동이 활발한 편이다.

[선택지 분석]

① 벼는 전 세계적으로 재배되고 있다. (×)
→ 벼는 고온 다습한 아시아의 계절풍 기후 지역에서 재배된다.

② 밀은 고온 다습한 기후에서 잘 자란다. (×)
→ 밀은 서늘하고 비교적 건조한 지역에서도 재배가 가능하여 전 세계적으로 재배 면적이 넓다.

③ 밀은 쌀보다 국제적 이동이 활발한 편이다. (○)

④ 쌀은 바이오 연료로 이용되면서 수요가 증가했다. (×)
→ 옥수수는 육류 소비가 늘어남에 따라 사료 작물로 많이 사용되고, 최근 바이오 연료로 이용되면서 수요가 증가하고 있다.

⑤ 벼는 육류 소비 증가로 사료용 작물로 많이 사용된다. (×)
→ 옥수수가 사료용 작물로 많이 사용된다.

13 지속 가능한 자원

지속 가능한 자원에 대한 설명이다. 현재 활발히 개발되는 지속 가능한 자원으로는 태양광·태양열 에너지, 풍력 에너지가 대표적이다. 이 외에도 지열, 조력, 파력, 해수 온도 차, 바이오 등을 이용하여 에너지를 생산하는 기술도 개발되고 있다.

14 자원을 둘러싼 갈등

튀르키예가 유프라테스 강 상류에 20여개의 댐과 수력 발전소를 건설하기로 결정하면서 하류에 위치한 시리아, 이라크와의 갈등이 커지고 있다. 마찬가지로 메콩 강 상류에 위치한 중국이 댐을 건설하자 하류에 위치한 타이, 라오스, 베트남 등의 국가와 물 자원을 둘러싼 갈등이 발생하고 있다.

4일 **교과서 대표 전략 ❷** 62~63쪽

| 1 ② | 2 ② | 3 ③ | 4 ⑤ | 5 ⑤ |
| 6 ⑤ | 7 ⑤ | | | |

1 건조 문화 지역

이슬람교, 아랍어, 유목, 오아시스 농업을 특징으로 하는 문화 지역은 건조 문화 지역이다. A는 유럽 문화 지역, B는 건조 문화 지역, C는 인도 문화 지역, D는 앵글로아메리카 문화 지역, E는 라틴 아메리카 문화 지역이다.

2 문화적 갈등

제시된 자료는 각각 카슈미르와 팔레스타인 지역을 나타낸다. 카슈미르는 힌두교(인도)와 이슬람교(파키스탄) 간의 갈등, 팔레스타인은 유대교와 이슬람교 간의 갈등이 나타나므로 공통된 요인은 종교이다.

3 홍수와 가뭄 발생 지역

A는 홍수 피해가 심각한 지역, B는 가뭄 피해가 심각한 지역을 나타낸다.

[더 알아보기] **홍수**

의미	비가 단시간에 집중적으로 내리거나 장기간에 지속적으로 내려 하천이나 호수가 흘러넘치는 현상
발생 지역	대하천 하류·저지대, 열대 저기압이나 고온 다습한 계절풍의 영향을 받아 집중 호우가 내리는 지역, 북극해로 유입되는 하천 주변 등
피해	농경지 및 가옥 침수, 산사태 등 인명 및 재산 피해 발생, 생태계 파괴 등
긍정적 영향	많은 물, 영양분 공급 → 토양이 비옥해짐, 가뭄 해결
주민 생활	비옥한 토양으로 농사를 지음, 터를 높게 하여 터돋움집을 지음.

4 열대 저기압과 폭설

(가)는 열대 저기압, (나)는 폭설의 피해이다.

폭설

의미	짧은 기간 동안 많은 양의 눈이 내리는 현상
발생 지역	겨울철에 습한 공기가 많이 유입되는 지역
피해	도로 교통 마비, 가옥이나 건축물 붕괴, 정전 등
주민 생활	지붕 경사를 급하게 함, 고립에 대비한 생활 공간 확보, 제설 장비 확보, 눈 축제와 겨울 스포츠 등을 관광 자원으로 활용

5 자원의 특성

희토류는 전체 매장량의 1/3 이상이 중국에 집중되어 있다. 이는 자원이 일부 지역에 집중되어 분포하는 자원의 편재성을 보여주는 사례라 할 수 있다. 대부분의 자원은 매장량이 한정되어 있기 때문에 우리가 사용할 수 있는 자원의 양에는 한계가 있는데, 이를 자원의 유한성이라 부른다.

자원의 특성

편재성	자원은 일부 지역에 집중되어 분포(예 중국의 희토류)
유한성	자원은 대부분 매장량이 한정되어 있음(예 가채연수)
가변성	자원의 가치는 기술·경제 수준, 사회·문화적 배경 등에 따라 변화(예 석유)

6 식량 자원의 분포와 소비

(가)는 밀, (나)는 쌀이다. 쌀은 생산지와 소비지가 대부분 일치해 국제 이동량이 적다.

식량 자원의 분포와 소비

쌀	• 생산: 고온 다습한 아시아의 계절풍 기후 지역 • 이동: 대부분 생산지에서 소비 → 국제적 이동량이 적음.
밀	• 생산: 서늘하고 비교적 건조한 지역에서도 재배가 가능하여 전 세계적으로 재배 면적이 넓음. • 이동: 소비지가 널리 분포 → 국제적 이동량이 많음.
옥수수	• 생산: 주로 아메리카 대륙 • 소비: 사료용 작물, 바이오 에너지의 원료 등으로 사용

7 물 자원의 분포

적도 지방은 연 강수량이 많아 물 자원이 풍부하다. 하지만 사막과 그 주변 지역은 연 강수량이 매우 적어 물 부족 문제가 심각하다.

1 문화와 문화 지역

문화는 다른 지역과의 문화 교류를 통해 변화하는 속성을 가진다. 문화 지역은 언어, 민족, 의식주, 종교 등 다양한 요소가 복합적으로 작용해 형성된다. 어떤 문화 지표를 중심으로 문화적 차이를 구분하느냐에 따라 문화 지역의 범위는 달라질 수 있으므로 문화 지역의 구분은 고정된 것이 아니다.

2 문화 상대주의

문화적 차이에 따른 갈등을 줄여 나가기 위해서는 다양한 문화를 이해하고 인정하는 문화 상대주의 태도가 필요하다.

문화를 이해하는 태도

자문화 중심주의	자신이 속한 문화만 우월한 것으로 보고 다른 문화를 열등하다고 생각하는 태도
문화 사대주의	다른 사회의 문화를 우수한 것으로 믿고 자신의 문화를 열등한 것으로 생각하는 태도
문화 상대주의	어떤 사회의 특수한 자연환경과 사회적 맥락, 역사적 배경 등을 고려하여 그 사회의 문화를 이해하려는 태도

3 지각 운동으로 인한 자연재해

A는 알프스·히말라야 조산대, B는 환태평양 조산대이다. 두 지역 모두 지각 운동이 활발한 지각판의 경계로 화산, 지진, 지진 해일의 자연재해가 자주 발생하는 지역이다.

4 지진과 화산 활동이 발생하는 지역의 생활 모습

아이슬란드는 지각 운동이 활발한 지각판의 경계에 위치하여 화산, 지진, 지진 해일의 자연재해가 자주 발생하는 지역이다. 아이슬란드는 지열 에너지를 전력 생산과 온천 관광에 이용하고 있다. ② 홍수에 대비하기 위해서는 다목적 댐과 제방을 건설하고 녹색 댐을 조성하는 등의 노력을 기울여야 한다.

5 사막화

사막화는 오랜 가뭄과 인구 증가로 인한 과도한 농경지 개간과 방목, 무분별한 삼림 벌채 등으로 인해 사막 주변의 초원 지대가 사막처럼 황폐해진 땅으로 변하는 현상을 말한다.

6 자원의 편재성

자원은 편재성, 유한성, 가변성의 특징을 지닌다. 편재성은 자원이 일부 지역에 집중되어 분포하는 것, 유한성은 대부분 매장량이 한정되어 있는 것, 가변성은 자원의 가치가 기술·경제 수준·문화적 배경 등에 따라 변화하는 것을 의미한다.

7 석유의 생산과 소비

세계에서 석유 생산량 및 수출량이 가장 많은 국가는 사우디아라비아이다.

8 지속 가능한 자원

조력 발전소를 건설하면 일자리도 생기고 관광 산업도 활성화되기 때문에 지역 경제에 도움이 되며 조력 발전으로 얻은 에너지는 이산화 탄소를 발생시키지 않는 친환경 에너지라 말할 수 있다. 바이오 연료는 화석 연료와 달리 환경 오염 물질과 온실가스의 배출이 적은 에너지원으로 자연에서 얻을 수 있는 동식물 자원을 이용해 만들기 때문에 고갈에 대한 염려도 없다는 장점을 가지고 있다.

창의·융합·코딩 전략				66~69쪽
1 ③	2 ①	3 ①	4 ④	5 ③
6 ⑤	7 ⑤	8 ④		

1 문화

형성 평가의 정답은 1-×, 2-○, 3-○, 4-○이다. 하영이는 2점, 미래는 2점, 수인이는 4점, 현웅이는 3점, 세현이는 3점을 받았다. 세계화는 국제 사회에서 국가 간 상호 의존성이 증가하면서 세계가 단일한 생활권을 형성해 나가는 현상을 말한다. 세계화에 따라 각 지역의 문화가 점차 유사해지는 현상인 문화의 세계화도 함께 이루어지고 있다.

2 문화 변용

(나)는 문화 변용 중 문화 동화에 해당한다. 문화 동화란 하나의 문화는 남고 다른 문화는 사라지는 것을 의미하므로 세로쓰기가 없어지고 가로쓰기가 남은 사례가 이에 해당한다. (가)는 문화 공존으로 ⑤가 해당되고, (다)는 문화 융합으로 ②, ③, ④가 해당한다.

3 지진

지진은 지각판이 만나거나 분리되는 경계에서 잘 발생하고 발생 시기를 정확하게 예측할 수 없어 대비에 어려움이 있다.

4 열대 저기압

퀴즈를 풀고 난 후 남은 글자로 만들 수 있는 용어는 열대 저기압이다. 열대 저기압은 열대 지역의 해상에서 발생하여 중위도 지역으로 이동하는 저기압을 말한다. 열대 저기압은 태풍, 사이클론, 허리케인을 일컫는 데, 발생 지역에 따라 부르는 이름이 각각 다르다.

5 인간 활동에 의해 증가하는 홍수 피해

도시화에 따라 녹지 면적이 줄어들고 포장 면적이 증가하면서 하천으로 곧장 유입되는 빗물의 양이 많아져 홍수 발생 위험이 커진다.

6 자원의 가변성

자원의 가변성은 자원의 가치가 기술·경제 수준, 사회·문화적 배경 등에 따라 변화하는 것을 의미한다. 석유는 과거에 쓸모없는 검은 물로 여겼으나 오늘날 가장 중요한 자원이 되었다. 이처럼 석유는 가변성의 가장 대표적인 예이다.

7 자원을 둘러싼 경쟁과 갈등

자원은 풍부하지만 개발할 기술과 자본이 부족한 국가는 이 자원을 차지하려는 여러 국가와의 충돌 과정에서 피해를 보기도 한다. 그리고 자원 개발로 얻은 막대한 이익이 일부에 집중되어 빈부 격차 문제가 심각해지고, 자원 개발 과정에서 환경 문제가 발생하는 등 풍부한 자원이 오히려 사회 발전의 장애가 되기도 한다.

8 지속 가능한 자원

1번 ○, 2번 ×, 3번 ○, 4번 ○, 5번 ○가 정답이므로, 형성 평가의 점수는 4점이다. 지속 가능한 자원은 계속 이용해도 고갈의 염려가 없으며, 이용 과정에서 폐기물이나 오염 물질의 배출이 없거나 매우 적기 때문에 지구 환경에 부담되지 않는 자원이다. 지속 가능한 자원은 현재의 기술로는 화석 연료보다 효율성과 경제성이 떨어진다는 단점이 있다. 또 태양광, 풍력, 조력 발전 단지를 건설하면서 주변의 자연환경을 파괴하거나, 바이오 에너지를 생산하는 데 식량 자원을 소비하면서 식량 수급이 불안정해지는 등의 문제가 나타나기도 한다.

1 ⑤　　2 ③　　3 ⑤　　4 ⑤　　5 ③　　6 ③

7 해설 참조　　8 해설 참조

1 위도가 생활에 미치는 영향

우리나라는 북반구, 오스트레일리아는 남반구에 위치한다. 지구가 23.5° 기울어진 채 태양 주위를 1년에 한 번 공전하기 때문에 남반구와 북반구는 계절이 서로 반대로 나타난다.

2 온대 계절풍 기후와 지중해성 기후

(가)는 온대 계절풍 기후 지역인 우리나라 대전 등의 남부 지방, (나)는 지중해성 기후 지역인 로마 등의 지역으로 추측해 볼 수 있다.

3 우리나라의 아름다운 자연 경관

(가) 돌산은 화강암 산지가 침식을 받는 곳에서 형성된다. (나) 모래사장은 파랑의 퇴적 작용이 활발한 곳에 만들어진다. (다) 갯벌은 조류의 퇴적 작용이 활발한 곳에서 만들어진다.

4 라틴 아메리카 문화 지역

여행지 소개 자료는 라틴 아메리카 문화 지역에 해당한다. 라틴 아메리카 문화 지역은 남부 유럽의 영향을 받았으며 에스파냐어와 포르투갈어를 주로 사용하고 가톨릭교를 믿는다. 또한 인디오·백인·흑인·혼혈족의 다양한 인종 구성을 보인다.

5 생활 수준에 따른 지진 피해

생활 수준에 따라 지진을 대비하는 노력이 달라지면서 피해 규모도 달라진다.

6 식량 자원의 분포와 소비

쌀은 고온 다습한 아시아의 계절풍 기후 지역에서 생산되며, 대부분 생산지에서 소비되기 때문에 국제적 이동량이 적다. 밀은 서늘하고 비교적 건조한 지역에서도 재배가 가능하여 전 세계적으로 재배 면적이 넓으며, 소비지가 널리 분포하기 때문에 국제적 이동량이 많다.

7 지중해성 기후

(1) 답 지중해성 기후

(2) 모범 답안 지중해성 기후 지역은 여름에는 기온이 높고 강수량이 적으며, 겨울에는 기온이 따뜻하고 강수량이 많다.

핵심 단어 지중해성 기후 지역

채점 기준	구분
여름과 겨울의 기온 및 강수량 특징을 정확하게 서술한 경우	상
여름과 겨울 중 한 쪽의 기온 및 강수량만을 정확하게 서술한 경우	중
여름과 겨울, 기온과 강수량의 특징 중 하나만 서술한 경우	하

8 플랜테이션, 자원 민족주의

(1) 답 자원 민족주의

(2) 모범 답안 석유 수출국 기구(OPEC)는 석유 생산량과 석유 가격 조절에 국제적인 영향력을 발휘한다. 중국은 희토류 공급을 빌미로 다른 국가들을 압박한다.

핵심 단어 석유, 희토류 등

채점 기준	구분
자원 민족주의를 설명할 수 있는 적절한 사례를 서술한 경우	상
자원 민족주의를 설명할 수 있는 사례이나 서술이 미흡한 경우	중
자원 민족주의를 설명하기 어려운 사례를 서술한 경우	하

적중 예상 전략 | 1회   76~79쪽

1 ④	2 ②	3 ④	4 ④	5 ④	6 ④	7 ②	8 ②	9 ③	10 ④
11 ⑤	12 ②	13 해설 참조		14 해설 참조		15 해설 참조			

1 지도 읽기

다음 지도에 대한 설명으로 옳지 <u>않은</u> 것은?

① 춘천시는 철도 이용이 가능하다.

② 춘천시는 호수가 많은 도시이다.

③ 춘천시는 의암호의 동쪽에 위치한다.

④ 신북읍은 동내면보다 남쪽에 위치한다.

⑤ 춘천시는 주변이 산으로 둘러싸여 있다.

출제 의도 파악하기

지도에 나타난 인문 환경 및 자연환경을 파악한다.

문제 해결 Point 쏙쏙

· 지도에 방위 표시가 따로 없을 때 위쪽이 북쪽

· ▲ : 산, ⬛ : 댐, ⊹▭⊹ : 철도

· 고동색에 가까워질수록 고도가 높고, 녹색에 가까워질수록 고도가 낮아짐.

개념 지도에 방위 표시가 따로 없을 경우 위쪽이 북쪽이다.

선택지 바로 알기

④ 신북읍은 동내면보다 남쪽에 위치한다.

신북읍은 동내면보다 북쪽에 위치한다.

2 다양한 공간 규모에 맞는 위치 표현 방법

다음은 위치의 표현에 관한 ○× 퀴즈이다. 정답이 바르게 연결된 것을 고르면?

설명	답
랜드마크는 한 지역을 식별하게 해 주는 대표적인 상징물이다.	
세계 규모에서의 위치 표현은 대륙과 해양을 이용하여 나타낼 수 있다.	
경도는 적도를 기준으로 얼마나 북쪽 또는 남쪽에 있는지를 나타내는 수치로, 0°~90°의 범위를 지닌다.	

① × – ○ – ○   ② ○ – ○ – ×

③ ○ – × – ○   ④ × – ○ – ×

⑤ × – × – ○

출제 의도 파악하기

지역, 국가, 세계 등 다양한 공간 규모에 맞는 위치 표현 방법을 알아본다.

문제 해결 Point 쏙쏙

· 경도: 본초 자오선을 기준으로 얼마나 동쪽 또는 서쪽에 있는지를 나타내는 수치로 0°~180°의 범위를 지님, 본초 자오선의 동쪽을 동경, 서쪽을 서경이라 하며 그 뒤에 숫자를 붙여 나타냄.

개념 경도의 표현하기 위해서 북극점과 남극점을 연결한 가상의 세로선을 이용하는데, 이를 경선이라 부른다. 본초 자오선은 영국의 그리니치 천문대를 지나는 경선이다.

선택지 바로 알기

경도는 적도를 기준으로 얼마나 북쪽 또는 남쪽에 있는지를 나타내는 수치로, 0°~90°의 범위를 지닌다.

위도에 대한 설명이다.

3 위도가 생활에 미치는 영향

파리에서 축구 경기가 5월 3일 오후 5시에 열린다고 한다. 서울에서 생중계로 볼 수 있는 날짜와 시간은?(파리의 경도는 동경 15°, 서울의 경도는 동경 135°임.)

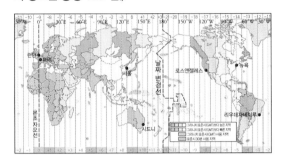

① 5월 3일 오전 9시
② 5월 3일 오후 1시
③ 5월 3일 오후 9시
④ 5월 4일 오전 1시
⑤ 5월 4일 오후 1시

경도에 따른 시차가 사람들의 생활에 미친 영향을 파악한다.

문제 해결 Point 쏙쏙

· 시차: 경도 15°마다 1시간의 차이가 발생함.
· 표준 경선: 동경 135°인 우리나라는 동경 15°인 파리에 비해 8시간이 빠름.

개념 서울은 파리보다 8시간이 빠르다. 따라서 5월 3일 오후 5시(17시)에 8시간을 더하면 17+8=25로, 5월 4일 오전 1시가 된다.

---

4 냉대 기후 지역의 특징

다음과 같은 마인드맵의 특징을 보이는 (가) 기후 지역을 지도에서 고르면?

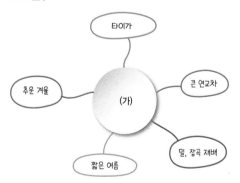

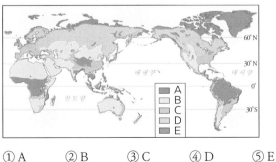

① A   ② B   ③ C   ④ D   ⑤ E

기온과 강수량 자료를 분석하여 이를 기준으로 세계의 기후 지역을 구분하여 파악한다.

문제 해결 Point 쏙쏙

· 열대 기후: 적도 부근, 연중 고온 다습
· 건조 기후: 남·북위 20°~30° 일대, 연 강수량이 500mm 미만, 강수량 < 증발량
· 온대 기후: 중위도 부근, 계절 변화가 비교적 뚜렷함.
· 냉대 기후: 고위도의 내륙에 분포, 기온의 연교차가 큼.
· 한대 기후: 극지방에 가까운 지역, 기온이 매우 낮아 나무가 자라지 않음.

개념 냉대 기후는 가장 추운 달의 평균 기온은 −3℃ 미만이고, 가장 따뜻한 달의 평균 기온은 10℃ 이상인 기후이다. 냉대 기후 지역은 겨울이 춥고 길며, 여름이 짧다. 또한 기온의 연교차가 크며, 타이가라고 불리는 침엽수림이 분포하고, 밀이나 잡곡의 재배가 이루어진다.

5 지중해성 기후와 온대 계절풍 기후

다음 (가), (나) 그래프에 대한 설명으로 옳은 것은?

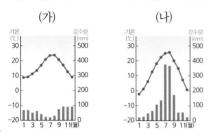

① (가)는 온대 계절풍 기후이다.

② (나)는 서안 해양성 기후이다.

③ (가)는 서부 유럽, 뉴질랜드 등지에서 나타난다.

④ (가) 지역에서는 포도, 올리브 등을 재배하는 수목 농업이 발달하였다.

⑤ (나) 지역에서는 곡물 재배와 가축 사육을 함께 하는 혼합 농업이 발달하였다.

출제 의도 파악하기

지중해성 기후와 온대 계절풍 기후의 특징을 비교하여 파악한다.

문제 해결 Point 쏙쏙

· 지중해성 기후: 여름은 고온 건조하고, 겨울은 온난 습윤함.

· 온대 계절풍 기후: 계절풍의 영향으로 여름은 고온 다습하고, 겨울은 한랭 건조함.

· 서안 해양성 기후: 편서풍과 난류의 영향으로 연교차가 작고, 연중 강수량이 고르며, 여름은 서늘하고 겨울은 따뜻함.

선택지 바로 알기

① (가)는 온대 계절풍 기후이다.

(가)는 지중해성 기후이다.

② (나)는 서안 해양성 기후이다.

(나)는 온대 계절풍 기후이다.

③ (가)는 서부 유럽, 뉴질랜드 등지에서 나타난다.

(가)는 주로 유럽과 북아프리카의 지중해 연안, 미국 캘리포니아 일대, 오스트레일리아의 남서부 해안 등에서 나타난다.

⑤ (나) 지역에서는 곡물 재배와 가축 사육을 함께 하는 혼합 농업이 발달하였다.

(나) 지역에서는 여름철 고온 다습한 기후를 이용한 벼농사가 발달하였다.

6 고산 기후 지역의 특징

다음 자료를 통해 알 수 있는 키토의 특징으로 옳지 않은 것은?

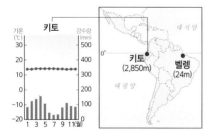

① 고산 도시가 발달하였다.

② 일찍부터 사람들이 많이 거주하였다.

③ 일 년 내내 봄과 같은 온화한 날씨가 지속된다.

④ 해발 고도가 높아질수록 기온이 높아져 살기에 적합하다.

⑤ 다양한 형태의 휴양지로 개발되어 관광객들이 방문하고 있다.

출제 의도 파악하기

고산 기후의 특징을 파악한다.

문제 해결 Point 쏙쏙

· 고산 기후의 분포: 적도 부근의 해발 고도가 높은 곳

· 고산 기후의 특징: 일 년 내내 봄과 같이 온화함.

개념 적도 부근에 위치한 키토는 해발 고도가 2,850m로 고산 도시이다. 해발 고도가 높아질수록 기온이 낮아져 일 년 내내 봄과 같은 온화한 날씨가 지속된다. 일찍부터 사람들이 많이 거주하였으며, 현재는 다양한 형태의 휴양지로 개발되어 관광객들의 방문이 끊이지 않고 있다.

선택지 바로 알기

④ 해발 고도가 높아질수록 기온이 높아져 살기에 적합하다.

해발 고도가 높아질수록 기온이 낮아져 열대 고산 지역에서는 봄과 같은 날씨가 지속되는 고산 기후가 나타난다.

7 기후에 따른 가옥의 형태

다음 검색창의 '이 지역'에서 볼 수 있는 가옥의 형태로 옳은 것은?

통합검색 ▼ | 검색

　이 지역에 사는 사람들은 강한 햇볕으로부터 몸을 보호해야 하기 때문에 헐렁한 옷으로 온몸을 감싼다. 물이 있는 곳에서는 관개 농업이 가능하여 대추야자 등을 재배한다. 일부 지역에서는 지하 관개 수로를 통해 물을 끌어와 생활 용수나 농업 용수로 이용한다.

① 　②

③ 　④

⑤

기후 특성에 따른 가옥 형태의 특징을 비교하여 파악한다.

> **문제 해결** Point 쏙쏙
> ·사막 기후의 특징: 연 강수량 250mm 미만으로 풀이 잘 자라지 못함.
> ·사막 기후의 의복: 모래 바람과 강한 햇빛을 막기 위해 온몸을 감싸는 헐렁한 옷을 입음.
> ·사막 기후의 농업: 물을 구할 수 있는 오아시스 주변에서 밀, 목화, 대추야자 재배

개념　사막 기후 지역에서는 두꺼운 벽과 작은 창문, 평평한 지붕을 지닌 흙집 또는 흙벽돌집을 주로 볼 수 있다.

선택지 바로 알기

① 목조 가옥: 냉대 기후에서 볼 수 있는 가옥

③ 고상 가옥: 열대 우림 기후에서 볼 수 있는 가옥

④ 이동식 가옥: 스텝 기후에서 볼 수 있는 가옥

⑤ 고상 가옥: 한대 기후에서 볼 수 있는 가옥

8 툰드라 기후 지역의 특징

다음 자료와 같은 기온 분포를 보이는 지역에 대한 설명으로 옳은 것을 ㅣ보기ㅣ에서 고르면?

(단위:℃)

월	1	2	3	4	5	6
평균 기온	−26.8	−26.8	−25.9	−17.7	−7.6	0.6
월	7	8	9	10	11	12
평균 기온	3.9	3.3	−0.8	−8.6	18.2	−12.4

┌ 보기 ┐
ㄱ. 고상 가옥을 짓는다.
ㄴ. 겨울이 짧고 여름이 길다.
ㄷ. 여름에 이끼류 등의 풀이 자란다.
ㄹ. 카사바, 얌, 타로 같은 농작물을 재배한다.

① ㄱ, ㄴ ② ㄱ, ㄷ ③ ㄴ, ㄷ
④ ㄴ, ㄹ ⑤ ㄷ, ㄹ

출제 의도 파악하기
툰드라 기후 지역의 기후 특성과 주민 생활에 대해 이해한다.

문제 해결 Point 쏙쏙
·툰드라 기후 자연환경: 가장 따뜻한 달의 평균 기온이 10℃ 미만으로 기온이 너무 낮아 나무가 자라기 어려움, 짧은 여름 동안 0℃ 이상으로 풀, 이끼류만 자람, 영구 동토층 분포
·툰드라 기후 의식주: 두꺼운 털옷과 가죽옷, 날고기를 먹음, 사냥과 순록 유목, 고상 가옥 발달

개념 툰드라 기후는 가장 따뜻한 달의 평균 기온이 10℃ 미만으로 나무가 자라기 어렵고 짧은 여름에 풀·이끼류가 자란다. 또한 난방 열기로 인해 가옥이 붕괴되는 것을 방지하기 위해 지면에서 띄운 고상 가옥을 짓는다.

선택지 바로 알기
ㄴ. 겨울이 짧고 여름이 길다.
겨울이 길고 여름이 짧다.
ㄹ. 카사바, 얌, 타로 같은 농작물을 재배한다.
열대 우림 기후에서 재배하는 작물이다.

9 안데스 산지 주민들의 생활 모습

다음 사진은 안데스 산지 주민들의 생활 모습을 나타낸다. 이에 대한 설명으로 옳지 않은 것은?

▲ 원주민의 전통 음식   ▲ 주민들의 모습

① 일교차가 커 여러 겹의 옷을 겹쳐 입는다.
② 주민들은 주로 감자와 옥수수를 재배한다.
③ 주로 소나 염소를 방목하거나 이목을 한다.
④ 저지대보다 기후 환경이 유리해 고대 문명이 발달할 수 있었다.
⑤ 라마와 알파카를 기르는데, 짐을 운반하고 고기와 털을 얻기에 유용하다.

출제 의도 파악하기
안데스 산지에서 살아가는 사람들의 독특한 생활 모습을 찾아본다.

문제 해결 Point 쏙쏙
·안데스 산지의 생활 모습
 – 안데스 산지는 해발 고도가 높아 서늘하고 경사지가 많아 주민들은 주로 감자와 옥수수를 재배함.
 – 고산 지역에 서식하는 라마와 알파카를 기름.

개념 안데스 산지 고산 지역의 주민들은 일교차가 크고 자외선이 강해 여러 겹의 옷을 겹쳐 입고 모자를 쓴다.

선택지 바로 알기
③ 주로 소나 염소를 방목하거나 이목을 한다.
알프스 산지는 여름이 서늘하고 평야가 부족하여 농사를 짓기보다는 주로 소나 염소를 방목하거나 이목을 한다.

10 다양한 해안 지형의 특징과 형성 과정

다음 글에서 설명하는 해안 지형을 A~E에서 고르면?

> 파랑의 침식 작용으로 인해 형성되었다. 암석의 단단한 부분이 침식에 견디어 육지와 분리된 암석 기둥이 만들어졌다.

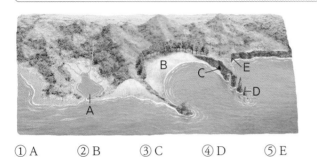

① A   ② B   ③ C   ④ D   ⑤ E

11 제주도의 다양한 화산 지형의 특징과 형성 과정

다음은 제주도 관광 안내판이다. ㉠~㉤ 중 옳지 않은 것은?

제주도

㉠ 제주도는 화산 활동으로 형성되었으며, ㉡ 우리나라에서 가장 높은 산인 한라산이 위치해 있다. ㉢ 큰 화산의 사면에 형성되는 작은 화산인 오름, ㉣ 뜨거운 용암이 식을 때 부피가 줄어들며 수직으로 쪼개짐이 발생하여 만들어진 주상 절리, ㉤ 석회암이 지하수에 녹아 만들어진 용암동굴 등 다양한 지형을 관찰할 수 있다.

① ㉠   ② ㉡   ③ ㉢   ④ ㉣   ⑤ ㉤

12 우리나라의 자연 경관

교사의 질문에 옳지 <u>않은</u> 대답을 한 학생은?

> 우리나라의 매력적인 자연 경관에 대해 이야기해 볼까요? **교사**

> **지혜** 국토의 70%가 산지로 이루어져 있어요.

> **우찬** 우리나라는 서쪽이 높고 동쪽이 낮아요.

> **희철** 동해안은 수심이 깊고 해안선이 단조로워요.

> **하영** 우리나라 대부분의 하천은 서·남해안으로 흘러들어가요.

> **서현** 서해안에는 조차가 크고 해안선의 드나듦이 복잡해 갯벌이 형성되었어요.

① 지혜 ② 우찬 ③ 희철
④ 하영 ⑤ 서현

출제 의도 파악하기

우리나라의 자연 경관의 특징과 형성 과정에 대해 이해한다.

문제 해결 **Point 쏙쏙**

· 산지 지형의 특징: 국토의 70% 이상, 동쪽이 높고 서쪽으로 갈수록 낮아지는 동고서저 지형
· 하천 지형의 특징
 – 동쪽에 높은 산지가 많아 큰 하천은 대부분 동쪽에서 서쪽으로 흐름.
 – 동해로 흐르는 하천은 하천의 길이가 짧고 경사가 급하며 서·남해로 흐르는 하천은 하천의 길이가 길고 경사가 완만함.

개념 우리나라는 동쪽이 높고 서쪽이 낮은 동고서저 지형이 나타난다. 산지의 대부분은 북동부에 분포하며 대부분의 큰 하천은 서·남해안으로 흘러들어 간다.

선택지 바로 알기

우찬: 우리나라는 서쪽이 높고 동쪽이 낮아요.
우리나라는 동쪽이 높고 서쪽이 낮다.

---

13 위도가 생활에 미치는 영향

다음은 키위 수확 시기를 비교한 자료이다. 뉴질랜드가 세 국가와 키위 수확 시기가 <u>다른</u> 이유를 서술하시오.

모범 답안 뉴질랜드는 남반구에 위치하여 북반구에 위치한 국가들과 계절이 반대로 나타나기 때문이다.

출제 의도 파악하기

위도에 따른 계절 차이가 사람들의 생활에 미친 영향을 파악한다.

문제 해결 **Point 쏙쏙**

· 위도에 따른 계절 차이: 지구의 자전축이 23.5° 기울어진 채 태양 주위를 공전하기 때문에 일 년 내내 여름인 적도 지방을 제외하면 남반구와 북반구의 계절이 정반대로 나타남.

개념 남반구와 북반구의 계절 차이로 인해 농작물의 다른 수확 시기를 이용한 농산물 수출, 계절 차이를 이용한 관광 산업 등이 이루어진다.

14 열대 우림 기후 지역

다음은 열대 우림 기후가 나타나는 지역을 나타낸 지도이다. 이를 보고 물음에 답하시오.

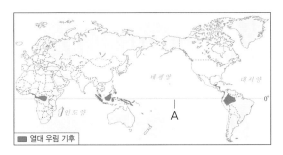

(1) 자료의 A선은 무엇을 나타내는지 쓰시오.

답 적도

(2) 열대 우림 기후가 나타나는 지역의 기후적 특징을 기온과 강수량 측면에서 서술하시오.

모범 답안 일 년 내내 기온이 높고 강수량이 많아 매우 습하다.

출제 의도 파악하기

열대 우림 기후의 분포 지역과 특징을 파악한다.

문제 해결 Point 쏙쏙

·열대 우림 기후의 분포 지역: 아프리카의 콩고 분지와 남아메리카의 아마존 분지, 인도네시아의 수마트라섬과 보르네오섬 등 모두 적도에 걸쳐 있거나 그 부근

개념 열대 우림 기후 지역은 가장 추운 달의 평균 기온이 18℃ 이상으로 일 년 내내 기온이 높고 계절의 변화가 거의 없다. 연중 강수량이 많아 매우 습하며, 거의 매일 오후에 스콜이 내린다.

15 신기 습곡 산지와 고기 습곡 산지

다음 (가), (나) 산지의 특징을 형성 시기와 형태 측면에서 비교하여 서술하시오.

(가)

▲ 애팔래치아산맥

(나)

▲ 히말라야산맥

모범 답안 (가)는 형성 시기가 오래되어 침식을 많이 받아 해발 고도가 낮고 경사가 완만하다. (나)는 형성 시기가 오래되지 않아 해발 고도가 높고 험준하다.

출제 의도 파악하기

신기 습곡 산지와 고기 습곡 산지의 형성 시기와 특징 등을 비교하여 파악한다.

문제 해결 Point 쏙쏙

·(가) 고기 습곡 산지: 알프스산맥, 히말라야산맥, 로키산맥, 안데스산맥 등
·(나) 신기 습곡 산지: 스칸디나비아산맥, 우랄산맥, 애팔래치아산맥, 그레이트디바이딩산맥 등

개념 고기 습곡 산지는 형성 시기가 오래되어 침식을 많이 받아 해발 고도가 낮고 경사가 완만하다. 신기 습곡 산지는 형성 시기가 오래되지 않아 해발 고도가 높고 험준하며, 지각 운동이 활발하여 지진과 화산 활동이 일어나기도 한다.

1 ②   **2** ②   **3** ⑤   **4** ②   **5** ③   **6** ④   **7** ②   **8** ④   **9** ④   **10** ⑤
11 ①   **12** ③   **13** 해설 참조   **14** 해설 참조   **15** 해설 참조

1 동아시아 문화 지역

다음 지도의 A 문화 지역에 대한 설명으로 옳은 것을 |보기|에서 고르면?

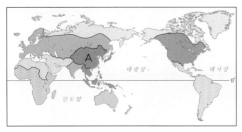

┌ 보기 ┐
ㄱ. 젓가락을 사용하고 벼농사가 발달하였다.
ㄴ. 크리스트교를 믿고 일찍 산업화를 이루었다.
ㄷ. 원시 종교를 믿으며 부족 중심의 생활을 한다.
ㄹ. 한자를 사용하고 유교적 생활 양식을 공유한다.

① ㄱ, ㄴ   ② ㄱ, ㄹ   ③ ㄴ, ㄷ
④ ㄴ, ㄹ   ⑤ ㄷ, ㄹ

출제 의도 파악하기

동아시아 문화 지역의 공통적인 요소에 대해 이해한다.

> **문제 해결 Point 쏙쏙**
> ·동아시아 문화 지역: 벼농사, 유교, 불교, 한자, 젓가락 사용
> ·동남아시아 문화 지역: 벼농사, 다양한 종교 분포, 인도·중국의 영향
> ·인도 문화 지역: 불교와 힌두교의 발상지, 다양한 종교와 언어

개념 동아시아 문화 지역은 벼농사를 짓고, 유교와 불교의 생활 양식을 공유하며, 한자와 젓가락을 사용한다.

선택지 바로 알기
ㄴ. 크리스트교를 믿고 일찍 산업화를 이루었다.
유럽 문화 지역에 해당한다.
ㄷ. 원시 종교를 믿으며 부족 중심 생활을 한다.
아프리카 문화 지역에 해당한다.

2 문화 공존 지역

다음 스위스 언어 분포 지도를 보고 옳지 않은 설명을 한 친구는?

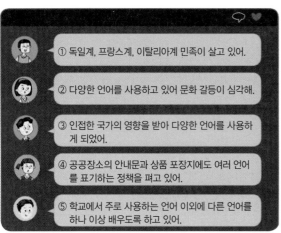

① 독일계, 프랑스계, 이탈리아계 민족이 살고 있어.
② 다양한 언어를 사용하고 있어 문화 갈등이 심각해.
③ 인접한 국가의 영향을 받아 다양한 언어를 사용하게 되었어.
④ 공공장소의 안내문과 상품 포장지에도 여러 언어를 표기하는 정책을 펴고 있어.
⑤ 학교에서 주로 사용하는 언어 이외에 다른 언어를 하나 이상 배우도록 하고 있어.

출제 의도 파악하기

대표적인 문화 공존 지역인 스위스의 사례를 알아본다.

> **문제 해결 Point 쏙쏙**
> ·스위스: 독일어, 프랑스어, 이탈리아어, 레토로망스어를 공영어로 사용함.

개념 스위스는 여러 개의 공용어를 사용하고 있으며, 종교도 다양하게 분포하지만 분리 독립 주장이나 지역 간 갈등이 거의 없다.

선택지 바로 알기
② 다양한 언어를 사용하고 있어 문화 갈등이 심각해.
스위스는 화폐나 모든 공공 문서를 공용어로 동시에 발행하며, 학교에서 주로 사용하는 언어 이외에 다른 언어를 하나 이상 배우도록 의무화하고 있다. 또한 공공장소의 안내문과 상품의 포장지에도 여러 언어를 표기하는 등의 정책을 펴고 있어 서로 다른 언어 사용으로 인한 갈등이 적다.

3 세계화와 문화 변용

다음은 S커피 전문점의 국가별 분포 지도이다. 이 지도와 관련된 문화 현상에 대한 설명으로 옳은 것은?

□ S커피 매장이 있는 국가

① 개별 국가의 문화적 고유성이 더욱 강화된다.

② 서로 다른 문화 간의 접촉이 많아지면 갈등이 발생된다.

③ 문화는 주변 지역과 구분되는 독특한 문화 경관을 형성한다.

④ 문화는 전파되는 과정에서 지역의 특성이 반영되어 변형된다.

⑤ 한 지역의 문화가 다른 지역에서 비슷하게 나타나거나 전 세계적으로 같은 문화를 공유한다.

세계화가 문화 변용에 미친 긍정적·부정적 영향을 파악한다.

문제 해결 Point 쏙쏙

· 문화의 세계화: 세계화에 따라 각 지역의 문화가 점차 유사해지는 현상

· 문화의 획일화: 한 지역의 문화가 다른 지역에서 비슷하게 나타나거나 전 세계적으로 같은 문화를 공유하는 현상

· 문화의 다양화(문화 융합): 확산된 문화가 각 지역의 특색에 맞게 지역 문화와 융합되어 다양한 형태로 변형

개념 전 세계인들이 커피를 즐겨 마시게 되면서 S커피 전문점도 여러 국가에 매장을 두게 되었다. 문화의 세계화로 인한 문화의 획일화와 관련된 사례이다.

선택지 바로 알기

② 서로 다른 문화 간의 접촉이 많아지면 갈등이 발생된다.

문화 갈등에 대한 설명이다.

③ 문화는 주변 지역과 구분되는 독특한 문화 경관을 형성한다.

문화 지역에 대한 설명이다.

④ 문화는 전파되는 과정에서 지역의 특성이 반영되어 변형된다.

문화 융합에 대한 설명이다.

---

4 문화 상대주의적 관점

다음 ㉠에 들어갈 내용으로 옳지 <u>않은</u> 것은?

세계 여러 지역에서는 자신만의 문화를 강요하거나 주장하면서 대립과 갈등이 빈번하게 발생하고 있다. 주로 종교와 언어와 관련된 경우가 많은데, 문화적 차이에 따른 갈등을 줄여 나가려면 ___㉠___

① 상대방에게 자신의 문화를 강요하지 않는다.

② 문화의 우열을 가리고 좋은 문화를 수용한다.

③ 소수의 언어와 문화도 존중하는 자세가 필요하다.

④ 다양한 문화를 이해하고 인정하는 관용적 태도가 필요하다.

⑤ 우리와 다른 언어, 종교 등 문화적 요소의 다양성을 인정한다.

문화 갈등을 극복하기 위한 바람직한 자세에 대해 파악한다.

문제 해결 Point 쏙쏙

· 문화 상대주의: 문화의 다양성을 인정하고 상대방의 문화를 존중하는 태도와 자세

개념 세계 문화의 다양성을 인정하고, 각 문화는 독특한 자연 경관과 역사적·사회적 상황에서 이해해야 한다. 문화 교류를 통한 다양한 문화의 가치를 이해하는 태도 역시 필요하다.

선택지 바로 알기

② 문화의 우열을 가리고 좋은 문화를 수용한다.

문화의 우열을 가리지 않고 문화의 다양성을 존중하는 태도와 자세가 필요하다.

5 홍수와 가뭄

다음 (가), (나)에 들어갈 자연재해를 바르게 연결한 것을 고르면?

> • ((가))는/은 짧은 시간에 비가 집중적으로 내리거나 오랫동안 지속해서 내릴 때, 열대 저기압과 계절풍의 영향을 받아 집중 호우가 내리는 아시아의 계절풍 지역에서 주로 나타난다.
> • ((나))는/은 오랫동안 비가 내리지 않아 땅이 메마르고 물이 부족하여 나타나는 재해로, 건조 기후 지역에서 주로 발생한다.

	(가)	(나)
①	폭설	홍수
②	가뭄	홍수
③	홍수	가뭄
④	가뭄	폭설
⑤	홍수	폭설

출제 의도 파악하기

홍수와 가뭄의 의미, 발생 지역, 피해 등에 대해 파악한다.

문제 해결 Point 쏙쏙

• 홍수: 비가 단시간에 집중적으로 내리거나 장기간에 지속적으로 내려 하천이나 호수가 흘러넘치는 현상
• 가뭄: 비교적 오랫동안 비가 내리지 않아 땅이 메마르고, 물이 부족하여 나타나는 재해

개념 홍수는 짧은 시간에 비가 집중적으로 내리거나 오랫동안 지속해서 내릴 때, 봄에 기온이 급격히 상승하여 겨우내 쌓였던 눈이 일시에 녹을 때 하천이나 호수가 범람하여 발생하는 재해이다. 가뭄은 오랫동안 비가 내리지 않아 땅이 메마르고 물이 부족하여 나타나는 재해로 건조 기후 지역에서 주로 발생한다. 최근 지구 온난화 등의 기후 변화로 홍수와 가뭄의 발생 빈도가 증가하고 피해 규모도 커지고 있다.

6 사막화

다음 지도에 표시된 지역에 대한 설명으로 옳은 것은?

① 큰 강 주변의 저지대에서 주로 발생한다.
② 짧은 기간 좁은 범위에 걸쳐 발생하는 경우가 많다.
③ 겨울철에 습한 공기가 많이 유입되는 지역에서 발생한다.
④ 오랜 가뭄과 과도한 농경지 개간 등으로 땅이 황폐하게 변하고 있다.
⑤ 열대 지역의 해상에서 발생하여 중위도 지역으로 이동하는 저기압의 피해가 심하다.

출제 의도 파악하기

사막화의 발생 원인과 지역 및 피해에 대해 파악한다.

문제 해결 Point 쏙쏙

• 사막화: 사막 주변의 초원 지대가 사막처럼 황폐해진 땅으로 변하는 현상

개념 사막화는 주로 사막 주변 지역에서 진행되며, 아프리카 사하라 사막 주변의 사헬 지대가 대표적이다. 오랜 가뭄과 인구 증가로 인한 과도한 농경지 개간과 방목, 무분별한 삼림 벌채 등이 원인으로 작용한다.

선택지 바로 알기

① 큰 강 주변의 저지대에서 주로 발생한다.
큰 강 주변의 저지대에서는 홍수가 발생한다.
② 짧은 기간 좁은 범위에 걸쳐 발생하는 경우가 많다.
오랜 기간 넓은 범위에 걸쳐 발생한다.
③ 겨울철에 습한 공기가 많이 유입되는 지역에서 발생한다.
겨울철에 습한 공기가 많이 유입되는 지역에서 폭설이 발생한다.
⑤ 열대 지역의 해상에서 발생하여 중위도 지역으로 이동하는 저기압의 피해가 심각하다.
열대 지역의 해상에서 발생하는 것은 열대 저기압이다.

7 화산 활동

다음 사진과 같은 자연재해로 인한 피해와 주민 생활에 대한 설명으로 옳지 <u>않은</u> 것은?

① 화산재로 항공기 운항이 중단된다.

② 터를 높게 하여 터돋움집을 짓는다.

③ 비옥해진 토양을 이용해 농사를 짓는다.

④ 온천과 지형을 이용한 관광 산업이 발달한다.

⑤ 분출물이 마을과 농경지를 덮쳐 인명 및 재산 피해가 발생한다.

출제 의도 파악하기

화산 활동으로 인한 피해와 주민의 삶에 미친 영향에 대해 알아본다.

> **문제 해결 Point 쏙쏙**
> ·화산 피해: 용암·화산재 등 분출물이 마을과 농경지를 덮쳐 인명 및 재산 피해 발생, 수도·전기·가스·통신망 파괴, 화산재로 인한 항공기 운항 중단 및 세계 평균 기온 하락 등

개념 화산 활동이 발생하는 지역의 주민들은 화산재가 쌓여 비옥해진 토양을 이용해 농사를 짓고, 온천과 화산 지형을 이용한 관광 산업에 종사하며, 유황 채취, 지열 발전을 통한 전기 생산 등을 한다.

선택지 바로 알기
② 터를 높게 하여 터돋움집을 짓는다.
홍수를 대비하기 위한 방법이다.

---

8 인간 활동에 의해 승가하는 홍수 피해

다음 ㉠, ㉡에 들어갈 내용으로 옳지 <u>않은</u> 것은?

> **2. 인간 활동과 홍수**
> ① 홍수의 의미: 비가 단시간에 집중적 또는 장기간에 지속적으로 내려 하천이나 호수가 흘러넘치는 현상
> ② 홍수를 증가시키는 인위적 요인
>   · _____㉠_____
> ③ 홍수 피해를 줄이기 위한 대책
>   · _____㉡_____

① ㉡: 숲을 조성해 녹지 면적을 증가시킨다.

② ㉠: 녹지 공간이 감소하고 포장 면적이 증가하였다.

③ ㉡: 무분별한 개발을 제한하고 배수 시설을 정비한다.

④ ㉠: 생태 하천을 복원하고 녹지 공간을 많이 만든다.

⑤ ㉠: 하천을 직선으로 만들면서 유속이 빨라져 하천 하류 지역에 물이 불어났다.

출제 의도 파악하기

홍수로 인한 피해가 인간 활동에 의해 증가하거나 감소할 수 있음을 파악한다.

> **문제 해결 Point 쏙쏙**
> ·홍수 피해의 증가 원인: 무분별한 개발, 하천 직선화, 지구 온난화
> ·홍수 피해 대책: 무분별한 개발 제한, 배수 시설 정비, 조림 사업을 통한 녹지 면적 증가, 홍수터 복원 등

개념 홍수를 증가시키는 인위적 요인으로는 무분별한 개발, 하천 직선화, 지구 온난화를 들 수 있다. 무분별한 개발로 인해 녹지 공간이 감소하고 포장 면적이 증가하며, 하천 직선화로 인해 유속이 빨라져 하류 지역에 물이 불어난다. 도시화·산업화로 온실가스가 증가하며 지구 온난화가 심해져 해수면 상승을 가져온다.

선택지 바로 알기
④ ㉠: 생태 하천을 복원하고 녹지 공간을 많이 만든다.
생태 하천을 복원하고 녹지 공간을 많이 만드는 것은 홍수 피해를 줄이기 위한 대책에 해당한다.

9 자원의 의미

다음 선생님의 질문에 대한 대답으로 가장 적절한 것을 ㅣ보기ㅣ에서 고르면?

ㅣ보기ㅣ
ㄱ. 자연은 모두 자원으로 가치가 있어요.
ㄴ. 자원은 인간 생활에 유용하게 이용되는 것을 말해요.
ㄷ. 경제적 의미의 자원은 기술적 의미의 자원보다 범위가 넓어요.
ㄹ. 경제적, 기술적으로 개발이 가능해야 자원으로 이용될 수 있어요.

① ㄱ, ㄴ ② ㄱ, ㄹ ③ ㄴ, ㄷ
④ ㄴ, ㄹ ⑤ ㄷ, ㄹ

출제 의도 [파악하기]

자원의 의미와 특성을 이해한다.

문제 해결 Point 쏙쏙
· 자원의 의미: 인간 생활에 가치 있게 쓰이는 것으로, 기술적·경제적으로 개발할 수 있는 것
· 자원의 분류: 의미에 따라 좁은 의미의 자원은 천연자원, 넓은 의미의 자원은 천연자원, 인적 자원, 문화적 자원을 모두 포함함, 재생 가능성에 따라 풍력, 수력 등 재생 가능한 자원과 석유, 석탄, 천연가스 등 재생 불가능한 자원으로 구분함.

개념 자원이 유용하게 이용되기 위해서는 기술적으로 개발할 수 있으며, 경제적으로도 가치가 있어야 한다.

선택지 [바로 알기]
ㄱ. 자연은 모두 자원으로 가치가 있어요.
기술적으로 개발할 수 있으며, 경제적으로도 가치가 있어야 자원으로서 유용하다.
ㄷ. 경제적 의미의 자원은 기술적 의미의 자원보다 범위가 넓어요.
경제적 의미의 자원은 기술적 의미의 자원보다 범위가 좁다.

---

10 석유의 분포와 소비

다음은 A 자원의 분포와 이동을 나타낸 지도이다. 이에 대한 설명으로 옳지 않은 것은?

① 인류가 가장 광범위하게 사용하는 자원이다.
② 연소 시 오염 물질 배출량이 많아 규제의 대상이 되고 있다.
③ 우리나라, 일본, 유럽의 여러 나라는 많은 양을 수입에 의존한다.
④ 서남아시아 지역에 60% 이상이 매장되어 있어 편재성이 매우 크다.
⑤ 매장되어 있는 국가와 주요 소비 국가가 일치해 국제적 이동이 적다.

출제 의도 [파악하기]

석유 자원 분포의 편재성과 소비의 지역적 차이를 파악한다.

문제 해결 Point 쏙쏙
· 석유 자원의 분포: 지역적으로 편재 → 서남아시아의 페르시아만 지역
· 석유 자원의 이동: 국제적 이동량이 많음.(생산지와 소비지가 다름.)

개념 석유는 서남아시아 지역에 전체의 60% 이상이 매장되어 있어 편재성이 매우 크며, 매장되어 있는 국가와 주요 소비 국가가 달라서 국제적 이동이 가장 많은 자원이다.

선택지 [바로 알기]
⑤ 매장되어 있는 국가와 주요 소비 국가가 일치해 국제적 이동이 적다.
매장되어 있는 국가와 주요 소비 국가가 달라 국제적 이동이 많다.

11 자원으로 연결된 지구촌

다음은 우리나라에서 옷을 구매하기까지의 과정을 나타낸 그림이다. 이에 대한 설명으로 옳지 않은 것은?

> 우리 마을 주민들은 대부분 면화와 관련된 일을 하죠.

> 면화를 심고 기를 뿐만 아니라 좀 더 나은 품질의 면화를 연구하거나 다른 나라로 수출하는 일도 해요.

미국 텍사스

> 우리는 미국산 면화를 이용해 옷을 만드는 공장에서 일해요. 공장에서 일하는 덕분에 아이들을 학교에 보내죠.

방글라데시 다카

> 저는 방글라데시에서 만들어진 좋은 품질의 티셔츠를 구매했어요.

대한민국 서울

① 자원을 이용할수록 국가 간, 지역 간 연결의 단절이 심화되고 있다.

② 물건 하나를 만드는 데에는 세계 여러 지역의 다양한 자원이 필요하다.

③ 자원이 생산되고 이동하는 과정에 수많은 사람의 삶이 연결되어 있다.

④ 자원을 이용함으로써 우리와 다른 지역 주민의 삶이 서로 영향을 주고받는다.

⑤ 소비 행위가 다른 지역의 삶에 미칠 영향을 고려하여 바람직한 방향으로 소비해야 한다.

출제 의도 파악하기

자원이 이동하는 과정에서 우리의 삶과 다른 지역 주민의 삶이 긴밀하게 연결되어 있음을 인식한다.

문제 해결 Point 쏙쏙

· 윤리적 소비: 생산 과정에 의미를 두는 소비 → 나의 소비 행위가 다른 지역의 삶에 미칠 영향을 고려하여 바람직한 방향으로 소비하는 것

개념 오늘날 세계화가 진전됨에 따라 자원의 이용을 매개로 국가 간, 지역 간 상호 연결성은 더욱 커지고 있다. 자원이 생산·소비되는 과정에서 우리와 다른 지역의 삶은 연결된다.

선택지 바로 알기

① 자원을 이용할수록 국가 간, 지역 간 연결의 단절이 심화되고 있다.

자원의 이용을 매개로 국가 간, 지역 간 상호 연결성은 더욱 커지고 있다.

12 신·재생 에너지

다음 (가)~(다) 지역에서 개발하기 유리한 신·재생 에너지가 바르게 연결된 것을 고르면?

> (가) 밀물과 썰물의 차이가 큰 해안이 있는 프랑스
> (나) 북대서양에서 강한 바람이 지속적으로 불어오는 영국
> (다) 일사량이 많고 비가 적게 내리는 사막이 대부분인 사우디아라비아

	(가)	(나)	(다)
①	태양광	풍력	지열
②	수력	지열	풍력
③	조력	풍력	태양광
④	조력	수력	풍력
⑤	지열	수력	태양광

신·재생 에너지의 종류와 개발 조건에 대해 이해한다.

문제 해결 Point 쏙쏙

· 수력: 유량이 풍부하고 낙차가 큰 지역
· 조력: 밀물과 썰물의 차이가 큰 해안 지역
· 지열: 판의 경계에 있어서 지각 운동이 활발한 지역
· 풍력: 강한 바람이 지속적으로 부는 산지나 해안 지역
· 태양: 일사량이 많고, 비가 적게 내리는 지역
· 바이오 에너지: 사탕수수·옥수수에서 연료 추출, 가축 분뇨·음식물 쓰레기로 전기 생산

개념 조력은 밀물과 썰물의 차이가 큰 해안 지역에서, 풍력은 강한 바람이 지속적으로 부는 산지나 해안 지역에서, 태양광은 일사량이 많고 비가 적게 내리는 지역에서 개발이 가능하다.

13 문화 지역의 구분

다음은 다양한 기준으로 문화 지역을 구분한 유럽 지도와 글이다. 이 자료의 ㉠과 같은 음식 문화가 발달한 까닭을 기후 환경과 농업을 관련지어 쓰시오.

(신고등 지도, 2015.) (지리 연구, 2016.)

> 방학 때 유럽 여행을 했다. 남부 지역은 돌로 만든 건물이 많았는데, 북쪽으로 갈수록 통나무집이 많았다. 아마도 타이가 지대가 넓게 펼쳐져 있는 영향인 것 같다. 매일 아침 버터 바른 빵을 먹었다. 그런데 이탈리아에서 온 친구를 보니, 빵에 버터 대신 ㉠ 올리브유에 찍어 먹는 것을 더 좋아하는 것 같았다.

모범 답안 남부 유럽에서 올리브유에 빵을 찍어 먹는 것은 여름철에 덥고 건조한 날씨를 견디는 올리브를 재배하는 수목 농업이 발달하여 올리브를 사용한 음식이 많기 때문이다.

의식주, 종교 등 다양한 기준으로 문화 지역을 구분하고 이해한다.

문제 해결 Point 쏙쏙

· 문화 지역: 문화적 특징이 유사하게 나타나는 일정한 공간 범위

개념 문화 지역은 언어, 민족, 의식주, 종교 등 다양한 요소가 복합적으로 작용해 형성된다. 어떤 문화 지표를 중심으로 문화적 차이를 구분하느냐에 따라 문화 지역의 범위는 달라질 수 있으므로 문화 지역의 구분은 고정된 것이 아니다. 다양한 기준으로 문화 지역을 구분해 볼 때, 그 지역의 문화를 더욱 효과적으로 이해할 수 있다.

14 지각 운동으로 인해 발생하는 자연재해

다음 지도를 보고 물음에 답하시오.

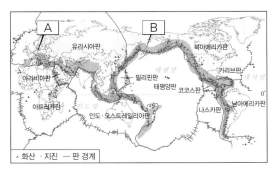

(1) A, B의 이름을 쓰시오.

답 A 알프스·히말라야 조산대, B 환태평양 조산대

(2) A와 B에서 자주 발생하는 자연재해로 인한 피해를 서술하시오.

모범 답안 지진으로 각종 시설 붕괴, 산사태와 화재 등으로 인명 및 재산 피해, 수도·전기·가스·통신망 파괴 등이 나타난다. 화산 활동으로 분출물이 마을과 농경지를 덮쳐 인명 및 재산 피해 발생, 화산재가 상공을 덮어 항공기 운항 중단, 햇빛 차단으로 인한 세계 평균 기온 하락 등이 나타난다.

출제 의도 파악하기

지진과 화산 활동이 지역 주민의 삶에 미친 영향에 대해 이해한다.

문제 해결 Point 쏙쏙

· 지진과 화산 활동은 지각판이 서로 충돌하거나 분리될 때 나타나므로 주로 지각판의 경계에서 발생한다.

개념 지진은 지구 내부의 에너지가 지표면으로 전달되어 땅이 갈라지고 흔들리는 현상이다. 화산 활동은 지하 깊은 곳의 마그마가 지각의 약해진 틈을 따라 지표면 위로 분출하는 현상이다. 지진과 화산 활동은 지각판의 경계에서 자주 발생하는데, 가장 활발한 지역은 알프스·히말라야 조산대와 환태평양 조산대이다.

15 식량 자원의 분포와 소비

다음은 식량 자원의 국제 이동을 나타낸 지도이다. 이를 보고 물음에 답하시오.

(1) A, B 자원이 무엇인지 쓰시오.

답 A 쌀, B 밀

(2) A 자원과 B 자원 중 국제적 이동이 적은 자원을 쓰고, 그 이유를 서술하시오.

모범 답안 쌀의 국제적 이동이 적다. 고온 다습한 아시아의 계절풍 기후 지역에서 재배되는 쌀은 대부분 생산지에서 소비되기 때문이다.

출제 의도 파악하기

식량 자원 분포의 편재성과 소비량의 지역적 차이를 찾아보고 이해한다.

문제 해결 Point 쏙쏙

· 쌀: 고온 다습한 아시아의 계절풍 기후 지역에서 재배
· 밀: 서늘하고 비교적 건조한 지역에서도 재배가 가능하여 전 세계적으로 재배

개념 동부 아시아, 동남아시아, 남부 아시아 등지에서 생산되는 쌀은 대부분 생산지에서 소비되기 때문에 국제적 이동량이 적다. 전 세계적으로 재배 면적인 넓은 밀은 소비지가 널리 분포하여 국제적 이동량이 많다.

중학 전략
사회①
BOOK 2

정답과 해설

정답과 해설 · BOOK 2

1일 개념 돌파 전략 ❶   8~11쪽

1강_개인과 사회생활~문화를 이해하는 태도

1-2 ⑤   **2-2** ①

2강_대중 매체와 대중문화~정치 생활과 민주주의

1-2 ②   **2-2** ②   **3-2** ③

1강_개인과 사회생활~문화를 이해하는 태도

1-2 사회화의 사례

사회화는 인간이 자신이 속한 사회에서 살아가는 데 필요한 지식, 가치, 행동 등을 배우고 내면화하는 과정이다. 인간은 사회화를 통해 사회 속에서 다른 사람들과 상호 작용을 하며 살아가는 사회적 존재가 된다. 재채기를 할 때 입을 가리는 행동, 수저를 이용하여 식사를 하는 것은 사회화된 행동의 사례에 해당한다.

오답 피하기 ㄱ, ㄴ. 기침, 하품, 배설 등 본능에 의한 행동은 사회화를 통해 학습된 행동으로 볼 수 없다.

2-2 문화의 속성

제시된 사례를 통해 알 수 있는 문화의 속성은 공유성이다. 한 사회의 구성원들은 공통의 문화를 공유하며, 이를 통해 사회 구성원들은 특정한 상황에서 다른 사람들의 행동을 예측하고 자신이 어떻게 행동할지 결정함으로써 원활한 사회생활을 할 수 있다.

2강_대중 매체와 대중문화~정치 생활과 민주주의

1-2 대중문화의 특징

대중문화는 대중 매체를 통하여 대량 소비되는 과정에서 문화의 획일화를 초래할 수 있다. 또한 대중문화는 이윤을 창출하기 위해 문화를 상품화함으로써 문화의 질을 떨어뜨리는 상업화의 문제점이 나타난다.

2-2 민주 정치의 기본 원리

제시된 헌법 조항에는 국가의 의사를 결정하는 주권이 국민에게 있고, 국가의 권력 행사는 국민의 동의를 바탕으로 한다는 국민 주권의 원리가 나타나 있다.

3-2 의원 내각제

(가)의 정부 형태는 의원 내각제이다. 의원 내각제는 의회 다수당의 대표가 총리가 되어 내각을 구성하는 정부 형태로, 의회 의원의 장관 겸직이 가능하다. 내각과 의회가 긴밀한 협조 관계를 유지하므로 책임 정치의 실현이 가능하지만, 다수당의 횡포가 우려되는 단점이 있다. ③ 대통령의 법률안 거부권은 대통령제의 특징이다.

쌍둥이 문제 ❶

다음과 같은 정부 형태에 대한 설명으로 옳은 것은?

① 내각은 의회를 해산할 수 없다.
② 의회는 내각을 불신임할 수 있다.
③ 의원은 행정부의 장관을 겸직할 수 없다.
④ 내각은 의회에 대하여 책임을 지지 않는다.
⑤ 입법부와 행정부가 엄격하게 분리되어 있다.

해설 제시된 그림은 의원 내각제로, 입법부와 행정부가 융합된 정부 형태이다. 의원 내각제에서는 의회가 내각을 불신임할 수 있으며, 내각은 의회를 해산할 수 있다. 또한 의원은 장관을 겸직할 수 있으며, 내각은 의회에 대하여 책임을 지기 때문에 책임 정치가 이루어질 수 있다. ①, ③, ④, ⑤는 대통령제의 특징이다.   답 ②

1일 개념 돌파 전략 ❷   12~13쪽

1 ③   **2** ⑤   **3** ⑤   **4** ④   **5** ③   **6** ④

1 사회화의 사례

(가)는 사회화이다. 사회화는 그 사회의 문화를 후천적으로 학습하는 것이다. ③ 수업 시간에 졸려서 엎드려 자는 것은 본능에 의한 행동에 해당한다. 기침, 배고픔, 졸음 등 본능에 의한 행동은 사회화를 통해 학습된 행동으로 볼 수 없다. 사회화에

적합한 사례라면 '졸린 데도 참고 수업을 듣는다.'와 같이 후천적으로 학습된 것이어야 한다.

사회화의 의의

인간은 사회화를 통해 사회적 존재가 된다. 이것은 두 가지 의의가 있다. 첫째는 인간이란 본능으로 사는 존재가 아니라 학습으로 본능을 조절하며 사는 존재라는 것이다. 둘째는 인간이란 사회생활을 통해서만 인간답게 살 수 있는 존재라는 것이다.

2 사회 집단의 유형

제시된 사진 속 사회 집단은 회사이다. 회사는 접촉 방식을 기준으로 구분하면 특정 목적을 달성하기 위해 수단적인 만남을 바탕으로 한 집단이므로 2차 집단에 해당한다. 한편 결합 의지에 따라 구분하면 목적을 위해 개인의 결합 의지가 반영되어 구성된 집단이므로 이익 사회에 해당한다.

3 자문화 중심주의

그림에 나타난 문화 이해 태도는 자문화 중심주의이다. 자문화 중심주의는 자신이 속한 문화만 우월한 것으로 보고 다른 문화를 열등하다고 생각하는 태도이다.

4 뉴 미디어

(가)는 뉴 미디어이다. 정보 통신 기술이 발달하면서 인터넷, 스마트폰 등과 같은 새로운 대중 매체(뉴 미디어)가 등장하였으며, 새로운 대중 매체는 기존의 대중 매체와 달리 쌍방향 소통이 가능하게 한다. 뉴 미디어를 통해 생산자와 수요자가 서로 소통하며 대중이 문화의 소비자인 동시에 생산자로 등장하게 된다.

5 정치의 의미

좁은 의미의 정치는 대통령이나 국회 의원 등 정치인들이 국가와 관련된 활동을 하는 것이다.

오답 피하기 ①, ②, ④, ⑤는 넓은 의미의 정치에 해당한다. 넓은 의미의 정치는 일상생활에서 발생하는 문제에 대한 구성원 간의 이해관계를 조정하여 갈등을 해결하는 모든 활동을 의미한다.

6 우리나라의 정부 형태

우리나라는 기본적으로 대통령제를 채택하고 있지만, 의원 내각제적 요소도 일부 채택하고 있다. 의원 내각제적 요소에는 국무총리 제도, 행정부의 법률안 제출권, 국회 의원의 행정부 장관 겸직 가능 등이 있다.

오답 피하기 ㄷ. 대통령의 법률안 거부권은 대통령제 정부 형태에서 대통령이 가지는 권한이다.

2일 필수 체크 전략 ❶ 14~17쪽

| 1-1 ④ | 1-2 ② | 2-1 ② | 2-2 ⑤ |
| 3-1 ④ | 3-2 ② | 4-1 ⑤ | 4-2 ② |

1-1 사회화 기관

많은 사람들에게 대량의 정보를 전달하는 사회화 기관은 대중 매체이다. 현대 사회에서 대중 매체는 사회화 기관으로서의 영향력이 점점 커지고 있다.

1-2 재사회화

제시된 내용은 재사회화에 대한 설명이다. 따라서 (가)에는 재사회화의 사례가 들어가야 한다. 군대에서의 신병 교육, 노인의 디지털 매체 교육, 교도소에서의 교화 교육, 직장인의 직무 교육이나 외국어 공부 등이 재사회화 사례에 해당한다. ② 또래 집단에서의 학습은 사회화의 사례에 해당한다.

2-1 성취 지위

제시된 설명에 해당하는 지위는 성취 지위이다. ㄱ, ㅁ, ㅂ. 교사, 학생 회장, 교내 합창단원은 성취 지위에 해당한다.

오답 피하기 ㄴ, ㄷ, ㄹ. 남자, 공주, 아들은 귀속 지위에 해당한다. 귀속 지위는 태어나면서부터 자연적으로 주어지는 지위를 말한다.

2-2 역할 갈등

제시된 상황에는 역할 갈등이 나타나 있다. 역할 갈등은 두 가지 이상의 지위와 관련된 타인의 요구나 기대가 서로 충돌하는 것을 의미한다. 역할 갈등이 발생했을 경우에는 역할의 우선순위를 정하여 중요한 것부터 먼저 수행해야 한다.

역할 갈등의 해결 방법

개인적 측면	• 하나의 역할을 포기하거나 어떤 역할을 먼저 수행할 것인지를 결정함. • 기준을 정하여 충돌하는 각 역할의 중요성을 비교한 후 합리적으로 선택해야 함.
제도적 측면	역할 갈등 상황에서 합의점을 찾을 수 있도록 정책과 제도를 마련함.

3-1 문화의 속성

우리나라에서 교복을 입는 현상은 학교에서 학생의 생활 지도, 각 가정의 빈부 격차 때문에 발생하는 위화감 문제, 의류 산업 등과 밀접하게 연관되어 있다. 이것은 전체성의 사례이다.

선택지 분석

① 강우: 청소년들이 교복을 줄여 입는 것을 자연스럽게 받아들이는 것은 축적성의 사례야. (×)
→ 문화의 공유성의 사례이다.

② 명희: 중학교에 입학하면서 교복을 입고 관리하는 방법을 배우는 것은 공유성의 사례야. (×)
→ 문화의 학습성의 사례이다.

③ 태형: 교복을 만드는 기술이 축적되어 실용적이고 편리한 의복으로 발전한 것은 변동성의 사례야. (×)
→ 문화의 축적성의 사례이다.

④ 정은: 교복 착용 현상이 학생의 생활 지도, 의류 산업 등과 연관되어 있는 것은 전체성의 사례야. (○)

⑤ 철호: 교복 모양이 비슷했던 과거와 달리 요즘 교복 모양과 색깔이 다양한 것은 학습성의 사례야. (×)
→ 문화의 변동성의 사례이다.

3-2 문화의 속성

(가)는 한 사회의 구성원들은 공통의 생활 양식을 가지고 있다는 문화의 공유성의 사례이다. (나)는 문화는 고정되어 있지 않고 끊임없이 변화한다는 문화의 변동성의 사례이다.

4-1 자문화 중심주의

유럽인들은 자신의 문화를 기준으로 자파테크 족의 문화를 열등하다고 판단하였다. 즉 자신의 문화만을 우월하고 우수한 문화라고 여기고 다른 문화는 열등하거나 미개하다고 생각하는 자문화 중심주의가 나타난다.

더 알아보기 자문화 중심주의의 장점과 한계

장점	자신의 문화에 대한 자부심을 갖게 해 주고, 사회 구성원들의 결속을 강화함.
한계	다른 문화와 갈등을 일으키거나 국제적 고립을 초래할 수 있음.

4-2 문화 상대주의

제시된 대화에서 진선은 티베트의 장례 문화를 티베트의 자연환경 측면에서 이해하고 있다. 이와 같이 각 사회의 문화를 그 사회의 입장에서 이해하는 태도는 문화 상대주의적 태도이다.

2일 필수 체크 전략 ❷ | 18~19쪽

1 ⑤ **2** ① **3** ② **4** ⑤ **5** ⑤ **6** ①

1 인간의 특성

제시된 사례를 통해 인간은 발달 단계에 적합한 사회화의 내용을 학습하지 못하면 사회에 적응하기가 힘들다는 것을 알 수 있다. 인간은 생물학적 존재로 태어나지만, 다른 사람과 더불어 사는 삶을 통해 사회생활에 필요한 생활 양식과 지식, 규범 등을 학습함으로써 사회적 존재로 성장하게 된다.

2 지위의 유형

장남은 귀속 지위에 해당한다. 귀속 지위는 태어나면서 자연적으로 주어지는 지위이다.

오답 피하기 ②, ③, ④, ⑤ 부모, 중학생, 복싱 선수, 의사는 성취 지위에 해당한다. 부모는 스스로 선택하는 것이기 때문에 성취 지위에 해당한다.

3 사회 집단

사회 집단은 둘 이상의 구성원이 소속감과 공동체 의식을 가지고 지속적인 상호 작용을 하는 집합체이다. 제시된 사진의 경기장의 관중들은 구성원 간에 지속적인 상호 작용이 이루어지지 않고 소속감과 공동체 의식을 가지지 않기 때문에 사회 집단으로 볼 수 없다.

4 문화의 의미

좁은 의미의 문화는 문학이나 예술과 관련된 것, 세련되고 교양 있는 것을 말한다. 넓은 의미의 문화는 전통문화, 한국 문화, 청소년 문화 등과 같이 한 사회의 구성원들이 가지고 있는 공통의 생활 양식을 말한다.

오답 피하기 ①, ②, ③, ④는 좁은 의미의 문화에 해당한다.

5 문화의 다양성

세계 각 지역의 음식 문화가 다른 것은 각 사회가 처한 자연환경이나 역사적 배경이 다르므로 나라마다 문화의 양상이 다양하고 특수한 형태를 나타내게 되기 때문이다. 이를 문화의 다양성이라고 한다.

6 문화의 상대성을 부정하는 태도

(가) 아프가니스탄의 탈레반 정권은 자신들의 이슬람 율법에 어긋난다는 이유로 세계 문화 유산인 바미안 불상을 파괴하였는데, 이는 자문화 중심주의적인 태도이다. (나) 천하도는 조

선 시대에 그려진 세계 지도로서 조선 시대 사람들의 문화 사대주의적 세계관을 엿볼 수 있다. 자문화 중심주의와 문화 사대주의는 공통적으로 문화의 상대성을 부정하고, 문화의 우열이 있다고 보는 태도이다.

3일 필수 체크 전략 ❶ 20~23쪽

1-1 ③	1-2 ④	2-1 ②	2-2 ③
3-1 ③	3-2 ③	4-1 ①	4-2 ③

1-1 대중문화
대중문화는 불특정 다수인 대중이 누리는 문화로 대량 생산과 대량 소비를 특징으로 한다. 이러한 대중문화는 교육 기회의 확대, 생활 수준 향상, 대중 매체의 발달에 힘입어 발전하였다.

1-2 대중문화의 긍정적 측면
제시문에서 설명하는 문화는 대중문화이다. 대중문화는 대중에게 즐거움과 휴식을 제공함으로써 대중은 문화적으로 풍요로운 삶을 누릴 수 있고, 대중 매체를 통해 많은 정보를 효과적으로 전달받을 수 있다.

오답 피하기 ㄱ. 대중문화의 획일성으로, 대중문화의 부정적 측면에 해당한다. ㄷ. 대중 매체의 발달로 다양한 문화가 대중에게 전달됨으로써 과거에 소수만이 누리던 문화적 혜택을 누구나 누릴 수 있게 되었다.

2-1 고대 아테네 민주 정치
작은 도시 국가였던 고대 아테네에서는 시민이 나라의 중요한 일을 결정하는 직접 민주 정치가 이루어졌다. 그러나 시민의 자격은 성인 남성에게만 주어졌고, 여성과 노예, 외국인은 정치에 참여할 수 없었다.

2-2 현대 민주 정치
현대 민주 정치에서는 일정한 연령 이상의 모든 남녀에게 선거권을 부여하는 보통 선거 제도가 확립되었고, 대의 민주 정치와 대중 민주주의가 확립되었다. ③ 시민들의 선거권은 현대에 와서 확대되었다.

3-1 권력 분립의 원리
제시된 글은 국가 권력이 한곳에 집중되면 권력이 남용될 수 있다는 점을 우려하고 있다. 이를 막기 위한 민주 정치의 기본 원리는 권력 분립의 원리이다.

3-2 국민 주권의 원리
제시된 연설의 밑줄 친 부분은 국가의 주권이 국민에게 있고, 국가 권력의 행사는 국민의 동의를 바탕으로 해야 한다는 국민 주권의 원리를 나타낸다.

4-1 대통령제
제시된 신문 기사를 보면 의회 다수당과 행정부 수반의 소속당이 달라 행정부 수반과 다수당의 대립을 우려하고 있다. 의원 내각제에서는 다수당의 대표가 행정부 수반이 되어 내각을 구성하므로 다수당과 행정부 수반의 소속당이 같다. 따라서 A국의 정부 형태는 대통령제이다. 대통령제하에서는 의회와 행정부가 대립할 경우에 해결이 어려운 단점이 있다.

4-2 우리나라의 정부 형태
우리나라의 정부 형태는 대통령제를 기본으로 하면서 의원 내각제 요소가 가미된 정부 형태이다. ㄴ, ㄷ. 행정부의 의회 해산 불가, 대통령의 법률안 거부권은 대통령제의 특징이다.

오답 피하기 ㄱ, ㄹ. 국무총리 제도, 행정부의 법률안 제출권 등은 의원 내각제적 요소이다.

3일 필수 체크 전략 2 24~25쪽

1 ④　　**2** ④　　**3** ④　　**4** ②　　**5** ③　　**6** ③

1 뉴 미디어의 특징

텔레비전이나 신문 같은 기존의 대중 매체들은 정보를 일방적으로 전달하여 대중은 수동적으로 수용하였지만, 스마트폰이나 인터넷 같은 뉴 미디어는 쌍방향으로 정보를 주고받아 대중이 정보의 소비자인 동시에 생산자가 된다.

2 정치의 기능

정치는 개인 간, 집단 간의 이해관계 대립과 갈등을 조정하여 사회 질서와 안정을 유지시켜 주며, 사회 구성원들의 여러 요구들을 수렴해 시민의 행복과 사회 발전에 기여한다.

3 민주 정치의 발전 과정

① 고대 아테네의 시민은 성인 남자 자유민이고, 근대 민주 정치의 시민은 일정 수준 이상의 재산을 가진 남자로 귀족, 자본가 등으로 소수 집단이었다. ② 근대 민주 정치는 시민 혁명의 결과 대의 민주 정치가 형성되었다. ③ 현대 민주 정치의 시민은 일정한 연령 이상의 모든 사람들로, 고대 아테네 민주 정치의 시민보다 그 범위가 확대되었다. ⑤ 현대 민주 정치에서는 성별, 재산 등에 관계 없이 모든 시민의 정치 참여가 보장되는 대중 민주주의가 이루어졌다. ④ 근대 시민 혁명의 결과 도시 상공업자들까지 정치에 참여할 수 있게 되어 시민의 범위가 넓어졌으나 노동자, 빈민, 여성에게는 선거권이 배제되어 선거권 확대 운동을 통해 선거권을 적극적으로 요구하게 되었다. 선거권 확대 운동의 결과 보통 선거 제도가 정착된 시기는 (다)이다.

4 민주주의의 이념

민주주의의 이념은 인간의 존엄성, 자유, 평등이다. 인간의 존엄성은 모든 사람은 인종, 민족, 신분, 성별, 재산 등과 관계없이 그 자체로 존중받아야 한다는 것이다. 자유와 평등은 인간의 존엄성이 실현되기 위한 전제 조건이다. 자유는 부당하게 구속받거나 간섭받지 않는 것을 의미하며, 평등은 성별, 재산, 신분 등에 따라 차별받지 않고 동등하게 대우받는 것을 의미한다. 형식적 평등은 모두에게 균등한 기회를 부여하는 것으로 법 앞의 평등이 이에 해당한다. 실질적 평등은 선천적·후천적 차이를 인정하고 배려하는 것으로, 각종 사회 복지 제도나 적극적인 차별 시정 조치가 대표적인 사례이다. ② 현대 사회에서는 형식적 평등보다 실질적 평등이 강조되고 있다.

5 대통령제

대통령제는 대통령의 임기 동안 정국이 안정되고, 정책의 지속성이 보장되며, 대통령이 법률안 거부권을 통해 다수당의 횡포를 막을 수 있는 장점이 있다. 반면에 대통령에 의한 독재가 우려되며, 의회와 행정부가 대립할 경우 조정이 어려운 단점이 있다. ③은 의원 내각제의 장점이다. 의원 내각제에서는 의회와 내각이 협조 관계에 있기 때문에 신속하고 효율적인 정책 수행이 가능하다.

6 의원 내각제

그림에 나타난 정부 형태는 의원 내각제이다. ① 의원 내각제에서 내각은 의회의 신임을 얻어야 지속될 수 있기 때문에 국민의 정치적 요구에 민감하게 반응하여 책임 정치를 실현할 수 있다. ② 의원 내각제에서 왕과 같은 국가 원수는 실질적인 권한 없이 국가를 대표하는 상징일 뿐이고, 수상이 실질적인 권력을 행사한다. ④ 내각이 의회 해산권을 행사하면 의회를 해산하고 총선거를 다시 시행하여 새로운 의회를 구성한다. ⑤ 내각이 국정 운영을 잘못할 경우 의회는 내각을 불신임할 수 있다. 이 경우 내각 구성원은 총사퇴하고, 의회는 새로운 내각을 구성한다. ③은 대통령제의 특징이다. 의원 내각제하에서 의회 의원은 내각의 각료를 겸직할 수 있다.

4일 교과서 대표 전략 1 26~29쪽

1 ④　　**2** ②　　**3** ⑤　　**4** ④　　**5** ③

6 ⑤　　**7** ④　　**8** ②　　**9** ⑤　　**10** ②

11 ③　　**12** ④　　**13** ③　　**14** ②　　**15** ②

16 ③

1 청소년기의 특징

제시된 표현은 청소년기를 나타낸다. 청소년기는 신체적으로나 정신적으로 급격한 변화와 혼란을 경험하는 시기로 '질풍노도의 시기', 의존적인 아동기와 독립된 성인기 사이에 있다는 점에서 '과도기'라고도 불린다. ④ 청소년기에는 기존의 사회 제도에 반발하는 모습을 보이거나, 다양한 호기심을 가지며 주변 사람들을 따르려는 모습이 나타나기도 한다.

2 사회화 기관

개인의 사회화에 도움을 주는 사회적 관계나 기관을 사회화 기관이라고 한다. 현준이는 가장 기초적인 사회화 기관인 가정에 대해 설명하고 있고, 은지는 공식적 사회화 기관인 학교에 대해 설명하고 있다.

> **더 알아보기** 사회화 기관

가정	인간이 태어나 경험하는 가장 기초적인 사회화 기관으로, 기본적인 생활 습관과 사고방식의 형성에 큰 영향을 미침.
또래 집단	같은 지역 또는 공동체 속에서 생활하는 비슷한 나이의 친구들로, 놀이를 통해 다른 사람들과 어울리는 방법을 습득함.
학교	사회화를 목적으로 만든 공식적 기관으로, 사회생활에 필요한 지식과 규범, 가치 등을 체계적으로 학습함.
직장	업무에 필요한 기능, 규칙 및 인간관계, 조직의 규범과 행동 양식을 익힘.
대중 매체	신문, 텔레비전, 인터넷 등을 통해 정보와 지식을 제공하며, 현대 사회에서 큰 영향력을 행사함.

3 사회적 존재로서의 인간

인간은 다른 사람과 상호 작용을 통해 인간답게 사는 방법을 익힌다. 제시된 사례를 통해 인간은 혼자서 살아가는 것이 아니라 사회 속에서 다른 사람들과 관계를 맺으며 살아가는 과정에서 인간다운 모습을 갖추게 된다는 것을 알 수 있다.

4 사회적 지위

㉠은 귀속 지위, ㉡, ㉢, ㉣은 성취 지위이다. 태어나면서부터 주어지는 지위를 귀속 지위, 자신이 노력하여 그 결과로 얻은 지위를 성취 지위라고 한다. 과거에는 귀속 지위를 중요시하였으나, 현대에는 성취 지위의 중요성이 강조된다.

> 선택지 분석

① ㉠, ㉡은 귀속 지위이다. (×)
→ ㉠은 귀속 지위, ㉡은 성취 지위이다.
② ㉡은 자연적으로 가지게 되는 지위이다. (×)
→ ㉡은 후천적으로 얻은 지위이다.
③ 오늘날은 ㉢과 같은 지위는 중요하지 않다. (×)
→ 오늘날은 귀속 지위보다 성취 지위의 중요성이 강조된다.
④ ㉣은 노력이나 능력에 따라 얻는 지위이다. (○)
⑤ 혜정이의 지위 중 성취 지위는 ㉢, ㉣이다. (×)
→ 성취 지위는 ㉡, ㉢, ㉣이다.

5 사회 집단

(가)는 사회 집단에 해당한다. 사회 집단이란 둘 이상의 사람

이 모여서 비슷한 관심이나 목적을 지향하며 소속감을 가지고 지속해서 상호 작용을 하는 집단이다. ㄴ, ㄷ. 가족이나 동호회는 사회 집단에 해당한다.

> **오답 피하기** ㄱ, ㄹ. 공원을 걷는 사람들이나 야구 경기를 관람하러 온 관중들은 소속감이 없고 지속적인 상호 작용을 하지 않으므로 사회 집단에 해당하지 않는다.

6 차별

그림은 '차별'의 사례이다. 차별은 정당한 이유 없이 특정한 사람이나 집단을 다르게 대우하는 것이다. 차별은 그 자체로 부당하므로 잘못된 것이며, 차별이 지속되면 사회적으로 문제가 된다. ⑤ '차이'를 받아들이지 못하는 사회에서 차별이 자주 발생하게 된다.

7 문화의 의미

밑줄 친 '문화'는 좁은 의미의 문화이다. 좁은 의미의 문화는 예술 활동, 교양 있는 상태, 문명 등을 가리킨다. 반대로 넓은 의미의 문화는 의식주, 언어, 종교 등 인간이 만들어 낸 공통의 생활 양식을 가리킨다. ④는 좁은 의미의 문화에 해당한다.

> **오답 피하기** ①, ②, ③, ⑤는 넓은 의미의 문화에 해당한다.

8 문화의 속성

문화의 속성 중 (가)는 공유성, (나)는 학습성에 해당한다. 문화는 한 사회의 구성원들에게서 공통으로 나타나기 때문에 다른 사람들의 생각 및 행동을 예측할 수 있어 원활한 사회생활이 이루어진다. 한편 문화는 후천적으로 습득하는 것으로, 쌍둥이라 할지라도 성장하면서 각자 자신이 속한 사회의 문화를 학습하기 때문에 서로 다른 생활 양식을 갖게 된다.

9 문화 사대주의

'혼일강리역대국도지도'에는 다른 사회의 문화를 우수한 것으로 믿고 자신의 문화를 열등하다고 여기는 문화 사대주의 태도가 나타난다. 이러한 태도는 다른 사회의 문화를 절대적 기준으로 삼고 그 문화만을 높게 평가하므로 자신의 문화가 가진 주체성과 자부심을 잃을 수 있으므로 경계해야 한다.

> 선택지 분석

① 인간의 존엄성을 침해할 수 있다. (×) → 극단적 문화 상대주의
② 문화 제국주의가 나타날 수 있다. (×) → 자문화 중심주의
③ 국제적인 고립을 가져올 수 있다. (×) → 자문화 중심주의
④ 다른 문화의 장점을 받아들이지 못한다. (×) → 자문화 중심주의
⑤ 문화의 주체성을 잃고, 고유문화가 사라질 수 있다. (○)

10 문화를 이해하는 태도

문화의 상대성을 인정하면서 한 사회의 문화를 그 사회가 처한 특수한 환경과 사회적 맥락 속에서 이해하려는 태도를 문화 상대주의라고 한다. 문화 상대주의는 다른 사회의 문화를 편견 없이 객관적으로 이해할 수 있게 해 주며, 문화의 다양성을 보전하는 데 기여한다. ②는 문화 상대주의로, 올바른 문화 이해 태도이다.

오답 피하기 ①, ④는 문화 사대주의, ③, ⑤는 자문화 중심주의 태도가 나타난다.

11 대중문화

밑줄 친 문화는 '대중문화'이다. 대중문화의 등장으로 인해 사람들은 경제적으로 큰 부담 없이 다양한 문화를 쉽게 접하고 즐길 수 있게 되었고, 문화적으로 풍요로운 삶을 누릴 수 있게 되었다.

오답 피하기 ㄱ. 대중문화는 개개인의 개성을 반영하기 어렵다. ㄹ은 대중문화의 단점에 해당한다.

12 정치의 의미

제시된 정치에 대한 설명은 넓은 의미의 정치에 해당한다. 넓은 의미의 정치는 사람들이 함께 살아가면서 발생하는 갈등이나 분쟁을 조정하고 합의를 이루어가는 공동의 의사 결정 과정을 의미한다. 반면에 정치인들이 국가와 관련된 법률이나 정책을 결정하거나, 선거 등을 통하여 정치 권력을 획득하고 행사하는 활동은 좁은 의미의 정치에 해당한다.

오답 피하기 ①, ②, ③, ⑤는 좁은 의미의 정치에 해당한다.

쌍둥이 문제 1

좁은 의미의 정치에 해당하는 사례를 ㅣ보기ㅣ에서 고르면?

보기
ㄱ. 국회 의원이 국회에 법안을 제출했다.
ㄴ. 정부는 예산안을 편성하여 국회에 제출했다.
ㄷ. 가족들이 할머니의 칠순 잔치에 대해 의논하였다.
ㄹ. 학급 회의에서 청소 당번을 배정하는 원칙을 정했다.

① ㄱ, ㄴ   ② ㄱ, ㄷ   ③ ㄴ, ㄷ
④ ㄴ, ㄹ   ⑤ ㄷ, ㄹ

해설 ㄱ, ㄴ은 좁은 의미의 정치에, ㄷ, ㄹ은 넓은 의미의 정치에 해당한다.   답 ①

13 민주 정치의 발전

(가)는 고대 아테네의 민주 정치, (나)는 근대 민주 정치이다.

고대 아테네는 영토가 작고 인구가 적은 도시 국가였으며, 노예가 대부분의 노동을 담당하고 있어 시민은 정치에 참여할 여유가 있었다. ③ 아테네 시민들은 누구나 민회에 참여할 수 있었으며, 추첨이나 윤번제를 통해 공직을 맡을 수 있었다.

자료 분석 민주 정치의 발전

고대 아테네에서는 모든 시민이 국가의 일을 직접 결정하는 직접 민주 정치가 이루어졌다. 그러나 시민권은 성인 남성에게만 있었고, 여성, 노예, 외국인은 정치에 참여할 수 없는 제한적 민주 정치였다.

시민 혁명을 계기로 근대에는 의회를 중심으로 한 대의 정치가 등장하고 시민들은 정치에 참여할 권리를 보장받았다. 그러나 정치에 참여할 수 있는 자격은 성별, 신분, 재산 등을 기준으로 제한되었다.

14 민주 정치의 원리

(가)는 국민 주권의 원리, (나)는 입헌주의의 원리이다. 민주 국가의 주권이 다수의 국민에게 있다는 민주 정치의 원리는 국민 주권의 원리이다. 또한 민주 국가에서는 헌법에 따라 통치가 이루어지도록 하고 있다. 이것은 권력의 남용을 방지하여 국민의 자유와 권리를 보장하기 위해서이다.

15 대통령제

제시된 정부 형태는 대통령제이다. 대통령제는 입법부와 행정부가 엄격하게 분리된 정부 형태로, 국민은 선거를 통해 의회 의원과 행정부의 수반인 대통령을 각각 선출한다. 대통령제하에서 의회 의원은 내각의 각료를 겸직할 수 없으며, 대통령의 임기 동안 안정적인 국정 운영이 가능하다. 대통령은 법률안 거부권을 갖는다. ②는 의원 내각제의 특징이다.

쌍둥이 문제 2

다음과 같은 정부 형태에 대한 설명으로 옳은 것은?

입법부(의회)
선거
국민

행정부(대통령)
선거
국민

① 영국, 일본의 정부 형태이다.

② 다수당의 횡포를 견제할 수 있다.

③ 입법부와 행정부가 융합된 정부 형태이다.

④ 다수당의 대표가 총리가 되어 내각을 구성한다.

⑤ 의회는 내각 불신임권, 내각은 의회 해산권을 갖는다.

해설 그림의 정부 형태는 대통령제이다. 대통령제에서는 다수당의 횡포를 견제하는 것이 가능하다. ①, ③, ④, ⑤는 의원 내각제의 특징이다. 답 ②

16 우리나라의 정부 형태

제시된 신문 기사에는 정부의 법률안 제출권, 국회 의원의 장관 겸직이 나타나 있다. 이와 같이 우리나라는 기본적으로 대통령제를 채택하고 있으나, 의원 내각제의 요소를 일부 도입하였다. 국무총리 제도, 행정부의 법률안 제출권, 국회 의원의 장관 겸직 가능 등이 해당된다.

4일 교과서 대표 전략 ② 30~31쪽

1 ②	2 ②	3 ④	4 ③	5 ④
6 ①	7 ②	8 ⑤		

1 사회화의 기능

㉠은 '사회화'이다. 사회화를 통하여 인간은 자신이 속한 사회에 적응하고, 자신만의 독특한 개성을 형성한다. 사회화는 사회적 측면에서 사회 구성원들이 공유하는 삶의 방식을 다음 세대에 물려줌으로써 사회를 유지하고 발전시켜 나간다. ② 사회화의 내용이나 방식은 사회마다 다르게 나타날 수 있다.

2 역할 갈등

그림의 상황에는 역할 갈등이 발생하였다. 한 개인이 갖는 두 가지 이상의 지위와 관련된 타인의 요구나 기대가 서로 충돌하는 것을 역할 갈등이라고 한다. 이러한 역할 갈등을 해결하기 위해서는 역할들 간에 우선순위를 합리적으로 정하여 수행해야 한다.

오답 피하기 ㄴ, ㄹ. 사회가 복잡해지고 다양한 집단이 생기면서 사람들은 과거에 비해 더 많은 지위를 가지게 되었고, 역할 갈등도 증가한다.

3 사회 집단

사회 집단은 구성원들의 접촉 방식에 따라 친밀한 상호 작용을 하는 1차 집단과, 목적 달성을 위한 상호 작용을 하는 2차 집단으로 나눌 수 있다. 또한 소속감을 바탕으로 자신이 속해 있으면서 공동체 의식을 느끼는 내집단, 자신이 속해 있지 않으면서 낯선 감정을 느끼는 외집단이 있다. ① 학교는 2차 집단, ② 2반은 수빈이의 입장에서 외집단, ③ 회사는 2차 집단에 해당한다. ⑤ 가족은 1차 집단에 해당한다.

오답 피하기 ④ 수빈이의 입장에서 준수네 가족은 외집단이다.

4 문화의 특징

인간이 가지는 생물학적·심리학적 요소는 서로 비슷하다. 따라서 어느 사회나 언어, 가족, 결혼, 장례 등의 공통된 문화 현상이 나타나는데, 이를 문화의 보편성이라고 한다. 그러나 사회마다 문화의 구체적인 모습은 서로 다르게 나타나는데, 이를 문화의 다양성이라고 한다. (가)는 문화의 보편성, (나)는 문화의 다양성을 보여준다.

5 문화의 속성

한 사회의 구성원들은 문화를 공유하고(공유성), 후천적 학습을 통해 문화를 배운다(학습성). 문화는 다음 세대로 전해지면서 새로운 내용이 추가되고 쌓이며(축적성), 시간이 지나면서 끊임없이 변화한다(변동성). 또한 한 사회의 문화는 각 영역이 유기적으로 연관되어 전체가 하나의 체계를 이룬다(전체성). ㉣은 문화의 변동성의 사례이다.

오답 피하기 ㉠은 공유성, ㉡은 학습성, ㉢은 전체성, ㉤은 축적성의 사례이다.

6 극단적 문화 상대주의

서로 다른 문화가 평화롭게 공존하기 위해서는 서로의 문화를 상대방의 관점에서 이해하고 존중하는 태도가 필요하다. 하지만 식인 풍습이나 명예 살인과 같이 인간의 존엄성을 해치는 행위는 문화로 인정받을 수 없다. 인간의 보편적 가치가 문화 이해의 기준과 바탕이 되어야 한다.

7 현대 민주 정치

(가) 민주 정치는 현대 민주 정치이다. 근대 시민 혁명 이후에도 여전히 정치에서 배제된 사람들은 참정권을 얻기 위해 꾸준히 노력하였다. 이러한 참정권 획득 노력이 성과를 거두면서 현대 사회에서는 성별, 신분, 재산 등과 관계없이 일정한 나이 이상의 모든 국민에게 선거권을 부여하는 보통 선거 제도가 확립되었다.

① 의회 정치가 확립되었다. (×)

→ 의회 정치는 근대 민주 정치 시기에 확립되었다.

② 보통 선거 제도가 확립되었다. (○)

③ 직접 민주 정치가 보편화되었다. (×)

→ 현대에는 의회를 통한 간접 민주 정치가 이루어지고 있다.

④ 신분, 재산, 성별 등에 따라 선거권을 부여하였다. (×)

→ 신분, 재산, 성별 등에 관계 없이 일정한 나이 이상의 국민에게 선거권을 부여한다.

⑤ 시민들의 의사가 대표자를 통해 정확하게 반영되고 있다. (×)

→ 대표자가 국민의 의견을 정책에 제대로 반영하지 못하는 문제가 발생하고 있다.

8 정부 형태

의원 내각제는 국민의 선거로 의회 의원을 선출하면 다수를 차지한 정당 대표가 총리가 되어 내각을 구성한다. 따라서 의회와 내각이 밀접하게 관련되며, 국민의 요구에 민감하게 반응하여 책임 정치를 할 수 있는 장점이 있지만, 한 정당이 의회와 내각을 모두 장악하면 다수당의 횡포가 나타날 우려가 있다. 의원 내각제를 실시하는 대표적인 국가는 영국, 일본이다. 대통령제는 국민이 의회 의원과 대통령을 각각 선출하며, 의회와 행정부가 엄격하게 분리된다. 대통령제는 행정부가 안정되어 지속적인 정책 수행이 가능한 장점이 있지만, 입법부와 행정부가 대립할 경우 조정이 어려운 단점이 있다.

누구나 합격 전략 | 32~33쪽

1 ④	2 ③	3 ②	4 ④	5 ⑤
6 ⑤	7 ④	8 ⑤	9 ②	

1 재사회화

제시된 사례는 재사회화에 해당한다. 인간의 사회화는 평생에 걸쳐 이루어지기 때문에 성인이 된 후에도 사회의 변화에 적응하기 위해 새로운 지식과 생활 양식 등을 습득하게 된다. 이를 재사회화라고 한다. ④ 정보 통신 기술의 발달로 급속히 변화하는 현대 사회에서 재사회화의 중요성은 매우 커지고 있다.

2 준거 집단

소속 여부와 상관없이 개인이 어떤 행동이나 판단을 할 때 기준으로 삼는 집단을 준거 집단이라고 한다. 준거 집단이 자신이 속한 집단일 경우에는 개인은 만족감을 느끼지만, 그렇지 않은 경우에는 자신이 속한 집단에 대해 불만을 가질 수 있다.

3 문화의 속성

정은이는 문화의 공유성, 찬주는 문화의 변동성에 대해 이야기하고 있다. 문화는 사회 구성원들에게서 공통적으로 나타난다. 또한 문화는 고정된 것이 아니라 시간의 흐름에 따라 달라진다.

쌍둥이 문제 3

문화의 축적성에 대한 설명으로 옳은 것은?

① 어느 사회에서나 공통된 문화 현상이 나타난다.

② 문화의 각 요소들은 서로 밀접하게 관련되어 있다.

③ 각 사회의 환경이 다르므로 문화가 다양하게 나타난다.

④ 문화는 타고나는 것이 아니라 후천적으로 습득하는 것이다.

⑤ 말과 글을 통해 다음 세대로 전달되면서 문화의 내용이 풍부해지고 더욱 발전한다.

해설 문화의 축적성은 한 세대의 문화가 다음 세대로 전승되고 새로운 지식과 기술이 쌓이면서 문화는 더욱 풍부하고 다양해지는 것을 의미한다. ①은 문화의 보편성, ②는 전체성, ③은 문화의 다양성, ④는 학습성에 대한 설명이다. 답 ⑤

4 자문화 중심주의

제시된 사례에 나타난 문화 이해 태도는 자문화 중심주의이다. 자신이 속한 사회의 문화만 우월한 것으로 보고 다른 문화를 열등하다고 생각하는 태도를 자문화 중심주의라고 한다. 이러한 태도를 가진 사람은 자신의 관점에서 다른 문화를 부정적으로 평가하게 된다.

① 문화 사대주의의 입장이다. (×)

→ 자문화 중심주의의 입장이다.

② 문화의 우열을 인정하지 않는다. (×)

→ 문화 상대주의에 대한 설명이다. 자문화 중심주의는 문화의 우열을 인정하는 문화 이해 태도이다.

③ 자기 문화를 무시하거나 낮게 평가한다. (×)

→ 자신이 속한 문화는 우월한 것으로, 다른 문화는 열등한 것으로 본다.

④ 자신이 속해 있는 문화를 기준으로 다른 문화를 평가한다. (○)

⑤ 한 사회의 문화를 그 사회의 구성원의 입장에서 이해한다. (×)

→ 문화 상대주의에 대한 설명이다.

5 대중문화의 문제점

제시된 내용에 나타난 대중문화의 문제점은 상업성이다. 대중문화는 이윤 창출을 위해 문화를 상품화함으로써 문화의 질이 낮아지는 상업화의 문제점이 나타나기도 한다. 상업화된 대중문화는 많은 사람의 흥미를 끌기 위하여 자극적인 내용에만 치우칠 위험이 있다.

6 정치의 기능

다양한 사람들이 함께 살다 보면 갈등과 대립이 발생하게 된다. 이러한 갈등을 내버려 두면 사회는 무질서와 혼란에 빠질 수 있다. 이때 정치는 사회 구성원 간의 대립과 갈등을 조정하여 합의를 이루게 하는 역할을 한다. 정치가 제대로 이루어지면 사회 질서가 유지될 뿐만 아니라 사회 구성원의 다양한 요구가 충족되어 사회 통합에 이바지할 수 있다.

7 근대 민주주의

근대에는 시민 혁명을 통해 의회를 중심으로 하는 대의 민주 정치가 등장하여 시민들은 정치에 참여할 권리를 보장받았다. 그러나 당시 시민은 재산을 가진 남성으로 한정되었고, 빈민, 여성, 노동자, 농민 등은 정치에 참여할 수 없었다.

선택지 분석

① 보통 선거가 실시되었다. (×) → 현대 민주 정치
② 직접 민주 정치가 실시되었다. (×) → 고대 아테네 민주 정치
③ 정치 참여의 기회는 모든 사람에게 주어졌다. (×) → 현대 민주 정치
④ 의회를 중심으로 하는 대의 민주 정치가 실시되었다. (○)
⑤ 대중이 정치의 주체가 되는 대중 민주주의가 확립되었다. (×)
→ 현대 민주 정치

8 민주주의의 근본이념

(가)는 인간의 존엄성이다. 민주주의의 근본이념은 모든 사람이 인간이라는 이유만으로 존중받는 것, 즉 인간의 존엄성 실현이다. 이를 위해서는 자유와 평등이 보장되어야 한다. 어느 한 가치를 우선으로 하기보다 자유와 평등을 조화롭게 추구하려는 노력이 필요하다.

9 대통령제

제시된 그림과 관련된 정부 형태는 대통령제이다. 대통령제에서 대통령은 법률안을 의회에 제출할 수 없지만, 의회에서 의결한 법률안에 대하여 거부권을 행사할 수 있다.

의원 내각제	• 정부는 의회를 해산할 권한이 있다. • 의회는 내각 불신임권을 갖는다.
대통령제	• 대통령은 법률안 거부권을 갖는다. • 의회는 대통령의 권한에 대한 각종 동의권과 탄핵 소추권 등을 행사한다.

창의·융합·코딩 전략 34~37쪽

1 ③ **2** ② **3** ③ **4** ③ **5** ②
6 ④ **7** ③ **8** ④ **9** ②

1 사회화

인간이 사회생활에 필요한 지식과 기술, 규범, 가치 등을 학습하는 것을 사회화라고 한다. 개인적 측면에서 사회화는 자신만의 독특한 개성과 자아를 형성하게 한다. 또한 사회생활에 필요한 행동 양식 및 규범 등을 익히고 사회에 적응함으로써 자신이 속한 사회의 구성원으로 성장한다. 사회적 측면에서 사회화는 사회 구성원들이 그 사회의 규범과 가치 등을 공유하게 하며, 이를 다음 세대에 전달함으로써 사회를 유지하고 발전시키는 기능을 한다. 문제 1의 답은 '아니요', 문제 3의 답은 '예', 문제 5의 답은 '예'이다. 따라서 도착하는 곳은 C이다.

자료 분석 사회화

문제	내용
1	인간은 태어날 때부터 사회화된 행동을 한다. → 아니요
2	졸릴 때 하품을 하는 것은 사회화의 결과로 볼 수 없다. → 예
3	사회적 측면에서 사회화는 사회의 규범과 가치를 다음 세대로 전달하고 사회를 유지하는 기능을 한다. → 예
4	개인적 측면에서 사회화는 자신이 속한 사회의 생활 양식을 학습하여 사회 구성원으로 성장하는 과정이다. → 예
5	사회화는 특정 시기에만 한정되지 않고 평생에 걸쳐 끊임없이 이루어진다. → 예

2 역할 갈등

사회 속에서 개인은 여러 지위에서 요구되는 다양한 역할을 수행한다. 이로 인하여 사람들은 타인의 다양한 요구를 동시에 실천하기 어려운 상황을 겪게 된다. 두 가지 이상의 지위와 관련된 타인의 요구나 기대가 서로 충돌하는 것을 역할 갈등이라고 한다. 〈빌리 엘리어트〉에서 아버지는 파업 광부의 역할과 아버지의 역할이 충돌하고 있다. 〈천번의 굿나잇〉에서 레베카는 어머니의 역할과 기자의 역할이, 〈굿모닝 맨하탄〉의 샤시는 영어를 배우는 학생의 역할과 이모로서의 역할이 갈등을 일으키고 있다.

3 사회 집단

사회 집단 중에서 인간관계 그 자체를 목적으로 하는 집단은 1차 집단이고, 특정 목적을 달성하고자 인위적으로 만든 집단은 2차 집단이다. 또한 내가 소속되어 공동체 의식을 느끼는 집단은 내집단이고, 그렇지 않은 집단은 외집단이다. ㄱ. 우리 가족은 1차 집단이며 내집단으로 (가)에 해당한다. ㄹ. 삼촌이 다니는 회사는 2차 집단이며 외집단으로 (라)에 해당한다.

오답 피하기 ㄴ. 친구네 가족은 1차 집단이며 외집단으로 (다)에 해당한다. ㄷ. 우리 학교는 2차 집단이며 내집단으로 (나)에 해당한다.

4 차별과 차이

성별, 나이, 외모, 장애 등 사회 내 개인들이 가진 특징이 서로 같지 않고 다른 것을 차이라고 한다. 다양한 사람들이 모여 살기 때문에 이러한 차이가 발생하는 것은 자연스러운 현상이다. 그런데 합리적인 이유 없이 차이에 따라 누군가를 구별하여 불리하게 대우한다면 이는 차별이 된다. ③은 능력의 차이라는 정당한 이유가 있기 때문에 차별에 해당하지 않는다.

5 문화를 이해하는 태도

(가)는 문화 상대주의, (나)는 문화 사대주의, (다)는 자문화 중심주의이다. 자문화 중심주의와 문화 사대주의는 문화의 우열을 인정하는 태도로, 문화를 이해하는 올바른 태도가 아니다. 문화 상대주의적 태도로 다른 사회의 문화를 바라보면, 그 사회에서 오랜 시간 동안 형성되어 온 문화의 배경을 이해하고 그 가치를 존중하게 되며 서로 다름을 인정하게 된다. 제시된 그림에서 친구네 집은 7번집이다.

자료 분석 **문화를 이해하는 태도**

ㄱ. 문화의 상대성을 인정한다. → 문화 상대주의 (1칸 이동)
ㄴ. 다양한 문화의 공존에 이바지한다. → 문화 상대주의 (1칸 이동)
ㄷ. 국제적 갈등이나 고립을 초래할 수 있다.
→ 자문화 중심주의 (3칸 이동)
ㄹ. 조선 시대의 사대주의가 대표적인 사례이다.
→ 문화 사대주의 (2칸 이동)

6 뉴 미디어

최근 정보 통신 기술이 발달하면서 인터넷, 이동 통신 등과 같은 새로운 대중 매체(뉴 미디어)가 등장하고 있다. 새로운 대중 매체는 일방적으로 정보를 전달하던 기존의 대중 매체와 달리 쌍방향 소통을 가능하게 한다. 그 결과 대중은 문화를 수동적으로 소비하는 데 그치지 않고, 적극적으로 생산하는 역할까지 하게 되었다.

오답 피하기 ㄴ. 기존의 대중 매체의 특징이다.

쌍둥이 문제 **4**

다음과 같은 대중 매체의 공통점으로 옳은 것은?

> 인터넷, 이동 통신, 블로그, 누리 소통망(SNS)

① 대중은 문화의 소비만 담당한다.
② 특정한 사람만 정보를 생산할 수 있다.
③ 일방향적으로 정보와 문화를 전달한다.
④ 쌍방향적으로 정보의 교환이 가능하다.
⑤ 시간과 공간의 제약을 많이 받아 전파력이 낮다.

해설 제시된 대중 매체는 뉴 미디어로, 쌍방향 소통이 가능해지면서 대중은 수동적인 정보 수용자의 위치에서 능동적인 정보 생산자의 역할도 하게 되었다. 답 ④

7 정치 과정에서 시민의 역할

시민은 자신이 국가의 주인이라는 의식을 가져야 하며, 정치에 관심을 가지고 대표자를 제대로 선출하는 것이 중요하다. 또한 언론이나 인터넷 등을 통해 의견을 표출하며 공동체 의식을 가져야 한다. 개인의 이익이나 자신이 속한 집단의 이익만을 추구하기보다는 다른 사람이나 공동체의 이익도 고려해야 한다. ⑤ 시민은 국가의 정책을 비판하거나 정책에 대한 자신의 의견을 적극적으로 표현할 수 있어야 한다.

8 평등

(가)에 들어갈 용어는 '평등'이다. 민주 정치는 더 많은 사람에게 평등한 정치 참여의 기회를 보장하는 방향으로 발전하여 왔다. 현대에는 선천적·후천적 차이를 적극적으로 고려하여

모두가 실질적으로 자유와 평등을 누릴 수 있도록 다양한 제도를 마련하고 있다.

민주 정치의 기본 원리

- 외부의 간섭을 받지 않고 스스로 판단하여 행동하는 것 → 자유
- 국가의 의사를 결정하는 최고 권력이 국민에게 있다는 민주 정치의 원리 → 국민 주권
- 국가 권력을 서로 독립된 기관이 나누어 맡도록 하는 민주 정치 원리 → 권력 분립

9 정부 형태

정부 형태는 국가 기관이 구성되어 있는 모습을 의미한다. 입법부와 행정부의 관계에 따라 의원 내각제와 대통령제로 구분한다. 의원 내각제는 입법부와 행정부가 융합된 정부 형태로, 국민이 선거를 통해 의회를 구성하면 다수당의 대표가 총리(수상)가 되어 내각(행정부)을 구성한다. 대통령제는 입법부와 행정부가 엄격하게 분리된 정부 형태로, 국민은 선거를 통하여 의회의 의원과 행정부의 수반인 대통령을 각각 선출한다. 제시된 내용의 코딩 결과로 ㄱ칸과 ㄷ칸은 불이 들어오고, ㄴ칸과 ㄹ칸은 불이 들어오지 않는다.

정부 형태

ㄱ. 미국, 브라질 등의 국가에서 선택하고 있다. → 대통령제

ㄴ. 의회는 내각 불신임권을 통해 행정부를 견제한다.
→ 의원 내각제

ㄷ. 입법부와 행정부는 따로 구성되어 서로 견제하며 균형을 이룬다. → 대통령제

ㄹ. 의회와 내각이 국민의 요구에 민감하게 반응하는 책임 정치를 실현할 수 있다. → 의원 내각제

1일 **개념 돌파 전략 ❶** 　　　40～43쪽

3강_정치 과정과 시민 참여~법의 종류

1-2 정치 과정 단계

정치 과정은 '개인이나 집단의 이익 표출 → 정당이나 언론의 이익 집약 → 국회와 정부에서 관련 법률 제정 및 정책 결정 → 정부의 정책 집행 → 시민들의 정책 평가' 순으로 이루어진다. |보기|의 ㄴ-ㄷ-ㄹ-ㄱ의 순이다.

2-2 사회법

㉠에 들어갈 법은 사회법이다. 사회법은 모든 국민이 인간으로서 최소한의 안정된 생활을 할 수 있도록 사회적 약자의 권리를 보호하는 법이다. 사회법에는 노동법, 경제법, 사회 보장법 등이 있다.

오답 피하기 ① 민법은 사법에 해당한다. ②, ④, ⑤ 형법, 소송법, 행정법은 공법에 해당한다.

4강_재판의 종류와 공정한 재판~사회 변동과 사회 문제

1-2 재판 용어

ㄱ, ㄹ. 피고인은 범죄 혐의가 있어 형사 재판을 받는 사람이고, 검사는 범죄를 수사하고 공소를 제기하여 피고인의 처벌을 요구하는 사람이다.

오답 피하기 ㄴ, ㄷ. 원고는 민사 소송에서 소를 제기한 사람이고, 피고는 소를 제기당한 사람이다.

2-2 산업화

제시된 내용은 산업화에 해당한다. 산업화는 전체 산업에서 제조업과 서비스업의 비율이 증가하는 현상이다. 산업화를 통해 대량 생산이 가능해지면서 물질적 풍요를 누리게 되었지만, 빈부 격차, 환경 오염, 인간 소외 등의 문제가 발생하였다.

1 ② **2** ① **3** ① **4** ② **5** ② **6** ⑤

1 민주 선거 원칙

(가)는 일정한 나이 이상의 모든 국민에게 선거권을 주는 원칙인 보통 선거이다. (나)는 유권자가 행사하는 표의 가치를 동등하게 부여하는 원칙인 평등 선거이다.

2 선거 공영제

국가 기관이 선거 과정을 관리하고, 국가나 지방 자치 단체가 선거 비용의 일부를 부담하는 제도는 선거 공영제이다. 우리나라 헌법에서는 선거에 들어가는 경비는 법률이 정하는 바를 제외하고는 정당이나 후보자에게 부담시킬 수 없으며, 선거 관리 위원회의 관리하에 균등한 기회가 보장되어야 한다고 명시하고 있다.

3 법의 특징

제시문은 우리나라 형법 제277조 제1항의 내용이다. 법은 다른 사회 규범과 달리 국가가 제정하여 강제성이 있기 때문에 이를 지키지 않을 경우에는 국가에 의해 제재나 처벌을 받을 수 있다.

4 민사 재판

제시된 사건은 민사 재판의 대상이 된다. 소를 제기하는 집주인은 원고이고, 소를 제기당한 건설 회사는 피고이다. 원고의 소 제기로 재판이 시작되면 판사는 양쪽에서 제출한 증거와 주장을 바탕으로 판결을 내린다.

5 사법권의 독립

제시된 내용은 사법권의 독립과 관련된다. 우리나라 헌법에서는 사법권을 독립시켜 법원이 외부의 압력에 흔들리지 않고 헌법과 법률, 법관의 양심에 따라 판결하도록 보장하여 재판이 공정하게 이루어지도록 하고 있다. 이와 같이 재판이 공정하게 이루어져야 국민의 권리를 보호할 수 있다.

6 저출산 현상

제시된 그림은 우리나라의 출산율이 낮아지고 있음을 보여 주고 있다. 저출산 현상의 원인으로는 자녀 양육비 및 교육비 부담의 증가, 맞벌이 부부의 증가, 독신 가구 증가 등이다.

1-1 ③ **1-2** ⑤ **2-1** ① **2-2** ②
3-1 ⑤ **3-2** ② **4-1** ③ **4-2** ③

1-1 정치 과정

(다) 정책 결정 단계에서는 국회 또는 정부가 여러 대안들을 검토하고 의견을 수렴한 후 가장 적합한 정책을 선택한다.

더 알아보기 정치 과정

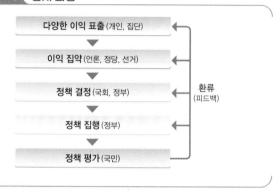

1-2 정치 과정

정치 과정은 시민의 요구를 바탕으로 정책을 결정·집행하는 과정으로서, 현대 민주 사회에서는 다양한 개인과 집단이 정치 과정에 활발하게 참여하고 있다.

오답 피하기 ㄱ. 정책 시행 이후 문제점이 발생할 경우에 수정·보완할 수 있다. ㄴ. 정치 과정을 통해 다원적 이익을 조정하여 사회 통합을 이룰 수 있다.

2-1 선거

대의 정치하에서 가장 기본적이고 필수적인 정치 참여 방법은 선거이다.

2-2 보통 선거

노동자들의 차티스트 운동, 여성 참정권 운동 등 참정권 확대 운동의 결과 보통 선거 제도가 확립되었다. 보통 선거는 일정한 나이에 이른 모든 국민이 선거권을 가지는 원칙이다.

3-1 우리나라 지방 자치 단체의 구성

지방 자치 단체는 의결 기관인 지방 의회와 집행 기관인 지방 자치 단체장으로 구성된다. 지방 의회는 지역에 필요한 조례를 제정하고, 지방 자치 단체장은 규칙을 제정한다. 우리나라의 지방 자치 단체는 광역 자치 단체(특별시, 광역시, 도)와 기초 자치 단체(시, 군, 구)로 나뉜다. ⑤ 지방 의회 의원과 지방 자치 단체장은 모두 4년에 한 번씩 열리는 지방 선거로 지역 주민에 의해 선출된다.

3-2 주민 소환제
제시된 주민 참여 제도는 주민 소환제이다. 주민 소환제는 선거로 선출된 공무원을 임기 중에 주민 투표로 해임을 결정하는 제도이다.

4-1 상법
법은 사람들 간의 다양한 관계를 원활하게 유지하고 사람들의 권리를 보장하고자 다양한 생활 영역을 규율한다. 그중 상법은 기업을 중심으로 전개되는 생활 관계를 규율한다. 상법에 따라 다른 영업점으로 오해할 수 있는 상호는 사용할 수 없다.

4-2 사회법
자본주의가 발달함에 따라 빈부 격차, 노사 대립, 환경 오염 등의 문제가 발생하였다. 따라서 사회적 약자를 보호할 필요성이 증대하였으며, 사회 문제 해결을 위해 국가가 사법 영역에 개입하게 되면서 사회법이 등장하였다.

2일 필수 체크 전략 ❷   50~51쪽

1 ②   2 ④   3 ⑤   4 ③   5 ③   6 ⑤

1 정치 참여 주체
(가)는 이익 집단, (나)는 시민 단체이다. ② 이익 집단은 국회나 정부에 압력을 행사하여 자기 집단의 특수 이익을 실현하고자 한다.

오답 피하기 ①, ③, ④는 정당의 특징이다. ⑤는 시민 단체에 대한 설명이다.

2 선거구 법정주의
특정 후보나 정당에 유리하도록 선거구를 임의로 정하면 게리맨더링이 나타나 국민의 의사가 왜곡될 가능성이 높다. 우리나라에서는 이러한 현상을 방지하기 위하여 선거구를 국회에서 법률로 정하는 선거구 법정주의를 실시하고 있다. 선거구를 정할 때에는 선거구별 유권자의 수가 지나치게 차이가 나지 않도록 하고, 지리적 연관성과 생활권을 고려하도록 하고 있다.

3 주민 참여 예산제
㉠은 주민 참여 예산제이다. 주민 참여 예산제는 일부 지역의 예산 편성에 주민이 직접 참여하여 예산 각 항목의 중요도 등을 결정하는 제도이다.

4 법의 기능
사회 구성원들 사이에 갈등이나 다툼이 발생하게 되면 이를 해결할 기준이 필요하다. 법은 다른 사회 규범에 비해 분쟁 해결의 기준과 방법을 명확하게 제시하기 때문에 분쟁을 해결하고 개인의 권리를 지켜준다.

5 법의 영역
법은 규율하는 생활 영역에 따라 사법, 공법, 사회법으로 구분할 수 있다. 개인 간의 생활 관계를 규율하는 법을 사법, 국가를 중심으로 한 생활 관계를 규율하는 법을 공법, 국가가 사적인 생활 영역에 개입하여 사회적 약자를 보호하는 법을 사회법이라고 한다. (가)는 민법이 적용되는 사례이므로 사법에, (나)는 헌법이 적용되는 사례이므로 공법에 해당한다.

6 근로 기준법
근로 기준법에서는 사업주가 체불된 임금을 주지 않으면 근로자는 고용노동부의 도움을 받을 수 있다고 정해 놓고 있다. 근로 기준법은 노동관계 규율, 노동자의 권리 보호가 목적인 노동법의 한 종류로, 사회법에 해당한다.

3일 필수 체크 전략 ❶   52~55쪽

1-1 ②   1-2 ⑤   2-1 ②   2-2 ⑤
3-1 ②   3-2 ④   4-1 ①   4-2 ①

1-1 민사 재판
㉠에 들어갈 재판의 종류는 민사 재판이다. 민사 재판은 개인과 개인 사이의 문제를 판단하고 해결하기 위한 재판으로, 재판을 청구한 사람이 원고, 재판 청구를 받은 사람이 피고가 된다.

1-2 국민 참여 재판

그림은 국민 참여 재판의 법정 모습이다. 국민 참여 재판은 형사 재판에 한하여 피고인의 신청으로 이루어지며, 배심원은 20세 이상의 국민이면 누구나 될 수 있다. 배심원단은 재판에 참여하여 피고인의 유무죄를 결정하고, 유죄로 판단할 경우 형벌의 정도를 토의한다.

2-1 심급 제도

㉠은 상소, ㉡은 대법원이다. 상소에는 1심 판결에 불복하여 상급 법원에 2심을 청구하는 항소, 2심 판결에 불복하여 상급 법원에 3심을 청구하는 상고가 있다. 대법원은 우리나라 최고 법원으로, 최종심을 담당한다.

2-2 심급 제도

제시된 그림은 심급 제도를 나타낸 것이다. 심급 제도는 하나의 사건에 대하여 급이 다른 법원에서 여러 번 재판을 받을 수 있는 제도로, 심급 제도를 통해 법원 스스로 잘못된 판결을 바로잡을 수 있는 기회를 주고, 신중하게 재판을 할 수 있다. 또한 억울한 사람에게 다시 재판을 받을 수 있는 기회를 줌으로써 국민의 자유와 권리를 보호할 수 있다. ⑤ 하급 법원의 판결에 불복하여 상급 법원에 다시 재판을 신청할 수 있다.

3-1 고령화 현상

세미나에서 노년기 삶의 질 문제를 논의하게 된 것은 우리나라가 평균 수명의 연장으로 고령화 사회로 진입하였기 때문이다.

3-2 다문화 사회

제시된 그래프를 보면 2015년에 우리나라에 거주하는 외국인은 190만 명을 넘었다. 국내에 거주하는 외국인이 증가하게 된 것은 결혼, 직업, 북한 이탈, 유학 등으로 인한 이주민이 증가했기 때문이다.

4-1 사회 문제의 특징

사회 문제는 사회 구성원 대다수가 문제로 여기며 바람직한 방향으로 개선되어야 한다고 생각하는 사회 현상이다. 제시된 포스터를 보면 과거에는 인구 억제를, 최근에는 출산 장려를 강조하고 있음을 알 수 있다. 이와 같이 사회 문제는 사회 현상을 인식하고 판단하는 시간과 공간에 따라 달라지는 상대성을 지닌다.

4-2 개발 도상국의 인구 문제 해결 방안

개발 도상국의 인구 급증 문제를 해결하기 위해서는 가족 계획 사업 등 출산 억제 정책을 실시하여 출산율을 낮추고, 식량 증산과 경제 개발을 위해 노력해야 한다.

오답 피하기 ②, ③, ④, ⑤ 저출산 문제를 해결하기 위한 출산 장려 방안에 해당한다.

3일 필수 체크 전략 ❷　　56~57쪽

1 ④　　**2** ③　　**3** ③　　**4** ④　　**5** ④

1 국민 참여 재판

제시된 법정 그림을 보면 검사와 피고인, 배심원이 참석하였으므로 형사 재판, 국민 참여 재판에 해당한다.

더 알아보기 **국민 참여 재판**

재판 과정에 일반 국민이 참여할 때 사법 제도에 대한 신뢰를 높이고 국민의 시민 의식도 높일 수 있다는 인식에 따라, 2008년부터 우리나라에서도 국민 참여 재판 제도가 시행되고 있다. 국민 참여 재판은 형사 재판에 한하여 피고인의 신청이 있을 경우에만 이루어지는데, 예전에는 중범죄 사건에만 국민 참여 재판을 신청할 수 있었지만 2012년 7월부터는 합의부에서 관할하는 모든 사건에 신청할 수 있도록 대상을 확대하였다. 배심원은 20세 이상의 대한민국 국민이면 누구나 될 수 있으며, 피고인의 유무죄를 결정하고 유죄일 경우 그에 따른 형벌의 정도를 토의한다. 판사는 배심원의 결정을 무조건 따르는 것은 아니지만, 평결을 따르지 않을 때에는 판결문에 그 이유를 반드시 밝혀야 한다.

2 증거 재판주의

재판은 각자가 주장하는 권리, 의무의 내용이나 범죄의 사실을 반드시 증명할 수 있는 증거를 바탕으로 진행되어야 한다는 원칙을 증거 재판주의라고 한다.

3 사법권의 독립

공정한 재판을 위해서는 사법권의 독립이 이루어져야 한다. 재판 과정이 외부의 압력에 흔들리지 않도록 하기 위해 우리 헌법에서는 법원을 다른 국가 기관에서 독립시켜 두고 있다. 또한 법관이 오직 헌법과 법률, 양심에 따라 판결을 내릴 수 있도록 법관의 신분을 보장하고 있다.

4 발명 시계

발명 시계는 1만 2,000년을 한 시간으로 압축하여 주요 발명을 나타낸 그림이다. 발명 시계를 보면 현대 사회에 들어서면서 변동 속도가 점점 빨라지고 있음을 알 수 있다. 새로운 기술과 제품이 등장하고 있으며, 변화에 따른 새로운 생활 모습이 빠르게 확산되고 있다. 이러한 변화는 과학 기술의 발달로 더욱 속도가 붙고 있다.

5 세계화

제시된 그래프를 보면 우리나라와 외국의 교역량이 급격히 늘어나고 있다. 이는 교통과 정보 통신 기술의 발달로 상품, 자원 등이 국경을 넘어 자유롭게 이동하여 국가 간 상호 의존성이 높아지는 세계화 현상을 보여주는 것이다. 세계화로 인해 소비자는 상품 선택의 폭이 넓어졌으며, 다국적 기업의 제품이 세계 곳곳에서 생산·소비되면서 세계인의 생활 양식도 비슷해지고 있다. 그러나 세계화 과정에서 작은 집단의 고유한 문화가 소멸하기도 하고, 국가 간 빈부 격차와 불평등 양상이 심화되기도 한다.

오답 피하기 ㄴ. 정보 격차의 발생은 정보화의 문제점이다.

4일 교과서 대표 전략 ❶				58~61쪽
1 ②	2 ⑤	3 ④	4 ③	5 ⑤
6 ②	7 ③	8 ④	9 ⑤	10 ③
11 ⑤	12 ③	13 ④	14 ③	15 ④
16 ③				

1 정치 과정

제시된 사례는 정치 과정 중 '이익 집약' 단계이다. 사회 구성원이 표출하는 다양한 이익과 가치 등을 수렴하고 조정하여 정책을 결정·집행하는 과정을 정치 과정이라고 한다. 현대 민주주의 사회에서는 개인이나 집단이 표출하는 다양한 요구와 지지가 정당이나 언론 등을 통해 집약된다.

2 이익 집단

제시된 정치 주체는 이익 집단이다. 이익 집단은 이해관계를 같이하는 사람들이 자신의 특수한 이익을 실현하기 위하여 만든 단체이다. 이들은 자신에게 유리하도록 여론을 형성하거나, 정부나 국회에 압력을 행사한다. 이때 자신의 이익만 강조하면 사회 혼란을 가져올 수 있다.

오답 피하기 ㄱ. 정치 과정의 공식적 참여자는 국회, 정부, 법원이다. ㄴ은 시민 단체에 대한 설명이다.

3 공정한 선거

선거가 국민의 의사를 정확히 반영하여 정당성을 인정받기 위해서는 민주적이고 합법적인 절차에 따라 공정하게 이루어져야 한다. 공정한 선거를 치르기 위해서는 선거의 기본 원칙인 보통 선거, 평등 선거, 직접 선거, 비밀 선거가 보장되어야 한다. 우리나라는 공정한 선거를 위해 선거구 법정주의와 선거 공영제를 시행하고, 선거 관리 위원회를 두고 있다.

4 선거구 법정주의

선거구는 인구수와 행정 구역, 지리적 여건 등을 고려하여 정하게 되는데, 선거구를 어떻게 정하느냐에 따라 선거 결과가 달라질 수 있다. 선거구 법정주의는 특정 개인이나 정당이 선거구를 자신에게 유리하게 정하는 것을 막기 위해 선거구를 법률로 미리 정해 놓은 제도이다. 이를 통해 선거구별로 인구가 지나치게 차이나거나 선거구가 불합리한 방식으로 결정되는 것을 방지할 수 있다.

선택지 분석

① 선거 운동 비용의 일부를 국가가 지원한다. (×)
→ 선거 공영제에 대한 설명이다.

② 유권자가 누구에게 투표했는지 모르게 한다. (×)
→ 비밀 선거 제도에 대한 설명이다.

③ 국회에서 정한 법률에 따라 선거구를 정한다. (○)

④ 일정 나이의 모든 국민에게 선거권을 부여한다. (×)
→ 보통 선거 제도에 대한 설명이다.

⑤ 투표율을 높이기 위해 의무 투표제를 실시한다. (×)
→ 우리나라에서는 의무 투표제를 실시하지 않는다.

5 지방 자치 제도

(가)는 지방 자치 제도이다. 지방 자치 제도는 지역 주민 스스로 지역의 문제를 해결하는 데 참여함으로써 민주주의를 실현한다. 이러한 지방 자치 제도는 지역 주민의 자발적 참여로 민주주의의 기초를 만들어 간다는 의미로 '풀뿌리 민주주의'라고 불린다. 또 지역 주민이 자치 과정을 통하여 민주주의를 배우고 실천할 수 있으므로 '민주주의의 학교'라고도 한다.

오답 피하기 ⑤ 지방 정부에 법률과 명령의 범위 안에서 자치 법규인 조례와 규칙을 제정할 수 있는 권한을 부여한다.

지방 자치 제도에 대한 설명으로 옳지 않은 것은?

① 주민의 이익과 행복 증진에 이바지할 수 있다.

② 직접 민주주의 방법으로만 참여하는 제도이다.

③ 지역 주민들이 자발적으로 참여하는 풀뿌리 민주주의이다.

④ 권력을 분산시켜 독재 정부가 나타날 가능성을 방지한다.

⑤ 주민들이 행정을 통제하여 주민의 권리와 이익을 보장한다.

[해설] 지방 자치는 주민들이 직접 지방의 대표를 뽑아 운영하고 있다. 따라서 간접 민주주의 방법이 기본이 되고 있다. 답 ②

6 지방 자치 단체장

지방 자치 단체장은 집행 기관으로, 도지사, 시장, 군수 등이 해당되며, 지방 자치 단체를 대표한다. 또 조례의 범위 내에서 주민 복지에 필요한 규칙을 제정한다.

[오답 피하기] ㄴ, ㅁ, ㅂ은 지방 의회의 역할이다.

더 알아보기 **우리나라 지방 자치 단체의 구성**

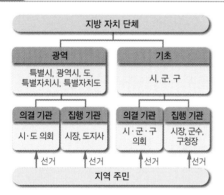

우리나라의 지방 자치 단체는 크게 광역 자치 단체와 기초 자치 단체로 구분할 수 있다. 특별시, 광역시, 특별자치시, 특별자치도는 광역 자치 단체에 해당하며, 각 광역 자치 단체는 시, 군, 구와 같은 기초 자치 단체를 포함한다. 각 자치 단체는 지방 의회와 지방 자치 단체장으로 구성되며, 주민은 지방 선거를 통하여 지방 의회 의원과 지방 자치 단체장을 선출한다.

7 법과 도덕

도덕은 인간이 마땅히 지켜야 할 도리를 뜻한다. 도덕은 양심에 따라 자율적으로 지키도록 하는 사회 규범으로, 행위의 동기를 중시한다. 법은 사회 질서를 유지하고 정의를 실현할 목적으로 국가가 만든 사회 규범이다. 법은 강제성을 지니고 있어서 지키지 않으면 국가의 제재를 받게 된다. ③ 법은 다른 규범에 비하여 겉으로 드러나는 행위의 결과를 중요시한다.

더 알아보기 **사회 규범의 종류**

관습	한 사회에서 오랫동안 반복되어 온 행동 양식
종교 규범	특정 종교에서 지켜야 하는 교리나 계율
도덕	인간이라면 마땅히 지켜야 하는 도리
법	국가에 의해 강제되는 사회 규범

8 법의 기능

법은 사람들이 사회생활에서 지켜야 할 행동 기준을 명확히 제시해 줌으로써 분쟁을 원만하게 해결해 주며, 상대방의 행동에 따른 법적 결과를 예측할 수 있게 하여 불필요한 분쟁을 예방해 준다.

법의 필요성을 │보기│에서 고르면?

┌─ 보기 ─
ㄱ. 사회 질서를 유지하기 위해서
ㄴ. 분쟁을 합리적으로 해결하기 위해서
ㄷ. 자본주의의 모순을 해결하기 위해서
ㄹ. 국가 기관의 자의적인 권력 행사를 위해서

① ㄱ, ㄴ　　② ㄱ, ㄷ　　③ ㄱ, ㄹ

④ ㄴ, ㄷ　　⑤ ㄷ, ㄹ

[해설] 법은 분쟁을 원만하게 해결해 주며, 불필요한 분쟁을 예방해 준다. 권리가 충돌하거나 분쟁이 발생하였을 때, 이를 해결하는 기준과 절차를 제시하여 사회 질서를 유지한다. 답 ①

9 공법

제시된 설명에 해당하는 법은 공법이다. 법은 규율하는 생활 영역에 따라 사법, 공법, 사회법으로 구분할 수 있다. 공법은 공적인 생활 영역을 다루는 법으로, 개인과 국가의 관계 또는 국가 기관 간의 관계를 규정한다. 공법에는 헌법, 형법, 행정법, 소송법, 선거법, 병역법, 세법 등이 있다.

[오답 피하기] ㄱ, ㄴ은 사법, ㅁ은 사회법에 해당한다.

10 사회법

제시된 법들은 사회법에 해당한다. 사회법은 사법과 공법의 중간적인 성격을 띠는 법으로, 사적 영역에 국가가 개입하여 모든 국민의 인간다운 생활을 보장하는 것을 목적으로 한다. 따라서 오늘날과 같은 복지 국가에서 그 중요성이 더욱 커지고 있다.

11 형사 재판

제시된 그림은 형사 재판의 법정 모습이다. 형사 재판은 절도, 폭행, 살인 등과 같은 범죄가 발생하였을 때 범죄의 유무를 밝히고 형벌의 종류와 정도를 정하는 재판이다. 범죄는 사회 전체의 질서를 위협하는 일이기 때문에 국가를 대표하여 검사가 공소를 제기한다. 이때 범죄 혐의를 받아 재판을 받는 사람을 피고인이라고 한다. 판사는 검사와 변호인의 주장을 듣고 피고인의 유무죄를 가린 후 형량을 결정한다.

선택지 분석

① 민사 재판이다. (×) → 형사 재판
② 피해자가 공소를 제기한다. (×) → 검사가 공소를 제기한다.
③ 선거와 관련한 위법 사실을 재판한다. (×) → 선거 재판
④ 개인 간 권리나 의무에 관한 다툼을 해결한다. (×) → 민사 재판
⑤ 피고인의 죄의 유무와 형벌의 종류를 정한다. (○)

12 심급 제도

(가) 제도는 심급 제도이다. 소송 당사자가 재판 결과에 승복하지 않을 때 상급 법원에서 다시 재판을 받을 수 있는데, 이를 심급 제도라고 한다. 일반적으로 하나의 사건에 세 번까지 재판을 받을 수 있는 3심제를 채택하고 있다. 재판의 당사자가 하급 법원의 판결에 불복하여 상급 법원에 다시 재판을 청구하는 것을 상소라고 하며, 항소와 상고가 해당된다. 우리나라는 공정한 재판을 위해 사법권의 독립과 함께 심급 제도, 공개 재판주의, 증거 재판주의를 채택하고 있다. ③ 심급 제도는 민사 재판뿐만 아니라 형사 재판, 행정 재판, 가사 재판 등에도 적용된다.

13 사회 변동의 속도

제시된 그림은 발명 시계이다. 발명 시계란 1만 2,000년을 한 시간으로 압축하여 주요 발명을 나타낸 것이다. 발명 시계를 보면 대부분의 주요한 발명이 11시 55분 이후에 나타난 것을

통해 사회 변동의 속도가 과거에 비해 점점 빨라지고 있음을 알 수 있다.

14 정보화

제시된 그래프를 보면 정보화의 진전으로 인터넷 이용률이 크게 증가하였음을 알 수 있다. 정보화란 정보 통신 기술의 발달로 지식과 정보가 생활의 중심이 되는 사회로 변화하는 현상이다. 이에 따라 지식과 정보를 생산하고 활용하는 산업이 발달한다. 또한 전자 민주주의, 재택 근무, 온라인 쇼핑 등 새로운 생활 양식도 나타났다. 이 과정에서 정보의 소유와 접근 기회의 차이가 발생하는 정보 격차, 인터넷 중독, 개인 정보 유출, 사이버 범죄 등의 문제가 발생하기도 한다.

오답 피하기 ①, ④는 산업화의 문제점이다. ②, ⑤는 세계화의 문제점이다.

쌍둥이 문제 7

다음 사례와 관련된 사회 변동의 문제점을 |보기|에서 고르면?

> 직접 은행에 가지 않아도 집에서 돈을 송금할 수 있으며, 사무실에 출근하지 않아도 집에서 업무를 처리할 수 있다.

보기
ㄱ. 환경 오염이 심화된다.
ㄴ. 정보 격차가 발생한다.
ㄷ. 사이버 범죄 피해가 증가한다.
ㄹ. 전통적인 가족 제도가 붕괴된다.

① ㄱ, ㄴ ② ㄱ, ㄷ ③ ㄴ, ㄷ
④ ㄴ, ㄹ ⑤ ㄷ, ㄹ

해설 제시된 사례는 정보화와 관련된다. 정보화로 인한 문제점으로는 정보 격차, 인터넷 중독, 개인 정보 유출, 사이버 범죄 발생 등이 있다. ㄱ, ㄹ은 산업화로 인한 현상이다. 답 ③

15 고령화 현상

제시된 그래프는 고령화 현상이 빠르게 진행되고 있음을 보여주고 있다. 고령화 현상에는 의료 기술의 발달과 생활 수준의

향상에 따른 평균 수명의 증가 등이 영향을 미쳤으며, 출산율 감소도 고령화 현상을 심화하는 요인이다. 고령화 현상이 지속되면 노동력이 부족해져 경제 성장이 둔화되고, 국가 경쟁력이 약화된다. 또 노인 인구 부양에 필요한 비용이 증가하여 국가적·사회적 부담이 증가하게 된다. ④ 고령화 현상과 일자리 부족 문제는 관련성이 없다.

16 사회 문제의 상대성

제시된 사례는 선진국과 개발 도상국에서 인구 문제가 서로 다르게 나타나고 있음을 보여준다. 사회 문제란 사람들이 바람직하지 않게 생각하거나 비정상적이라고 느끼는 다양한 현상 중에서 발생 원인이 사회에 있고, 인간의 노력으로 해결 가능한 것이다. 사회 문제는 어느 사회에나 존재하지만 시대나 장소에 따라 달라지는 상대성을 지닌다.

4일 교과서 대표 전략 ② 62~63쪽

1 ⑤	2 ⑤	3 ④	4 ②	5 ①
6 ②	7 ②	8 ②		

1 정치 과정

민주 정치에서는 개인이나 집단이 다양한 요구와 이익을 표출하면 정당이나 언론 기관 등이 나서서 이익을 집약한다. 이익이 집약되고 여론이 형성되면 국회나 정부는 이를 바탕으로 관련 정책을 결정하고 집행한다. 집행되는 과정에서 국민의 평가를 받아 수정을 거치고 새롭게 나온 요구를 다시 정책에 반영하기도 한다. 따라서 (가)~(마)를 정치 과정의 순서대로 나열하면 '(라)-(다)-(가)-(나)-(마)'이다.

2 정당, 이익 집단, 시민 단체의 특징

정당은 정권 획득을 목적으로 정치적 견해가 같은 사람들이 모인 단체이다. 정치 과정에서 정당은 정책 대안을 마련하고, 국민의 의견이 법 제정이나 정책에 반영되도록 한다. 이익 집단은 자신들의 특수한 이익을 실현하고자 결성된 단체이고, 시민 단체는 시민들이 공익 실현을 위해 자발적으로 모인 단체로 여러 사회 문제를 해결하기 위해 다양한 활동을 한다. ⑤ 이익 집단과 시민 단체는 정치적 책임을 지지 않는다. 정치적 책임을 지는 것은 정당이다.

3 지방 자치 단체

㉠은 지방 의회, ㉡은 지방 자치 단체장이다. 우리나라는 지방 자치 단체장이나 지방 의회 의원이 주민의 의사에 반하거나 직무를 잘 수행하지 못했을 때 주민 투표를 통해 지역의 공직자를 해임할 수 있는 주민 소환 제도를 시행하고 있다.

선택지 분석

① ㉠은 ㉡에게 예산안을 제출한다. (×)
→ ㉡이 ㉠에게 예산안을 제출한다.
② ㉠은 지방 자치 단체의 재산을 관리·운영한다. (×)
→ ㉡의 역할이다.
③ ㉡은 지역 실정에 맞는 정책을 결정한다. (×)
→ ㉠의 역할이다.
④ ㉠, ㉡이 심각하게 잘못된 행동을 했을 때 주민 소환을 할 수 있다. (○)
⑤ ㉠, ㉡의 구성원을 선출하는 지방 선거 이외에는 주민 참여 방법이 없다. (×)
→ 주민 참여 방법에는 주민 소환제, 주민 청원제, 주민 투표제, 주민 참여 예산제 등이 있다.

4 법의 특징

법은 국가 권력으로 강제되는 사회 규범이다. 법은 어겼을 때 국가로부터 일정한 제재를 받는다는 점에서 다른 사회 규범보다 강제성이 강하다. 복잡한 현대 사회에서는 법으로 문제를 해결하는 사례가 점점 더 늘어나고 있다. ② 법은 다른 사회 규범보다 내용이 명확하여 사람들이 지켜야 할 내용과 이를 어겼을 때 처벌 등을 분명하게 규정한다.

5 민사 재판

제시된 사건은 민사 재판으로 진행된다. 개인 간의 분쟁으로 권리를 침해받았을 때는 민사 재판으로 문제를 해결할 수 있다. 민사 재판에서 소를 제기한 사람은 원고, 소를 제기당한 사람은 피고라고 한다. 법관은 양측의 주장을 듣고 판결을 내린다. 원고와 피고는 판결에 따라야 하며, 이를 따르지 않을 때는 국가가 강제로 집행한다.

오답 피하기 ㄷ. 형사 재판에 대한 설명이다. ㄹ. 재판은 재판 당사자뿐만 아니라 일반인에게도 공개하는 것이 원칙이다.

6 심급 제도

제시된 그림은 심급 제도를 나타낸다. 우리나라에서는 일반적으로 한 사건에 세 번까지 재판을 받을 수 있는 3심제를 채택하고 있다. 재판의 당사자가 하급 법원의 판결에 불복하여 상급 법원에 다시 재판을 청구하는 것을 상소라고 하는데, 상소에는 1심 법원의 판결에 불복하여 상급 법원에 2심을 청구하는 항소와, 2심 법원의 판결에 불복하여 상급 법원에 3심을 청구하는 상고가 있다. 심급 제도를 통해 법관의 잘못된 판단으로 발생할 수 있는 피해를 최소화하여 국민의 자유와 권리를 최대한 보장할 수 있다. 선거 재판은 단심제와 2심제로 운영되고, 특허 재판 중 일부는 2심제로 운영되기도 한다. ② ⓐ은 항소, ⓑ은 상고이다.

7 한국 사회의 변동

우리나라는 1960년대 초반까지 전형적인 농업 사회였으나, 1960년대 중반 이후 정부가 주도하여 경제 개발 정책을 추진하면서 산업화와 도시화가 빠르게 진행되었고, 놀라운 경제 성장을 이루어냈다. 최근에는 정보 통신 기술이 비약적으로 발달하면서 정보 사회로 변화하고 있다.

선택지 분석

① 지역의 균등한 발전을 이루었다. (×)
→ 지역 간의 불균형으로 지역 격차가 발생하였다.

② 정부 주도로 급속한 성장을 하였다. (○)

③ 형평성을 추구하는 경제 성장을 이루었다. (×)
→ 빈부 격차가 심화되었다.

④ 모든 산업 분야에서 균형적인 성장을 이루었다. (×)
→ 산업 구조가 불균형해졌다.

⑤ 농업 사회에서 산업 사회를 거치지 않고 정보화 사회로 진입하였다. (×)
→ '농업 사회–산업 사회–정보 사회'로 단계적으로 발전하였다.

8 다문화 사회

제시된 그림을 보면 우리나라는 결혼, 취업, 유학 등의 이유로 외국인 이주민이 증가하면서 다문화 사회로 변화하고 있음을 알 수 있다. 다문화 사회는 한 사회 안에 다양한 인종, 종교, 문화가 공존하는 사회를 말한다. 다문화 사회에 대응하려면 우리나라가 단일 민족 국가라는 인식에서 벗어나, 이주민의 증가를 사회 변동에 따른 자연스러운 현상으로 받아들이는 인식의 변화가 필요하다. 또한 이주민의 문화를 있는 그대로 이해하고, 그들과 공존하려는 태도가 필요하다. 이를 위해서는 다문화 교육이 체계적으로 이루어져야 하며, 법과 제도도 마련되어야 한다. ② 다문화 사회에서는 단일 민족이라는 관념을 탈피해야 외국인에 대한 차별이 줄어들 수 있다.

1 ③	2 ②	3 ④	4 ④	5 ③
6 ⑤	7 ⑤	8 ⑤	9 ③	

1 정치 주체로서 국회의 역할

(가)는 국회이다. 국회는 법률을 제정하거나 개정하는 입법권을 가진 정치 주체이다.

선택지 분석

① 시민의 이익을 조정하고 정책을 집행한다. (×)
→ 행정부의 역할이다.

② 정책 결정 과정에서 전문적인 견해를 제시한다. (×)
→ 이익 집단의 역할이다.

③ 국민의 다양한 의사를 반영하여 법률을 만든다. (○)

④ 대중 매체를 통해 정보를 알리고 여론을 형성한다. (×)
→ 언론의 역할이다.

⑤ 정책과 관련한 분쟁이 발생하였을 때 재판을 통해 해결한다. (×)
→ 법원의 역할이다.

2 민주 선거의 원칙

대부분의 민주 국가에서는 공정한 선거를 위해 보통 선거, 평등 선거, 직접 선거, 비밀 선거의 원칙을 따르고 있으며, 우리나라 역시 이를 헌법에 규정하고 있다. (가)는 보통 선거, (나)는 평등 선거에 위배된다.

자료 분석   민주 선거 원칙

(가)	(나)

시민 혁명 직후 프랑스에서는 '최소 3일치 임금에 해당하는 세금을 낼 수 있는 사람'에게만 선거권을 주었어.

과거 영국에서는 특정 대학교의 졸업생에게 선거에서 2표를 행사할 수 있게 했어.

재산이 적은 사람에게 선거권을 주지 않는 것은 '일정한 나이 이상이면 누구나 선거권을 갖는다'는 보통 선거에 위배된다.

학력에 따라 표의 가치가 달라지는 것은 '유권자가 행사하는 표의 가치를 동등하게 부여한다'는 평등 선거에 위배된다.

3 선거 관리 위원회

제시된 그림은 선거 관리 위원회의 캐릭터이다. 선거 관리 위원회는 공정한 선거와 국민 투표를 관리하고, 정당 및 정치 자금에 관한 사무를 처리하기 위하여 설치된 국가 기관이다. 선거 관리 위원회는 특정 정당이나 개인의 편에 서지 않고 중립적인 위치에서 선거 운동, 투표, 개표 등을 관리한다. 또한 선거법을 위반하는 행위를 예방하거나 단속하며, 선거 관련 정보를 제공하고, 투표 참여를 홍보한다. ④ 선거구는 국회에서 법률로 정한다.

4 주민 참여 방법

제시된 제도는 주민 참여 예산제, 주민 투표제, 주민 발의제이다. 이것은 지방 자치 제도하에서 주민 참여 방법에 해당하며, 이 외에도 주민들은 지방 선거, 주민 소환제, 주민 청원제, 주민 감사 청구제 등 다양한 방법으로 지방 자치에 참여할 수 있다. 지역 사회의 문제를 해결하기 위해서는 그 문제에 관한 시민의 관심과 참여가 매우 중요하다. 다양한 제도와 함께 지역 주민의 참여 의식과 실천이 조화를 이룰 때 지방 자치 제도의 목적인 지역 주민의 복리 증진을 달성할 수 있다.

5 정의의 여신

정의의 여신이 들고 있는 칼은 법의 강제성을, 저울은 평등한 판결을 상징한다. 법의 궁극적인 목적은 정의의 실현이다. 정의란 옳고 그름을 판단하여 각자에게 맞는 몫을 주는 것을 뜻한다. 따라서 아무런 이유 없이 같은 행위를 한 사람을 차별하거나 행위에 차이가 있음에도 불구하고 똑같이 대우한다면 정의롭지 못하다고 할 수 있다.

쌍둥이 문제 8

밑줄 친 '이것'과 관련된 법의 목적은?

- 이것은 사람들에게 각자가 가져야 할 몫을 공정하게 나누어 주는 것이다.
- 고대 동양 사회에서 '해태'는 시비와 선악을 판단하여 이것을 구현하는 상상 속의 동물이다.

① 선의 실현　　　② 정의의 실현
③ 공공복리 증진　　④ 신속한 판결
⑤ 자유와 평등의 보장

해설 '이것'은 정의이다. 법의 목적은 국민을 규제하거나 처벌하기 위한 것이 아니라 분쟁의 해결과 정의의 실현을 통하여 개인의 권리를 보호하는 것이다.　　　답 ②

6 민사 재판

제시된 그림은 민사 재판의 법정 모습이다. 민사 재판은 개인 간에 일어난 분쟁을 해결하기 위한 재판이다. 소를 제기한 사람을 원고, 소를 제기당한 사람을 피고라고 한다.

선택지 분석

① 15세 미만의 청소년이 물건을 훔쳤다. (x) → 소년 재판
② 국회 의원이 불법 선거 운동을 하여 당선되었다. (x)
　　→ 선거 재판
③ 「식품 위생법」 위반으로 식당이 영업 정지를 당했다. (x)
　　→ 행정 재판
④ 과속 운전을 하다가 어린이 보호 구역에서 어린이를 다치게 했다. (x) → 형사 재판
⑤ 층간 소음으로 아래층 주민이 윗층 주민에게 정신적·금전적 손해 배상을 청구하였다. (○)

7 사회법

사회법의 목적은 근로자, 장애인, 저소득층과 같은 사회·경제적 약자를 보호하고, 모든 국민의 인간다운 삶을 보장하는 것이다. 사회법에는 노동법, 경제법, 사회 보장법이 있다. 제시된 그림은 사회 보장법과 관련된다. 사회 보장법은 실업, 질병, 재해, 고령, 빈곤 등으로 어려움을 겪는 사람들을 도와주고, 국민의 복지를 향상하기 위해 만든 법이다.

8 저출산·고령화 현상

현재 우리나라는 출생아 수는 줄어들고 노인 인구 비율은 늘어가는 저출산·고령화 현상이 심각한 사회 문제가 되고 있다. 저출산·고령화 현상의 주요 원인은 출산율 감소와 평균 수명의 증가에 있다. 이러한 현상이 지속되면 노동력 부족으로 국가 경쟁력이 약화될 수 있고, 노인을 부양하기 위한 비용 증가로 재정적 부담을 초래할 수 있다.

9 사회 문제

사회에서 발생하는 여러 가지 문제 중에서 사회 구성원 대다수가 바람직하지 못하다고 생각하여 해결되기를 원하는 사회 현상을 사회 문제라고 한다. 사회 문제는 그 발생 원인이 사회에 있고, 인간의 노력으로 해결 가능한 문제이다. 오늘날 대표적인 사회 문제로는 인구 문제, 노동 문제, 환경 문제 등이 있다. ㄱ, ㄹ이 사회 문제에 해당한다.

| 1 ⑤ | 2 ③ | 3 ③ | 4 ④ | 5 ③ |
| 6 ⑤ | 7 ④ | 8 ④ | | |

1 정치 과정의 참여자

언론은 여론을 수렴하여 국회나 정부에 전달함으로써 정책 결정 과정에 참여한다. 정치 과정의 공식적 참여자는 국회, 정부, 법원이다. 정책은 집행되는 과정에서 국민의 평가를 받아 수정되기도 한다. 민주주의가 발전하면서 시민들의 권리 의식이 높아지고 이에 따라 사람들은 자신의 다양한 가치와 이익을 실현하기 위해 의견을 표출하게 되었다. 시민 단체는 사회 전체의 이익을 실현하기 위해 정책을 제안하고 올바르게 집행되는지 감시한다.

제시된 퀴즈 1의 정답은 언론이므로 파란색 화살표로, 퀴즈 3은 옳은 진술이므로 빨간색 화살표로, 퀴즈 4는 옳은 진술이므로 빨간색 화살표로 이동하면 ⑤번 출구로 나오게 된다.

자료 분석 　정치 과정의 참여자

	QUIZ	➡	➡
1	정책에 대한 해설과 비판을 제공하여 여론을 형성한다.	이익 집단	언론
2	정치 과정의 공식적 참여자이다.	정당	정부
3	정책은 집행되는 과정에서 국민의 평가를 받아 수정되기도 한다.	◎	×
4	민주주의의 발달로 시민의 주권 의식이 높아지면서 이익을 표출하게 되었다.	◎	×
5	사회 전체의 이익을 실현하기 위해 정책을 제안하고 올바르게 결정되고 집행되는지 감시한다.	법원	시민 단체

2 선거구 법정주의

첨부 파일은 전형적인 게리맨더링이다. 게리맨더링이란 특정 정당이나 후보자에게 유리하도록 선거구를 정하는 것을 말한다. 우리나라는 공정한 선거를 위하여 선거구는 반드시 국민의 대표 기관인 국회에서 제정하는 법률로 정해야 한다는 선거구 법정주의를 시행하고 있다.

3 주민 참여 방법

주민은 공청회에 참석하여 지역 사회의 문제에 자신의 의견을 반영할 수 있으며, 청원을 하거나 민원을 제출할 수 있다. 또한 중요 현안에 관하여 주민이 직접 투표하는 주민 투표제, 선출된 공직자를 소환하여 주민 투표로 해임을 결정할 수 있는 주민 소환제, 필요한 조례를 주민이 제안할 수 있는 주민 발의제, 지역 행정의 불합리함을 감시하는 주민 감사 청구제 등의 방법으로 지역 문제를 해결할 수 있다.

선택지 분석

① 지역 사회의 중요한 문제를 주민의 투표로 직접 결정한다. (○)
→ 주민 투표제에 대한 설명이다.

② 집회, 서명, 공청회 등에 참여하거나 누리집을 통해 문제를 제기한다. (○) → 여론 형성에 해당한다.

③ 조례를 제정하고, 지방 자치 단체의 행정 사무에 대한 감사를 진행한다. (×) → 지방 의회의 역할이다.

④ 일부 지역의 예산 편성에 주민이 참여하여 예산 각 항목의 중요도 등을 결정한다. (○) → 주민 참여 예산제에 대한 설명이다.

⑤ 지역의 대표자가 주민 의사를 거스르거나 직무를 잘 수행하지 못했을 때 그에 대한 해임 여부를 주민이 결정한다. (○)
→ 주민 소환제에 대한 설명이다.

4 법의 종류

우리의 생활을 규율하는 법은 크게 개인과 국가 또는 국가 기관 간의 공적인 생활 관계를 규율하는 공법, 개인과 개인 간의 사적인 생활 관계를 규율하는 사법, 그리고 중간적 성격을 띠는 사회법으로 나뉜다. 제시문에서 ㄱ은 사법이므로 1칸 이동, ㄴ은 공법이므로 2칸 이동, ㄷ, ㄹ은 사회법이므로 각각 3칸씩 이동하여 총 9개의 섬을 건너가야 한다. 따라서 보물이 있는 섬은 영흥도이다.

쌍둥이 문제 9

사법에 해당하는 내용을 |보기|에서 고르면?

　보기

ㄱ. 집에 도둑이 들어 경찰에 신고하였다.
ㄴ. 부동산을 사고팔 때에는 계약서를 작성해야 한다.
ㄷ. 생활이 어려운 사람에게 정부는 생활비를 보조해야 한다.
ㄹ. 미성년자가 스마트폰을 개통할 때는 법정 대리인의 동의가 있어야 한다.

① ㄱ, ㄴ 　　② ㄱ, ㄷ 　　③ ㄴ, ㄷ
④ ㄴ, ㄹ 　　⑤ ㄷ, ㄹ

해설 ㄴ, ㄹ은 민법의 적용을 받는 사례로, 사법에 해당한다. ㄱ은 공법, ㄷ은 사회법에 해당한다. 　　　　답 ④

5 재판의 종류

재판이란 법원이 법을 적용하여 옳고 그름을 가리는 것을 말한다. 재판은 크게 민사 재판과 형사 재판으로 나뉜다. 민사 재판은 개인과 개인 사이에서 발생하는 법률 관계에 대해 다툼을 해결하는 재판이고, 형사 재판은 범죄가 발생했을 때 죄의 유무, 형벌의 종류와 정도를 정하는 재판이다. (가)는 심청이와 스님 간의 다툼, (라)는 사나이와 마을 사람들 간의 다툼으로 민사 재판으로 진행한다. (나)의 왕비와 (다)의 나무꾼은 각각 살인 미수와 절도의 범죄와 관련되므로 형사 재판으로 진행한다.

6 공정한 재판

우리나라에서는 공정한 재판을 위해 다양한 제도를 마련하고 있다. 법원을 다른 국가 기관에서 독립시키고 법관의 신분을 보장한다. 또한 공개 재판주의와 증거 재판주의 원칙을 채택하고 있고, 소송 당사자가 재판 결과에 승복하지 않을 때 상급 법원에서 다시 재판을 받을 수 있는 심급 제도를 두고 있다. 제시된 A 나라에서는 공정한 재판을 위한 제도가 마련되어 있지 않아 재판이 공정하게 이루어지기 어렵다. 재판이 공정하게 이루어지지 않는다면 국민의 권리가 침해되고 사회 질서도 흔들리게 된다. ⑤ 심급 제도는 급을 달리하는 법원에서 여러 번 재판을 받을 수 있는 제도이다.

자료 분석 **공정한 재판**

A 나라의 왕은 자신이 직접 만든 법으로 나라를 다스리면서 재판
↳ 사법권의 독립 위반
을 할 수 있는 권한까지 가지고 있었다. 재판을 할 때에는 재판을
받는 사람과 가까운 신하 이외에는 아무도 들어오지 못하도록 하
↳ 공개 재판주의 위반
였다. 어느 날 왕의 친구가 한 백성과 토지를 가지고 다투게 되었
다. 직접 재판을 나선 왕은 자신의 친구에게 유리한 판결을 내렸다.
백성은 억울하다며 다른 증거를 가지고 오겠다고 하였지만, 왕은
자신이 내린 판결은 어떤 경우에도 바뀔 수 없다고 하였다.
↳ 심급 제도 위반

7 세계화

세계화란 교통과 정보 통신 기술의 발달로 사람이나 상품 등의 국가 간 교류가 늘어나면서 국가 간 상호 의존성이 높아지는 현상이다. 세계화로 민주주의, 인권 등의 가치가 다른 지역에도 전파되고, 다국적 기업의 상품 판매로 세계인의 생활 양식이 비슷해지고 있다. 이 과정에서 상대적으로 영향력이 작은 집단의 고유한 문화가 소멸하기도 하고, 국가 간 불평등 양

상이 나타나기도 한다. 따라서 뽑으면 안 되는 블록은 세계화 현상과 관련된 (다), (라), (마)이다.

오답 피하기 (가)는 산업화, (나), (바)는 정보화와 관련된 현상이다.

쌍둥이 문제 **10**

다음 내용과 관련이 없는 것은?

국가의 경계를 넘어 세계 전체의 상호 의존성이 높아지면서 세계가 하나의 울타리로 통합되어 가는 것

① 민주주의 이념의 확산
② 교통·통신 기술의 발달
③ 국가 간 상호 의존도 심화
④ 다국적 기업의 제품 소비 증가
⑤ 약소국이나 소수 민족 문화의 활성화

해설 제시된 내용은 세계화를 나타낸다. 세계화로 인하여 문화적 갈등과 문화의 획일화 현상이 나타나 약소국이나 소수 민족의 문화는 소멸하기도 한다. 답 ⑤

8 환경 문제

환경 문제는 산업화 과정에서 자원이 고갈되고 자연환경이 훼손되는 문제로, 생태계의 질서를 파괴하여 인류의 생명 자체를 위협할 수도 있는 심각한 사회 문제이다. 최근에는 지구 온난화, 사막화 현상이 가속화되고 있고, 열대 우림 감소, 오존층 파괴 등의 문제가 나타나기도 한다. 환경 문제를 해결하기 위해서는 쓰레기 분리 배출, 물건 재사용, 오염 방지 시설 투자, 친환경 기술 개발, 국가 간 협력 확대 등의 노력이 필요하다. ④ 기업은 환경 오염 시설에 대한 투자를 확대하고, 친환경 기술을 개발하여 자원의 소비량과 오염 물질 배출을 줄이도록 노력해야 한다. 에너지 효율이 높은 상품을 생산해야 환경 보호에 유리하다.

신유형·신경향·서술형 **전략**					72~75쪽
1 ②	2 ①	3 ②	4 ③	5 ③	6 ②
7 해설 참조		8 해설 참조			

1 사회화

개인은 살아가는 데 필요한 다양한 내용을 여러 사회화 기관

에서 배우면서 사회 구성원으로서 생활 방식을 익힌다. 가정, 또래 집단, 학교, 대중 매체, 직장 등 다양한 사회화 기관에서 사회화가 이루어진다. 기본적인 사회화는 주로 유아기와 청소년기에 집중적으로 이루어지지만, 성인이 된 이후에도 사회 변화에 따라 새롭게 등장하는 지식과 가치를 다시 배우는 재사회화 과정이 이루어진다. 유아기와 아동기에는 가족이나 또래 집단 등 1차 집단에서 사회화가 이루어지고, 청소년기와 성인기에는 학교와 회사 등 2차 집단에서 사회화가 이루어진다.

오답 피하기 ㄴ. 사회화의 내용은 개인적·사회적으로 다르다. ㄹ. 성인기 이전이라도 변화된 사회에 적응하기 위해 재사회화 과정을 거칠 수 있다.

2 민주 정치의 발전 과정

A는 현대 민주 정치, B는 근대 민주 정치, C는 고대 아테네의 민주 정치이다. ㄱ. 민주 정치는 C-B-A 순으로 발전해 왔다. ㄴ. 현대 민주 정치는 시민들의 정치적 무관심으로 인해 국민의 의사를 정확히 반영하기 어렵다는 한계가 있다.

선택지 분석

ㄱ. 민주 정치는 C-B-A 순으로 발전하였다. (○)

ㄴ. A 시기는 시민들의 정치적 무관심과 선출된 대표의 부패가 문제로 지적된다. (○)

ㄷ. A 시기의 시민은 추첨 및 윤번제를 통해 일생에 한 번씩은 공직에 종사할 수 있었다. (×)
→ 고대 아테네의 민주 정치에 대한 설명이다.

ㄹ. B 시기의 시민은 신분, 재산, 성별에 관계 없이 정치 참여의 기회를 가졌다. (×)
→ 현대 민주 정치에 대한 설명이다. 근대 민주 정치에서도 정치 참여의 기회는 제한적이었다.

ㅁ. C 시기의 민주 정치는 시민 혁명을 통해 등장하였다. (×)
→ 시민 혁명을 통해 등장한 것은 근대 민주 정치이다.

자료 분석 시대별 민주 정치의 특징

질문	답변		
	A	B	C
보통 선거 제도를 실시하는가?	예	아니요	아니요
직접 민주제를 실시하는가?	아니요	아니요	예

보통 선거 제도는 현대 민주 정치에서만 실시하므로 A는 현대 민주 정치에 해당한다.

직접 민주제는 고대 아테네의 민주 정치에서만 실시했으므로 C는 고대 아테네의 민주 정치에 해당한다.

3 지방 자치 제도

우리나라의 지방 자치 단체는 의결 기관인 지방 의회와 집행 기관인 지방 자치 단체장으로 구성된다. 지방 의회는 주민이 선출한 의원으로 구성되며, 지역 정책과 예산을 결정하고 조례를 제정한다. 지방 자치 단체장은 집행 기관으로 주민의 선거로 선출되며, 지방 의회의 의결 사항을 집행하고 규칙을 제정하며, 지방 자치 단체의 재산을 관리·운영한다. 주민 소환제는 지방 자치 단체장이나 지방 의회 의원이 주민의 의사에 반하거나 직무를 잘 수행하지 못했을 때 주민 투표를 통해 지역의 공직자를 해임시킬 수 있는 제도이다. 주민 소환제와 주민 참여 예산제 등의 제도들은 지방 자치 제도하에서 주민 참여 방법으로, 지역 주민들의 주인 의식을 높이는 데 기여한다. ② 지방 의회에서는 조례를 제정한다.

쌍둥이 문제 11

(가), (나)에 해당하는 주민 참여 제도를 옳게 연결한 것은?

(가) 불합리한 행정으로 이익을 침해받은 경우 주민이 직접 감사를 청구한다.
(나) 지역의 행정에 관한 요구 사항이나 개선해야 할 점을 주민이 직접 제출한다.

	(가)	(나)
①	주민 소환제	주민 투표제
②	주민 투표제	주민 소환제
③	주민 투표제	주민 감사 청구제
④	주민 감사 청구제	주민 청원제
⑤	주민 참여 예산제	주민 청원제

해설 (가)는 주민 감사 청구제, (나)는 주민 청원제이다.　　답 ④

4 법의 분류

㉠에 들어갈 법은 민법이다. 민법은 개인과 개인 사이의 재산 관계나 가족 관계 등을 다룬다. 원칙적으로 사적 생활 영역의 문제는 개인의 의사에 따라 해결하는 것이 우선이지만 서로 간에 합의가 잘 이루어지지 않을 때는 사법으로 다툼을 해결하고 개인의 자유와 권리를 보호할 수 있다.

선택지 분석

① 행정 기관의 조직과 작용 및 구제에 관한 내용을 다룬 법이다.
(×) → 행정법에 대한 설명이다.

② 국민의 권리와 의무, 국가 통치 구조 등을 규정하는 최고법이다.
(×) → 헌법에 대한 설명이다.

③ 개인과 가족 관계, 재산 관계에 관해 규율하는 대표적인 사법이다. (○)

④ 범죄의 유형과 그에 관하여 어떠한 형벌을 부과할 것인지를 규정한 법이다. (×)
→ 형법에 대한 설명이다.

⑤ 실업, 빈곤 등으로 어려움을 겪는 사람을 돕고, 국민의 복지를 향상하기 위해 만든 법이다. (×)
→ 사회 보장법에 대한 설명이다.

5 국민 참여 재판

그림의 법정의 모습은 형사 재판이며, 국민 참여 재판으로 진행되고 있다. 국민 참여 재판이란 국민이 배심원으로 참여하는 재판이다. 우리나라에서는 2008년에 처음 도입되었으며, 형사 재판에 한하여 일정한 요건을 갖추고 피고인이 신청할 때 열린다. 배심원은 원칙적으로 만 20세 이상 국민이면 누구나 될 수 있다. 형사 재판에서 검사는 공소를 제기하여 피고인의 처벌을 요구한다. ③ 법관은 헌법과 법률, 자신의 양심에 따라 판결해야 한다.

6 다문화 사회

제시된 자료를 통해 우리나라가 다문화 사회로 변화하고 있음을 알 수 있다. 다문화 사회로의 변화는 노동력 부족 문제를 해결하고, 문화 발전의 가능성을 높이는 데 도움을 준다. 그러나 서로 다른 문화의 충돌로 인한 갈등, 다문화 구성원에 대한 사회적 편견과 차별 등이 발생하기도 한다. 제시된 대화에서 (가)에는 다문화 사회의 긍정적인 영향이, (나)에는 다문화 사회의 부정적인 영향이 들어가야 한다.

7 문화 이해 태도

(1) 답 문화 상대주의

(2) 모범 답안 인류의 보편적 가치에 어긋나거나, 사람들에게 고통을 주는 관습이기 때문이다.

핵심 단어 인류의 보편적 가치 위배, 고통

채점 기준	구분
핵심 단어를 모두 사용하여 정확하게 서술한 경우	상
핵심 단어를 사용했으나 서술이 정확하지 않은 경우	중
핵심 단어를 사용하지 않고 서술한 경우	하

8 공정한 선거

(1) 답 (나)–직접 선거, (라)–보통 선거

(2) 모범 답안 우리나라는 선거 공영제와 선거구 법정주의를 실시하고, 선거 관리 위원회를 두고 있다.

핵심 단어 선거 공영제, 선거구 법정주의, 선거 관리 위원회

채점 기준	구분
핵심 단어를 모두 사용하여 서술한 경우	상
핵심 단어를 두 개 사용하여 서술한 경우	중
핵심 단어를 하나만 사용하여 서술한 경우	하

1 ⑤	2 ⑤	3 ⑤	4 ④	5 ②	6 ②	7 ⑤	8 ③	9 ④	10 ③
11 ④	12 ③	13 해설 참조		14 해설 참조		15 해설 참조		16 해설 참조	

1 사회화 기관

다음 밑줄 친 사회화 기관에 대한 설명으로 옳지 않은 것은?

현준이 어머니는 현준이를 보면 늘 불안하다. 중학생이 되면서 부쩍 부정적인 말을 많이 할 뿐만 아니라, 부모님의 말에 반항하는 경우도 종종 있고 가정 내에서의 규칙 같은 것을 소홀히 하기 때문이다. 최근 학교 폭력 문제가 심각하게 등장하면서 현준이와 어울리는 친구들에게도 신경이 많이 쓰인다.

① 기존 문화와 다른 그들만의 문화를 형성한다.

② 정서적 불안과 고민을 해소하는 기능을 수행한다.

③ 특정한 청소년을 소외시키는 문제를 일으키기도 한다.

④ 놀이, 스포츠 활동 등을 함께하며 일체감과 소속감을 느낀다.

⑤ 사회생활에 필요한 규칙이나 지식을 교육하는 주된 기관이다.

출제 의도 파악하기

'현준이와 어울리는 친구들'은 또래 집단임을 파악하고, 또래 집단의 의미와 사회화 기관으로서의 중요성에 대해 이해한다.

문제 해결 Point 쏙쏙

· 가정: 기초적인 생활 방식을 습득함.

· 또래 집단: 놀이를 통해 집단생활의 규칙을 습득함.

· 학교: 사회생활에 필요한 지식, 규범, 가치 등을 체계적으로 배움.

· 직장: 직장 생활에 필요한 지식과 기술을 습득함.

· 대중 매체: 새로운 정보와 지식을 습득함.

개념 어린아이는 성장해 감에 따라 가족의 테두리를 벗어나 비슷한 나이의 친구들을 만나 놀이를 하면서 게임의 규칙과 역할 등 많은 것들을 배우게 된다. 그래서 유아기 또래 집단을 놀이 집단이라고도 부른다. 특히 청소년기에는 또래 집단의 결속력이 강해지며 그들만의 문화를 형성하게 되면서 개인의 행동에 큰 영향을 미친다.

2 지위와 역할

다음 사례에 대한 설명으로 옳지 않은 것은?

의류 회사에서 한복 ㉠ 디자이너로 일하는 혜은 씨는 유치원에 다니는 ㉡ 딸을 두고 있다. 어느 날 회사에서 ㉢ 열심히 신상품을 디자인하고 있던 도중 딸이 갑자기 아프다는 연락을 받았다. 곧 중요한 회의를 앞두고 있는 상황이라 혜은 씨는 ㉣ 병원에 가야 할지, 회의에 참석해야 할지 고민에 빠졌다.

① ㉠은 성취 지위이다.

② ㉡은 태어나면서 갖는 지위이다.

③ ㉢은 디자이너로서 기대되는 역할이다.

④ ㉣은 역할 갈등 사례에 해당한다.

⑤ 귀속 지위보다 성취 지위로서 기대되는 역할을 중요시해야 한다.

출제 의도 파악하기

사회적 지위와 역할, 역할 수행과 역할 갈등을 구체적인 사례를 통해 이해한다.

문제 해결 Point 쏙쏙

· 귀속 지위: 개인의 의지나 능력과 상관없이 자연적으로 갖게 되는 지위

· 성취 지위: 노력을 통하여 후천적으로 얻는 지위

· 역할 갈등: 한 개인이 가진 여러 지위에 따른 역할이 서로 충돌하여 갈등이 발생하는 것

개념 역할 갈등을 합리적으로 해결하려면 개인은 우선순위를 정하여 중요한 역할부터 수행해야 한다. 이때 귀속 지위와 성취 지위로서 기대되는 역할을 모두 중시해야 한다. 또한 구성원들이 빈번하게 겪는 역할 갈등을 줄일 수 있도록 사회적 차원의 대책도 필요하다.

3 사회 집단의 유형

다음은 사회 수업 시간의 학습 내용을 정리한 것이다. (가)~(바)에 대한 내용으로 옳지 <u>않은</u> 것은?

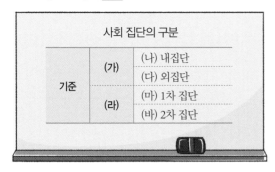

사회 집단의 구분		
기준	(가)	(나) 내집단
		(다) 외집단
	(라)	(마) 1차 집단
		(바) 2차 집단

① (가)에 들어갈 말은 '소속감'이다.

② (나)와 (다)는 고정된 것이 아니라 상황에 따라 달라진다.

③ (라)에 들어갈 말은 '접촉 방식'이다.

④ (마)는 자주 접하고 친밀감을 느끼는 집단이다.

⑤ (바)는 현대 사회에서 비중이 점차 작아지고 있다.

출제 의도 파악하기

사회 집단의 유형의 특징을 파악하고, 현대 사회에서 2차 집단의 비중이 점차 커지고 있음을 이해한다.

문제 해결 Point 쏙쏙

· 내집단: 자신이 소속되어 있으며 소속감과 공동체 의식을 가지고 있는 집단

· 외집단: 자신이 소속되어 있지 않고 이질감을 느끼는 집단

· 1차 집단: 자주 접촉하고 친밀감을 느끼는 집단

· 2차 집단: 목적 달성을 위해 형식적이고 수단적인 만남을 바탕으로 결합된 집단

· 공동 사회: 자신의 결합 의지와 상관없이 자연 발생적으로 만들어진 집단

· 이익 사회: 목적을 위해 개인의 결합 의지가 반영되어 구성된 집단

개념 사회 집단은 구성원들의 접촉 방식에 따라 1차 집단과 2차 집단으로 구분하고, 구성원들의 소속감 여부에 따라 내집단과 외집단으로 구분한다.

4 차별

다음과 같은 법과 제도를 실시하는 목적으로 옳은 것은?

① 적극적 우대 조치를 방지하기 위해

② 모든 사람들을 똑같이 대우하기 위해

③ 사람들을 서로 다르게 대우하기 위해

④ 차이를 인정하고 차별을 없애기 위해

⑤ 사람들의 다양한 특성을 고려하지 않기 위해

출제 의도 파악하기

제시된 자료가 차별 금지 및 갈등 해소를 위한 법률과 제도임을 파악하고, 사회 집단 내 차별 및 갈등 사례와 해결 방안을 탐구한다.

문제 해결 Point 쏙쏙

· 차별: 사회에서 특정인 혹은 특정 집단을 대상으로 불합리하게 대우하는 것

· 차별의 해결 방법: 차이를 인정하고 존중하는 관용의 태도가 필요함, 사회적 차원에서 법과 제도를 정비해야 함.

개념 사회적 차원에서 법과 제도로 차별을 금지해야 한다. 차별받는 집단에 우선권이나 가산점을 주는 적극적 우대 조치를 도입하는 방법도 있다.

5 문화의 사례

사회 수업 시간에 문화의 사례에 대해 발표하였다. 옳게 발표한 학생들을 |보기|에서 고르면?

그것이 인간이 창조한 것인지, 사회 구성원들의 생활 양식 속에서 지속적으로 나타나는지 등을 살펴보아야 해요.

〈문화와 문화가 아닌 것〉

> ┌ 보기 ┐
> 혜수 : 배고플 때 배에서 꼬르륵 소리가 나는 것은 문화가 아니에요.
> 은지 : 알래스카에서는 몇 개월 동안 밤에도 해가 보이는 백야 문화가 있어요.
> 민석 : 날씨가 쌀쌀해지면 집집마다 난방 시설을 가동하는 것도 문화에 해당해요.
> 재호 : 나이가 들수록 외모나 신체 능력에 변화가 생기는 것은 노년 문화의 특징이에요.

① 혜수, 은지　　　② 혜수, 민석
③ 은지, 민석　　　④ 은지, 재호
⑤ 민석, 재호

출제 의도 파악하기

문화와 문화가 아닌 것의 구분 기준을 파악하고, 구체적인 사례에 적용하여 이해한다.

문제 해결 Point 쏙쏙

· 문화인 것: 인간의 행동 중에서도 후천적으로 만들어 낸 것, 즉 본능이 아니라 학습에 의한 것
· 문화가 아닌 것: 자연 현상, 유전이나 본능에 따른 행동, 개인의 습관이나 취향 등
· 좁은 의미의 문화: 예술 활동, 교양 있는 상태, 문명 등
· 넓은 의미의 문화: 의식주, 언어, 종교 등 인간이 만들어 낸 공통의 생활 양식

선택지 바로 알기

은지 : 알래스카에서는 몇 개월 동안 밤에도 해가 보이는 백야 문화가 있어요.
자연 현상으로 문화가 아니다.
재호 : 나이가 들수록 외모나 신체 능력에 변화가 생기는 것은 노년 문화의 특징이에요.
생물학적 특징으로 문화가 아니다.

---

6 문화의 속성

다음 사례를 통해 알 수 있는 문화의 속성을 |보기|에서 고르면?

> 한국인들은 밥과 김치를 주로 먹고, 미국인들은 빵과 고기를 주로 먹는다. 하지만 어렸을 때 이민을 가서 미국식 교육을 받고 자란 한국인들은 밥보다 빵에 익숙하고 김치도 잘 먹지 못하는 경우가 많다.

> ┌ 보기 ┐
> ㄱ. 공유성　　　　ㄴ. 변동성
> ㄷ. 축적성　　　　ㄹ. 학습성

① ㄱ, ㄴ　　② ㄱ, ㄹ　　③ ㄴ, ㄷ
④ ㄴ, ㄹ　　⑤ ㄷ, ㄹ

출제 의도 파악하기

각 사회마다 공유하는 음식 문화가 있다는 것을 통해 문화의 공유성을, 후천적인 학습을 통해 문화를 습득한다는 것을 통해 문화의 학습성을 파악한다.

문제 해결 Point 쏙쏙

· 공유성 : 한 사회의 구성원들에게서 공통으로 나타남.
· 학습성 : 문화는 타고나는 것이 아니라 후천적으로 습득됨.

선택지 바로 알기

ㄴ. 변동성
문화는 고정된 것이 아니라 시간의 흐름에 따라 달라진다.
ㄷ. 축적성
문화는 언어와 문자 등을 통해 다음 세대로 전해지면서 더욱 풍성해진다.

7 문화 이해 태도

다음 두 사람의 문화 이해 태도에 대한 설명으로 옳은 것은?

티베트에선 사람이 죽으면 그 시신을 새가 먹게 하는 조장을 한대. 정말 야만적인 행동이야.

용진

그 나라 사람들의 행동은 전통과 자연환경 등 여러 요인들이 복합적으로 작용하여 형성된 것으로, 그들을 비난해선 안돼.

수민

① 용진은 문화 사대주의적 태도를 보인다.

② 수민이는 문화에 우열이 있다는 입장이다.

③ 용진은 수민에 비해 타문화 수용에 호의적이다.

④ 용진의 태도는 자기 문화의 주체성을 상실할 우려가 있다.

⑤ 수민이는 문화를 평가하는 절대적인 기준을 인정하지 않는다.

출제 의도 파악하기

용진은 자문화 중심주의, 수민은 문화 상대주의 태도를 가지고 있음을 파악하고, 자문화 중심주의와 문화 상대주의의 특징을 이해한다.

문제 해결 Point 쏙쏙

· 자문화 중심주의 : 자신이 속한 문화는 우월하다고 여기고 다른 문화는 열등하거나 미개하다고 생각하는 태도

· 문화 상대주의 : 한 사회의 문화는 그 사회의 구성원들이 자연환경과 사회적 상황에 적응해 가면서 만들어 온 것이므로, 각기 그 나름의 이유와 가치가 있다고 보는 태도이다. 따라서 문화를 평가하는 절대적 기준을 인정하지 않는다.

선택지 바로 알기

① 용진은 문화 사대주의적 태도를 보인다.

자문화 중심주의 태도이다.

② 수민이는 문화에 우열이 있다는 입장이다.

문화 상대주의적 태도는 문화에 우열을 인정하지 않는 입장이다.

③ 용진은 수민에 비해 타문화 수용에 호의적이다.

용진은 자문화 중심주의 태도를 보이므로 타문화 수용에 부정적이다.

④ 용진의 태도는 자기 문화의 주체성을 상실할 우려가 있다.

자기 문화의 주체성을 상실할 우려가 있는 문화 이해 태도는 문화 사대주의이다.

8 대중문화를 수용하는 바람직한 태도

다음 사례를 통해 알 수 있는 대중 매체의 수용 자세로 옳은 것은?

홍길동은 활빈당을 결성하여 탐관오리의 재물을 빼앗아 백성들에게 나누어 주었다.

○○신문
도적 떼 들끓어 나라 어지럽혀 홍길동, 재물 약탈

△△신문
의적 홍길동, 부패 관리 발하고 백성들 돌봐

① 대중 매체의 정보는 무조건 믿지 않는다.

② 모든 대중 매체의 정보를 그대로 수용한다.

③ 대중 매체의 정보를 비판적인 시각으로 바라본다.

④ 거대 자본이 운영하는 대중 매체의 정보만 신뢰한다.

⑤ 다양한 매체에 의존하지 않고 하나의 대중 매체를 통해서만 정보를 얻는다.

출제 의도 파악하기

대중 매체가 같은 사건도 완전히 다른 입장에서 전달하는 사례가 있음을 파악하고, 대중 매체가 전달하는 정보를 비판적으로 받아들이는 태도가 필요함을 이해한다.

문제 해결 Point 쏙쏙

· 대중문화를 있는 그대로 받아들이기보다 비판적인 시각으로 바라보아야 함.

· 잘못된 정보는 바로 잡도록 적극적으로 요구해야 함.

· 주체적인 문화 생산자로 바람직한 문화를 창조하고 대중 매체를 올바르게 활용해야 함.

개념 우리는 매일 대중 매체를 접하기 때문에 대중문화의 영향을 많이 받는다. 따라서 대중 매체의 정보를 그대로 수용하기보다는 그 정보가 객관적 사실인지, 균형적인 시각을 담고 있는지 비판적으로 검토해 보아야 한다.

9 정치 생활에서 시민의 역할

다음 글을 읽고 정치 생활에서 시민의 역할에 대한 설명으로 옳지 않은 것은?

> 서울시는 시민이 제안한 아이디어를 정책으로 실현하기 위해 시민 제안 누리집인 '천만 상상 오아시스'를 운영하고 있다. 시민들은 이 누리집을 통해 접수된 정책 아이디어에 온라인 투표와 댓글로 자유롭게 의견을 표시한다. 그리고 공무원, 전문가들과 쌍방향 의사소통을 통해 실행 방안을 모색한다.

① 정책 집행 과정을 감시하고 비판한다.

② 사회 문제 해결에 적극적으로 참여한다.

③ 다양한 활동을 통해 사회 문제의 개선을 요구한다.

④ 자신이 속한 집단의 이익을 공동체의 이익보다 중시한다.

⑤ 정당하게 행사되는 권력에 대해 협력하는 자세를 갖는다.

출제 의도 파악하기

제시된 자료를 보고 정치 생활에서 국가와 시민이 수행하는 역할을 이해한다.

문제 해결 Point 쏙쏙

· 개인이 자신이 속한 집단의 이익만 생각하면 공동체 내의 갈등이 깊어짐.

· 국가 권력이 지나치게 강조되면 시민의 자유와 권리가 보장되기 어려움.

· 국가 권력과 시민의 권리가 조화와 균형이 이루어지도록 노력해야 함.

개념 시민은 바람직한 정치 생활을 위하여 정치 현상에 관심을 가지고 적극적으로 참여해야 하며, 국가의 정당한 권위를 존중하고 법을 준수해야 한다.

10 현대 민주 정치

(가)~(라) 중 옳지 않은 내용을 골라 바르게 고쳐 쓴 것을 |보기|에서 고르면?

> 보통 선거의 실시로 모든 사람에게 정치에 참여할 수 있는 권리가 보장되고 대중이 정치의 주체가 되는 대중 민주주의가 형성되었다. 하지만 대의 민주 정치에서 일반 대중은 (가) 선거 이외의 정치 과정에서 소외되기 쉽기 때문에, 현대 민주 국가에서는 (나) 대의 민주 정치를 실시하지 않고 (다) 국민이 대표를 통해 국가 의사를 결정할 수 있는 국민 투표, 국민 소환 제도를 채택하여 (라) 국민의 적극적인 정치 참여를 제도적으로 보장하고 있다.

┌ 보기 ┐

ㄱ. (가) – 선거 이외의 정치 과정에서 소외되지 않기 때문에

ㄴ. (나) – 대의 민주 정치를 기본으로 하면서

ㄷ. (다) – 국민이 직접 국가 의사를 결정

ㄹ. (라) – 국민의 적극적인 정치 참여를 제도적으로 제한

① ㄱ, ㄴ ② ㄱ, ㄷ ③ ㄴ, ㄷ

④ ㄴ, ㄹ ⑤ ㄷ, ㄹ

출제 의도 파악하기

현대 민주 정치는 대부분 대의 민주 정치를 실시하고 있으며, 대의 민주 정치의 한계를 보완하기 위해 직접 민주 정치 요소도 시행하고 있음을 이해한다.

문제 해결 Point 쏙쏙

· 현대 민주 정치 수립: 노동자, 여성, 흑인들의 선거권 요구 운동 지속 → 보통 선거 제도 확립

· 대의 민주 정치의 문제점: 선거 이외의 정치 참여에서 소외, 대표자가 국민의 의견을 정책에 제대로 반영하지 못함 → 이를 보완하기 위해 직접 민주 정치 요소 도입

용어 대의 민주 정치 : 시민이 선출한 대표자가 나라를 통치하는 방식으로, 간접 민주 정치라고도 함.

개념 대의제를 실시하고 있는 여러 나라에서 시민들의 정치적 무관심과 선출된 대표의 부패 문제, 대표자가 국민의 의견을 정책에 정확하게 반영하지 못하는 문제가 발생하고 있다. 이에 선거 기간뿐만 아니라 일상생활에서도 개인 또는 시민 단체의 자발적인 정치 참여를 강조하는 참여 민주주의가 주목받고 있다.

11 권력 분립의 원리

다음 그림이 나타내는 민주 정치의 기본 원리에 대한 설명으로 옳지 않은 것은?

① 우리나라는 헌법에 이 원리를 명시하고 있다.

② 국가 기관의 권력 남용을 방지하기 위한 것이다.

③ 궁극적으로 국민의 기본권을 보장하려는 것이다.

④ 헌법에 따라 국가 권력을 행사해야 한다는 것이다.

⑤ 국가 권력을 서로 독립된 기관이 나누어 맡도록 하여 상호 견제와 균형을 이루려는 것이다.

출제 의도 파악하기

제시된 그림은 권력 분립의 원리를 나타냄을 파악하고, 권력 분립의 원리의 의미와 목적에 대해 이해한다.

문제 해결 **Point 쏙쏙**

· 국민 주권의 원리: 주권이 국민에게 있음.

· 국민 자치의 원리: 국민이 스스로 나라를 다스려야 함.

· 입헌주의의 원리: 헌법에 따라 국가 기관을 구성하고 통치함.

· 권력 분립의 원리: 국가 권력을 분산시켜 서로 다른 기관이 나누어 맡도록 함.

개념 민주주의 이념을 구현하기 위해서는 이를 뒷받침하는 민주 정치의 원리가 필요하다.

12 우리나라 정부 형태

다음 밑줄 친 부분에 해당하는 것을 ⌐보기⌐에서 고르면?

> 우리나라의 정부 형태는 미국의 것을 본떠 조직하였는데, 미국과는 다소 다른 점이 있다. 그것은 영국과 같은 의원 내각제의 요소를 일부 반영하고 있다는 점이다.

┌ 보기 ┐
ㄱ. 대통령이 법률안을 거부할 수 있다.
ㄴ. 국회 의원이 국무 위원을 겸할 수 있다.
ㄷ. 행정부가 국회에 법률안을 제출할 수 있다.
ㄹ. 대통령을 보좌하여 국정을 총괄하는 국무총리를 둔다.
ㅁ. 의회는 각종 동의권, 탄핵 소추권 등을 통해 행정부를 견제한다.

① ㄱ, ㄴ, ㄷ   ② ㄱ, ㄴ, ㄹ
③ ㄴ, ㄷ, ㄹ   ④ ㄴ, ㄹ, ㅁ
⑤ ㄷ, ㄹ, ㅁ

출제 의도 파악하기

우리나라의 정부 형태가 의원 내각제 요소가 가미된 대통령제임을 파악하고, 의원 내각제 요소를 이해한다.

문제 해결 **Point 쏙쏙**

· 의원 내각제의 특징 : 의회 의원은 내각의 장관을 겸임할 수 있고, 내각은 의회에 법률안을 제출할 수 있음.

· 대통령제의 특징 : 대통령은 법률안 거부권이 있음. 의회는 탄핵 소추권 등으로 행정부를 견제함.

· 우리나라에 도입된 의원 내각제 요소 : 국무총리 제도, 국회 의원의 국무 위원 겸직 가능, 행정부의 법률안 제출 가능

선택지 바로 알기

ㄱ. 대통령이 법률안을 거부할 수 있다.
대통령제의 특징이다.
ㅁ. 의회는 각종 동의권, 탄핵 소추권 등을 통해 행정부를 견제한다.
대통령제의 특징이다.

13 사회 집단

(가)~(라)에 대한 물음에 답하시오.

> (가) 조기 축구회 회원들
> (나) 시내버스에 탄 승객들
> (다) 연극을 보기 위해 모인 관중들
> (라) 천재 중학교 1학년 2반 학생들

(1) (가)~(라)에서 사회 집단이 <u>아닌</u> 것을 모두 쓰시오.

답 (나), (다)

(2) (1)에서 사회 집단이 <u>아닌</u> 이유를 서술하시오.

모범 답안 두 사람 이상이 모여 있으나 소속감이 없고, 지속적인 상호 작용이 일어나지 않는다.

출제 의도 파악하기

사회 집단이란 두 사람 이상이 소속감과 공동체 의식을 가지고 지속적으로 상호 작용을 하는 집단임을 이해하고, 사회 집단과 사회 집단이 아닌 것을 파악한다.

📝 문제 해결 Point 쏙쏙

· 가족, 학교, 회사, 동호회 등: 둘 이상의 사람들이 소속감을 가지고 지속적인 상호 작용을 함. → 사회 집단

· 버스 승객, 공연장의 관중들 등: 소속감이 없고, 지속적인 상호 작용이 일어나지 않음. → 사회 집단이 아님.

개념 사회 집단은 개인에게 소속감과 안정감을 주고, 협력을 통한 목표 수행을 통해 성취감을 얻기도 한다. 개인은 사회 집단에서 다른 구성원과 사회적 관계를 맺으면서 사회적 존재가 되며, 지위를 얻고 역할을 배운다.

14 문화 사대주의

다음 글을 읽고 물음에 답하시오.

> '브런치(brunch)'는 점심을 겸한 늦은 아침 식사를 가리키는 말인데, 아점이라는 우리말보다 브런치라는 외국어로 표현하면 더 고급스럽고 세련된 느낌을 준다고 생각하는 사람이 많다. 브런치 메뉴를 먹으려면 분식집이 아니라 카페나 서양 음식점에 가야 한다. 또한 브런치 메뉴는 물론 브런치를 파는 음식점 이름도 대부분 외국어이다.

(1) 위 글에서 나타난 문화 이해의 태도를 쓰시오.

답 문화 사대주의

(2) (1)의 문화 이해 태도의 문제점을 서술하시오.

모범 답안 자신의 문화가 가지는 고유성과 주체성을 상실할 우려가 있다.

출제 의도 파악하기

제시된 글에 나타난 문화 이해 태도가 문화 사대주의임을 파악하고, 문화 사대주의의 문제점을 이해한다.

📝 문제 해결 Point 쏙쏙

· 문화 사대주의: 다른 사회의 문화는 우월한 것으로 여기고 그것을 숭상하며 자신이 속한 문화는 열등하다고 생각하는 태도

· 문화 사대주의 사례: 무분별한 외국어 사용, 조선 시대 최만리의 한글 창제 반대 상소, 조선 시대의 천하도 등

개념 문화 사대주의는 자문화 중심주의와 함께 문화 간의 우열을 인정하는 문화 이해 태도이다. 문화 사대주의는 다른 문화의 장점을 받아들여 자기 문화를 발전시키는 계기가 되기도 하지만, 자신의 문화적 주체성을 상실할 수 있으며, 자신의 상황에 맞지 않는 문화를 따르게 될 수 있다는 단점이 있다.

15 민주 정치의 기본 원리

다음 헌법 조항을 보고 물음에 답하시오.

> (가) 제1조 ② 대한민국의 주권은 국민에게 있고, 모든 권력
> 은 국민으로부터 나온다.
> (나) 제69조 대통령은 취임에 즈음하여 다음의 선서를 한다.
> "나는 헌법을 준수하고 국가를 보위하며 …… 성실히 수
> 행할 것을 국민 앞에서 엄숙히 선서합니다."
> (다) 제40조 입법권은 국회에 속한다.
> (라) 제72조 대통령은 필요하다고 인정할 때에는 외교·국
> 방·통일 기타 국가 안위에 관한 중요 정책을 국민 투표
> 에 부칠 수 있다.

(1) (가)~(라) 조항과 관련 있는 민주 정치의 기본 원리를 각각
쓰시오.

답 (가) 국민 주권의 원리, (나) 입헌주의의 원리, (다) 권력 분립의 원리, (라) 국
민 자치의 원리

(2) (1)과 같은 민주 정치의 기본 원리를 통해 실현하고자 하는
민주주의의 이념을 세 가지 쓰시오.

답 인간의 존엄성, 자유, 평등

출제 의도 파악하기

제시된 헌법 조항이 민주 정치의 기본 원리 중 (가)는 국민 주
권의 원리, (나)는 입헌주의의 원리, (다)는 권력 분립의 원리,
(라)는 국민 자치의 원리와 관련됨을 파악하고, 민주 정치의
기본 원리는 민주주의 이념을 실현하기 위한 것임을 이해한
다.

문제 해결 Point 쏙쏙

· 국민 주권의 원리: 국가 의사를 최종적으로 결정하는 주권이
국민에게 있다는 원리
· 입헌주의의 원리: 국민의 기본권 보장과 국가 운영의 기본 원
리가 규정된 헌법에 따라 통치해야 한다는 원리
· 권력 분립의 원리: 국가 권력을 입법, 행정, 사법으로 분리하
여 독립된 기관이 나누어 맡도록 하는 원리
· 국민 자치의 원리: 주권을 가진 국민이 스스로 국가를 다스
려야 한다는 원리

개념 민주주의의 근본이념은 인간의 존엄성 실현이며, 이를 위해 자유
와 평등이 보장되어야 한다.

16 대통령제

다음 그림을 보고 물음에 답하시오.

(1) 위 그림에 해당하는 정부 형태를 쓰시오.

답 대통령제

(2) (1)의 정부 형태의 장·단점을 각각 한 가지씩 서술하시오.

모범 답안 대통령제는 대통령의 임기 동안 행정부가 안정되어 강력하게 정책
을 수행할 수 있으며, 다수당의 횡포를 견제할 수 있는 장점이 있다. 그러나 의회
와 행정부가 대립할 경우에 해결이 어려우며, 독재화될 가능성이 있는 단점이 있
다.

출제 의도 파악하기

제시된 그림에서 의회 의원과 대통령을 각각의 선거를 통해
선출함을 통해 대통령제 정부 형태임을 파악하고, 대통령제의
특징과 장·단점에 대해 이해한다.

문제 해결 Point 쏙쏙

· 대통령제의 장점 : 권력 분립의 원리 충실, 대통령의 임기 동
안 정국 안정, 다수당의 횡포 견제 가능 등
· 대통령제의 단점 : 독재 정권 등장 우려, 의회와 행정부가 대
립할 경우 조정이 어려움 등

개념 대통령제는 입법부와 행정부가 엄격하게 분리된 정부 형태이다.
국민은 선거를 통하여 의회의 의원과 행정부의 수반인 대통령을
각각 선출하며, 대통령이 행정부를 구성한다.

1 정치 과정

정치 과정의 각 단계인 (가)~(마)에 대한 설명으로 옳지 않은 것은?

① (가) – 현대 민주 사회에서는 다양한 가치와 이익이 표출된다.

② (나) – 시민들의 요구가 정당, 언론 등에 의해 모아지고 여론이 형성된다.

③ (다) – 공식적 정치 주체들에 의해 결정된다.

④ (라) – 결정된 정책은 법원이 집행한다.

⑤ (마) – 국민의 평가를 받아 수정을 거치고 새롭게 나온 요구를 다시 정책에 반영한다.

출제 의도 파악하기

정치 과정의 각 단계를 이해하고, 결정된 정책은 정부가 집행한다는 것을 파악한다.

문제 해결 Point 쏙쏙
· 이익 표출 : 개인이나 집단
· 이익 집약 : 정당, 언론 등
· 정책 결정 : 국회, 정부
· 정책 집행 : 정부
· 정책 평가 : 국민

용어 정책 : 정부나 공공기관이 공익을 실현할 목적으로 수행하는 활동 방침이나 계획

개념 정책을 결정할 때에는 국민의 의사를 충분히 반영하고 사회 전체의 이익을 고려해야 하는데, 이를 위해서는 시민이 적극적으로 참여하는 민주 정치 과정을 거쳐야 한다.

2 선거의 기능

선생님의 질문에 옳지 않은 답변을 한 학생은?

선거는 어떤 기능을 가지고 있을까요?

① 태리 : 국민에게 주권자로서 의식을 갖게 해요.

② 보나 : 국민의 대표로서 일할 수 있는 정당성을 부여해요.

③ 현욱 : 선거를 통해서 직접 민주주의를 실현할 수 있어요.

④ 이진 : 선거로 대표자를 통제함으로써 책임 정치를 실현할 수 있어요.

⑤ 승완 : 선거가 진행되는 과정에서 정부가 추진하는 정책을 평가하기도 해요.

출제 의도 파악하기

선거의 의미와 기능을 이해하고, 선거를 통해 대표자를 선출하는 것은 간접 민주주의임을 이해한다.

문제 해결 Point 쏙쏙
· 선거 : 시민을 대신해 일할 대표자를 뽑는 과정
· 선거의 기능 : 대표자 결정, 대표자에게 정당성 부여, 책임 있는 정치 유도, 시민의 다양한 이익 표출 등

개념 선거는 시민의 대표적인 정치 참여 방법으로서, 대의(간접) 민주주의를 유지하고 발전시키는 중요한 역할을 한다.

3 선거 공영제

다음 (가) 제도에 대한 옳은 설명을 보기 에서 있는 대로 고르면?

┌ 보기 ┐
ㄱ. 선거 운동의 과열을 방지한다.
ㄴ. 국가 기관이 선거 운동을 관리한다.
ㄷ. 선거구를 임의로 변경하는 것을 방지한다.
ㄹ. 누구에게나 선거 운동의 기회를 공평하게 보장한다.

① ㄱ, ㄴ　　　② ㄴ, ㄷ　　　③ ㄷ, ㄹ
④ ㄱ, ㄴ, ㄹ　　⑤ ㄴ, ㄷ, ㄹ

출제 의도 파악하기

(가) 제도는 선거 공영제임을 파악하고, 공정한 선거를 위한 제도인 선거 공영제와 선거구 법정주의의 의미를 구분하여 이해한다.

문제 해결 Point 쏙쏙

· 선거 공영제 : 국가가 선거 과정을 관리하고, 국가나 지방 자치 단체가 선거 비용의 일부를 지원하는 제도
· 선거구 법정주의: 특정 개인이나 정당이 선거구를 자신에게 유리하도록 정하는 것을 막기 위해 선거구를 법률로 확정하는 제도

용어 선거구 : 국회 의원, 지방 의원 등의 대표자를 선출하는 독립된 단위 구역

개념 선거 공영제는 선거 운동의 과열을 방지하고, 선거 운동의 기회를 균등하게 보장하기 위하여 국가가 선거 과정을 관리하는 제도이다.

4 지방 자치 단체

다음은 우리나라의 지방 자치 단체 조직도이다. 이에 대한 설명으로 옳지 <u>않은</u> 것은?

① 경기도, 세종특별자치시는 ㉠에 해당한다.
② ㉡에는 시, 군, 구가 있다.
③ ㉢과 ㉣은 지방 선거로 선출된다.
④ ㉢은 지방 의회로 조례를 제정한다.
⑤ ㉣은 지방 자치 단체가 사용할 예산을 심의하고 의결한다.

출제 의도 파악하기

지방 자치 단체는 광역 자치 단체와 기초 자치 단체로 구분되고, 각 자치 단체는 의결 기관인 지방 의회와 집행 기관인 지방 자치 단체장으로 구성됨을 이해한다.

문제 해결 Point 쏙쏙

· 광역 자치 단체 : 특별시, 광역시, 특별자치시, 도, 특별자치도
· 기초 자치 단체 : 시, 군, 구
· 지방 의회 : 의결 기관, 예산안 심의·의결, 조례 제정
· 지방 자치 단체장 : 집행 기관, 지방 자치 단체를 대표, 지방 의회에 예산안 제출, 규칙 제정

개념 지방 의회 의원과 지방 자치 단체장은 4년에 한 번씩 열리는 지방 선거로 선출된다.

5 법의 기능

다음 사례에서 알 수 있는 법의 기능을 |보기|에서 있는 대로 고르면?

> 운전자가 지켜야 할 내용이 도로 교통법에 규정됨으로써 교통사고가 줄어들어 보다 편리한 생활을 할 수 있게 되었으며, 누구의 잘못으로 교통사고가 발생했는지 판단할 수 있게 되었다.

┌─ 보기 ─────────────────────
ㄱ. 불필요한 분쟁을 예방한다.
ㄴ. 분쟁을 합리적으로 해결한다.
ㄷ. 사람들이 지켜야 할 행동 기준이 된다.
ㄹ. 국민을 보호하기보다 국민의 행동을 강제한다.
└──────────────────────────

① ㄱ, ㄴ   ② ㄱ, ㄹ   ③ ㄷ, ㄹ
④ ㄱ, ㄴ, ㄷ   ⑤ ㄴ, ㄷ, ㄹ

6 법의 종류

생활 관계를 규율하는 법이 다른 하나는?

①
대표는 내 손으로 뽑아야지.
투표함

②
깨진 도자기를 배상해 주세요.

③
입영 통지서를 받고 입대했습니다.

④
저 사람이 내 가방을 소매치기했어요.

⑤
자동차세 납부가 오늘까지였지?

7 정치 과정

다음 A에 해당하는 법 종류를 |보기|에서 고르면?

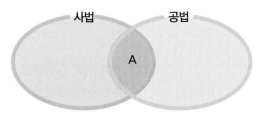

사법   공법

A

┌ 보기 ┐
ㄱ. 상법   ㄴ. 근로 기준법
ㄷ. 헌법   ㄹ. 소비자 기본법
ㅁ. 행정법   ㅂ. 국민 기초 생활 보장법

① ㄱ, ㄴ, ㅁ   ② ㄱ, ㄷ, ㅁ
③ ㄴ, ㄷ, ㄹ   ④ ㄴ, ㄹ, ㅂ
⑤ ㄷ, ㄹ, ㅂ

출제 의도 [파악하기]

사회법은 국가가 사적인 생활 영역에 개입하여 사법과 공법의 중간적인 성격을 가지므로 A는 사회법임을 파악하고, 사회법에는 노동법, 경제법, 사회 보장법이 해당됨을 이해한다.

> 문제 해결 Point 쏙쏙
> ·노동법 : 근로 기준법, 노동조합 및 노동관계 조정법, 최저 임금법 등
> ·경제법 : 소비자 기본법, 독점 규제 및 공정 거래에 관한 법률 등
> ·사회 보장법 : 국민 기초 생활 보장법, 국민 연금법, 국민 건강 보험법, 장애인 복지법 등

선택지 [바로 알기]
ㄱ. 상법 민법
ㄷ. 헌법 공법
ㅁ. 행정법 공법

8 재판의 종류

(가)~(다)와 관련한 재판에 대한 설명으로 옳지 않은 것은?

> (가) A는 B가 자신에 대한 헛소문을 퍼트리고 다닌다는 이야기를 듣고 화가 나, B와 다투게 되고 B는 전치 5주의 부상을 입었다.
> (나) C가 D의 집 앞에 있던 낡은 건물을 사서 새로 건물을 지으면서 D의 집에는 햇빛이 잘 들지 않게 되었다. 이에 D는 C에게 손해 배상을 요구하였다.
> (다) 부부였던 E와 F는 이혼하기로 합의하였으나, 재산 분할과 아이들의 양육권에 대해서는 서로 다른 입장을 주장하고 있다.

① (가)는 형사 재판, (나)는 민사 재판이다.
② (가)는 피해자인 B가 공소를 제기한다.
③ (나)에서 원고는 D, 피고는 C이다.
④ (가)의 A가 원할 경우 국민 참여 재판을 할 수 있다.
⑤ (다)는 가족 간의 다툼으로 가사 재판을 통해 해결할 수 있다.

출제 의도 [파악하기]

(가)는 형사 재판, (나)는 민사 재판, (다)는 가사 재판에 해당됨을 파악하고, 형사 재판에서 공소는 검사가 제기함을 이해한다.

> 문제 해결 Point 쏙쏙
> ·형사 재판: 범죄가 발생하였을 때, 국가가 범죄자를 가려내어 형벌을 가하는 재판
> ·민사 재판: 재산 문제나 손해 배상 등 개인 간의 권리와 의무를 판단하는 재판
> ·가사 재판: 이혼이나 상속 등 가족이나 친족 간의 다툼을 해결하는 재판

개념 민사 재판에서 소송을 제기하는 사람이 원고, 소를 제기당한 사람이 피고이다. 국민 참여 재판은 형사 재판에 한하여 피고인의 신청이 있을 경우에 열리게 된다.

9 공정한 재판을 위한 제도

(가)~(다)에 해당하는 것을 옳게 연결한 것은?

공정한 재판을 위한 제도	
(가)	법원의 조직이나 운영에 대해 외부의 간섭이나 영향을 받지 않으며, 법관의 신분을 보장한다.
(나)	재판은 각자의 주장을 뒷받침하거나 범죄 사실을 증명할 수 있는 증거를 바탕으로 진행한다.
(다)	재판은 국가의 안보를 위하여 필요한 경우를 제외하고 누구나 방청할 수 있다.

	(가)	(나)	(다)
①	심급 제도	공개 재판주의	증거 재판주의
②	심급 제도	증거 재판주의	공개 재판주의
③	사법권의 독립	공개 재판주의	증거 재판주의
④	사법권의 독립	증거 재판주의	공개 재판주의
⑤	행정권의 독립	증거 재판주의	공개 재판주의

출제 의도 파악하기

(가)는 사법권의 독립. (나)는 증거 재판주의. (다)는 공개 재판주의임을 파악하고, 공정한 재판을 위한 여러 가지 제도를 이해한다.

문제 해결 Point 쏙쏙

· 사법권의 독립 : 법관은 헌법과 법률에 의하여 그 양심에 따라 독립하여 재판한다. (헌법 제103조)
· 증거 재판주의 : 사실의 인정은 증거에 의하여야 한다. (형사 소송법 제307조 ①)
· 공개 재판주의 : 재판의 심리와 판결은 공개한다. (헌법 제109조)

개념 제시된 제도 외에도 공정한 재판을 위한 제도에는 심급 제도가 있다. 법원을 상급 법원과 하급 법원으로 나누어 여러 번 재판을 받을 수 있게 하는 제도로, 우리나라는 국민의 권리를 최대한 보장하기 위해 3심제를 원칙으로 한다.

10 사회 변동 요인

다음 신문 기사를 통해 알 수 있는 사회 변동 요인으로 옳은 것은?

○○신문

〈지난 80년간 세계를 바꾼 사건〉 1위로 월드 와이드 웹의 개발이 선정되었다. 'WWW'로 시작하는 인터넷 주소를 입력하면 그림이나 영상으로 이루어진 공간으로의 이동을 가능하게 하여 삶의 방식을 근본적으로 바꾸었다는 평가를 받고 있다. 2위는 페니실린의 대량 생산, 3위는 가정용 컴퓨터의 보급이 꼽혔다.

① 인구 변화
② 정치적 사건
③ 가치관의 변화
④ 자연환경의 변화
⑤ 과학 기술의 발달

출제 의도 파악하기

제시된 사례를 통해 사회 변동의 원인이 과학 기술의 발전임을 파악하고, 사회 변동의 의미와 원인을 이해한다.

문제 해결 Point 쏙쏙

· 사회 변동: 사회 전체적으로 생활 양식, 가치관, 의식 구조, 제도 등이 변화하는 현상
· 사회 변동의 원인: 과학 기술의 발전, 가치관과 이념의 변화, 인구 변화, 경제 위기 상황, 혁명, 전쟁, 자연환경의 변화, 문화 전파, 정부 정책 등

개념 사회 변동의 요인은 매우 다양하나 오늘날에는 과학 기술의 발달에 따라 다양한 발견과 발명이 이루어지면서 사회 변동을 주도하고 있다.

11 세계화의 문제점

다음 대화 중 밑줄 친 내용에 해당하는 것을 |보기|에서 고르면

┌ 보기 ┐

ㄱ. 소수 민족의 고유문화가 사라진다.

ㄴ. 국가 간 정치적·경제적 격차가 심해진다.

ㄷ. 인터넷 중독, 사이버 범죄 등이 발생한다.

ㄹ. 무분별한 개발에 따른 환경 오염 문제가 발생한다.

① ㄱ, ㄴ   ② ㄱ, ㄷ   ③ ㄴ, ㄷ

④ ㄴ, ㄹ   ⑤ ㄷ, ㄹ

출제 의도 파악하기

그림에서 세계화에 대해 토의하고 있음을 파악하고, 세계화의 영향과 문제점에 대해 이해한다.

문제 해결 Point 쏙쏙

·세계화: 전 세계가 하나로 연결되어 국경의 제약 없이 상호 의존성이 높아지는 현상

·세계화의 영향: 소비자의 선택의 폭이 넓어짐, 민주주의 이념의 확산, 세계 문화의 유사성 증가, 문화 교류로 다양한 문화를 접함, 국제 협력을 통한 전 지구적 문제 해결 등

·세계화의 문제점: 국가 간 빈부 격차와 불평등 심화, 문화의 획일화로 소수 민족의 문화 파괴, 강대국의 영향력 확대 및 약소국의 자율성 침해 등

선택지 바로 알기

ㄷ. 인터넷 중독, 사이버 범죄 등이 발생한다.

정보화의 문제점이다.

ㄹ. 무분별한 개발에 따른 환경 오염 문제가 발생한다.

산업화의 문제점이다.

12 저출산·고령화 현상의 대응 방안

다음 사진과 관련된 사회 문제를 해결하기 위한 방안으로 옳지 <u>않은</u> 것은?

이런 모습, 상상은 해보셨나요?

① 소득과 고용의 안정

② 노인 정년 연장 축소

③ 양성평등 문화의 확립

④ 다양한 출산 장려 정책 마련

⑤ 연금 등의 사회 안전망 확충

출제 의도 파악하기

제시된 사진은 저출산·고령화 현상을 나타냄을 파악하고, 저출산 현상과 고령화 현상의 각각의 대응 방안을 모색한다.

문제 해결 Point 쏙쏙

·저출산 현상 대응 방안: 출산과 육아를 사회가 함께 책임져야 한다는 의식 전환, 출산과 육아 지원 제도 마련, 어린이집 확충 등

·고령화 현상 대응 방안: 노인을 위한 일자리 마련, 노년층 복지 정책 강화, 정년 연장으로 노년층의 경제 활동 지원 정책 등

개념 저출산·고령화 현상이란 태어나는 아이의 수는 줄어드는 반면, 노인 인구 비율은 증가하는 현상이다. 저출산·고령화 현상이 나타나면 생산 가능 인구가 줄어들어 경제 성장이 둔화되고 국가 경쟁력이 저하된다. 또한 노인 부양에 필요한 비용이 증가하여 국가적·사회적 부담이 증가하게 된다.

13 정치 과정의 참여 주체

(가), (나)는 정치 과정의 참여 주체이다. 물음에 답하시오.

(가)	(나)

▲ 한 노동조합이 자신들의 주장을 알리기 위해 집회를 하고 있다.　▲ 환경 단체가 바다에 오염 물질을 버리는 기업에 항의 시위를 하고 있다.

(1) (가)와 (나)에 해당하는 정치 과정의 참여 주체를 각각 쓰시오.

답 (가) 이익 집단, (나) 시민 단체

(2) (가)와 (나)의 차이점을 서술하시오.

모범 답안 이익 집단은 자신들의 특수한 이익을 추구하고, 시민 단체는 사회 전체의 공익을 추구한다.

출제 의도 파악하기

정치 과정의 참여 주체 중 (가)는 이익 집단, (나)는 시민 단체임을 파악하고, 차이점을 이해한다.

문제 해결 Point 쏙쏙

· 이익 집단 : 이해관계를 같이하는 사람들이 자신들의 특수한 이익을 실현하기 위하여 만든 단체
· 시민 단체 : 공익 실현을 위해 시민들이 자발적으로 만든 단체

개념 이익 집단은 특정 집단의 이익을 대변하여 정부와 국회에 압력을 행사하며, 전문적인 지식을 가지고 사회 문제에 대한 해결책을 제시한다. 하지만 지나치게 자기 집단의 이익만 추구할 경우 공익과 충돌하거나 사회 혼란을 야기하기도 한다. 시민 단체는 주로 환경 보호와 인권 증진, 양성 평등과 관련된 활동을 하며, 다양한 분야에서 활동하면서 시민의 정치 참여를 유도하고 여론을 형성한다.

14 사회법

다음 글을 읽고 물음에 답하시오.

> 18세기 산업 혁명 당시 공장에서 일하는 아이들은 하루 16~17시간의 장시간 노동을 하며 다치거나 죽어도 제대로 보상받지 못하였다.

(1) 위와 같은 상황에서 등장한 법의 영역을 쓰고, 그 성격을 서술하시오.

모범 답안 사회법, 공법과 사법의 중간적 성격을 갖는다.

(2) (1)의 법의 궁극적인 목적을 서술하시오.

모범 답안 사회적 약자를 보호하여 모든 국민의 최소한의 인간다운 생활을 보장한다.

출제 의도 파악하기

제시된 상황에서 등장한 법의 영역이 사회법임을 파악하고, 사회법의 성격과 목적을 이해할 수 있다.

문제 해결 Point 쏙쏙

· 사회법의 성격: 공법과 사법의 중간적 성격
· 사회법의 목적 : 사회 · 경제적 약자 보호, 모든 국민의 인간다운 삶 보장

개념 근대 사회에서 개인의 자유로운 경제 활동이 보장되면서 빈부 격차, 노사 갈등, 노동 환경 악화 등의 문제가 발생하자 이를 해결하기 위해 국가가 사법의 영역에 개입하여 사회적 약자를 보호하게 되면서 새롭게 등장한 법이 사회법이다.

15 심급 제도

다음 사법 제도를 보고 물음에 답하시오.

3심 → 대 법 원

2심 → 지방 법원 본원 합의부 · (나) → 고등 법원

(민사 사건 일부)

1심 → 지방 법원 및 지원 단독 판사 · (가) → 지방 법원 합의부

(1) (가)와 (나)에 해당하는 법률 용어를 쓰시오.

[답] (가) 항소, (나) 상고

(2) 제도의 이름을 쓰고, 궁극적인 목적을 서술하시오.

[모범 답안] 심급 제도, 공정하고 정확한 재판을 통하여 국민의 자유와 권리를 보호한다.

제시된 그림은 심급 제도를 나타낸 것임을 파악하고, 심급 제도의 의미와 필요성, 상소(항소, 상고)의 의미에 대해 이해한다.

문제 해결 Point 쏙쏙

· 상소 : 하급 법원의 판결이나 결정에 불복하여 상급 법원에 다시 재판을 청구하는 것
· 항소 : 1심 판결에 불복하여 2심을 청구하는 것
· 상고 : 2심 판결에 불복하여 3심을 청구하는 것

개념 우리나라는 법원을 상급 법원과 하급 법원으로 나누어 재판받는 사람이 재판 결과에 이의가 있을 때 다시 재판을 받을 수 있도록 하는 심급 제도를 두고 있다. 심급 제도를 통해 법원 스스로 잘못된 판결을 바로잡을 수 있는 기회를 주고, 신중하게 재판을 할 수 있다. 또한 억울한 사람에게 다시 재판을 받을 수 있는 기회를 줌으로써 국민의 자유와 권리를 보호할 수 있다.

16 사회 문제

다음은 우리나라의 시대별 인구 정책 포스터이다. 이를 보고 물음에 답하시오.

 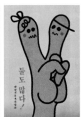

▲ 1970년대   ▲ 1980년대

▲ 2000년대   ▲ 2015년

(1) 최근의 포스터를 통해 알 수 있는 우리나라의 인구 문제를 서술하시오.

[모범 답안] 태어나는 아이의 수가 줄어드는 저출산 현상이 나타난다.

(2) 시대별로 변화된 포스터를 통해 알 수 있는 사회 문제의 특징을 서술하시오.

[모범 답안] 사회 문제에 대한 인식은 시기와 지역, 사람들의 가치관에 따라 달라지는 상대성을 지닌다.

제시된 인구 정책 포스터를 통해 오늘날 저출산 현상이 나타나 출산을 장려하고 있음을 파악할 수 있으며, 인구 정책이 산아 제한 정책에서 출산 장려 정책으로 변함을 통해 사회 문제의 상대성을 이해할 수 있다.

문제 해결 Point 쏙쏙

· 저출산 원인 : 자녀 양육비 및 교육비 부담 증가, 가족에 대한 가치관 변화, 맞벌이 부부 증가 등
· 선진국의 인구 문제: 저출산·고령화 → 노동력 부족, 경제 성장 둔화, 사회 보장 비용 증가
· 개발 도상국의 인구 문제: 급격한 인구 증가 → 식량 부족, 기아와 빈곤 문제 심각

개념 산업화 초기에 우리나라는 급속한 인구 증가 문제를 해결하기 위해 출산율을 낮추려 하였으나, 오늘날은 저출산·고령화가 심각한 사회 문제가 되고 있다. 이와 같이 사회 문제는 어느 사회에나 존재하지만 사회 현상을 인식하고 판단하는 시간과 공간에 따라 달라지는 상대성을 지닌다.

고득점을 예약하는 내신 대비서

중학전략

사회①

시험에 잘 나오는

개념BOOK 2

천재교육

사회전략

중학 전략
사회 ①

시험에 잘 나오는
개념BOOK 2

개념 BOOK 하나면
사회 공부 끝!

go! go!

차례

① 사회화

◌ 개념 노트

- **사회화**: 자신이 속한 사회에서 필요한 언어와 행동 방식, 규범과 가치관을 배우고 내면화하는 과정 → 개인의 개성과 자아 형성, 사회의 유지 · 발전
- **사회화 기관**

가정	가장 기초적이고 기본적인 생활 양식과 규범을 습득함.
학교	지속적이고 체계적인 교육을 담당함.
또래 집단	놀이를 통해 규범과 인간관계를 학습함.
직장	업무에 필요한 지식과 기능을 습득함.
대중 매체	다양한 정보를 전달함. → 현대 사회에서 영향력이 증대됨.

개념 필수 자료

유아 · 아동기   청소년기   청장년기   노년기

청소년기는 감정적으로 불안한 시기(질풍노도의 시기)로, 아동기와 성인기 사이의
시기(과도기)이다. 청소년기에는 독립된 자아로서 정체성을 형성하는 것이 중요하다.

자료 해석

유아 · 아동기에는 걷기, 말하기 등의 기초적인 생활 방식을 익히고, 기본 인성과 가치관이 형성된다. 이 시기에는 ❶ 이 중요한 사회화 기관이다. 청소년기에는 또래 집단과 활발하게 관계를 맺으며, 공식적 사회화 기관인 학교에서 지식과 규칙, 규범 등을 배운다. 청장년기에는 직장에서 업무에 필요한 지식과 기능을 익힌다. 노년기에는 변화하는 사회에 맞는 새로운 생활 양식을 배우는 ❷ 가 이루어진다.

답 | ❶ 가정 **❷** 재사회화

1 사회화 기관과 그 특징을 바르게 연결하시오.

(1) 가정 •

(2) 학교 •

(3) 직장 •

• ㉠ 공식적인 사회화 기관

• ㉡ 기본적인 생활 습관 형성

• ㉢ 업무에 필요한 지식과 기능 습득

2 사회화 과정에 대한 옳은 설명을 | 보기 |에서 고르면?

┌─ 보기 ┐

ㄱ. 자신이 속한 사회의 문화를 학습해 가는 과정이다.

ㄴ. 여러 기관을 통해 아동기에서 청소년기에 걸쳐 이루어진다.

ㄷ. 현대 사회에서는 1차적 사회화 기관의 중요성이 더욱 강조된다.

ㄹ. 사회화 과정을 통해 한 인간에게 요구되는 지위와 역할을 학습하게 된다.

① ㄱ, ㄴ　　② ㄱ, ㄷ　　③ ㄱ, ㄹ　　④ ㄴ, ㄷ　　⑤ ㄷ, ㄹ

[단답형]

3 빈칸 ㉠에 들어갈 용어를 쓰시오.

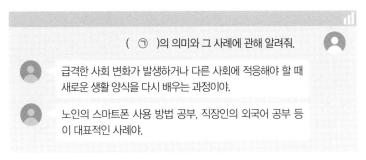

(㉠)의 의미와 그 사례에 관해 알려줘.

급격한 사회 변화가 발생하거나 다른 사회에 적응해야 할 때 새로운 생활 양식을 다시 배우는 과정이야.

노인의 스마트폰 사용 방법 공부, 직장인의 외국어 공부 등 이 대표적인 사례야.

○ **개념 노트**

- **귀속 지위**: 태어나면서부터 자연적으로 주어지는 위치(예 딸, 남자, 양반 등)
- **성취 지위**: 자신의 노력이나 능력으로 얻게 되는 지위(예 학생, 어머니, 교사 등)
  → 현대 사회에서 중시됨.
- **역할**: 사회적 지위에 따라 기대되는 일정한 행동 방식
- **역할 갈등**: 두 가지 이상의 지위가 대립되는 역할을 요구하여 일어나는 갈등 →
  역할의 우선순위를 합리적으로 정하여 중요한 것을 먼저 수행

개념 필수 자료

관련된 지위	수행한 역할
오빠	동생 숙제를 도와줌.

관련된 지위	수행한 역할
웹툰 동아리 회원	웹툰 동아리 모임에 참석하여 정보를 나누고 친목을 다짐.

관련된 지위	수행한 역할
아들	부모님과 함께 아침 식사를 하며 대화를 나눔.

관련된 지위	수행한 역할
학생	학교에서 선생님의 수업을 들음.

자료 해석

동윤이의 지위 중에서 아들, 오빠는 태어나면서부터 결정된 귀속 지위이다. 반면에 학생, 웹툰 동아리 회원은 자신이 노력하여 그 결과로 얻은 **❶**　　　　이다. 만약 동윤이가 웹툰 동아리 회원으로서의 역할과 형으로서의 역할 사이에서 갈등하게 되면 이를 **❷**　　　　이라고 한다.

답|**❶** 성취 지위 **❷** 역할 갈등

1 다음 설명이 맞으면 O표, 틀리면 X표 하시오.

(1) 귀속 지위는 전통 사회에서 중시되었다. ( )

(2) 딸, 아들, 왕자 등은 성취 지위에 해당한다. ( )

(3) 역할 갈등은 하나의 지위에 대해 기대되는 역할이 같을 때 발생한다.

( )

2 다음에 제시된 지위의 유형에 대한 설명으로 옳은 것은?

> • 학생　　　• 교사　　　• 의사　　　• 경찰

① 선천적으로 주어진다.

② 한번 얻게 되면 일생 동안 바뀌지 않는다.

③ 개인의 의지나 노력과 상관없이 얻게 된다.

④ 장남과 막내도 이와 유사한 성격의 지위이다.

⑤ 전근대 사회보다는 현대 사회에서 중요시된다.

단답형
3 ㉠~㉤의 지위를 귀속 지위와 성취 지위로 구분하여 쓰시오.

㉠ 아빠

㉡ 사진 동호회 총무

㉢ 장남

㉣ 영업부 과장

㉤ 10년지기 친구

(1) 귀속 지위 – (　　　　) 　　(2) 성취 지위 – (　　　　)

③ 사회 집단

○ 개념 노트

- **사회 집단**: 둘 이상의 사람이 소속감과 공동체 의식을 가지고 지속적인 상호 작용을 하는 집단
- **준거 집단**: 소속 여부와 관계없이 개인이 어떤 행동이나 판단을 할 때 기준으로 삼는 집단

개념 필수 자료

다양한 사회 집단

1차 집단

가족이나 또래 집단처럼 직접적이고 친밀한 상호 작용을 하는 집단

접촉 방식에 따라

2차 집단

학교나 회사처럼 구성원 간 접촉이 그 집단의 목적 달성을 위해 형식적, 수단적으로 이루어지는 집단

내집단

소속감을 느끼고 '우리'라는 의식을 가지는 집단
• 내집단

소속감에 따라

외집단

자신이 속해 있지 않아서 낯설거나 부정적인 감정을 느끼는 집단
• 외집단

공동 사회

가족이나 촌락처럼 결합 의지와 상관없이 자연적으로 만들어진 집단

결합 의지에 따라

이익 사회

회사나 정당처럼 어떤 목적이나 이해관계에 따라 결합 의지가 반영되어 구성된 집단

자료 해석

1차 집단	가족, 또래 집단 등	❶	회사, 학교 등
내집단	우리 학교, 우리나라 등	외집단	다른 학교, 상대 팀 등
❷	가족, 촌락 등	이익 사회	회사, 정당 등

답 | ❶ 2차 집단 ❷ 공동 사회

1 괄호 안의 내용 중 알맞은 말을 골라 O표를 하시오.

(1) 가족이나 촌락 등 자연스럽게 만들어진 집단은 (공동, 이익) 사회이다.

(2) 현대 사회에서는 (1차, 2차) 집단과 (공동, 이익) 사회의 비중과 기능이
커지고 있다.

2 사회 집단에 대한 옳은 설명을 │ 보기 │에서 고르면?

┌ 보기 ┐

ㄱ. 특정한 목적을 달성하기 위해서만 만들어진다.

ㄴ. 구성원들은 소속감과 공동체 의식을 가지고 있다.

ㄷ. 구성원들 간에 지속적인 상호 작용이 이루어진다.

ㄹ. 버스 안의 승객이나 야구장의 관중들도 사회 집단에 해당한다.

① ㄱ, ㄴ   ② ㄱ, ㄷ   ③ ㄱ, ㄹ   ④ ㄴ, ㄷ   ⑤ ㄷ, ㄹ

단답형

3 밑줄 친 '이 집단'이 가리키는 사회 집단을 쓰시오.

④ 문화의 속성

빈출도 ●●●○

◎ 개념 노트

공유성	문화는 한 사회의 구성원들에게 공통적으로 나타나는 행동 양식임.
학습성	문화는 후천적인 학습의 결과로 얻어짐.
축적성	문화는 상징 체계를 통해 경험과 지식이 다음 세대로 축적·전승됨.
변동성	문화는 시대와 사회적 환경에 따라 계속적으로 변화함.
총체성	문화를 구성하는 각 요소들은 밀접한 관련을 맺으며 전체를 이루고 있음.

개념 필수 자료

공유성 – 한국에서는 '파이팅'이라고 말하며 격려하지만, 외국인은 '싸우자'라는 의미가 있는 그 말을 격려할 때 사용하지 않기 때문에 이를 잘 이해하지 못한다.

변동성 – 과거에는 옷가게에 가서 옷을 직접 입어 보고 샀지만, 요즘은 인터넷에서 사진과 상품평을 보고 주문하는 경우도 많다.

총체성 – 추석은 곡식을 거둬들이는 농경 문화, 조상을 섬기는 유교적 전통, 연휴를 활용한 여가 문화 등 우리 사회의 여러 분야와 연결되어 있다.

자료 해석

❶	원활한 사회생활이 이루어짐.	❷	문화는 끊임없이 변화함.
학습성	사회에 따라 행동과 사고방식이 다름.	총체성	문화의 영역은 유기적으로 연관되어 있음.
축적성	문화는 다음 세대로 전달되는 과정에서 내용이 풍부해짐.		

답 | ❶ 공유성 ❷ 변동성

1 문화의 속성에 대한 다음 설명이 맞으면 ○표, 틀리면 X표 하시오.

(1) 학습성 - 문화는 타고나는 것이 아니라 후천적으로 학습된다. (   )

(2) 축적성 - 한 부분의 변화가 다른 부분의 변화에도 영향을 미친다. (   )

2 김치와 관련된 문화의 속성을 바르게 연결하시오.

(1) 공유성 •   • ㉠ 김치를 먹는 법을 어렸을 때부터 배움.

(2) 학습성 •   • ㉡ 우리나라 사람들은 겨울이 되면 김장을 함.

(3) 전체성 •   • ㉢ 조상 대대로 김치를 담그는 방법이 전해져 내려옴.

(4) 변동성 •   • ㉣ 김치는 우리나라의 기후 조건 및 음식 문화와 밀접한 연관이 있음.

(5) 축적성 •   • ㉤ 김치는 원래 소금에 절인 형태였는데, 고추가 전해지면서 빨간 김치로 변하였음.

단답형

3 다음 갑, 을의 대화에 나타난 문화의 속성을 각각 쓰시오.

옛날에는 성탄절이 되면 카드를 보냈지만, 오늘날에는 문자 메시지나 누리 소통망 등으로 성탄절 인사를 하는 경우가 많아.

우리나라 사람들은 식사를 할 때 뜨거운 국물을 먹으면서 "아, 시원하다!"라는 말을 자주 해.

갑   을

5 문화를 이해하는 태도

빈출도 ● ● ●

개념 노트

- **자문화 중심주의**: 자신이 속한 사회의 문화만 우월한 것으로 보고 다른 사회의 문화는 열등하다고 생각하는 태도
- **문화 사대주의**: 다른 사회의 문화를 우수한 것으로 믿고 자신이 속한 문화를 열등한 것으로 생각하는 태도
- **문화 상대주의**: 어떤 사회의 특수한 자연환경과 사회적 맥락, 역사적 배경 등을 고려하여 그 사회의 문화를 이해하려는 태도

개념 필수 자료

(가)

손으로 밥을 먹다니……. 우리처럼 숟가락을 이용해서 먹어야지. 너무 야만적이야.

(나)

영어로 쓰여 있어서 더 고급스러워.

(다)

건조 지역에서 돼지를 키우는 것은 어렵구나.

너무 불결해.

자료 해석

(가)는 ❶ ﹇﹈로, 자문화에 대한 자부심과 정체성 형성에 도움을 주지만 다른 문화와의 갈등이나 국제적 고립을 초래할 수 있다. (나)는 문화 사대주의로, 다른 문화의 장점을 받아들이는 데 도움이 되지만 자문화의 정체성을 상실할 우려가 있다. (가)와 (나)는 문화의 우열을 인정하는 태도이다. (다)는 ❷ ﹇﹈로, 각 문화가 형성된 배경을 이해하고 그 가치를 존중하므로 다양한 문화가 공존하기 위한 기초가 된다.

답 | ❶ 자문화 중심주의 ❷ 문화 상대주의

12 사회 · ❶ BOOK 2

1 괄호 안의 내용 중 알맞은 말을 골라 ○표를 하시오.

(1) 문화의 우열을 인정하는 태도는 (문화 사대주의, 문화 상대주의)이다.

(2) 자신의 문화가 우수한 것이라고 생각하여 다른 문화를 열등하게 여기는 태도는 (문화 사대주의, 자문화 중심주의)이다.

(3) 각 사회가 처한 환경을 고려하여 문화를 이해하는 태도는 (문화 상대주의, 극단적 문화 상대주의)이다.

2 밑줄 친 부분에서 나타나는 문화 이해 태도로 적합한 것은?

A국에서는 집안의 명예를 더럽혔다고 여겨지는 사람을 가족이 죽일 수 있는 관습이 이어져 오고 있다. 이를 '명예 살인'이라고 한다. 명예 살인은 이들 나라의 고유한 관습이므로 유지되어야 한다는 주장도 있다.

① 문화 사대주의　　　② 문화 절대주의
③ 문화 상대주의　　　④ 자문화 중심주의
⑤ 극단적 문화 상대주의

서술형
3 다음 글에 나타난 문화 이해 태도가 가지는 문제점을 서술하시오.

조선 시대에 유명한 학자였던 최만리는 세종대왕의 한글 창제에 반대하였다. 새로운 글자를 만드는 것은 중국을 섬기는 것과 배치되고 오랑캐나 하는 일이라고 생각했기 때문이다.

6 대중 매체와 대중문화

빈출도 ● ● ●

○ 개념 노트
- **대중 매체**: 많은 사람들에게 대량의 정보를 전달하는 수단
- **대중문화**: 대중들이 일상생활에서 쉽게 접하고 누리는 문화 → 문화 생산 과정에 다수의 취향 반영, 대량으로 생산·소비됨, 대중 매체를 통해 확산·공유됨.

개념 필수 자료

(가) 대중 매체의 종류

▲ 전통적 대중 매체

▲ 새로운 대중 매체(뉴 미디어)

(나) 대중문화의 기능

▲ 즐거움과 휴식 제공

▲ 문화의 획일화 초래

▲ 상업화로 문화의 질 저하

자료 해석

(가) 정보 통신 기술이 발달하면서 인터넷, 스마트폰 등과 같은 새로운 대중 매체(뉴 미디어)가 등장하였다. 뉴 미디어는 일방향으로 정보를 전달하던 기존의 대중 매체와는 달리 **❶** 소통이 가능하다. (나) 대중문화는 대중에게 즐거움과 휴식을 제공하지만, 상업화로 인해 문화의 질이 저하되고, 비슷한 생활 양식이 퍼지면서 사람들의 생각과 행동이 **❷** 되기 쉽다.

답 | ❶ 쌍방향 ❷ 획일화

1 다음 설명이 맞으면 ○표, 틀리면 ✕표 하시오.

(1) 대중문화는 소수의 상류층만 누릴 수 있는 고급문화이다.　　　(　　)

(2) 대중문화는 지나치게 이윤을 추구하므로 상업적이라는 비판을 받는다.

(　　)

(3) 최근에는 뉴 미디어에 비해 신문이나 텔레비전과 같은 전통적 대중 매체
의 영향력이 커지고 있다.　　　　　　　　　　　　　　　(　　)

2 (가), (나)에 대한 설명으로 옳은 것은?

> (가) 신문, 라디오, 텔레비전
> (나) 인터넷, 휴대 전화, 케이블 방송

① (가)는 뉴 미디어에 해당한다.

② (가)보다 (나)가 먼저 등장하였다.

③ (나)는 대중문화에 영향을 미치지 않는다.

④ (나)의 발달로 대중문화는 더욱 획일화되고 있다.

⑤ (나)는 쌍방향 매체로 소비자도 문화의 생산자가 될 수 있다.

서술형

3 다음 그림에서 알 수 있는 대중문화의 기능을 서술하시오.

○ 개념 노트

고대 아테네의 민주 정치	• 직접 민주 정치: 모든 시민이 민회에 모여 공동체의 의사를 결정함. • 제한적 민주 정치: 여성, 노예, 외국인은 정치에 참여할 수 없음.
근대 민주 정치	• 시민 혁명으로 의회 중심의 대의 민주 정치가 성립함. • 제한적 민주 정치: 여성, 노동자, 농민, 빈민 등의 정치 참여 제한
현대 민주 정치	• 참정권 확대 운동으로 보통 선거 제도가 확립됨. • 대중 민주주의, 대의 민주 정치의 보편화, 전자 민주주의 활용 등

개념 필수 자료

(가)

모든 사람은 평등하게 태어났습니다. 또한 신에 의하여 누구도 빼앗을 수 없는 권리를 부여받았으며, …(중략)… 정부의 권력은 국민의 동의로부터 유래합니다.

▲ 근대 시민 제퍼슨

(나)

우리 노동자들은 시민의 의무를 수행하고 있으니, 시민의 권리도 가져야 합니다. 그러므로 우리는 차별 없는 보통 선거권을 요구합니다.

▲ 19세기 차티스트 운동 참가자

자료 해석

(가) 근대에는 ❶[　　　　]을 계기로 의회 중심의 대의 민주주의가 성립되었지만, 당시 시민은 재산을 가진 남성으로 한정되었다. (나) 현대에는 차티스트 운동 등 참정권 확대 운동으로 일정한 나이 이상의 모든 국민에게 선거권을 부여하는 ❷[　　　　] 선거 제도가 실시되어 대중 민주주의가 확립되었다.

답 | ❶ 시민 혁명 ❷ 보통

1 시대별 민주 정치의 특징을 바르게 연결하시오.

(1) 아테네 민주 정치 •

(2) 근대 민주 정치 •

(3) 현대 민주 정치 •

• ㉠ 시민 혁명을 통해 대의 민주 정치가 성립되었다.

• ㉡ 보통 선거의 실시로 대중 민주주의가 확립되었다.

• ㉢ 시민이 직접 국가의 중요한 일을 토의하여 결정하였다.

2 다음 그림은 근대 민주 정치를 나타낸 것이다. 밑줄 친 '우리'에 해당하는 사람을 보기 에서 있는 대로 고르면?

┌ 보기 ┐
ㄱ. 빈민   ㄴ. 여성   ㄷ. 노동자
ㄹ. 일정 수준 이상의 재산을 가진 남성

① ㄱ, ㄴ   ② ㄴ, ㄷ   ③ ㄷ, ㄹ   ④ ㄱ, ㄴ, ㄷ   ⑤ ㄴ, ㄷ, ㄹ

서술형
3 다음 역사적 사건들이 가져온 결과를 서술하시오.

▲ 명예혁명

▲ 미국 독립 혁명

▲ 프랑스 혁명

◯ 개념 노트

- **민주주의의 이념**: 인간의 존엄성 → 자유와 평등이 보장될 때 실현 가능함.
- **민주 정치의 기본 원리**

국민 주권의 원리	국가의 의사를 결정하는 최고 권력인 주권이 국민에게 있음.
국민 자치의 원리	주권을 가진 국민이 스스로 나라를 다스림.
입헌주의의 원리	국가 최고 법인 헌법에 규정된 사항에 따라 권력이 행사됨.
권력 분립의 원리	국가 권력을 독립된 기관이 나누어 맡음 → 국민의 자유와 권리 보장

개념 필수 자료

국민 주권

주권이 국민에게 있다는 뜻으로, 정치권력의 행사는 국민의 동의와 지지를 바탕으로 해야 한다는 원리이다.

국민 자치

주권을 가진 국민이 스스로 나라를 다스리는 것을 의미한다. 대의 민주 정치에서는 국민의 대표자를 선출하거나 국민 투표, 주민 투표 등을 실시한다.

입헌주의

국민의 기본권과 민주적인 운영 원리가 규정된 헌법에 따라 국가를 운영해야 한다는 원리로, 국가 권력의 남용을 막고 국민의 자유와 권리를 보장하기 위함이다.

민주 정치의 기본 원리

권력 분립

국가 권력을 분산시켜 서로 다른 기관이 나누어 맡도록 한 원리로, 이는 상호 견제와 균형을 통해 권력의 남용을 방지하기 위함이다.

자료 해석

국민 주권의 원리는 민주주의에서 가장 핵심적인 원리이다. 오늘날 대부분의 국가는 국민이 선출한 대표가 나라를 다스리는 ❶   민주 정치를 시행하고 있으며, 국가의 최고 법인 ❷   에 따라 나라를 다스린다. 또한 법을 제정하는 권한은 입법부에, 법을 집행하는 권한은 행정부에, 법을 적용하는 권한은 사법부에 둔다.

답 | ❶ 대의 ❷ 헌법

1 다음 설명이 맞으면 ○표, 틀리면 X표 하시오.

(1) 민주주의의 근본이념은 인간의 존엄성 실현이다. ( )

(2) 자유와 평등은 인간의 존엄성을 실현하기 위한 전제 조건이다. ( )

(3) 선천적·후천적 차이를 인정하고 배려하는 것은 형식적 평등이다.

( )

2 다음 헌법 조항과 관련된 민주 정치의 원리는?

> 제69조 대통령은 취임에 즈음하여 다음의 선서를 한다. "나는 헌법을 준수하고 국가를 보위하며 …… 성실히 수행할 것을 국민 앞에서 엄숙히 선서합니다."

① 국민 주권의 원리   ② 국민 자치의 원리

③ 입헌주의의 원리   ④ 권력 분립의 원리

⑤ 복지 국가의 원리

`단답형`

3 다음 자료에 나타난 민주 정치의 기본 원리를 쓰시오.

제40조 입법권은 국회에 속한다.

제66조 행정권은 대통령을 수반으로 하는 정부에 속한다.

제101조 사법권은 법관으로 구성된 법원에 속한다.

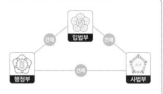

의원 내각제와 대통령제 빈출도 ●●●○

○ 개념 노트

구분	의원 내각제	대통령제
입법부와 행정부의 관계	• 의회와 내각이 긴밀하게 협조 • 의회 의원이 내각의 장관 겸직 가능 • 행정부의 법률안 제출 가능	• 입법부와 행정부가 엄격하게 분리 • 의회 의원은 행정부 장관 겸직 불가 • 행정부의 법률안 제출 불가
장점	국민의 요구에 민감하게 대처하여 책임 정치 실현	대통령의 임기 동안 안정적인 정책 수행 가능
단점	다수당의 횡포 우려	대통령의 독재 우려

개념 필수 자료

(가)

의원 내각제의 정부 구성 방식이다. 국민이 선거를 통하여 의회를 구성하면, 다수당의 대표가 총리가 되어 내각을 구성한다.

(나)
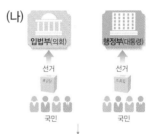

대통령제의 정부 구성 방식이다. 국민은 선거를 통하여 의회 의원과 행정부 수반인 대통령을 각각 선출한다.

자료 해석

정부 형태란 국가 기관이 구성되어 있는 모습을 의미하는데, 입법부와 **❶**〔　　　〕의 관계에 따라 의원 내각제와 대통령제로 구분한다. (가) 의원 내각제는 입법부와 행정부가 융합된 정부 형태로, 의회는 내각을 불신임할 수 있고 내각은 의회를 해산할 수 있다. (나) **❷**〔　　　〕는 입법부와 행정부가 엄격히 분리된 정부 형태로, 대통령이 행정부를 구성한다. 대통령은 의회에서 의결한 법률안을 거부할 수 있고, 의회는 고위 공무원 임명 동의나 국정 감사 및 국정 조사로 행정부를 견제할 수 있다.

답 | ❶ 행정부 ❷ 대통령제

1 다음 설명이 대통령제에 해당하면 '대', 의원 내각제에 해당하면 '의'라고 쓰시오.

(1) 총리는 의회를 해산할 수 있다. ( )

(2) 대통령의 임기 동안 안정적인 정책 수행이 가능하다. ( )

(3) 의회와 행정부가 대립하는 경우 해결이 어려울 수 있다. ( )

(4) 의회와 내각을 같은 정당이 장악하는 경우 다수당의 횡포가 우려된다.

( )

2 다음 사례에 나타난 정부 형태는?

A국의 이번 총선에서는 ○○당이 의회 다수당이 되었습니다. 이에 ○○당의 대표가 새 총리가 되어 내각을 구성할 것입니다.

① 대통령제　　　② 국무총리제　　　③ 의원 내각제

④ 절대 왕정제　　　⑤ 입헌 군주제

단답형
3 (가), (나)의 정부 형태를 각각 쓰시오.

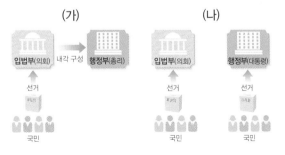

⑩ 우리나라의 정부 형태

○ 개념 노트

- **정부 형태**: 대통령제, 대통령의 임기는 5년, 중임 불가
- **특징**: 의원 내각제적 요소를 가미한 대통령제

대통령제 요소	• 국민이 선거를 통해 국회 의원과 대통령 선출 • 대통령의 법률안 거부권
의원 내각제 요소	• 국무총리 ㅤㅤㅤㅤㅤㅤ • 행정부의 법률안 제출권 • 국회 의원의 행정부 장관 겸직 가능

개념 필수 자료

> 1948년 제헌 헌법
대통령제로 출발

> 1960년 3차 개헌
의원 내각제 정부 수립

> 1962년 5차 개헌
대통령제 시행, 대통령 직선제

> 1980년 8차 개헌
대통령 7년 단임제, 대통령 간선제

> 1987년 9차 개헌
대통령 5년 단임제, 대통령 직선제

자료 해석

우리나라는 ❶ [　　　]를 기본으로 채택하고 있지만 의원 내각제의 요소도 일부 지니고 있다. 대통령을 도와 행정부를 관할하는 ❷ [　　　]가 있고, 행정부가 법률안을 제출할 수 있으며, 국회 의원이 행정부의 장관을 겸직할 수 있다. 이것은 우리나라의 민주 정치 발전 과정에서 비롯된 우리나라 정부 형태만의 특징이다.

답 | ❶ 대통령제 ❷ 국무총리

1 다음 설명이 맞으면 O표, 틀리면 X표 하시오.

(1) 우리나라의 정부 형태는 의원 내각제를 기본으로 대통령제 요소를 가미하고 있다. ( )

(2) 우리나라 행정부가 법률안을 제출할 수 있는 권한을 갖는 것은 의원 내각제 요소이다. ( )

(3) 국민이 선거를 통해 대통령과 국회 의원을 각각 선출하는 것은 의원 내각제 요소이다. ( )

2 다음 밑줄 친 부분에 해당되지 <u>않는</u> 것은?

> 우리나라의 정부 형태는 미국의 것을 본떠 조직하였는데, 미국과는 다소 다른 점이 있다. 그것은 영국과 같은 <u>의원 내각제의 요소</u>를 일부 반영하고 있다는 점이다.

① 국무총리 제도 ② 행정부의 법률안 제출권
③ 대통령의 법률안 거부권 ④ 국회의 국무총리 임명 동의권
⑤ 국회 의원의 국무 위원 겸직

서술형

3 다음 헌법 조항을 통해 알 수 있는 우리나라 정부 형태의 특징을 서술하시오.

> 제52조 국회 의원과 정부는 법률안을 제출할 수 있다.
> 제67조 ① 대통령은 국민의 보통·평등·직접·비밀 선거에 의하여 선출한다.
> 제86조 ① 국무총리는 국회의 동의를 얻어 대통령이 임명한다.

11 정치 과정과 정치 주체

빈출도 ●●●○

○ 개념 노트

- **정치 과정**: 다원적 이익이 표출되고 집약되어 정책을 결정·집행하는 과정
- **정치 주체**: 정치 과정에 참여하며 정책 결정과 집행에 영향력을 행사하는 주체

공식적 주체	국회(법률 제정), 정부(정책 집행), 법원(법률 해석·적용)
비공식적 주체	정당(정권 획득), 언론(여론 형성 주도), 이익 집단(자기 집단의 특수 이익 실현), 시민 단체(공익 실현)

개념 필수 자료

▲ 이익 표출

▲ 이익 집약

▲ 정책 결정

정책 집행 ▶

◀ 정책 평가

자료 해석

이익 표출	시민, 이익 집단 등에 의해 다양한 이익과 주장이 표출됨.
❶	다양한 의견들이 정당, 언론 등에 의해 하나로 모아짐.
정책 결정	국회 또는 정부에서 가장 적합한 정책을 선택함.
정책 집행	결정된 정책을 ❷ 가 실행함.
정책 평가	집행된 정책에 대한 평가가 이루어짐. → 구성원의 새로운 요구 반영(환류)

답 | ❶ 이익 집약 ❷ 정부

1 괄호 안의 내용 중 알맞은 말을 골라 O표를 하시오.

(1) 사회 구성원들이 표출하는 요구와 지지를 바탕으로 정책을 결정하고 집행하는 과정을 (정책 집행, 정치 과정)이라고 한다.

(2) 국회, 정부, 법원은 (공식적, 비공식적)인 정치 참여 주체이다.

(3) 이해관계를 같이하는 사람들이 자신들의 특수 이익을 실현하기 위해 만든 단체는 (시민 단체, 이익 집단)이다.

2 (가)~(라)의 정치 과정을 순서대로 바르게 나열한 것은?

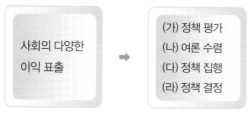

사회의 다양한 이익 표출 ➡

(가) 정책 평가
(나) 여론 수렴
(다) 정책 집행
(라) 정책 결정

① (가)-(나)-(다)-(라)
② (가)-(다)-(나)-(라)
③ (나)-(라)-(다)-(기)
④ (다)-(나)-(라)-(가)
⑤ (라)-(다)-(나)-(가)

단답형
3 다음 내용과 관련 있는 정치 참여 주체를 쓰시오.

- 정권 획득을 목적으로 한다.
- 선거에 후보자를 추천하고 당선시키기 위해 노력한다.
- 정책 마련, 정부 정책 비판 및 대안 제시 등의 활동을 한다.

12 민주 선거의 기본 원칙

○ 개념 노트

보통 선거	일정한 나이 이상의 모든 국민에게 선거권을 주는 원칙
평등 선거	유권자가 행사하는 표의 가치를 동등하게 부여하는 원칙
직접 선거	다른 사람을 통하지 않고 자신이 직접 투표를 해야 하는 원칙
비밀 선거	어느 후보를 선택하였는지 다른 사람이 알지 못하도록 하는 원칙

개념 필수 자료

자료 해석

오늘날 대부분의 민주 국가에서 실시하는 **❶**⬚ 민주 정치는 선거를 통해 대표를 선출하고, 선출된 대표자가 국민을 대신하여 국가를 운영하는 제도이다. 따라서 선거는 가장 기본적인 정치 참여 수단이다. 보통 선거는 일정한 나이 이상이면 선거권을 주는 원칙으로, 재산, 신분, 인종, 성별 등을 조건으로 하여 선거권에 제한을 가하는 제한 선거와 대비된다. 한편 평등 선거는 표의 **❷**⬚를 동등하게 부여하는 원칙으로, 특정의 선거인들에게 복수의 투표권을 부여하는 차등 선거와 대비된다.

답 | ❶ 대의 ❷ 가치

1 선거의 기본 원칙과 그 내용을 바르게 연결하시오.

(1) 보통 선거 •

(2) 평등 선거 •

(3) 직접 선거 •

(4) 비밀 선거 •

• ㉠ 누구에게 투표했는지 공개하지 않음

• ㉡ 선거권을 가진 사람이 직접 투표함

• ㉢ 모든 유권자에게 투표의 가치를 동등하게 부여함

• ㉣ 일정한 나이 이상의 모든 국민에게 선거권을 부여함

단답형

2 다음 그림에서 ㉠~㉣의 의견이 어떤 선거 원칙에 위배되는지 각각 쓰시오.

학급 회장 선거를 앞두고 좋은 방법이 있는지 의논해 보자.

㉠ 학생들이 누구를 지지하는지 손을 들어서 확인하자.

㉡ 성적이 좋은 학생들은 2표를 행사할 수 있게 해 주자.

㉣ 여학생이 남학생보다 학교 일에 관심이 많으니 여학생들만 투표하게 하자.

㉢ 선거일에 결석한 학생의 경우는 친한 친구가 대신 투표할 수 있도록 하자.

㉠ – ( ) ㉡ – ( )

㉢ – ( ) ㉣ – ( )

○ 개념 노트
• **공정 선거를 위한 제도**

선거 공영제	선거 과정을 국가가 관리하며, 선거 비용의 일부를 국가나 지방 자치 단체가 부담하는 것 → 선거 운동의 과열 방지, 선거 운동의 기회 균등 보장
선거구 법정주의	선거구를 법률로 정하는 것 → 특정 정당이나 후보에게 유리하도록 선거구를 정하는 것을 방지함.

• **공정 선거를 위한 기관**: 선거 관리 위원회 → 공정한 선거와 국민 투표 관리, 정당 및 정치 자금에 관한 사무 처리를 위해 설치된 독립된 국가 기관

개념 필수 자료

1812년 미국 매사추세츠 주지사 게리(Gerry)는 그가 속한 정당을 지지하는 사람이 많은 지역과 그렇지 않은 지역을 마음대로 나누어 독특한 모양의 선거구를 만들었다. 그 결과 게리가 속한 정당은 다른 정당보다 적은 표를 받았지만, 유리하게 만들어진 선거구 덕분에 오히려 당선자의 수가 훨씬 많았다. 당시 만들어진 선거구의 모양이 전설에 나오는 도마뱀 셀러맨더와 비슷하다고 해서 게리맨더라는 이름이 붙었다.

매사추세츠주의 선거구를 풍자한 그림이다. 이후 특정 정당이나 후보에게 ◄ 유리하도록 선거구를 마음대로 정하는 것을 게리맨더링이라고 한다.

자료 해석

게리맨더링은 정치적인 이익을 위하여 ❶ 　　　를 마음대로 정하는 것을 의미한다. ❶ 　　　를 마음대로 조정하게 된다면 국민의 의사와 관계없이 특정 정당이나 특정 후보에게 유리한 결과가 나올 수 있다. 이러한 게리맨더링의 폐해를 방지하기 위해 ❶ 　　　를 국회에서 ❷ 　　　로 정하는 것이 선거구 법정주의이다.

답 | ❶ 선거구 ❷ 법률

1 빈칸에 들어갈 알맞은 말을 쓰시오.

(1) ( )은/는 선거 운동 기회를 균등하게 보장하기 위한 제도이다.

(2) 선거 공영제, ( )는 공정 선거를 위한 제도이다.

2 다음 글에 나타난 문제점을 해결하기 위해 시행하고 있는 제도는?

> 선거구 획정 위원회는 인구가 가장 많은 선거구와 가장 적은 선거구의
> 최대 인구 편차를 3대 1로 맞춰야 한다는 획정안을 국회 의장에게 보고
> 하였다. 지난 2001년 헌법 재판소는 인구 편차가 3대 1이 넘으면 표 가
> 치의 격차가 너무 커서 헌법을 위배한다고 규정하였다.

① 주민 투표   ② 게리맨더링   ③ 선거 공영제
④ 선거구 법정주의   ⑤ 주민 감사 청구제

서술형
3 다음은 뉴스의 한 장면이다. 이를 보고 물음에 답하시오.

(㉠)은/는 총선을 앞두고 특정 예비 후보측
으로부터 음식과 술을 접대받은 대학생 11명에
게 546만 원의 과태료를 부과하였습니다. 또한
이들에게 접대를 한 국회 의원 비서 ○○○
씨를 사법 당국에 고발하였습니다.

(1) 빈칸 ㉠에 들어갈 기관의 명칭을 쓰시오.

(2) (1)의 기관의 역할을 두 가지 이상 서술하시오.

지방 자치와 주민 참여

빈출도 ●●●○

○ 개념 노트

● 지방 자치 단체의 종류

구분	광역 자치 단체(특별시·광역시·도), 기초 자치 단체(시·군·구)	
구성	지방 의회	의결 기관, 조례 제정, 예산 심의·의결 등
	지방 자치 단체장	집행 기관, 규칙 제정, 정책 집행 등

● 주민 참여 방법: 지방 선거, 주민 투표제, 주민 소환제, 주민 발의제, 주민 참여 예산제, 주민 청원제, 주민 감사 청구제, 민원 제기, 공청회 참석 등

개념 필수 자료

지방 자치 단체의 예산 편성 과정에 참여해야지.

내가 직접 조례안을 작성하여 지방 의회에 제출해야지.

직무를 제대로 수행하지 못한 대표자에 대한 해임 여부를 주민이 결정할 수 있어요.

공청회에서 내 의견을 말해야지.

▲ 주민 참여 예산제

▲ 공청회 참여

지역의 행정에 관한 요구 사항이나 개선해야 할 점을 주민이 직접 제출할 수 있어요.

▲ 주민 발의제

시청 누리집 게시판에 내 의견을 올려야지.

▲ 주민 청원제

▲ 주민 소환제

▲ 누리집 이용

자료 해석

주민 발의제	주민이 지방 자치 단체에 ❶ □□의 제정을 요구하는 제도
주민 소환제	선출된 공직자가 직무 수행을 잘못했을 때 주민 투표로 해임시키는 제도
주민 참여 예산제	주민이 지역의 예산 편성 과정에 참여하는 제도
❷	지역 행정에 관한 요구 사항이나 개선점을 주민이 직접 제출하는 제도
기타	주민 감사 청구제, 시위, 민원 제기, 공청회 참석 등

답 | ❶ 조례 ❷ 주민 청원제

1 다음 설명이 맞으면 O표, 틀리면 X표 하시오.

(1) 지방 자치 단체는 의결 기관인 지방 자치 단체장과 집행 기관인 지방 의회로 구성된다. ( )

(2) 지방 자치 단체는 특별시, 광역시, 도와 같은 기초 자치 단체와 시, 군, 구와 같은 광역 자치 단체로 나뉜다. ( )

2 빈칸 ㉠에 들어갈 주민 참여 방법으로 옳은 것은?

> ○○ 지역에서 버스 파업이 100일째 지속되고 있다. 이에 시민들은 기자 회견을 열고 "버스 파업이 지속된 데는 주먹구구식 보조금 지급과 허술한 행정 등 ○○시의 책임이 크다. 버스 파업이 해결되지 않으면 도지사와 시장에 대한 (㉠)을/를 진행하겠다."라고 밝혔다.

① 공청회   ② 주민 발의   ③ 주민 소환
④ 주민 청원   ⑤ 주민 회의

서술형
3 그림은 지방 자치 단체의 종류를 나타낸 것이다. 이를 보고 물음에 답하시오.

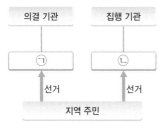

(1) ㉠, ㉡에 해당하는 지방 자치 단체를 각각 쓰시오.

(2) ㉠, ㉡의 역할을 한 가지씩 서술하시오.

개념 노트

- **법**: 국가에 의해 강제되는 사회 규범 → 강제성, 명확성

- **법의 목적과 기능**

목적	• 정의의 실현: 사람들에게 각자의 몫을 공정하게 주는 것 • 공공복리의 증진: 소수의 이익이 아닌 사회 구성원 다수의 행복과 이익 추구
기능	분쟁의 예방과 해결, 국민의 권리 보호, 사회 질서 유지

개념 필수 자료

(가) 법의 강제성

당신은 법을 어겼기 때문에 체포하겠습니다.

(나) 서양의 정의의 여신상

▲ 서양의 정의의 여신상

≫ 저울은 평등한 판결, 즉 형평성을 상징하며, 칼은 법의 강제성을, 두 눈을 가린 것은 공정성을 의미한다.

자료 해석

사회 규범에는 관습, 종교 규범, 도덕, 법이 있다. 관습은 한 사회에서 오랫동안 반복되어 온 행동 양식이고, 종교 규범은 종교 사회에서 지켜야 할 교리나 계율이다. ❶_____은 인간이 지켜야 할 바람직한 도리로 강제성이 없어 지키지 않으면 사회적으로 비난을 받거나 양심의 가책을 느끼는 데 그친다. 법은 강제성을 지니고 있어서 지키지 않으면 ❷_____의 제재를 받게 되고 다른 사회 규범보다 내용이 구체적이고 명확하다.

답 | ❶ 도덕 ❷ 국가

1 괄호 안의 내용 중 알맞은 말을 골라 ○표를 하시오.

(1) 법이 궁극적으로 추구하는 목적은 (선, 정의)의 실현이다.

(2) 겉으로 드러나는 행위의 결과를 중시하는 사회 규범은 (법, 도덕)이다.

(3) 법이 다른 사회 규범과 구별되는 가장 큰 특징은 (강제성, 자율성)이다.

2 다음 그림을 통해 알 수 있는 법의 역할로 가장 적절한 것은?

① 분쟁을 해결한다.
② 사회적 약자를 보호한다.
③ 범죄로부터 국민을 보호한다.
④ 국가 권력의 남용을 방지한다.
⑤ 사회 질서를 어지럽힌 사람을 비난할 수 있게 한다.

단답형

3 오른쪽 사진은 정의의 여신상이다. 사진의 칼(㉠)과 저울(㉡)이 의미하는 것을 각각 쓰시오.

㉠ – (　　　　　　), ㉡ – (　　　　　　)

16 공법과 사법

개념 노트

● **공법**: 개인과 국가 간, 국가 기관 간의 공적인 생활 관계를 규율하는 법

헌법	국민의 권리와 의무, 국가 통치 구조 등을 규정한 한 나라의 최고 법
형법	범죄 행위와 그에 따른 형벌의 내용을 규정한 법
행정법	행정 기관의 조직과 작용 및 행정 기관으로부터 권리가 침해되었을 경우 구제 방법에 대하여 규정한 법
소송법	재판의 절차와 방법을 규정한 법 예 형사 소송법, 민사 소송법
기타	세법, 병역법, 공직 선거법 등

● **사법**: 개인과 개인 사이의 사적인 생활 관계를 규율한 법

민법	개인과 개인 간의 재산 관계와 가족 관계 등을 다루는 법
상법	기업을 중심으로 전개되는 생활 관계를 규율하는 법

개념 필수 자료

(가) 공법의 사례

▲ 형법 제329조 타인의 재물을 훔친 사람은 6년 이하의 징역 또는 1천만 원 이하의 벌금에 처한다.

(나) 사법의 사례

▲ 민법 제750조 고의 또는 과실로 인한 위법 행위로 타인에게 손해를 가한 자는 그 손해를 배상할 책임이 있다.

자료 해석

공법은 개인과 국가의 관계 또는 국가 기관 간의 관계를 규율하는 법이고, **❶**⬚,
형법, 행정법, 소송법 등이 있다. 사법은 개인 간의 관계를 규율하는 법이고,
❷⬚, 상법 등이 있다.

답 | ❶ 헌법 ❷ 민법

1 다음 설명이 맞으면 ○표, 틀리면 X표 하시오.

(1) 민법과 상법은 공법에 속한다. ( )

(2) 형법은 범죄의 종류와 형벌에 대해 규정한 법으로, 사법에 속한다.

( )

(3) 개인과 개인 간의 관계를 다루는 법은 사법, 개인과 국가 기관 간의 관계를 다루는 법은 공법이다. ( )

2 다음 사례와 관련 있는 법을 | 보기 | 에서 고르면?

┌─ 보기 ┐
ㄱ. 공법   ㄴ. 사법
ㄷ. 상법   ㄹ. 형법
└─────────┘

① ㄱ, ㄴ   ② ㄱ, ㄷ   ③ ㄴ, ㄷ
④ ㄴ, ㄹ   ⑤ ㄷ, ㄹ

단답형
3 다음 뉴스 상황에 적용될 법을 쓰시오.

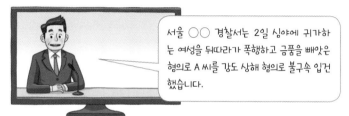

서울 ○○ 경찰서는 2일 심야에 귀가하는 여성을 뒤따라가 폭행하고 금품을 빼앗은 혐의로 A 씨를 강도 상해 혐의로 불구속 입건했습니다.

17 사회법

빈출도 ●●●

개념 노트

- **사회법**: 국가가 사적인 생활 영역에 개입하여 사회적 약자를 보호하는 법
- **등장 배경**: 자본주의 발달로 빈부 격차, 노동 착취, 환경 오염 등 사회적 문제가 심화되어 사회적 약자의 보호 필요성이 증대됨.
- **목적**: 사회 구성원의 인간다운 생활 보장과 사회적 약자 보호
- **성격**: 사법과 공법의 중간적인 성격, 현대 복지 국가에서 중요성이 강조됨.
- **종류**: 노동법, 경제법, 사회 보장법 등

개념 필수 자료

(가) 사회법의 등장 배경

산업 혁명으로 기계를 이용한 대량 생산이 가능해지면서 성인보다 낮은 임금의 아동 노동을 활용하였다. 당시 영국에서는 수많은 어린 아이가 생계를 위해 면직 공장에서 일하였다. 이르면 만 4세부터 일을 시작한 아이들은 하루 16시간 가량 일하고, 일하는 도중에 다쳐도 제대로 보상받지 못하였고, 때로는 목숨을 잃기도 하였다.

(나) 사회법의 종류

▲ 노동법

▲ 사회 보장법

자료 해석

(가) 근대 서구 사회에서 자본주의 발달에 따라 노동 문제, 빈부 격차, 환경 오염 등의 문제가 발생하자, 이를 해결하기 위해 ❶ 가 적극적으로 개입해야 한다는 주장이 나오게 되었다. 이러한 취지로 만들어진 법이 사회법이다. (나) 사회법에는 노동관계 규율, 노동자의 권리 보호를 위한 ❷ , 공정한 경제 질서 유지, 소비자의 권익 보호를 위한 경제법, 국민의 복지 향상과 기본적인 생활 보장을 위한 사회 보장법이 있다.

답 | ❶ 국가 ❷ 노동법

1 사회법의 종류와 그 의미를 바르게 연결하시오.

(1) 노동법 •

(2) 경제법 •

(3) 사회 보장법 •

• ㉠ 모든 국민의 최소한의 인간다운 생활을 보장하기 위한 법

• ㉡ 노동자와 사용자 간의 이해관계를 조정하고 대립을 완화하기 위한 법

• ㉢ 공정한 경쟁을 유도하고 중소기업이나 소비자를 보호하기 위한 법

2 다음 밑줄 친 '새로운 법'에 해당하는 법은?

> 근대 이후 산업화 과정에서 빈부 격차, 노사 갈등 같은 사회 문제가 나타나게 되었다. 이러한 문제를 해결하기 위해 <u>새로운 법</u>이 등장하였다.

① 민법   ② 상법   ③ 헌법
④ 형법   ⑤ 근로 기준법

서술형

3 다음 밑줄 친 법이 속한 법 영역의 목적을 서술하시오.

카페 정보   나의 활동

목록 쓰기 삭제

Q. 저는 장애인인데, 일자리를 찾고 싶습니다.
A. '장애인 복지법'에 의하면 국가와 지방 자치 단체는 장애인이 적성과 능력에 맞는 직업에 종사할 수 있도록 직업 훈련이나 취업 알선 등과 관련된 정책을 마련하도록 되어 있습니다.

☐ 이름   ☐ 제목   ☐ 내용   검색

18 민사 재판과 형사 재판

빈출도 ●●●○

개념 노트

- **민사 재판**: 개인 간의 권리와 의무에 관한 다툼을 해결하기 위한 재판
- **형사 재판**: 범죄의 성립 유무와 형벌의 정도를 결정하는 재판

개념 필수 자료

(가) 민사 재판 법정

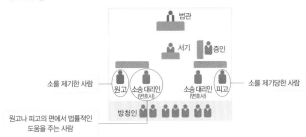

(나) 형사 재판 법정

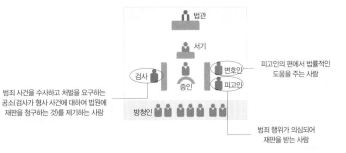

자료 해석

개인 간의 분쟁으로 권리를 침해받았을 때는 민사 재판으로 해결할 수 있다. 민사 재판은 ❶[　　　]가 법원에 소장을 제출하면서 시작되며, 판사는 양쪽에서 제출한 증거와 주장을 바탕으로 판결을 내린다. ❶[　　　]와 피고는 모두 변호사의 도움을 받을 수 있다. 형사 재판에서 ❷[　　　]가 공소를 제기하면 판사는 ❷[　　　]와 변호인의 주장을 듣고 피고인의 유무죄를 가린 후 형량을 결정한다.

답┃❶ 원고 ❷ 검사

1 괄호 안의 내용 중 알맞은 말을 골라 ○표 하시오.

(1) 형사 재판에서 재판을 청구하는 사람은 (검사, 원고)이다.

(2) 민사 재판에서는 원고와 (피고, 피고인)이/가 재판의 당사자가 된다.

(3) 형벌의 종류와 정도를 정하는 재판은 (민사, 형사) 재판이다.

2 재판의 참여자와 그 의미로 옳지 <u>않은</u> 것은?

① 원고 – 소를 제기한 사람

② 판사 – 판결을 내리는 사람

③ 피고 – 소를 제기당한 사람

④ 변호사 – 법률적인 도움을 주는 사람

⑤ 피고인 – 범죄로 인해 피해를 입은 사람

단답형

3 (가), (나)는 재판 법정의 모습이다. 이 중 아래 사례의 밑줄 친 '재판'이 이루어지게 될 법정을 쓰시오.

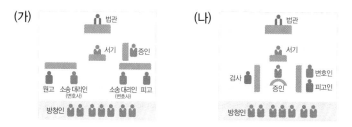

같은 아파트에 사는 갑과 을은 층간 소음 문제로 말다툼을 하다 을이 갑을 밀면서 갑이 계단에서 굴러 떨어져 크게 다쳤다. 갑은 경찰에 을을 고소하였고, 결국 을은 갑을 폭행한 혐의로 <u>재판</u>을 받게 되었다.

공정한 재판을 위한 제도 빈출도 ●●●

개념 노트

- **사법권의 독립**: 법관이 외부의 영향을 받지 않고 헌법과 법률에 의해 양심에 따라 독립적으로 심판하는 것
- **공개 재판주의**: 재판의 과정과 결과를 일반인들이 방청할 수 있도록 공개함.
- **증거 재판주의**: 재판에서 사실의 인정은 반드시 증거에 의함.
- **심급 제도**

의미	법원을 상급, 하급 법원으로 나누어 여러 번 재판을 받을 수 있게 하는 제도
상소	• 재판의 당사자가 하급 법원의 판결에 불복하여 상급 법원에 재판을 청구함. • 항소: 1심 판결에 불복하여 상급 법원에 2심을 청구하는 것 • 상고: 2심 판결에 불복하여 상급 법원에 3심을 청구하는 것

개념 필수 자료

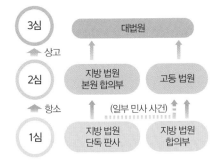

자료 해석

심급 제도는 소송 당사자가 재판의 결과에 승복하지 않을 때 상급 법원에서 다시 ❶　　　　을 받을 수 있는 제도로, 우리나라는 3심제를 원칙으로 한다. 심급 제도를 통해 법관의 잘못된 판단으로 인해 발생할 수 있는 피해를 최소화하여 국민의 자유와 ❷　　　　를 보호할 수 있다.

답 | ❶ 재판 ❷ 권리

1 다음 설명이 맞으면 ○표, 틀리면 X표 하시오.

(1) 사법권의 독립과 심급 제도는 재판의 독립성을 보장하기 위함이다.

( )

(2) 증거 재판주의는 소송 당사자 외에 일반인에게도 재판 과정과 결과를 공개하는 것이다.

( )

2 다음 판결에서 강조하는 재판의 원칙은?

> 지방 법원 판사 A 씨는 "이 사건과 관련하여 직접적인 증거는 범행 현장에 함께 있었다는 B의 진술밖에 없는데, B의 진술은 범행 현장에 관한 사실과 일치하지 않는 부분이 있고, 진술 자체도 서로 모순되고 일치하지 않는 점이 많아 신빙성이 낮다."라며 뺑소니로 기소된 C에 대해 무죄를 선고하였다.

① 심급 제도   ② 공개 재판주의   ③ 사법권의 독립

④ 증거 재판주의   ⑤ 헌법에 따른 재판

단답형
3 ㉠~㉢에 해당하는 용어를 쓰시오.

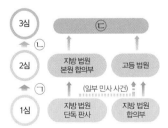

20 현대 사회의 변동 양상

빈출도 ●○○○

○ 개념 노트

구분	산업화	정보화	세계화
의미	제조업, 서비스업의 비율이 증가하는 현상	지식과 정보가 사회의 중심이 되는 현상	세계가 하나의 사회처럼 긴밀하게 연결되는 현상
영향	대량 생산, 대량 소비, 도시로의 인구 집중 등	다품종 소량 생산, 정보 통신 산업의 발달 등	다국적 기업의 활동 증가, 민주주의 이념 확산 등
문제점	도농 격차, 빈부 격차, 환경 오염 등	정보 격차, 사생활 침해, 사이버 범죄 등	소수 민족의 문화 파괴, 국가 간 빈부 격차 심화 등

개념 필수 자료

(가) 산업화

(나) 정보화

(다) 세계화

(라) 발명 시계

자료 해석

　❶[　　　]은 사회 전반적으로 생활 양식, 가치관, 제도 등이 크게 달라지는 현상으로, 산업화, 정보화, 세계화의 양상을 띤다. 또한 발명 시계를 보면 대부분의 주요한 발명이 55분 이후에 나타난 것을 통해 사회 변동의 ❷[　　　]가 과거에 비해 점점 빨라지고 있음을 알 수 있다.

답 | ❶ 사회 변동 ❷ 속도

1 현대 사회의 변동 양상과 그에 따른 문제점을 바르게 연결하시오.

(1) 산업화 •　　　　　　　　• ㉠ 정보 격차

(2) 정보화 •　　　　　　　　• ㉡ 환경 오염

(3) 세계화 •　　　　　　　　• ㉢ 국가 간 빈부 격차 심화

2 다음 자료에 나타난 현대 사회 변동의 특징으로 가장 적절한 것은?

> 만약 50만 년을 하루로 생각한다면, 농업은 밤 11시 56분에 등장하였으며, 문명은 11시 57분부터 나타나기 시작했을 뿐이다. 근대 사회의 발전은 11시 59분 30초에 겨우 시작되었다. 그렇지만 인류가 생활한 마지막 30초 동안에 엄청난 양의 발명이 쏟아져나왔다.
>
> – 앤서니 기든스, 「현대 사회학」

① 사회 변동의 속도는 항상 일정하다.

② 정보와 지식의 중요성이 강조되고 있다.

③ 변동의 속도가 과거보다 더욱 빨라지고 있다.

④ 국가 간 교류가 많아지고 상호 의존이 심화되고 있다.

⑤ 과학 기술의 변화와 정치, 사회의 변화는 동시에 일어나지 않는다.

[단답형]

3 (가), (나)에 나타난 현대 사회의 변동 양상을 각각 쓰시오.

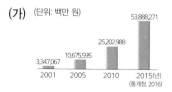

▲ 온라인 쇼핑 거래액

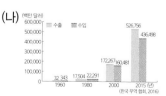

▲ 외국과의 교역량

◎ 개념 노트

● 저출산·고령화 현상

원인	• 저출산: 자녀 양육 부담 증가, 혼인과 자녀에 대한 인식 변화, 맞벌이 부부의 증가 등 • 고령화: 의료 기술 발달에 따른 평균 수명 증가
문제점	경제 성장 둔화, 노인 부양 부담 증가 등
대응 방안	• 저출산: 영유아 보육비 지원, 육아 휴직 확대 등 각종 제도 마련 등 • 고령화: 노인 복지 정책 마련, 연금 제도 개선, 재취업 기회 제공 등

● 다문화 사회: 한 사회에 다양한 인종, 종교, 문화가 공존하는 사회

개념 필수 자료

(가) 우리나라 합계 출산율의 변화

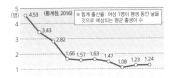

(나) 우리나라 65세 이상 노인 인구 구성 비율의 변화

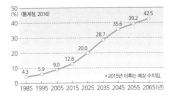

자료 해석

우리나라는 최근에는 | ❶ | 감소와 의학 기술의 발달에 따른 평균 수명 연장으로 노인 인구의 비율이 높아져 | ❷ | 사회를 넘어 초고령화 사회가 되어 가고 있다. 또한 우리 사회는 결혼, 취업 등의 이유로 빠르게 다문화 사회로 진입하고 있다.

답 | ❶ 출산율 ❷ 고령화

1 괄호 안의 내용 중 알맞은 말을 골라 ○표 하시오.

(1) 의료 기술의 발달과 생활 수준의 향상으로 (저출산, 고령화) 현상이 심화되고 있다.

(2) 저출산·고령화 현상으로 인해 노동 인구가 (증가, 감소)하여 우리나라의 국가 경쟁력이 약화될 수 있다.

(3) 결혼, 취업 등의 이유로 국내에 거주하는 외국인의 수가 급증하면서 우리 나라는 (고령화, 다문화) 사회로 진입하였다.

2 〔개념 필수 자료〕 (가)에 나타난 사회 현상의 원인을 〔 보기 〕에서 있는 대로 고르면?

┌─ 보기 ┐
ㄱ. 의료 기술의 발달   ㄴ. 맞벌이 부부의 증가
ㄷ. 자녀 양육에 대한 부담 증가   ㄹ. 혼인과 자녀에 대한 인식 변화
└──────────────────────────────┘

① ㄱ, ㄴ   ② ㄱ, ㄷ   ③ ㄷ, ㄹ
④ ㄱ, ㄴ, ㄹ   ⑤ ㄴ, ㄷ, ㄹ

〔서술형〕

3 다음 포스터를 통해 알 수 있는 인구 문제를 쓰고, 대응 방안을 <u>두 가지</u> 서술하시오.

이런 모습, 상상은 해보셨나요?

① **1** (1)-ⓒ (2)-ⓘ (3)-ⓒ **2** ③
3 재사회화

② **1** (1) ○ (2) × (3) × **2** ⑤
3 (1) ⓒ (2) ⓘ, ⓛ, ⓔ, ⓜ

③ **1** (1) 공동 (2) 2차, 이익 **2** ④
3 준거 집단

④ **1** (1) ○ (2) × **2** (1)-ⓛ (2)-ⓘ
(3)-ⓔ (4)-ⓜ (5)-ⓒ
3 갑 – 변동성, 을 – 공유성

⑤ **1** (1) 문화 사대주의 (2) 자문화 중심
주의 (3) 문화 상대주의 **2** ⑤
3 문화 사대주의는 자기 문화의 정체
성과 고유성을 상실할 우려가 있다.

⑥ **1** (1) × (2) ○ (3) × **2** ⑤ **3** 문화
의 획일화를 초래하여 사람들의 사
고나 취향이 비슷해진다.

⑦ **1** (1)-ⓒ (2)-ⓘ (3)-ⓛ **2** ④
3 의회를 중심으로 대의 민주 정치
가 성립되었다.

⑧ **1** (1) ○ (2) ○ (3) × **2** ③ **3** 권
력 분립의 원리

⑨ **1** (1) 의 (2) 대 (3) 대 (4) 의 **2** ③
3 (가) 의원 내각제, (나) 대통령제

⑩ **1** (1) × (2) ○ (3) × **2** ③ **3** 의
원 내각제적 요소가 가미된 대통령
제를 채택하고 있다(대통령제를 기

본으로 하며 의원 내각제적 요소를
채택하고 있다).

⑪ **1** (1) 정치 과정 (2) 공식적 (3) 이익
집단 **2** ③ **3** 정당

⑫ **1** (1)-ⓔ (2)-ⓒ (3)-ⓛ (4)-ⓘ
2 ⓘ 비밀 선거 ⓛ 평등 선거 ⓒ 직접
선거 ⓔ 보통 선거

⑬ **1** (1) 선거 공영제 (2) 선거구 법정주
의 **2** ④ **3** (1) 선거 관리 위원
회 (2) 선거 관리 위원회는 공정한 선
거 홍보, 선거법 위반 행위 감시 및
단속, 투표와 개표 관리, 정당 및 정
치 자금에 관한 사무 처리 등의 활동
을 전개한다.

⑭ **1** (1) × (2) × **2** ③ **3** (1) ⓘ 지
방 의회, ⓛ 지방 자치 단체장 (2) ⓘ
조례 제정, 예산 심의·의결, ⓛ 규칙
제정, 정책 집행

⑮ **1** (1) 정의 (2) 법 (3) 강제성
2 ① **3** ⓘ 법의 강제성, ⓛ 형평성

⑯ **1** (1) × (2) × (3) ○ **2** ③
3 형법

⑰ **1** (1)-ⓛ (2)-ⓒ (3)-ⓘ **2** ⑤
3 사회적 약자를 보호하고, 사회 구
성원의 최소한의 인간다운 생활을
보장하기 위해 제정된 법이다.

⑱ 1 (1) 검사 (2) 피고 (3) 형사 　**2** ⑤
3 (나)

⑲ 1 (1) × (2) × 　**2** ④ 　**3** ㉠ 항소
㉡ 상고 ㉢ 대법원

⑳ 1 (1)-㉡ (2)-㉠ (3)-㉢ 　**2** ③
3 (가) 정보화, (나) 세계화

㉑ 1 (1) 고령화 (2) 감소 (3) 다문화

2 ⑤ 　**3** 저출산·고령화 현상, 저출산 현상의 대응 방안으로는 출산 지원금 확대, 영유아 보육비 지원, 육아 휴직 제도 확대, 출산과 육아로 인한 차별 금지 등이 있다. 고령화 현상의 대응 방안으로는 노인 복지 정책 마련, 연금 제도 개선, 재취업 기회 제공 등이 있다.

고득점을 예약하는 내신 대비서

중학전략

사회 ①

시험에 잘 나오는

개념BOOK 1

천재교육

사회전략

중학 전략
사회 ①

시험에 잘 나오는

개념BOOK 1

개념 BOOK 하나면
사회 공부 끝!

go! go!

차례

지도를 읽는 방법

○ **개념 노트**

- **지도의 의미**: 지표면의 다양한 지리적 현상을 일정한 비율로 줄여 약속된 기호를 사용하여 평면 위에 나타낸 것
- **지도의 종류**

축척에 따른 분류	대축척 지도, 소축척 지도
사용 목적에 따른 분류	일반도, 주제도

개념 필수 자료

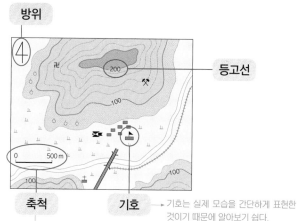

▶ 기호는 실제 모습을 간단하게 표현한 것이기 때문에 알아보기 쉽다.

▶ 1:50,000 지도는 실제 거리 50,000cm(500m)를 지도에서 1cm로 축소해서 표현한다.

자료 해석

축척	실제 거리를 줄여서 지도에 나타낸 비율로, 축척을 활용하면 실제 거리를 알 수 있음.
방위	동서남북의 방향을 나타내는 것으로, 방위표가 없는 경우 지도의 위쪽을 ❶ [ ]으로 봄.
기호	지표면의 여러 가지 현상을 지도에 간단하게 표현한 것
등고선	지도에서 높이가 같은 곳을 선으로 이어 땅의 ❷ [ ]를 나타낸 것

답 | ❶ 북쪽 ❷ 높낮이

1 다음 설명이 맞으면 ○표, 틀리면 ×표 하시오.

(1) 지도는 지표 위에 나타나는 현상을 일정한 비율로 줄여 평면 위에 나타낸 것이다. ( )

(2) 다양한 기호를 통해 논과 밭, 과수원 등 토지 이용 현황을 파악할 수 있다. ( )

(3) 방위표가 없으면 지도의 위쪽은 남쪽이다. ( )

(4) 축척은 실제 거리를 지도상에 줄여서 나타낸 비율을 말한다. ( )

2 다음 지도에 대한 설명으로 옳지 <u>않은</u> 것은?

① 축척은 1 : 500,000이다. ② 지도는 일반도에 속한다.

③ 지도의 위쪽은 북쪽이다. ④ 서쪽으로 소양호가 위치한다.

⑤ 의암호, 소양호 등 호수가 많은 도시이다.

서술형
3 2번 지도를 살펴보고, 지도는 무엇인지에 대해 쓰시오.

_____

_____

② 위도에 따른 차이

빈출도 ●●●

○ 개념 노트

위도에 따른 기온 차이	지구가 둥글기 때문에 위도에 따라 일사량의 차이 발생 → 저위도에서 고위도로 가면서 기온이 낮아지며 열대 기후, 온대 기후, 냉대 기후, 한대 기후가 나타남.
위도에 따른 계절 차이	지구 자전축이 23.5° 기울어진 채 태양 주위를 공전하기 때문에 남반구와 북반구의 계절이 정반대 → 농작물 수확 시기의 차이를 이용한 수출, 계절 차이를 이용한 관광 산업 발달

개념 필수 자료

밤이 길고, 오로라를 볼 수 있어.

춥지만 화이트 크리스마스와 눈썰매를 즐길 수 있지.

적도 부근은 일 년 내내 더워.

해변에서 한여름의 크리스마스를 즐겁게 보내.

밤에도 해가 지지 않는 백야를 볼 수 있어.

→ 태양이 남반구를 가장 많이 비추고 있을 때 남반구는 여름이고 낮의 길이가 길지만, 북반구는 태양 에너지를 적게 받게 되므로 추운 겨울이 되고 낮의 길이도 짧아진다. 남반구에 있는 오스트레일리아나 뉴질랜드는 여름일 때, 북반구에 있는 우리나라가 겨울이다.

자료 해석

고위도 지역	• 극 주변으로 햇빛을 비스듬히 받아 기온이 가장 낮음. • 난방 시설이 갖추어진 가옥에서 두꺼운 옷차림으로 생활함.
중위도 지역	• 햇빛을 약간 비스듬히 받아 비교적 온화한 기후가 나타남. • ❶ 의 변화가 뚜렷하고, 다양한 농작물을 재배함.
저위도 지역	• ❷ 부근으로 햇빛을 수직으로 가깝게 받아 기온이 가장 높음. • 통풍이 잘되는 가옥에서 간편한 옷차림으로 생활함.

답 | ❶ 사계절 ❷ 적도

1 다음 괄호 안의 내용 중 알맞은 말을 골라 ○표를 하시오.

(1) 저위도에서 고위도로 가면서 기온이 (낮아지며 , 높아지며) 열대 기후, 온대 기후, 냉대 기후, 한대 기후가 나타난다.

(2) 지구의 자전축이 23.5° 기울어진 채 태양 주위를 (공전 , 자전)하기 때문에 북반구와 남반구의 계절이 서로 반대로 나타난다.

(3) 남반구는 농작물의 수확 시기가 북반구와 (똑같기 , 반대이기) 때문에 농작물 수출에 유리하다.

2 다음의 친구가 여행을 갈 국가를 고르면?

 내가 살고 있는 서울은 겨울에 춥고 눈이 많이 내려. 이번 겨울 방학에 계절이 반대로 나타나는 곳으로 가족 여행을 가기로 했어.

① 일본   ② 러시아   ③ 캐나다

④ 노르웨이   ⑤ 오스트레일리아

서술형

3 다음 자료를 보고 오스트레일리아의 밀 수확 시기가 다른 이유를 서술하시오.

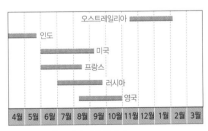

▲ 주요 밀 수출 국가의 밀 수확 시기

○ **개념 노트**

경도에 따른 시차의 원인	지구가 하루 24시간 동안 360°를 자전하기 때문에 지역에 따라 시차가 발생함. → 경도 15°마다 1시간의 차이가 발생
표준시의 사용	세계 여러 국가는 본초 자오선을 기준으로 표준 경선을 정하고, 그 경선의 시각을 표준시로 사용함. → 미국, 캐나다, 러시아, 오스트레일리아 등은 여러 개의 표준시 사용하지만, 중국은 정치적 이유로 수도 베이징을 기준으로 하는 하나의 표준시 사용함.

개념 필수 자료

세계의 시간대

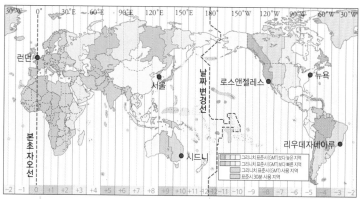

본초 자오선에서 동쪽으로 갈수록 시간이 빨라지고, 서쪽으로 갈수록 늦어진다.

날짜 변경선의 동쪽에서 서쪽으로 갈 때는 하루를 더하고, 서쪽에서 동쪽으로 갈 때는 하루를 뺀다.

자료 해석

표준시	• 표준시: 각 국가나 지방에서 사용하는 통일된 표준 시각, **❶** 〔　　　〕을 기준으로 동쪽으로 갈수록 빨라지고, 서쪽으로 갈수록 늦어짐. • 표준 경선: 표준시를 정할 때 기준이 되는 경선, 각 국가나 지방마다 그 지역을 지나가거나 그 지역에서 가까운 경선으로 정함.
날짜 변경선	• 본초 자오선의 정반대에 있는 경도 180°선, 동경 180°선과 서경 180°선이 만나는 지점에서는 24시간의 시차가 발생함. • 날짜 변경선의 동쪽에서 **❷** 〔　　　〕으로 갈 때는 하루를 더하고, 서쪽에서 동쪽으로 갈 때는 하루를 뺌.

답 | ❶ 본초 자오선 ❷ 서쪽

1 다음 설명이 맞으면 ○표, 틀리면 ×표 하시오.

(1) 지구가 하루 24시간 동안 360°를 공전하기 때문에 지역에 따라 시간 차이가 발생한다. ( )

(2) 날짜 변경선은 본초 자오선의 정반대에 위치하여 태평양 한가운데를 지난다. ( )

(3) 미국, 캐나다, 러시아 등은 하나의 표준시를 사용한다. ( )

(4) 세계 여러 국가는 본초 자오선을 기준으로 표준 경선과 표준시를 정하여 사용한다. ( )

2 개념 필수 자료 의 세계의 시간대 지도에 나타난 본초 자오선과 날짜 변경선에 대한 내용으로 옳지 않은 것은?

① 본초 자오선은 경도 0°선과 일치하는 선이다.

② 날짜 변경선의 동쪽에서 서쪽으로 넘어갈 때 하루를 더한다.

③ 동경 180°선과 서경 180°선이 만나는 선이 날짜 변경선이다.

④ 날짜 변경선을 기준으로 동쪽은 하루가 빠르고, 서쪽은 하루가 느리다.

⑤ 본초 자오선을 기준으로 동쪽으로 갈수록 시간이 빨라지고 서쪽으로 갈수록 시간이 느려진다.

단답형

3 개념 필수 자료 를 보고, 다음 빈칸에 들어갈 알맞은 말을 쓰시오.

> 우리나라의 표준 경선은 동경 135°로 본초 자오선(0°)을 지나는 영국보다 표준시가 ( )이 빠르다.

( )

지리 정보 기술

○ **개념 노트**

- **지리 정보**: 우리가 살아가는 공간 및 지역에 관련된 지식과 정보
- **지리 정보 기술**: 지리 정보 시스템(GIS), 원격 탐사, 위성 위치 확인 시스템(GPS)
- **지리 정보 기술의 활용**

일상생활	길 찾기(내비게이션), 버스 도착 정보, 생활 정보 찾기(음식점, 일기 예보 등), 증강 현실, 커뮤니티 매핑 등
공공 부문	국가 및 지방 자치 단체에서 국토, 환경, 교통 관리 등 공공 부문의 공간적 의사 결정에 활용

개념 필수 자료

지리 정보 시스템(GIS)	원격 탐사	위성 위치 확인 시스템(GPS)

수집한 지리 정보를 다양한 분야에서 활용할 수 있음.

인공위성, 항공기 등을 이용하여 멀리 떨어진 지리 정보를 수집함.

세계 어느 곳에서든지 위치를 정확히 알아낼 수 있음.

자료 해석

지리 정보 시스템(GIS)	❶ [　　　]를 컴퓨터에 입력·저장하고 다양한 방법으로 분석·종합하여 사용자에게 제공하는 종합적 관리 체계
원격 탐사	인공위성, 항공기 등을 이용하여 직접 접촉하지 않고도 멀리 떨어진 곳의 지리 정보를 수집함.
위성 위치 확인 시스템(GPS)	인공위성을 이용하여 사용자의 ❷ [　　　]를 경위도 좌표로 알려 주는 시스템

답 | ❶ 지리 정보 **❷** 위치

1 다음 설명이 맞으면 ○표, 틀리면 ×표 하시오.

(1) 일상생활이나 공공 부문에서 지리 정보 기술이 손쉽게 활용되지 못하고 있다. ( )

(2) 다양한 지리 정보를 컴퓨터에 입력·저장한 뒤, 이를 사용자의 필요에 따라 분석·종합하여 사용자에게 제공하는 종합적인 관리 체계는 지리 정보 시스템(GIS)이다. ( )

(3) 인공위성을 이용하여 사용자의 위치를 경위도 좌표로 알려 주는 시스템은 위성 위치 확인 시스템(GPS)이다. ( )

(4) 내비게이션은 지리 정보 시스템과 원격 탐사가 결합한 것이다. ( )

2 우리의 일상생활 속에서 지리 정보 기술을 활용하는 사례로 옳은 것을 ⌐보기⌐에서 고르면?

┌ 보기 ┐
ㄱ. 도시 계획 수립
ㄴ. 관공서 입지 선정
ㄷ. 실시간 일기 예보
ㄹ. 자연재해의 분석과 대비
ㅁ. 내비게이션을 이용한 길 찾기
ㅂ. 실시간 버스 도착 안내 시스템

① ㄱ, ㄴ, ㄹ　　② ㄱ, ㄷ, ㅁ　　③ ㄴ, ㄷ, ㅁ
④ ㄷ, ㄹ, ㅂ　　⑤ ㄷ, ㅁ, ㅂ

서술형
3 원격 탐사를 이용하여 지리 정보를 수집할 때의 좋은 점은 무엇인지 쓰시오.

_____

_____

5 세계의 기후 지역

○ 개념 노트

- **기후**: 한 지역에서 장기적으로 되풀이 되는 평균적인 대기의 상태
- **기후 요소**: 기후를 구성하는 요소로 기온, 강수, 바람, 습도 등
- **세계의 기후 지역**: 기온, 강수량을 기준으로 구분

개념 필수 자료

세계의 기후 구분

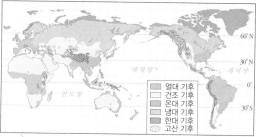

	열대 기후
	건조 기후
	온대 기후
	냉대 기후
	한대 기후
	고산 기후

세계의 기후 지역은 기온과 강수량에 따라 적도에서 극지방으로 가면서
열대 기후, 건조 기후, 온대 기후, 냉대 기후, 한대 기후가 나타난다.

자료 해석

열대 기후	적도 부근, 연중 기온이 높음, 가장 추운 달의 평균 기온이 18℃ 이상
건조 기후	남·북위 20°~30° 일대(남·북회귀선 부근), 연 강수량이 500mm 미만으로 강수량보다 **❶** 이 많음.
온대 기후	중위도 부근, 기후가 온화하고 강수량이 적당하며, 계절 변화가 비교적 뚜렷함, 가장 추운 달의 평균 기온이 −3~18℃
냉대 기후	온대 기후 지역과 한대 기후 지역 사이, 겨울이 춥고 길며 기온의 연교차가 큼, 가장 추운 달의 평균 기온은 −3℃ 미만, 가장 따뜻한 달의 평균 기온은 10℃ 이상
한대 기후	**❷** 에 가까운 지역, 가장 따뜻한 달의 평균 기온이 10℃ 미만, 강수량이 적음, 짧은 여름에 기온이 영상으로 올라감.
고산 기후	적도 부근의 해발 고도가 높은 곳, 일 년 내내 봄과 같이 온화함.

답|❶ 증발량 **❷** 극지방

1 다음 내용이 열대 기후와 관련 있으면 '열대', 온대 기후와 관련 있으면 '온대', 냉대 기후와 관련 있으면 '냉대', 한대 기후와 관련 있으면 '한대'라고 쓰시오.

(1) 적도 부근에서는 연중 기온이 높으며, 가장 추운 달의 평균 기온이 18℃ 이상인 기후가 나타난다. ( )

(2) 온대 기후 지역과 한대 기후 지역 사이에서는 겨울이 춥고 길며 기온의 연교차가 큰 기후가 나타난다. ( )

(3) 중위도 부근에서 기후가 온화하고 강수량이 적당하며, 계절 변화가 비교적 뚜렷한 기후가 나타난다. ( )

(4) 극지방에 가까운 지역에서는 가장 따뜻한 달의 평균 기온이 10℃ 미만이며, 짧은 여름에 기온이 영상으로 올라가는 기후가 나타난다. ( )

2 개념 필수 자료 의 세계의 기후 구분 지도에 대한 설명으로 옳지 <u>않은</u> 것은?

① 열대 기후는 일 년 내내 기온이 높다.

② 건조 기후는 강수량보다 증발량이 많다.

③ 온대 기후는 뚜렷한 사계절의 변화가 나타난다.

④ 적도에서 극지방으로 갈수록 연평균 기온이 높아진다.

⑤ 냉대 기후는 겨울이 춥고 길며 기온의 연교차가 크게 나타난다.

서술형

3 다음 밑줄 친 부분에 들어갈 알맞은 말을 서술하시오.

적도 부근의 해발 고도가 높은 곳에 나타나는 고산 기후 지역에 많은 사람들이 거주하는 까닭은 _____

6 열대 우림 기후 지역의 생활

○ 개념 노트

● 열대 우림 기후 지역의 분포와 기후

분포	적도 부근(아마존 강 유역, 콩고 강 유역 등)
기온과 강수량	• 기온: 가장 추운 달의 평균 기온이 18℃ 이상, 계절의 구분 없이 일 년 내내 기온이 높음. • 강수량: 연중 강수량이 많아 매우 습함, 거의 매일 오후에 스콜이 내림.

개념 필수 자료

▲ 플랜테이션　　▲ 이동식 화전 농업

자료 해석

의복	덥고 습하여 통풍이 잘 되는 단순한 형태의 얇은 옷 착용
음식	음식이 쉽게 상하는 것을 막기 위해 기름에 튀기거나 향신료를 많이 사용함.
가옥	• 구조: 통풍을 위한 개방적 구조(얇은 벽과 큰 창문), 빗물이 잘 흐르도록 하기 위한 경사가 급한 지붕 • **❶**　　　: 지면의 열기와 습기를 피하고, 해충이나 짐승 등의 침입을 막기 위해 지면에서 띄워 지음.
농업	• 이동식 화전 농업: 밀림에 불을 질러 경지를 만들고 토양이 척박해지면 다른 곳으로 이동하여 새로운 경지를 만들어 이용함. → 얌, 카사바, 옥수수 등 재배 • **❷**　　　: 열대 기후, 선진국의 기술과 자본, 원주민의 노동력이 결합된 농업 형태로 천연고무, 카카오, 바나나 등의 상품 작물 재배

답 | ❶ 고상 가옥 **❷** 플랜테이션

1 다음 설명이 맞으면 ○표, 틀리면 ×표 하시오.

(1) 열대 우림 기후 지역에서는 거의 매일 오후에 열대성 소나기인 스콜이 짧은 시간 동안 집중적으로 쏟아진다. ( )

(2) 열대 우림 기후 지역에서는 빗물이 잘 흐르도록 지붕을 평평하게 만든다. ( )

(3) 열대 우림 기후 지역에서는 카카오, 바나나 등을 재배하는 이동식 화전 농업이 이루어진다. ( )

2 열대 우림 기후 지역에 대한 설명으로 옳은 것을 ⊢ 보기 ⊢에서 고르면?

┌─ 보기 ─────────────────────────────┐
ㄱ. 스콜이라는 소나기가 자주 내린다.
ㄴ. 온몸을 감싸는 헐렁한 옷을 입는다.
ㄷ. 플랜테이션 농업이 활발하게 이루어진다.
ㄹ. 일 년 내내 매우 덥지만, 강수량은 매우 적다.
└──────────────────────────────────┘

① ㄱ, ㄴ   ② ㄱ, ㄷ   ③ ㄴ, ㄷ

④ ㄴ, ㄹ   ⑤ ㄷ, ㄹ

서술형
3 오른쪽 사진과 같이 열대 기후 지역에서 바닥을 지면에서 띄운 고상 가옥을 짓는 까닭을 쓰시오.

_____

_____

○ **개념 노트**

● **온대 기후 지역의 분포와 기후**

• 분포: 주로 중위도 지역에 분포

• 기온과 강수량: 계절의 변화가 비교적 뚜렷함, 기온이 온화하고 강수량이 풍부

개념 필수 자료

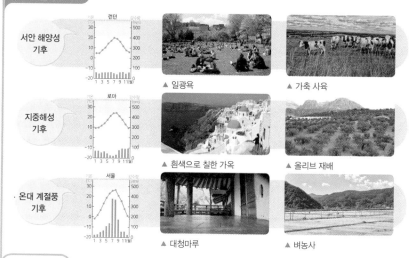

서안 해양성
기후

▲ 일광욕   ▲ 가축 사육

지중해성
기후

▲ 흰색으로 칠한 가옥   ▲ 올리브 재배

· 온대 계절풍
기후

▲ 대청마루   ▲ 벼농사

자료 해석

서안 해양성 기후	• 편서풍과 난류의 영향 → 연교차가 작고, 연중 강수량이 고름, 여름은 서늘하고 겨울은 따뜻함. • 곡물 재배, 사료 재배, 가축 사육을 함께하는 **❶** 이 발달함. • 대도시 주변에서 원예 농업과 낙농업이 발달함.
지중해성 기후	• 여름은 고온 건조, 겨울은 온난 습윤함. • 여름철 맑은 날씨로 관광 산업이 발달함. • 두꺼운 벽, 작은 창문, 흰색으로 칠한 외벽(그리스) • **❷** (올리브, 포도, 오렌지)과 곡물 농업(밀, 보리, 귀리)이 발달함.
온대 계절풍 기후	• 대륙성 기후, 계절풍의 영향으로 여름은 고온 다습하고 겨울은 한랭 건조함. • 여름에는 대청마루 및 겨울에는 온돌 발달, 고온 다습한 여름철의 벼농사

답|❶ 혼합 농업 **❷** 수목 농업

1 다음 빈칸에 들어갈 알맞은 말을 쓰시오.

(1) 서부 유럽은 편서풍과 난류의 영향으로 (   ) 기후가 나타난다.

(2) (   ) 기후 지역은 여름에 고온 건조하고, 겨울에 온난 습윤하다.

(3) 서안 해양성 기후 지역에서는 곡물 재배, 사료 재배, 가축 사육을 함께하
는 (   ) 농업이 이루어진다.

(4) 지중해성 기후 지역에서는 여름철의 고온 건조한 기후를 잘 견디는 올리
브, 포도, 오렌지 등을 재배하는 (   ) 농업이 발달하였다.

2 다음 기후 그래프가 나타나는 지역에 대한 설명으로 옳은 것을 |보기|에서 고르면?

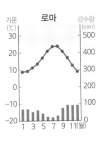

┌ 보기 ┐
ㄱ. 벼농사를 짓기에 유리하다.

ㄴ. 포도, 올리브, 오렌지 등을 재배한다.

ㄷ. 여름철 맑은 날씨로 관광 산업이 발달했다.

ㄹ. 곡물 재배, 사료 재배, 가축 사육을 함께하
는 혼합 농업이 발달했다.

① ㄱ, ㄴ   ② ㄱ, ㄷ   ③ ㄴ, ㄷ   ④ ㄴ, ㄹ   ⑤ ㄷ, ㄹ

서술형

3 오른쪽과 같은 그래프가 나타나는 기후 지역의 이름을
쓰고, 계절풍에 따른 기후 특징을 쓰시오.

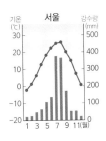

_____

_____

8 건조 기후 지역의 생활

빈출도 ●●●●

개념 노트

건조 기후 지역의 분포와 기후

특징	연 강수량 500mm 미만, 강수량 < 증발량, 기온의 일교차가 매우 큼.
분포	남·북회귀선 부근, 대륙 내륙 지역, 한류가 흐르는 지역 등
구분	연 강수량 250mm 미만은 사막 기후, 연 강수량 250~500mm 사이는 스텝 기후

개념 필수 자료

건조 기후

가축을 이끌고 물과 풀을 찾아 이동하는 유목 생활

조립과 분해가 쉬운 이동식 가옥

모래바람과 햇빛을 막기 위해 온몸을 감싸는 헐렁한 옷을 입음.

물을 구할 수 있는 오아시스 주변에서 밀, 대추야자 재배

일교차가 크기 때문에 벽이 두껍고 창문이 작은 흙벽돌집을 지음.

스텝   사막

자료 해석

사막 기후	• 경관: 모래나 자갈로 이루어진 사막, 풀이 자라지 못함, 식생 빈약 • 의복: 모래바람과 강한 ❶　　　　　을 막기 위해 온몸을 감싸는 헐렁한 옷 • 가옥: 흙집, 흙벽돌집(평평한 지붕, 두꺼운 벽, 작은 창문, 건물 간 좁은 간격) • 농목업: 오아시스 농업(외래 하천이나 오아시스 주변에서 밀, 목화, 대추야자 재배)
스텝 기후	• 경관: 짧은 풀이 자라는 ❷　　　　　을 형성 • 의복: 가축의 가죽이나 털로 만든 옷 • 가옥: 이동식 가옥 예 몽골 게르(유목 생활에 편리, 가옥의 조립·분해에 유리) • 농목업: 초원에서 목축 발달(유목 생활을 하며, 가축의 젖과 유제품 등을 먹음.)

답 | ❶ 햇빛 ❷ 초원

1 다음 설명이 맞으면 ○표, 틀리면 ×표 하시오.

(1) 사막 기후 지역에서는 강한 햇빛으로부터 몸을 보호하기 위해 온몸을 감 싸는 헐렁한 옷을 입는다. ( )

(2) 사막 기후 지역에서는 가축을 데리고 이동하는 생활을 하므로 이동식 가 옥에 거주한다. ( )

(3) 스텝 기후 지역에서는 물을 구할 수 있는 오아시스 주변에서 대추야자, 밀, 목화 등을 재배한다. ( )

(4) 스텝 기후 지역에서는 초원이 형성되어 있어서 가축에게 먹일 풀과 물을 찾아 이동하는 유목 생활을 한다. ( )

2 다음 사진과 관련 있는 기후 지역에서 나타나는 경관으로 볼 수 <u>없는</u> 것은?

① 오아시스
② 목화 재배 지역
③ 이동식 가옥 게르
④ 대추야자 재배 지역
⑤ 모래와 자갈로 이루어진 사막

서술형
3 스텝 기후 지역에서 사진의 게르와 같은 가옥을 짓는 까닭은 무엇인지 쓰시오.

_____

_____

○ 개념 노트

● 툰드라 기후 지역의 분포와 기후

• 분포: 위도 60° 이상의 고위도 지역, 고산 지대 등

• 특징: 가장 더운 달의 평균 기온이 10℃ 미만으로 일 년 내내 추운 기후, 영구 동토층 분포, 기온이 너무 낮아 나무가 자라기 어려움.

개념 필수 자료

툰드라 기후

여름철에 지면이 녹기 때문에 건물이 기울어지거나 붕괴되는 것을 막기 위해 땅에 말뚝을 깊게 박아 지면에서 띄워 지음.

동물의 털, 가죽으로 만든 두꺼운 옷을 입음.

짧은 여름에 순록의 먹이인 이끼를 찾아 이동하며 사육함.

순록의 가죽으로 만든 이동식 가옥에서 생활

자료 해석

의식주	• 의복: 추위를 견디기 위한 동물의 털, 가죽으로 만든 두꺼운 옷 • 음식: 날고기·날생선(비타민과 무기질 보충)을 먹음 • 가옥: ❶ [ ]인 구조(작은 창문, 두꺼운 벽), 이동식 가옥(순록을 유목하기 위해서임.), 고상 가옥(난방 열기로 인해 가옥이 붕괴되는 것을 막기 위해 지면에서 띄워서 집을 지음.)
농목업	기온이 너무 낮아 농업 불가능, 수렵·어로·채집 등, ❷ [ ] 유목
최근 변화	관광 산업 발달(백야 현상, 빙하, 오로라 등), 파이프라인 등을 건설하면서 환경 파괴(순록 유목민들이 도시로 이주함.)

답 | ❶ 폐쇄적 ❷ 순록

1 다음 괄호 안의 내용 중 알맞은 말을 골라 ○표를 하시오.

(1) 툰드라 기후 지역은 겨울이 매우 길고 춥기 때문에 (개방적인 , 폐쇄적인) 가옥 구조가 나타난다.

(2) 툰드라 기후 지역에서는 짧은 여름철에 이끼를 찾아 이동하면서 (사슴 , 순록)을 사육한다.

(3) 툰드라 기후 지역에서는 난방 열기로 인해 가옥이 붕괴되는 것을 막기 위해 (고상 가옥 , 이동식 가옥)을 짓는다.

2 툰드라 기후 지역의 생활 모습으로 옳은 것을 | 보기 |에서 고르면?

┌ 보기 ├
ㄱ. 순록을 유목한다.
ㄴ. 온몸을 감싸는 헐렁한 옷을 입는다.
ㄷ. 추위를 대비한 폐쇄적인 가옥 구조가 나타난다.
ㄹ. 경작지를 이동하며 농사를 짓는 이동식 화전 농업이 이루어진다.

① ㄱ, ㄴ ② ㄱ, ㄷ ③ ㄴ, ㄷ
④ ㄴ, ㄹ ⑤ ㄷ, ㄹ

서술형
3 다음 밑줄 친 부분에 들어갈 알맞은 말은 무엇인지 쓰시오.

툰드라 지역에서는 바닥을 지면에서 띄워서 지은 고상 가옥을 볼 수 있다. 이는 가옥의 난방 열기 때문에 얼었던ㅤㅤㅤㅤㅤㅤㅤㅤㅤ 따라서 기둥을 땅속 깊숙이 박고 지상에서부터 바닥을 약간 띄워 고상 가옥을 짓는다.

해안 지형

○ 개념 노트

● 해안 지역의 주민 생활

- 전통적인 주민 생활: 어업, 양식업에 종사
- 오늘날의 주민 생활: 무역항, 공업 도시로 성장, 관광 산업 발달 등

개념 필수 자료

해안 절벽: 파랑의 침식으로 형성된 절벽

해안 동굴: 파랑의 침식으로 해안 절벽에 형성된 동굴

석호: 파랑가 운반한 모래가 쌓여 발달한 사주가 만의 입구를 막아 형성된 호수

사빈: 하천에 의해 운반된 모래나 주변에서 침식된 모래가 쌓여 형성된 지형

시 스택: 파랑의 침식으로 육지와 분리된 돌기둥

시 아치: 파랑의 침식으로 형성된 아치 모양의 지형

자료 해석

암석 해안	육지가 바다 쪽으로 돌출한 곳에서 파랑의 **❶** ☐ 작용으로 형성(해안 절벽, 해안 동굴, 시 아치, 시 스택 등)
모래 해안	바다가 육지 쪽으로 들어간 만에서 파랑의 **❷** ☐ 작용으로 형성(사빈, 석호 등)
갯벌	조류(밀물과 썰물의 차)의 퇴적 작용으로 미세한 흙이 퇴적되어 형성된 지형(염전, 양식장 등)
산호초 해안, 맹그로브 숲	• 산호초: 열대 기후 지역의 얕은 바다에 사는 산호가 자라서 형성 • 맹그로브 숲: 열대 기후 지역의 해안에 분포하며 유기물이 풍부

답 | ❶ 침식 ❷ 퇴적

1 다음 빈칸에 들어갈 알맞은 말을 쓰시오.

(1) 육지가 바다 쪽으로 돌출한 곳에서 파랑의 (   ) 작용으로 해안 절벽, 해안 동굴, 시 아치, 시 스택 등이 형성된다.

(2) 바다가 육지 쪽으로 들어간 만에서 파랑의 (   ) 작용으로 사빈, 석호 등이 형성된다.

(3) (   )은 조류(밀물과 썰물)의 작용으로 미세한 흙이 퇴적되어 형성된 지형이다.

2 다음 사진과 같은 지형의 형성 요인으로 옳은 것은?

① 하천의 침식
② 빙하의 침식
③ 빙하의 퇴적
④ 바람의 침식
⑤ 파랑의 침식

▲ 오스트레일리아 그레이트오션로드

서술형

3 다음 사진과 같은 지형의 이름을 쓰고, 지형이 형성되는 과정을 서술하시오.

11 **우리나라의 산지와 하천 지형** 빈출도 ● ● ●

○ 개념 노트

• **우리나라의 산지와 하천 지형의 특징**

산지 지형	국토의 70% 이상, 동쪽이 높고 서쪽이 낮은 동고서저 지형
하천 지형	동쪽에 높은 산지가 많아 큰 하천은 대부분 동쪽에서 서쪽으로 흐름. → 계곡, 폭포, 평야 형성

개념 필수 자료

→ 태백산맥이 동쪽으로 치우쳐 솟아 있어 서쪽으로는 경사가 완만하고 동쪽으로는 경사가 급하다.

자료 해석

산지 지형	• **❶** ⬜ : 땅속 깊은 곳에서 형성된 화강암을 덮고 있던 지층이 오랜 세월 침식을 받아 깎여 나가면서 화강암이 땅 위로 드러남.(설악산, 북한산, 금강산 등) • 흙산: 편마암이 오랫동안 풍화와 침식을 받으며 봉우리가 토양으로 두껍게 덮임.(지리산, 덕유산 등)
하천 지형	• 동해로 흐르는 하천: 하천의 길이가 짧고 경사가 급함. • 황·남해로 흐르는 하천: 하천의 길이가 길고 경사가 **❷** ⬜ 함.

답 | ❶ 돌산 ❷ 완만

1 다음 설명이 맞으면 ○표, 틀리면 ×표 하시오.

(1) 우리나라는 동쪽이 높고 서쪽으로 갈수록 낮은 동고서저의 지형 특징이
　　나타난다. 　　　　　　　　　　　　　　　　　　　　　　　　　(　)

(2) 설악산, 북한산 등은 흙산으로 화강암 바위가 드러나 있어 기암괴석이 절
　　경을 이룬다. 　　　　　　　　　　　　　　　　　　　　　　　(　)

(3) 지리산, 덕유산 등은 주로 편마암이 오랜 세월 풍화를 받아 토양이 두껍게
　　쌓여 있는 돌산이다. 　　　　　　　　　　　　　　　　　　　(　)

(4) 우리나라는 동쪽에 높은 산지가 많아 큰 하천은 대부분이 동쪽에서 서쪽
　　으로 흐른다. 　　　　　　　　　　　　　　　　　　　　　　　(　)

2 우리나라의 산지와 하천 지형에 대한 설명으로 옳지 <u>않은</u> 것은?

① 국토의 70% 이상이 산지이다.

② 하천의 대부분은 동해로 흐른다.

③ 동쪽은 높고 서쪽은 낮은 지형이다.

④ 동해로 흐르는 하천의 길이가 짧고 경사
　가 급하다.

⑤ 황해로 흐르는 하천의 길이가 길고 경사
　가 완만하다.

서술형
3 2번 지도를 보고, 지형적인 특징을 바탕으로 우리나라 하천의 특징을 서술하시오.

_____

_____

○ **개념 노트**
- **우리나라의 해안 지형의 특징**
  - 서·남해안: 수심이 얕고, 섬·만·반도 등이 많아 해안선이 복잡한 리아스 해안
  - 동해안: 수심이 깊고 해안선이 단조로움.

개념 필수 자료

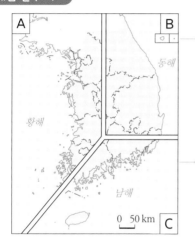

→ 동해안은 수심이 깊고 조차가 작다. 또한 섬이 적고 해안선이 단조롭고 사빈(모래 사장)과 석호가 발달해 있다.

→ 서·남해안은 수심이 얕고 조차가 크다. 또한 섬이 많고 해안선이 복잡하여 갯벌이 발달해 있다.

자료 해석

서해안	• ❶ ☐☐☐의 형성: 조차가 크고 물결이 잔잔한 만에서 토사가 쌓여 형성 • 갯벌의 가치: 생태계의 보고, 오염 물질 정화 등 • 갯벌의 이용: 양식장, 염전, 체험 학습, 간척 사업(농경지, 공업 단지 조성)
동해안	• 파랑의 ❷ ☐☐ 작용이 활발한 곳: 해안 절벽, 시 스택 등 • 파랑의 퇴적 작용이 활발한 곳: 사빈(모래사장), 석호 등 → 해수욕장과 관광지로 이용
남해안	많은 섬으로 이루어진 다도해 (예)한려해상 국립 공원

답 | ❶ 갯벌 ❷ 침식

1 다음 설명이 맞으면 ○표, 틀리면 ×표 하시오.

(1) 우리나라의 동해안에서는 주로 조차가 크기 때문에 넓은 갯벌이 발달하였다. ( )

(2) 우리나라의 남해안은 주로 해안선이 복잡하고 다도해를 이루고 있다. ( )

(3) 우리나라의 서해안에서는 수심이 깊으며 사빈과 석호가 나타난다. ( )

2 개념 필수 자료 의 B인 우리나라 동해안 지역의 특징에 대한 설명으로 옳은 것을 보기 에서 고르면?

┌ 보기 ┐

ㄱ. 해안선이 단조롭고 수심이 깊은 편이다.

ㄴ. 해안선이 복잡하고 많은 섬이 분포한다.

ㄷ. 파랑의 퇴적 작용에 의한 사빈이 발달한다.

ㄹ. 수심이 얕고 조차가 커서 갯벌이 발달한다.

① ㄱ, ㄴ　　　　② ㄱ, ㄷ　　　　③ ㄴ, ㄷ

④ ㄴ, ㄹ　　　　⑤ ㄷ, ㄹ

서술형

3 개념 필수 자료 의 A, C인 우리나라의 서·남해안의 특징에 대해 제시된 내용을 포함하여 서술하시오.

| • 수심 | • 조차 | • 해안선 형태 |

13 카르스트 지형과 화산 지형

빈출도 ●●○○

◎ 개념 노트

카르스트 지형	강원도 남부와 충청북도 일대에 석회암 분포, 석회암이 빗물과 지하수 등에 의해 녹으면서 형성, 시멘트 공업 발달
제주도의 다양한 화산 지형	• 용암동굴, 주상 절리, 오름, 화구호 • 한라산, 성산 일출봉, 거문오름 용암동굴계 → 유네스코 세계 자연 유산

개념 필수 자료

돌리네
종유석
석주
석순
석회동굴

▲ 카르스트 지형

▲ 주상 절리

▲ 용암동굴

자료 해석

• 카르스트 지형

석회동굴	**❶** 이 오랜 시간 지하수에 녹아 형성 → 내부에 종유석, 석순, 석주 형성
돌리네	땅속의 석회암이 물에 녹아 사라지면서 지표면에 웅덩이 모양 형성

• 화산 지형

주상 절리	용암이 굳으면서 다각형의 기둥 모양으로 쪼개진 화산 지형
❷	용암이 흐를 때 겉과 속이 식는 속도가 달라 형성됨.

답 | ❶ 석회암 ❷ 용암동굴

1 다음 괄호 안의 내용 중 알맞은 말을 골라 ○표를 하시오.

(1) (석회동굴 , 용암동굴)은 석회암이 오랜 시간 지하수에 녹아서 만들어진
지형이다.

(2) (석회동굴 , 용암동굴)은 용암이 지표면을 덮고 흐를 때 표면이 먼저 굳
고 안쪽으로 용암이 흘러내려 형성된 지형이다.

(3) (돌리네 , 주상 절리)는 용암이 식는 과정에서 수축하여 다각형 모양으로
쪼개진 돌기둥이다.

2 다음 그림과 같은 지형에 대한 설명으로 옳은 것을 보기 에서 고르면?

돌리네

석회동굴

┌ 보기 ┐

ㄱ. 종유석, 석순, 석주 등을 볼 수 있다.

ㄴ. 파랑의 침식 작용으로 형성되었다.

ㄷ. 석회암이 물에 녹아 형성된 지형이다.

ㄹ. 제주도, 울릉도, 독도 등에서 볼 수
있는 지형이다.

① ㄱ, ㄴ   ② ㄱ, ㄷ   ③ ㄴ, ㄷ   ④ ㄴ, ㄹ   ⑤ ㄷ, ㄹ

서술형

3 다음 사진에 나타난 지형의 이름을 쓰고, 어떻게 형성되었는지 쓰시오.

_____

_____

○ 개념 노트

문화 지역	같은 문화 요소를 공유하거나 유사한 문화 경관이 나타나는 공간적 범위
문화 지역 구분	종교, 언어, 민족, 의식주 등 다양한 요소를 기준으로 구분 → 고정된 것이 아니라 기준에 따라 달라짐.

개념 필수 자료

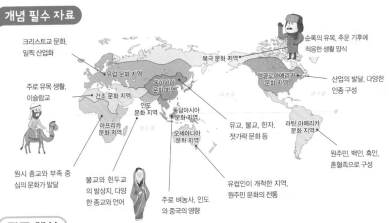

자료 해석

유럽	크리스트교, 일찍 산업화, 인도·유럽어족
건조(아랍)	**❶** [　　　], 아랍어, 유목, 오아시스 농업
아프리카	유럽의 식민 지배, 원시 종교, 부족 중심 생활
인도	불교와 힌두교의 발상지, 소 숭배, 다양한 종교와 언어
동아시아	벼농사, 유교, 불교, 한자, 젓가락 문화 등
동남아시아	**❷** [　　　], 고상 가옥, 인도와 중국의 영향, 다양한 종교
오세아니아	유럽인이 개척한 지역, 원주민 문화
앵글로아메리카	산업 발달, 다양한 인종 구성, 영어, 크리스트교(개신교)
라틴 아메리카	남부 유럽의 영향, 원주민·백인·흑인·혼혈족으로 구성
북극	순록 유목, 추운 기후에 적응한 생활 양식

답 | ❶ 이슬람교 ❷ 벼농사

1 다음 괄호 안의 내용 중 알맞은 말을 골라 ○표를 하시오.

(1) (건조 , 인도) 문화 지역은 돼지고기를 금기시하여 먹지 않는다.

(2) (유럽 , 앵글로아메리카) 문화 지역은 산업이 발달하였으며, 인종 구성이 매우 다양하다.

(3) (동아시아 , 동남아시아) 문화 지역은 유교, 불교, 한자, 젓가락 문화 등 의 공통점이 나타난다.

(4) (오세아니아 , 아프리카) 문화 지역은 유럽인이 개척한 지역으로 원주민 문화의 전통이 아직도 남아 있다.

2 다음 보기 에서 해당하는 문화 지역을 골라 기호를 쓰시오.

┤ 보기 ├
ㄱ. 건조 문화 지역   ㄴ. 인도 문화 지역
ㄷ. 아프리카 문화 지역   ㄹ. 동남아시아 문화 지역
ㅁ. 라틴 아메리카 문화 지역   ㅂ. 앵글로아메리카 문화 지역

(1) 불교와 힌두교의 발상지, 다양한 언어 사용 ( )

(2) 크리스트교(가톨릭교) 신봉, 원주민·백인·흑인·혼혈족으로 구성 ( )

(3) 유럽의 식민 지배, 원시 종교와 부족 중심의 문화 발달 ( )

서술형
3 다음에 제시된 내용을 포함하여 라틴 아메리카 문화 지역의 특징을 서술하시오.

• 언어	• 종교

문화 공존과 갈등

○ 개념 노트

● 문화의 공존과 갈등

- 문화의 공존: 서로 다른 문화가 조화를 이루며 독특한 문화 형성
- 문화의 갈등: 민족, 언어, 종교 등 서로 다른 문화에 대한 이해와 존중 부족, 영토와 자원, 주변 국가들과의 이해관계를 둘러싸고 갈등 발생

개념 필수 자료

▲ 스위스의 언어 분포
└→ 스위스는 지리적 위치로 인해 독일계·프랑스계·이탈리아계 주민들이 분포하고 있으며, 독일어, 프랑스어, 이탈리아어, 레토로망스어를 공용어로 사용하고 있다.

▲ 벨기에의 언어 분포
└→ 벨기에는 네덜란드어를 쓰는 북부 지역과 프랑스어를 쓰는 남부 지역 간 대립이 나타나는데, 북부 지역이 남부 지역보다 소득이 높아 지역 간 갈등이 깊어졌다.

자료 해석

- 문화 공존 지역

❶	독일어, 프랑스어, 이탈리아어, 레토로망스어를 공용어로 사용
싱가포르, 말레이시아	서로 다른 언어(영어, 말레이어, 타밀어, 중국어), 민족(중국계, 말레이계, 인도계, 영국계), 종교(불교, 크리스트교, 이슬람교, 힌두교) 공존

- 문화 갈등 지역

벨기에	네덜란드어를 사용하는 북부 지역과 프랑스어를 사용하는 남부 지역 간 갈등
캐나다 퀘백주	프랑스어를 공용어로 사용하는 퀘백주의 분리 독립 요구
❷	힌두교(인도)와 이슬람교(파키스탄) 간 갈등

답|❶ 스위스 ❷ 카슈미르

1 다음 설명이 맞으면 ○표, 틀리면 ×표 하시오.

(1) 벨기에는 독일어, 프랑스어, 이탈리아어, 레토로망스어를 공용어로 사용하는 국가이다. ( )

(2) 캐나다 퀘백주는 프랑스어를 공용어로 사용하는 퀘백주가 분리 독립 요구를 하고 있다. ( )

(3) 싱가포르는 서로 다른 언어를 사용하고 있어서 갈등과 분쟁이 발생하고 있다. ( )

(4) 카슈미르는 서로 다른 종교로 인해 갈등이 발생하고 있다. ( )

2 다음 지도의 A 지역에서 발생하고 있는 문화 갈등의 원인으로 옳은 것은?

① 불교와 힌두교 간의 종교 갈등
② 백인과 혼혈인 간의 인종 갈등
③ 영어와 타밀어 간의 언어 갈등
④ 영어와 프랑스 어 간의 언어 갈등
⑤ 힌두교와 이슬람교 간의 종교 갈등

서술형

3 다음 내용을 포함하여 캐나다 퀘백주에서 일어나는 갈등에 대해 서술하시오.

• 언어	• 분리 독립

16 기상 현상에 의한 자연재해 빈출도 ●●●

개념 노트

- **홍수**: 하천이나 호수가 범람하여 그 주변 지역이 침수되는 현상
- **가뭄**: 오랜 기간 비가 내리지 않아 땅이 메마르고, 물이 부족해져 나타나는 재해
- **열대 저기압**: 열대 지역의 해상에서 발생하여 중위도 지역으로 이동하는 저기압

개념 필수 자료

◀ 홍수 및 가뭄 피해가 심각한 지역

◀ 열대 저기압의 발생 지역과 이동

자료 해석

홍수	대하천 하류 및 저지대, 열대 저기압이나 계절풍의 영향을 강하게 받아 **❶** ⬚⬚⬚⬚ 가 내리는 지역, 북극해로 유입되는 하천 주변 등에서 자주 발생
가뭄	아프리카 사헬 지대, 중국 내륙, 인도 서부, 북아메리카 중서부 지역 등 건조한 지역에서 자주 발생
열대 저기압	• 지역에 따라 부르는 이름이 다양하여 북태평양 서부에서는 **❷** ⬚⬚⬚⬚, 북아메리카에서는 허리케인, 인도양 일대에서는 사이클론이라 불림. • 많은 비를 동반하여 더위를 식히고, 가뭄 해결, 바닷물을 순환시켜 적조 현상 완화, 지구의 열 균형 유지

답 | ❶ 집중 호우 ❷ 태풍

1 다음 괄호 안의 내용 중 알맞은 말을 골라 ○표를 하시오.

(1) 홍수, 가뭄, 열대 저기압, 폭설 등은 (기상 현상 , 지각 운동)에 의한 자연 재해이다.

(2) (가뭄 , 홍수)이/가 오랫동안 지속되면 농작물이 피해를 입고, 식수가 부족해지며, 산불이 발생하기도 한다.

(3) (홍수 , 열대 저기압)는/은 강한 바람으로 선박과 건물 등 파손, 집중 호우로 홍수 및 산사태 발생, 해일이 발생하여 해안 저지대 침수 등의 피해가 발생한다.

2 다음에 제시된 지역에서 발생하는 피해로 적절한 것을 | 보기 |에서 고르면?

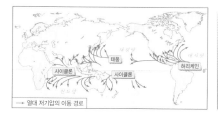

> ┤ 보기 ├
> ㄱ. 산불이 발생한다.
> ㄴ. 산사태가 발생한다.
> ㄷ. 각종 용수가 부족해진다.
> ㄹ. 해안 저지대가 침수된다.

① ㄱ, ㄴ   ② ㄱ, ㄴ   ③ ㄴ, ㄷ   ④ ㄴ, ㄹ   ⑤ ㄷ, ㄹ

서술형

3 다음 사진과 같은 자연재해가 우리 생활에 주는 피해를 서술하시오.

_____

_____

지각 운동에 의한 자연재해 빈출도 ●●●

○ **개념 노트**
- **지진**: 지구 내부의 에너지가 지표면으로 전달되어 땅이 갈라지고 흔들리는 현상
- **화산 활동**: 지하 깊은 곳의 마그마가 지각의 약해진 틈을 따라 지표면 위로 분출하는 현상
- **지진 해일(쓰나미)**: 지진이나 화산 활동이 바다 밑에서 일어나 해수면이 급격히 상승하여 바닷물이 육지로 밀려오는 현상

개념 필수 자료

◁ 지진과 화산 활동의 발생 지역
 ↳ 지진과 화산 활동은 주로 지각판의 경계에서 발생하는 데, 알프스·히말라야 조산대와 환태평양 조산대('불의 고리'라고 불림.)에서 가장 활발하다.

▲ 간헐천(뉴질랜드)

▲ 온천과 지열 발전(아이슬란드)

▲ 유황 채취(인도네시아)

자료 해석

지진	• 피해: 도로와 각종 시설 붕괴, 산사태와 화재로 인한 인명 및 재산 피해 발생, 수도·전기·가스·통신망 파괴 등 • 주민 생활: ❶ [　　　] 의무화, 지진 대피 훈련 실시 등
화산 활동	• 피해: 분출물이 마을·농경지를 덮쳐 인명 및 재산 피해 발생, 화산재가 상공을 덮어 항공기 운항 중단, 햇빛이 차단되기 때문에 세계 평균 기온이 낮아짐. • 주민 생활: 화산재가 쌓여 비옥해진 토양을 이용한 농업, 온천과 화산 지형(간헐천, 분화구)을 이용한 ❷ [　　　], 유황 채취, 지열 발전을 통한 전기 생산

답 │ ❶ 내진 설계 **❷** 관광 산업

1 다음 설명이 맞으면 ○표, 틀리면 ×표 하시오.

(1) 지진과 화산 활동은 기상 현상에 의해 발생하는 자연재해이다. (　　)

(2) 화산 활동이 활발한 지역에서는 온천과 독특한 화산 지형을 관광 산업에
이용하고 있다. (　　)

(3) 화산 활동이 활발한 지역에서는 땅속의 열에너지를 이용한 화력 발전을
통해 전기를 생산한다. (　　)

2 자연재해 발생 지역에서 나타나는 피해를 ⌐보기⌐에서 골라 기호를 쓰시오.

┌ 보기 ┐
ㄱ. 항공 교통 장애
ㄴ. 도로와 각종 시설 붕괴
ㄷ. 수도·전기·가스·통신망 파괴
ㄹ. 화산재 확산으로 세계 평균 기온 하강

(1) 지진: (　　　　)

(2) 화산 활동: (　　　　)

[단답형]

3 나음 지도에 나타난 지역에서 지진 피해를 줄이기 위한 방법을 <u>두 가지</u> 쓰시오.

(　　　　　　　　　　　　)

18 에너지 자원의 분포와 이동

빈출도 ●●●

○ 개념 노트

● 자원의 의미에 따른 분류

좁은 의미	천연자원(에너지·광물·식량·물 자원 등)
넓은 의미	천연자원+인적 자원(노동력, 기술, 창의성 등)+문화적 자원(전통, 사회 제도, 종교, 예술 등)

● 자원의 특성

편재성	자원은 일부 지역에 집중되어 분포
유한성	자원의 매장량이 한정되어 있음.
가변성	자원의 가치가 기술 발달, 산업화, 경제적 수준 등에 따라 달라짐.

개념 필수 자료

◀ 석탄과 석유의 분포와 이동

자료 해석

구분	석유	석탄
분포	지역적으로 편재 → 서남아시아의 ❶ [　　　] 지역	전 세계적으로 비교적 고르게 분포
이동	국제적 이동량이 많음.(생산지와 소비지가 다름.)	국제적 이동량이 ❷ [　　　].
특징	세계에서 가장 많이 사용되는 에너지 자원, 에너지 생산, 운송 수단의 연료, 각종 공업 제품의 원료로 이용	산업 혁명기에 영국에서 제철 공업의 원료 본격적으로 사용, 화력 발전의 연료로 이용

답 | ❶ 페르시아만 ❷ 적음

38 사회 · ❶ BOOK 1

1 다음 설명이 맞으면 ○표, 틀리면 ×표 하시오.

(1) 자원이 일부 지역에 집중되어 분포하는 것을 자원의 편재성이라고 한다.
( )

(2) 전 세계에서 가장 많이 사용하는 에너지 자원은 석탄으로 서남아시아의
페르시아만에 많이 매장되어 있다. ( )

(3) 석탄은 산업 혁명기에 영국에서 제철 공업 원료로 사용되었다. ( )

2 자원의 분류에 포함되는 것을 「 보기 」에서 골라 기호를 쓰시오.

┌─ 보기 ┤
ㄱ. 기술   ㄴ. 예술   ㄷ. 석유
ㄹ. 노동력   ㅁ. 사회 제도   ㅂ. 천연가스

(1) 천연자원: ( )

(2) 인적 자원: ( )

(3) 문화적 자원: ( )

서술형
3 다음 A 자원의 분포와 이동 특징을 서술하시오.

주요 매장지
A의 이동(백만 톤, 2013년)
5,000   3,000   1,000 이하

19 식량 자원의 분포와 이동

빈출도 ● ○ ○ ○

개념 노트

- **쌀**: 대체로 생산지에서 소비되기 때문에 국제적 이동량이 적음.
- **밀**: 소비지가 널리 분포하기 때문에 국제적 이동량이 많음.

개념 필수 자료

◀ 쌀과 밀의 분포와 이동

쌀 생산(2014년)

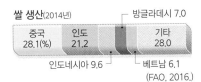

▲ 쌀의 생산량

밀 생산(2014년)

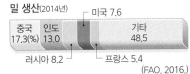

▲ 밀의 생산량

자료 해석

구분	쌀	밀
생산	고온 다습한 아시아의 **❶** 기후 지역에서 주로 생산됨.	서늘하고 비교적 건조한 지역에서도 재배가 가능하여 전 세계적으로 재배 면적이 넓음.
이동	대부분 생산지에서 소비 → 국제적 이동량이 적음.	소비지가 널리 분포 → 국제적 이동량이 **❷**.
특징	단위 면적당 생산량이 많아 인구 부양력이 높음.	• 수출국은 미국, 아르헨티나, 오스트레일리아 등이고, 수입국은 아시아의 여러 나라 • 재배 범위가 넓어 세계 각지에서 연중 수확됨.

답 | ❶ 계절풍 ❷ 많음

1 다음 내용이 쌀에 해당하면 '쌀', 밀에 해당하면 '밀'이라고 쓰시오.

(1) 고온 다습한 아시아의 계절풍 기후 지역에서 재배된다.　　(　　)

(2) 서늘하고 비교적 건조한 지역에서도 재배가 가능하다.　　(　　)

(3) 대부분 생산지에서 소비되기 때문에 국제적 이동량이 적다.　　(　　)

(4) 소비지가 널리 분포되어 있기 때문에 국제적 이동량이 많다.　　(　　)

2 다음 쌀과 밀 생산과 분포 지도에 대한 설명으로 옳지 <u>않은</u> 것은?

① A는 쌀 자원에 해당한다.

② A는 생산지에서 주로 소비된다.

③ B는 건조한 지역에서도 재배된다.

④ A는 B보다 국제적 이동량이 많다.

⑤ A보다 B는 넓은 지역에서 재배되고 있다.

서술형

3 다음 내용을 포함하여 쌀 자원의 이동 특징을 서술하시오.

• 계절풍 기후 지역　　　　　• 국제적 이동량

⑳ 자원 갈등

빈출도 ● ○ ○ ○

◎ 개념 노트

- **자원 갈등의 발생 원인:** 자원 매장량의 한계, 자원의 지역적 편재, 자원 공급의 부족 등

개념 필수 자료

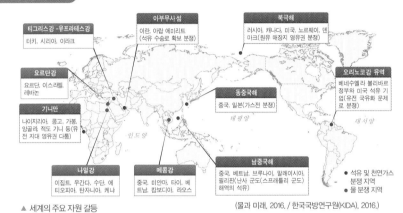

▲ 세계의 주요 자원 갈등

(물과 미래, 2016. / 한국국방연구원(KIDA), 2016.)

자료 해석

• 에너지 자원을 둘러싼 갈등

갈등 원인	지역적 **❶**, 수요 증가 → 자원 보유국과 소비국 간의 갈등 (예) 석유 수출국 기구(OPEC) 결성), 자원 영유권을 둘러싼 갈등 증가
갈등 지역	카스피해, 북극해, 기니만 연안, 남중국해, 오리노코강 유역 등
노력	자원 외교, 해외 유전 개발 참여, 다양한 국가에서 자원 수입 등

• 물 자원을 둘러싼 갈등

갈등 원인	인구 증가와 산업 발달로 물소비량 증가, 물의 자정 능력 한계 등
갈등 지역	**❷** 주변 (예) 메콩강, 티그리스·유프라테스강, 나일강 등
노력	댐과 해수 담수화 시설 건설, 지하수 개발 등

답 \| ❶ 편재 **❷** 국제 하천

1 다음 설명이 맞으면 ○표, 틀리면 ×표 하시오.

(1) 카스피해, 북극해, 기니만 연안은 물 자원을 둘러싼 갈등을 겪고 있다.

( )

(2) 물 분쟁은 여러 국가의 영토를 거쳐 흐르는 국제 하천 주변에서 일어난다.

( )

(3) 중국이 메콩강 상류에 댐 건설을 추진하자, 하류에 위치한 국가들이 용수 확보에 어려움을 겪고 있다. ( )

2 다음에 제시된 하천들과 공통적으로 관련된 내용을 ⌐보기⌐에서 고르면?

• 메콩강 • 나일강 • 티그리스·유프라테스강

⌐ 보기 ⌐
ㄱ. 국제 하천   ㄴ. 석유 매장 지역
ㄷ. 삼각주 평야 발달   ㄹ. 물 자원을 둘러싼 갈등

① ㄱ, ㄴ   ② ㄱ, ㄹ   ③ ㄴ, ㄷ
④ ㄴ, ㄹ   ⑤ ㄷ, ㄹ

서술형

3 다음에 제시된 지역과 공통적으로 관련된 내용을 서술하시오.

• 북극해 • 남중국해 • 카스피해 • 기니만 연안

○ 개념 노트

신·재생 에너지의 장점	고갈되지 않음, 화석 연료의 의존도 낮춤, 오염 물질 배출이 적어 환경친화적임, 지구상에 비교적 고르게 분포함.
신·재생 에너지의 단점	저장·수송, 대량 생산이 어려움, 초기 개발 비용이 많이 들어 경제성이 낮음, 자연환경의 영향을 많이 받음.

개념 필수 자료

풍력 에너지
바람으로 날개를 회전시켜 전기를 생산하는 방식으로, 산지나 해안 지역에서 주로 개발된다.

태양광 에너지
일사량이 많고 비가 적게 내리는 지역에서는 태양 에너지를 전기 에너지로 변환하여 활용한다.

지열 에너지
화산이 많아 뜨거운 지하수를 쉽게 구할 수 있는 곳에는 지열 발전이 발달하였다.

수력 에너지
유량이 풍부하고 낙차가 큰 지역에서 주로 개발된다.

바이오 에너지
식물을 발효시키거나 콩기름, 팜유 등에서 식물성 기름을 뽑아 바이오 에너지를 생산한다.

조력 에너지
조석 간만(밀물과 썰물)의 차이를 이용해 전기를 생산하는 방식이다.

자료 해석

수력	유량이 풍부하고 낙차가 큰 지역 예 브라질
조력	밀물과 썰물의 차이가 큰 해안 지역 예 프랑스
지열	판의 경계에 있어서 ❶ _____ 이 활발한 지역 예 뉴질랜드, 아이슬란드
풍력	강한 ❷ _____ 이 지속적으로 부는 산지나 해안 지역 예 덴마크, 영국
태양광	일사량이 많고, 비가 적게 내리는 지역 예 사우디아라비아
바이오 에너지	사탕수수·옥수수에서 연료 추출, 가축 분뇨·음식물 쓰레기로 전기 생산

답 | ❶ 지각 운동 ❷ 바람

1 다음 설명이 맞으면 ○표, 틀리면 ×표 하시오.

(1) 유량이 풍부하고 낙차가 큰 지역에서 수력 발전이 발달했다.　　(　　)

(2) 판의 경계에 있어서 지각 운동이 활발한 지역에서 지열 발전이 발달했다.

　　　　　　　　　　　　　　　　　　　　　　　　　　　(　　)

(3) 강한 바람이 지속적으로 부는 산지나 해안 지역에서 조력 발전이 주로 이루어진다.　　　　　　　　　　　　　　　　　　　　(　　)

2 다음 밑줄 친 곳에 들어갈 내용으로 옳지 <u>않은</u> 것은?

〈사회 수행 평가지〉

신·재생 에너지는 ＿＿＿＿＿＿＿＿＿＿＿＿＿＿＿＿＿＿

① 환경친화적 에너지이다.

② 고갈되지 않는 에너지이다.

③ 지구상에 비교적 고르게 분포한다.

④ 초기 개발 비용이 적게 드는 에너지이다.

⑤ 화석 연료의 의존도를 낮출 수 있는 에너지이다.

서술형

3 다음 사진에 나타난 신재생 에너지의 개발 조건을 서술하시오.

_____

_____

1 **1** (1) ○ (2) ○ (3) × (4) ○　**2** ④
3 지도는 지표면의 다양한 지리적 현상을 일정한 비율로 줄여 약속된 기호를 사용하여 평면 위에 나타낸 것이다.

2 **1** (1) 낮아지며 (2) 공전 (3) 반대이기　**2** ⑤　**3** 오스트레일리아는 남반구에 위치한 국가로 북반구의 국가와 계절이 반대로 나타나기 때문에 밀 수확 시기가 다르다.

3 **1** (1) × (2) ○ (3) × (4) ○　**2** ④
3 9시간

4 **1** (1) × (2) ○ (3) ○ (4) ×　**2** ⑤
3 인공위성, 항공기 등을 이용하여 직접 접촉하지 않고도 멀리 떨어진 곳의 지리 정보를 수집할 수 있다.

5 **1** (1) 열대 (2) 냉대 (3) 온대 (4) 한대
2 ④　**3** 일 년 내내 봄과 같이 온화한 기후가 나타나기 때문이다.

6 **1** (1) ○ (2) × (3) ×　**2** ②　**3** 지면의 열기와 습기를 피하고, 해충이나 짐승 등의 침입을 막기 위해서이다.

7 **1** (1) 서안 해양성 (2) 지중해성 (3) 혼합 (4) 수목　**2** ③　**3** 온대 계절풍 기후 지역은 여름은 남동·남서 계절풍의 영향으로 기온이 높고 강수량이 많으며, 겨울은 북서 계절풍

의 영향으로 기온이 낮고 강수량이 적다.

8 **1** (1) ○ (2) × (3) × (4) ○　**2** ③
3 이동식 가옥은 가축에게 먹일 물과 풀을 찾아 이동하는 유목 생활을 하기에 편리하기 때문이다.

9 **1** (1) 폐쇄적인 (2) 순록 (3) 고상 가옥　**2** ②　**3** 땅이 녹아 가옥이 붕괴되는 것을 막기 위해서이다.

10 **1** (1) 침식 (2) 퇴적 (3) 갯벌　**2** ⑤
3 갯벌은 조류(밀물과 썰물의 차)의 퇴적 작용으로 미세한 흙이 퇴적되어 형성된다.

11 **1** (1) ○ (2) × (3) × (4) ○　**2** ②
3 동고서저 지형의 특징으로 인해 동쪽에 높은 산지가 많아 큰 하천은 대부분 동쪽에서 서쪽으로 흐른다.

12 **1** (1) × (2) ○ (3) ×　**2** ②　**3** 우리나라의 서·남해안은 수심이 얕고, 조차가 크며, 해안선의 드나듦이 복잡하다.

13 **1** (1) 석회동굴 (2) 용암동굴 (3) 주상 절리　**2** ②　**3** 주상 절리는 용암이 굳으면서 다각형의 기둥 모양으로 쪼개져서 형성되었다.

14 **1** (1) 건조 (2) 앵글로아메리카 (3) 동아시아 (4) 오세아니아　**2** (1) ㄴ

(2) ㅁ (3) ㄷ　**3** 남부 유럽의 영향으로 주로 에스파냐어와 포르투갈어를 사용하며, 가톨릭교를 믿는다.

⑮ **1** (1) × (2) ○ (3) × (4) ○　**2** ⑤
3 캐나다는 대부분 영어를 사용하고 있으나, 퀘백주는 프랑스어를 공용어로 사용하면서 분리 독립을 요구하여 갈등이 일어나고 있다.

⑯ **1** (1) 기상 현상 (2) 가뭄 (3) 열대 저기압　**2** ④　**3** 홍수는 가옥과 농경지 침수, 산사태 발생 등 많은 인명 및 재산 피해가 발생한다.

⑰ **1** (1) × (2) ○ (3) ×　**2** (1) ㄴ, ㄷ (2) ㄱ, ㄹ　**3** 내진 설계 의무화, 지진 대피 훈련 실시 등

⑱ **1** (1) ○ (2) × (3) ○　**2** (1) ㄷ, ㅂ (2) ㄱ, ㄹ (3) ㄴ, ㅁ　**3** 석유는 페르시아만에 집중적으로 분포하고 있으며, 지역적으로 편재성이 커서 국제적 이동량이 많다.

⑲ **1** (1) 쌀 (2) 밀 (3) 쌀 (4) 밀　**2** ④
3 쌀 자원은 고온 다습한 아시아의 계절풍 기후 지역에서 주로 재배되며, 대부분 생산지에서 소비되어 국제적 이동량이 적다.

⑳ **1** (1) × (2) ○ (3) ○　**2** ②　**3** 에너지 자원의 영유권을 둘러싼 갈등이 발생하고 있는 지역이다.

㉑ **1** (1) ○ (2) ○ (3) ×　**2** ④　**3** 지열 발전은 판의 경계에 있어서 지각 운동이 활발한 지역에서 이루어진다.